Für eine humane Gesellschaft

Mechtild Jansen

Für eine humane Gesellschaft

Streitschrift gegen den Politikverlust

 Springer VS

Mechtild Jansen
Berlin, Deutschland

ISBN 978-3-658-02303-4   ISBN 978-3-658-02304-1 (eBook)
DOI 10.1007/978-3-658-02304-1

Die Deutsche Nationalbibliothek verzeichnet diese Publikation in der Deutschen Natio-
nalbibliografie; detaillierte bibliografische Daten sind im Internet über http://dnb.d-nb.de
abrufbar.

Springer VS

Lektorat: Frank Schindler, Stefanie Loyal

Gedruckt auf säurefreiem und chlorfrei gebleichtem Papier

Springer VS ist eine Marke von Springer DE. Springer DE ist Teil der Fachverlagsgruppe
Springer Science+Business Media.
www.springer-vs.de

Danksagung

Das Buch hätte nicht ohne anhaltende materielle Unterstützung und manche Ermutigung folgender Menschen geschrieben werden können. Ich bin ihnen in großer Dankbarkeit und Freude über diese Unterstützung in schwierigster Zeit verbunden.

A. J., U. J., D. H., H. A., T. v. B., C. St., M. Hu., G. Mü., M. Mö-R., Kl. Mü.

Inhalt

.

Vorwort

Aufgaben, Absichten, Themen

Liebe Leserin, lieber Leser,

die Überlegungen zu diesem Buch haben mich lange beschäftigt. Sie sind erwachsen aus den Erfahrungen mit den politischen Entwicklungen in der Welt und im eigenen Land vor und nach 1989, insbesondere in der Zeit der „Neuen Mitten". Es war eine aufregende Zeit zwischen politischer Euphorie und Erschrecken aus den unterschiedlichsten Motiven heraus und von verschiedenen Standorten aus. Es schienen sich alle Aufbrüche in Ost und West zu erfüllen und zugleich ihre Hoffnungen zu zerschlagen, und was die einen fürchteten, begrüßten die anderen. Diese zerrissenen Jahre waren ganz anders als die späteren Jahre der unglaublichen und erdrückenden Finanzkrise, und doch hatten sie in diese geführt. Es war um mehr gegangen als um einen Regierungswechsel oder um die Desillusionierung über die mit ihm verbundene Politik jenseits von Wahlversprechen und Projektionen. Etwas Grundständiges und grundlegende Qualitäten veränderten sich.

Ich musste nachdenken und dazu schreiben, um mir klar zu werden, was hier eigentlich wirklich geschah. Dieses Schreiben wurde geboren und bald mehr und mehr angetrieben aus einer wachsenden Verzweiflung über politische Verluste, die ich für schwerwiegend halte, und den Verlust von Politik überhaupt als kollektivem Ereignis, der eine unersetzbare Lücke hinterlässt und existentielle Fragen aufwirft. Die Umwälzungen haben mir keine Ruhe mehr gelassen – ich wollte sie anschauen, analysieren, durchdringen, auf den Begriff bringen und ihre Bedeutung erfassen.

Emanzipatorische Traditionslinien wurden gekappt, Freiheit ging verloren, Demokratie entleerte sich, der Politikschwund dramatisierte sich, die Gesellschaft wurde in anarchische Zustände zurückversetzt, die Probleme mit öffentlichen Mo-

ralgeboten zugedeckt. Auf lange Sicht würde das unser Leben, das europäische
Modell, unsere Menschenrechtsansprüche und unsere Wirtschafts- und Sozialpolitik tiefgreifend verändern.

So habe ich genauer in Augenschein genommen, was ich täglich sah und mich in
Atem hielt und was mich bis heute trauern läßt, wo wir längst die Folgen beob-
achten können, die Chancen jedoch verspielt sind. Ich ging in folgenden Schrit-
ten vor:

Im ersten Kapitel frage ich, um welche Krise es sich handelt, in der wir uns allenthalben sehen und was ihren Charakter ausmacht. Mir fiel auf, wie sehr es sich
um eine Krise des Ganzen, eine am Ende existenzielle Gesellschaftskrise handelt,
und wie zerstörerisch ihr Charakter ist, ohne etwas Neues hervorzubringen. Dabei
ist die Ökonomisierung der Motor des Wandels, die unter obwaltenden Umständen gesellschaftliche Implosionen herbeiführt.

Im zweiten Kapital zeige ich, dass diese Gesellschaftskrise vor allem auf eine
Krise der Politik zurückgeht. Die Politik befindet sich in einer Umwandlung, die
von ihrem Zentrum selbst ausgeht und paradoxerweise um des Machterhalts willen in eine Selbstaufgabe führt. Der Systemwechsel offenbart schließlich die Inhumanität einer Politik, die jeden Inhalt aufgegeben hat.

Im dritten Kapitel beschäftige ich mich im Besonderen mit der „Neuen Mitte",
die ganz andere Dinge veränderte, als sie beanspruchte und Freund und Feind von
ihr erwarteten. Ihr politisches Produkt ist ein Neokonservatismus der Oberfläche,
ihr Geschäft der Ausverkauf von Werten und ihre Rolle die des Katalysators zur
Beseitigung des Alten. Sie setzt Inszenierung an die Stelle von Substanz.

Das vierte Kapitel dehnt die Untersuchung auf alle Varianten der „Neuen Mitten" aus, die übrig geblieben sind und sich gleichermaßen lediglich in Besitzstandswahrung üben. Ihr Machtanspruch aber ist allgemein. Sie führen in eine
Handlungsunfähigkeit von Politik und Gesellschaft und erklären die Gegenwart
auf immer für alternativlos. Die eigene Mitte selbst ist sich und allen zum größten Problem geworden.

Im fünften Kapitel widme ich mich wieder den allgemeineren Fragen der Gesellschaft heute. Ich konstatiere eine neue soziale Frage aufgrund der tiefen Veränderungen der Arbeit. Diese führen in eine fortschreitenden Vergesellschaftung
bei einer gleichzeitigen Externalisierung sozialer Fragen und sie werden zur allgemeinen Ausbeutung wie zugleich zur allgemeinen Herrschaft. Existentiell wird
nun das Heraustreten in die Freiheit.

Nach diesen Analysen versuche ich im sechsten Kapitel ihre Ergebnisse zu betrachten, zu deuten und in allgemeinen theoretischen Überlegungen in einen Zusammenhang zu stellen. Ich erkenne eine Totalität des Anspruches des Geldes und
seine davon ausgehende Gewalt, den Politikwechsel zur vernichtenden Allmacht

hin, eine neue Art von Krieg, eine Entmenschlichung des Menschen, in die Freiheit entlassene Sklaven, Realitätsverlust und Wahn, eine Umwandlung von Gesellschaft und einen Ausnahmezustand infolge der Finanzkrise, um schließlich zusammengeschaut nach dem Neuen in der Lage zu fragen.

Im siebten Kapitel forsche ich nach den Alternativen, die in dieser gesellschaftlichen Entwicklung selbst liegen. Ich frage nach Inhalten, Beziehungen und Gesellschaft, Freiheit, einem neuen Zeitalter, Denken, Selbst- und Weltgewinn, Abstraktion und Realität, neuer Politikbegründung, einer „Sozial-, Produktions- und Entwicklungsgesellschaft" und einer Politik der Humanität.

Ich habe dabei aufregende Dinge entdeckt, die mir im Alltag im Einzelfall niemals aufgefallen wären, hätte ich sie nicht in Summe und Zusammenhang im Abstand betrachten können. Wir sind ihnen in der Jetztzeit ausgeliefert, während wir sie selbst bewusstlos noch ständig mit produzieren. Ihrer bewusst zu werden, heißt sie möglicherweise verändern zu können. Das gilt umso mehr, als Politik, so sie überhaupt noch stattfindet, während sie indirekt unentwegt und überall geschieht, allgemein geworden ist und also jede und jeder Zugriff auf sie hat, vorausgesetzt, sie wird unter hohem Bewusstsein wahrgenommen. Umgekehrt, unterbleibt der Zugriff, wird sie durch automatisierte Systeme ersetzt, die über uns die Macht haben.

Insofern ist es für einen Bürger oder eine Bürgerin heute unerlässlich, Gesellschaft zu verstehen – erst recht insofern, als es eine Gesellschaft ist, die sich selbst nicht mehr versteht und keine Idee von sich hat außer überlebten oder konservativen Ordnungsansprüchen, die nicht mehr haltbar sind. Deshalb ist das Lesen eines solchen Buches auch für den „Laien" ein Gewinn, so sehr es Konzentration verlangt, weil über dieses Lesen eine Neueroberung des eigenen Lebens möglich wird.

Wie habe ich gearbeitet und wie bin ich bei all dem vorgegangen?

Ich bin immer vom Material, vom Stoff der Realität, ausgegangen und habe danach gefragt, wie dieses Material beschaffen ist, was es hergibt, was es ausmacht und bewirkt, wie es sich entwickelt. Dieses Material wollte ich – jenseits aller subjektiven Eindrücke und Empfindungen in meinem Arbeitsalltag – kalt erforschen und prüfen. Was zeigt und offenbart sich in ihm, was nicht sogleich wahrzunehmen, zu entdecken und zu verstehen ist? Was kommt aus der Sache selbst? Voller Staunen stand ich vor diesem Material und habe es wieder und wieder und wieder aus immer neuem Abstand beleuchtet, bedacht, Zusammenhänge hergestellt und zu formulieren versucht, was ich entdeckte. Es war eine Forschungsreise, von der ich selbst nicht wusste, was sie erbringen und was ich herausfinden würde und die für mich selbst voller Überraschungen und neuer Erkenntnisse war.

Meine Quelle war die jahrelange tägliche Beobachtung von Gesellschaft, Politik und Zeitgeschehen, wie sie sich im Spiegel der Medien, der Öffentlichkeit, der Wissenschaft, Kunst und Kultur dokumentierten. Meine Arbeitsweise war sehr aufwändig und langwierig, weil sie sich auf viele Felder von Gesellschaft und viele Schichten ihres Geschehens bezog und das dokumentarische Material sehr umfangreich war – und doch so unvollständig und subjektiv bleiben musste. Auch wenn ich mich in die Lage der verschiedenen Akteure hinzuversetzen versuchte, ich konnte als Akteuerin auch dieses Hineinversetzens und als Autorin letzlich nur eine Perspektive einnehmen, meine eigene. Gleichwohl habe ich sie als eine zugleich mit anderen und mit der Gesellschaft eng verbundene erfahren und verstanden. Ich hoffe, damit also auch etwas Allgemeines zu treffen.

Meine besonderen Anliegen galten der Zusammenschau der verschiedenen Teilphänomene und neuer Beziehungslinien, den Gemeinsamkeiten der Entwicklungen und Veränderungen auf verschiedenen Gebieten und ihrer Bündelung zu allgemeineren, auch theoretischen Aussagen sowie der Ausschau nach den Potentialen zur Veränderung, die in den gesellschaftlichen Entwicklungen selbst angelegt sind und von den Bürgerinnen und Bürgern mit hervorgebracht werden können, um Gegenwart und Zukunft neu gewinnen zu können.

Ich musste mich tief auf das Geschehen einlassen, um es zu ergründen. Der Stoff, dem ich begegnete, war herausfordernd, oft beschwerlich. Der Ausweg sollte uns in die Freiheit führen, und nur in der Freiheit liegt ein Ausweg.

Die Mühen haben ein Ziel: Was kostet der Mensch? So verstehe ich die Frage der Zeit. Humane Politik, Denken für Humanität, Politik für Humanität, lautet der Versuch. Das Nachdenken bezieht sich zugleich auf die Frage, ob und wie nach dem Tod der Politik Politik neu in die Welt kommen kann, und wie anders sie aussähe.

Der Zustand der Politik ist der Ausgangspunkt und der Fixpunkt, der Produktionsort der gesellschaftlichen Probleme von heute. Politik ist zugleich sowohl der Ort als auch das Mittel ihrer Lösung. Die Politik des Westens, dessen nach den USA vielleicht wesentlichster Teil die Bundesrepublik Deutschland ist, ist in den letzten drei Jahrzehnten von der Erfahrung politischer Zerstörung gezeichnet und vom Verlust der Begriffe, in denen wir die Welt verstehen können. Die Politik wurde ihres Inhalts entleert und durch hochkünstliche Inszenierung ersetzt. Die Wahrnehmung und Einteilung der Welt findet unter ihr in den Machtordnungen und -kategorien der Vergangenheit statt, die umso knechtender angewendet werden, je sinnenthobener sie sind. Sie fassen die Welt mit ihren Problemen nicht. Politik findet kein Verhältnis zur Realität als Gegenwart und aus dieser hervorgehenden Zukunft. Aus den alten Systemen, Ordnungen und Einteilungen herauszutreten, um sie sich auflösen zu lassen, heißt, Lösungen finden zu können.

Das setzt voraus, das Wort und den Inhalt als Resultat aus den Herausforderungen der Gesellschaft und als Resultat von Erkenntnis und Aufklärung wieder in die Politik einzubringen. Ideen, Denkparadigmen und Abstraktionen haben hier ihre Bedeutung. Das Denken setzt etwas Eigenes in die Welt, auf das keine Politik verzichten kann, ohne auf sich selbst zu verzichten. Es ist ein Akt der Kunst. Es geht um einen neuen Anfang, der im Kopf beginnt, logisch, beim Wort. Er ist Resultat von Anschauung dessen, was geschieht. Er ist Resultat von permanenter (Selbst-)Reflexion und Verstehen.

Das Schweigen der Intellektuellen zur Politik wird viel beklagt. Es ist nicht zuletzt Resultat einer Politik, die nicht denkt, die das Denken sogar programmatisch ausgeschlossen hat. Das Schweigen von Intellektuellen ist auch ein Ausdruck einer anderen Art des Mundtot-Gemacht-Worden-Seins. Trotzdem ist der Versuch unverzichtbar, scharf, klar, schonungslos zu sprechen.

Der Ausgangspunkt dieser Überlegungen ist nicht nur Politik. Sondern ein Bekenntnis zur Politik, das ein Bekenntnis ist, auf der Seite der Schwächeren zu stehen. Es heißt, auf der Seite des Menschen als Einzelnem zu stehen, wo irgendwann niemand der Schwäche entgeht. Es heißt, dem mit verbindendem Beistand zu begegnen – gegen Ausbeutung, Unterdrückung, Unfreiheit. Während Gewalt schnell geht und darin „effektiv" ist, gehen und wachsen Zuwendung, Sprache, der Verzicht auf Gewalt und auf die Gewalt der Macht als Handlungen der Liebe zum Menschen langsam.

Auf dieser Basis lassen sich Auswege und Alternativen, wo nötig auch Neuanfänge, ausmachen, die vielleicht Motivation und neue Leidenschaft auslösen können. Interesse, Ausdauer und Neugierde, Ruhe und Konzentration sind Voraussetzung für jene, die über politische Veränderung heute nachdenken wollen. Mein Buch möge dazu beitragen.

M. J., Juni 2013

Einleitung

Politik braucht neuen Stoff der Leidenschaft für den Mensch, einer Leidenschaft für Einheitsstiftung, einer Leidenschaft für das Allgemeinwohl.

Ein neuer Ort – das allgemeine Bewusstsein – eine neue Aufgabe – humane Heilung – und ein neuer Stoff der Politik – Leidenschaft für das Gemeinsame-Menschsein – dienen dazu, mit dem Ganzen wieder zum Kern dessen vorzudringen, worum es in der Politik eigentlich geht: um unsere Existenz, ein existentielles Wir der vielen pluralen Einheiten, die durch das Geld zwar auf die Straße der Freiheit, aber dabei unerbittlich getrennt und zerstört werden.

Erst die Erkenntnis dieses Kerns der Politik ermöglicht Änderung.

„Neoliberalismus" und „Globalisierung" – diese beiden Synonyme, für die einen „gut", für die anderen „böse", wenn es sein muss, auch wechselweise, beherrschten im letzten Jahrzehnt die öffentlichen und politischen Debatten. Das eine steht für eine regelfreie oder auch regelbrechende, konkurrenzorientierte Wirtschaftsstrategie, das andere für deren weltweite Ausbreitung mit all ihren sozialen und politischen Folgeerscheinungen. Mindestens ebenso viel wie das, was im Einzelnen an diesen beiden Erscheinungen Wirklichkeit war und ist, handelte es sich um Zuschreibungen, die verdunkelten, was sie an Geschehen zu erhellen vorgaben. Hinter Heil oder Unglück bringenden Projektionen, Schwarz-Weiß-Mustern und deren Allerwelts-Einsatzfähigkeit wichen die Streitenden vor der Realität und ihrer Erforschung aus. Der Mangel an Erklärungsfähigkeit dieser Begriffe bzw. ihrer Anti-Begriffe steht in Relation zur Heftigkeit ihres Gebrauchs als Waffen – und sie sprechen damit für das Problem selbst. Es scheint, der Gesellschaft ist die Fähigkeit zur Wahrnehmung, zum Hören und Sehen und Sprechen abhanden gekommen. Sie scheint, betäubt, zu übersehen, wie allgemein die Schrecken der Gegenwart sind.

Die Welt ist beherrscht von einem modernen allumfassenden sozialen Krieg, in den jeder Einzelne und jede denkbare menschliche Handlungsweise oder Methode verwickelt ist und die alle miteinander verschmolzen sind. Die Ausnahme bildet nur ein völliges Draußensein, das mögliche soziale Sterben, das elende oder im Glücksfall friedliche Leben von den Abfällen eines weltweiten ökonomischen Reichtums und Wachstums oder den Almosen seiner Würdenträger. Es ist in dieser – sowohl in seiner Ausdehnung wie in seinem Inhalt nach globalen – Art ein neues historisches Ereignis.

Im Namen einer Erhellung von Gegenwart und einer lichten Zukunft gebraucht, entstammen jene Begriffe, in denen der Weltzustand verhandelt wird, sich sehr verfinsternden Zeiten, einem Wirklichkeitsverlust und einer zunehmenden Wurzellosigkeit der Gesellschaft und der Menschen. Es ist eine Zeit, die dicht vollgedrängt ist von der Vergangenheit, ob in Mode, Alltag, Kultur, Religion, Politik, Erziehung, Familie, Geschlecht – eine tief rückschrittliche und darin zugleich leere Zeit, weil auch mit der Vergangenheit lediglich gespielt wird, sie als Möglichkeit weder zur Verfügung steht, noch wirklich gewollt und allemal gar nicht tragfähig ist. Obwohl die Zeit moderner als modern sein will, fällt sie hinter jede Vergangenheit zurück, in ein Nichts.

Wo die Propagandisten dieser Begriffe auf die hochgradige Abstraktionsebene gesellschaftlicher Steuerung in der Gegenwart hätten abheben wollen – weshalb den, von Ausnahmen abgesehen, jedoch der Macht verfallenen Geisteseliten eine besondere Verantwortung für das Denken der Zeit zukommt – wäre dies ja richtig gewesen. Die große Verleugnung liegt jedoch im eigenen passiven und aktiven Beteiligtsein, der verfehlten Freiheit und Verantwortung, der Unterwerfung unter die Denkverbote.

So können, um mehr zu verstehen, nur das Verschwundene und die Verschwundenen, das Verschwindende, das Ausgelesene und die Ausgelesenen, das Verschwiegene und die Verschwiegenen, die (aus Einsicht) Schweigenden, die still sich Äußernden, die Krankheiten und das Sterben, Kranken und Toten Auskunft über das Nicht-Wahrgenommene und die Wirklichkeit geben. Sie zeigen den Weg zurück in die Gegenwart und damit die Zukunft an.

Es sind die großen historischen Ereignisse und Zäsuren des 20.Jahrhunderts, die unser Schicksal bestimmen, dem Jahrhundert der Gewalt, dem allen anderen Hoffnungen zum Trotz zu Beginn des 21. Jahrhunderts neue und vielleicht noch gefährlichere Weisen der Gewalt folgen könnten. Nach der Menschenvernichtung des Faschismus, nach dem Scheitern des Sozialismus, der seinerseits in Menschenvernichtung endete, siegte weltweit eine Marktwirtschaft und parlamentarische Demokratie, die zum einzigen („Mitte"-)Modell geworden das Stigma von Erpressung trägt, und die westlichen Gesellschaften selbst, unter dem Signum der Konkurrenz des Geldes um das Geld, fundamental umwandelt, möglicherweise sogar verkehrt. Sie führt in eine ungewisse, ihre materiellen wie ideellen Werte hingebende, ideenlose, es sei denn von Angst und Schrecken besetzte Zukunft.

Die Politik der Gegenwart des Westens, Europas, Deutschlands jedenfalls ist ohne Inhalt, ohne Ziel, ohne Vision. Ihre Inhaltsleere, ihre wechselweise Unterwerfung oder ihr Auftrumpfen ist eine Katastrophe, ein radikaler Einbruch, dessen Folgen unabsehbar sind. Die Politik wabert und macht sich gemein je nach Lage. Sie geht einzig und pur auf im Machterhalt der jeweils Handelnden, besonders jenen ersten Grades, und sie ist damit selbst zur großen Gefahr geworden.

Diese nicht dagewesene Lage der Welt und in ihr Deutschlands stößt uns auf fundamentale Fragen, solche, von denen angenommen wird, sie seien in (Wohlstands-)Demokratien nicht mehr vorhanden und in denen Gerechtigkeitsfragen als Voraussetzung produktiver Entwicklung auf einem Terrain der Größe von Schrebergärten, begleitet von bejubelten Kirchentagen für die Armen der Welt, verhandelt werden. Die Verbrechen des 20. Jahrhunderts, die hinter uns liegen, sind riesenhaft und allgemein, jederzeit im Bereich der menschlichen Möglichkeiten. Kaum einmal von einer Generation aufgenommen, lasten sie schwer auf einer vermeintlich nicht mehr von ihr berührten nachkommenden Gesellschaft, in den Seelen, Herzen und Köpfen. Größere Erschütterungen der Menschheit sind eigentlich nicht mehr denkbar. Sie sind meist nicht sichtbar und schwer fühlbar. Sprache kann sie nicht hinreichend fassen, jedenfalls noch nicht. Aber sie wirken und haben Folgen.

Die Existenz des Menschen heißt heute – nach einer Zeit des Waffenstillstands und des aus heutiger Sicht paradiesischen (Zwischen-)Reichtums – Verlust der eigenen Menschlichkeit, Ausgesetztsein, Inhumanität, existentielle Angst, Leben inmitten moderner Menschenvernichtung, einer gewalthaltigen Gesellschaft und der Wiederkehr unbewältigter Geschichte.

„Neu" an dieser Lage ist der zusammengeschweißte Zusammenhang und das Ineinsfallen von Terror, Krieg, Politik, Sozialkrieg, Geschlecht(ern), Familie und Wirtschaft, Religion und Kultur mit Geld, das keinen Wert und keinen Tauschwert mehr anzeigt, sondern selbst der Wertmaßstab für alles und jedes geworden ist. Neu ist die Verschmelzung von allen und allem im Jetzt, in einer Lüge – gegen Cash. Nur die Börse, solange sie, wie fragwürdig auch immer, läuft, bewahrt vor Explosionen, die wie ein Bombenteppich wirken würden.

Der Vorrat der Geschichte, der Vorrat der Revolutionen, die Europa in den letzten zweihundert Jahren prägten, ist erschöpft und verbraucht. Zugleich verengt sich hochgradig das „Drinnen" des „wertvollen" Geldes, während das „Draußen" des „wertlosen" Nichts sich ausufernd ausdehnt. So wächst für die Zukunft das Faktum einer „Tabula rasa" heran. Der Mensch, das Individuum kann sich als Mensch nur neu erfinden. Er muss es. Es ist sein Leben. Die Politik, das einzig kollektiv Gemeinsame des Menschen, können Menschen nur wieder und neu erfinden. Nur Menschen können Werte realisieren, sie friedlich leben und produktiv sein. Pluralität und Einheit können nicht ohne einander.

Wann und womit hat es angefangen? Die Rückstände in der deutschen Gesellschaft, auch in den anderen westlichen Gesellschaften, gehen bereits auf die 70er und 80er Jahre zurück. Die Politik der neuen Mitte, wie sie in den USA, in England und schließlich in Deutschland unter der rotgrünen Bundesregierung begann, hatte die Chance geboten, alte Versäumnisse aufzuholen und mit deren Lösung in die Zukunft zu greifen. Diese Politik bzw. die in ihrem Namen Handelnden haben ihre Chance grandios verpasst. In allen drei Ländern hat sie mehr als alles andere die Selbstabschaffung einer reformerischen Linken, die Veränderung der Politik zu einer Politik, die jeglicher Veränderung obsagt und einen opportunistischen Pragmatismus hervorgebracht, der nichts mehr wert, nur Ideologie der Affirmation des Abstiegs seiner Gesellschaften ist. Sie hat die historische Selbstdemontage des „Sozialismus" als einem alternativen Modell vollendet. Es war eine unfreiwillige Selbstaufgabe „der Linken", weil sie zur Überlegenheit (im besten und schlechtesten Sinne des Wortes) unfähig war. Das Scheitern könnte nicht größer sein, denn nicht aggressiv wollte sie sein, sondern die Überlegenheit der Aufklärung zeigen. Mit diesem Scheitern zieht die Linke an der Spitze der Gesellschaft diese mit in ihr Scheitern hinein. Zu Konservativen geworden, sind sie verantwortlicher als die Konservativen. Deren Zeiten zudem schon länger vorbei sind.

Die Politiken der neuen Mitten – allgemein geworden nicht nur in den westlichen Ländern, sondern auch in unter ihrem Einfluss stehenden Ländern wie etwa Lateinamerika – offenbaren lediglich, dass „das Problem" nicht mehr wie traditionell an den Rändern oder in den „Unterschichten", sondern in den Mitten ihrer Gesellschaften haust. Vermeintliche Auswege bieten nur noch gefährlich verrückte Einzelne und selbsternannte Retter der Welt der unterschiedlichsten politischen oder professionellen Star-Provenienz, die oft noch im selben Moment die größten Profiteure der kriegerischen Weltverfasstheit sind.

Unter Führung der neuen Mitten setzt eine schmerzlich doppelbödige und repressive Zeit ein, in der unsichtbar und unausgesprochen Kritik unter Verdacht steht und das Denken verboten ist, während offiziell mit ihr ertragreich gehandelt wird. Als Markenzeichen die Zivilität tragend, verwandelte sich diese über den Umweg einer Inszenierungs- und Pseudogefühlspolitik schleichend in Lüge und in subtile mörderische Leidenschaften. Ihr Ergebnis ist eine anscheinend ausweglose politische Ratlosigkeit, eine Ohnmacht und ein Fatalismus der Gesellschaft.

Ein Verstehen des Geschehens, Analyse und Erkenntnisgewinn sind unerlässliche Voraussetzung für jeden weiteren Gedanken an Verbesserung. Was sind die tieferen Ursachen des Geschehens, welchen Logiken folgt es, was sind seine übergreifenden gemeinsamen Merkmale und seine „Gesetze"?

Diese Fragen zu stellen, ist nicht zuletzt ein Resultat politischer Erfahrungen über die letzten 30 Jahre hinweg. Geboren aus der Nachkriegszeit, der Auseinandersetzung mit dem Faschismus gab es einen großen gesellschaftlichen Aufbruch in die Politik, der die Religion als Heilsbringer hinter sich ließ, und der der Aufklärung verpflichtet sein wollte. Heute ist die Politik, wie sie ist – ob in Regierung oder Opposition, gesellschaftlichen Institutionen oder Nichtregierungsorganisationen oder protestierenden Kleinorganisationen – kein Ort der Sammlung positiver Energien mehr. Politik ist ein zerstörter Ort geworden und ein zerstörerisches Tun. Ein Vakuum, das einstweilen immer weitere negative Energien auf sich zieht.

Um positive Energien einer Gesellschaft wachzurufen und negative wieder umzuwandeln, braucht es zuallererst der Kraft und des Sinns von Sprache, von Denken und von Ideen. Sie können das Licht anschalten, das eine aufgeklärte Gesellschaft verbreitet.

Gewaltige Veränderungen haben in dieser historisch schnellen und kurzen rund zehnjährigen Zeit der „neuen Mitten" als dem global dominanten Politikmodell der Herrschenden stattgefunden. Im Kontext der globalen Veränderungen ist die Gesellschaft tiefgreifend in eine andere Verfasstheit umgewandelt worden. Der Mensch ist – das ist der Kern – aus ihrem Leben externalisiert worden. Damit ist eine existentielle Veränderung des Lebens auf dem Planeten eingetreten. Politik hat sich dem Gesetz der Zerstörung unterworfen und ihre Bindung an die Ausgangswerte und -konstitutionen der Moderne aufgegeben. Die Gesellschaften befinden sich in fundamentalen Umbrüchen.

Mit dem sozialen Wandel, mit der Freisetzung des Individuums von seinen historischen Bindungen und dem Freiheitsstreben aller Weltenbürgerinnen und -bürger als Gleiche, mit der Globalisierung des kapitalistischen Marktes geschieht etwas Existentielles. Gesellschaft bisheriger Art und Ordnung löst sich in einer Weise und einem Ausmaß auf, die Menschen und Gesellschaften in ihrer Ganzheit bzw. Gesamtheit in Krisen stürzt. Das Geld macht gleich, was nicht gleich ist, weder historisch, sozial, politisch noch kulturell und schafft damit nicht nur neue Ungleichheit. Entscheidender ist, dass es den Mensch in seiner Qualität und als Bestimmer seines Geschicks von innen aushöhlt und verzehrt. Es droht ihn abzuschaffen, aus seiner Existenz sowohl herauszukatapultieren wie herauszusaugen. Es verkörpert einen Imperialismus, der abstrakt und hausgemacht ist, der inversiv und selbst- wie fremdkolonisierend wirkt und der Mensch und Gesellschaft in eine Erschöpfung und Implosion führt. Mit der Selbstaufgabe der Politik und ihrem Verschwinden handelten sich Mensch und Gesellschaft zugleich den Verlust ihrer Problemlösungsfähigkeit ein. Hilflos torkeln sie in ihrem Niedergehen herum.

Währenddessen ist mit der Globalisierung des „Kapitals" wirklich eine neue soziale Frage erwachsen. Wie organisieren Gesellschaften als immer schon Soziales *in* ihrer Auflösung als Gemeinschaften ein neues Soziales über Grenzen hinweg, nicht nur über nationale, sondern auch über soziale Unterschiede hinweg und als *in sich* globale Frage, die mehr als materielle Sicherung auch politische Machtfragen und produktive Qualitäten erfasst? Worin soll denn die universelle Freiheit und Gleichheit der Weltbürger liegen und wer soll für sie bürgen? Wie soll der Mensch sich selbst retten? Subjektive Faktoren haben in eine Heillosigkeit hineingeführt. Welche Subjektivitäten führen wieder hinaus?

Aus den (kalt)revolutionären Veränderungen heraus kann – muss – eine Perspektive der Humanität gewonnen werden, von der aus in die Entwicklung des Menschen und seiner Verbindung mit der ganzen Welt investiert wird. Das markiert die Zeitenwende und ein neues Weltverständnis. Alle Energien verwandelt ein solches Projekt unter größten materiellen, sozialen, politischen, kulturellen und künstlerischen Anstrengungen in Strategien der Liebe zu den Menschen, Lebewesen und Dingen. Mit ihm wäre eine Neuerfindung der Politik verbunden.

Diese Schrift versucht, das Geschehen analytisch zu durchdringen und einige wenige grundlegende Schlussfolgerungen zu ziehen. Sie bezieht sich auf die politischen Logiken, die das über oder unter dem konkreten alltäglichen Geschehen liegende Gemeinsame, Kollektive und Sachliche desselben ausmachen. Sie zielt auf die politischen Tiefenschichten und allgemeinen Erscheinungen und bemüht sich, einen Blick auf die grundlegenden Tiefenveränderungen zu öffnen.

Sie schöpft sich aus den Fakten des politisch gesellschaftlichen Tagesgeschehens, den Wahrnehmungen des Alltags, der Verfolgung der Handlungsorientierungen der gesellschaftlichen Kräfte, der Entwicklung der gesellschaftlichen Teilbereiche und insbesondere der Wirtschaft, Politik, Medien, Kunst und Kultur, der Wissenschaft, des Sports und Gesundheitswesens sowie aus besonders auffallenden Phänomenen des Zeitgeschehens jeglicher Art.

Sie versucht sich kritisch in einer anderen möglichst komplexen, stillen und sich Zeit nehmenden Realitätswahrnehmung. Wo Realität nur noch abgeschnitten im flüchtigen Punkt wahrgenommen wird, aber nicht mehr im Weltzusammenhang, nicht einmal mehr in Linien, weder in Bewegung noch im Bild(kontext), geschweige denn in der Geschichte, die in Wirklichkeit eingegangen ist, es sei denn als Geschichte für sich, als Skandalon, Machtanspruch oder Rückkehrangebot, wird die Gegenwart verdrängt und gibt es deshalb keine Zukunft. Diese Wahrnehmung ist selbst als eine der Weltlage geschuldete höchst interessensgeleitete Ausdruck und Teil der grundlegenden Krise – einer Erkenntnismethode, die Erkenntnis verstellt und verhindert. Allein aus der bisherigen zerteilenden Art der Erkenntnisgewinnung lassen sich nicht mehr jene Erkenntnisse gewinnen, die den Blick auf Mensch und Gesellschaft, auf die neue Welt, die entstanden und im Entstehen begriffen ist, hinreichend erhellen, um Aufklärung und Selbsterkenntnis zu ermöglichen. Erkenntnis selbst ist eine Herausforderung komplexer Wahrnehmung und Verarbeitung geworden.

Diese Schrift versucht auf der Basis sehr bescheidener Möglichkeiten zu analysieren, was Sache ist, die Zeichen der Zeit zu deuten und zur Orientierung zu bringen. Auf dieser Basis setzt sie auf Phantasie und Erfindung, um Problemlösungen zu ermöglichen und zu ihnen anzustiften. Das Aufregendste ist der menschliche Geist, der aus einem komplexen Ganzen entstanden ist, der die Welt neu erschafft. In ihm zeigt sich das Gesicht der Moderne, der Beschäftigung mit dem Neuen, dem Kommenden, einem Ausweg, der angelegt ist in der Gegenwart und der den Menschen aus ihren Wirklichkeiten entgegenkommt, bisweilen schneller als sie selbst sind, sodass sie ihm hinterher kommen müssen.

Kann man im Blick auf die Welt überhaupt noch etwas sagen? Das fragte sich die Autorin unendliche Male angesichts der unendlichen Dauerrede, dem Zer- und Wegreden heute, die die Sehnsucht nach Schweigen wecken und Stille verlangen, und angesichts der Bilderüberflutung, die mentale Aufmerksamkeit lahmlegt und Wachheit betäubt. Es hat lange und unzählige Schichten der Wahrnehmung und des Nachdenkens gedauert, bis sie es tat, nur subjektiv, neu – aus Erfahrung, Nähe, Distanz, Beobachtung, Theorie, kreativer Verarbeitung, Neuschöpfung und in persönlicher Sprache. Ausschlaggebend dafür war das Bedürfnis, der Unmenschlichkeit der Gegenwart fundamental zu widersprechen. Dieses Bedürfnis bezieht sich keineswegs nur auf die armen Armen anderswo, sondern es zielt aufs Eigene, welches sich schließlich stets aufs Andere ausstreckt, und es steht im Gegensatz zu den Behauptungen hierzulande, „uns" gehe es doch gut. Der Bogen mag groß sein, aber vor Ort fängt es an und vor Ort hört es wieder auf.

I Krise? Welche Krise? Zerstörung

1 Das Besondere: Das Ganze – der Zusammenhang selbst – in einer existentiellen Krise

Viel ist zum gegenwärtigen Zustand der westlichen Gesellschaften in den letzten Jahren gesagt und geschrieben worden. Es gehört zum Alltag, eine oder mehrere wie auch immer geartete Krise zu diagnostizieren. Namentlich und über alle hervorragend gehört dazu die Wirtschaftskrise, beliebt auch die Sozialstaats-, die Umwelt- und Wachstumskrise oder die Krise der Leistung der Bevölkerung, die Bildungskrise, die Kultur- und mentale Krise, die Krise der Volksparteien oder des Parlamentarismus, ursprünglich auch die allgemeinere Krise der Arbeitsgesellschaft oder die Krisendiagnose einer Risikogesellschaft schlechthin. (Dauer-)Krisen vieler Art selbst galten zunehmend als Normalität. Wurde dadurch kenntlich und fassbar, was unsere Zeit in ihren Potentialen und Verhinderungen ausmacht? Machen die Analysen greifbar, welche neuen Orientierungen für die wichtigen Gegenwartsfragen zu gewinnen wären?

In den öffentlichen Debatten wurden die Krisen in stetig neuen Varianten zumeist entschieden als Teilkrisen verhandelt und sogar noch dann, wenn zwar von gesellschaftlichen Krisen, jedoch nur im Fokus eines Themas die Rede war. Doch das macht nicht das Besondere dessen aus, was die deutsche, andere westeuropäische bzw. die westlichen Gesellschaften in den letzten fünfzehn Jahren und länger erleben. Auch sind es nicht die verschiedentlich angezeigten Katastrophen, die, heraufkommend, das Hervorstechende sind. Die Krise oder Krisen werden so wahrgenommen, wie es den zumeist teilenden und spezialisierten Sichtweisen auf sie und dem ihnen zugrunde liegende Weltverständnis entspricht. Doch diese Sichtweisen stoßen an Grenzen und erfassen nur schwer oder selten das wirklich Neue an der Lage von Gesellschaften und zumindest westlicher Welt. Sie laufen auf Spuren weiter, die auslaufen.

Das ändert sich, wenn eine Gesamtschau der Gesellschaft und ihrer Krisen, wenn eine *zusammenschauende und komplexe* oder *ganzheitliche* Sichtweise probiert wird. Auch wenn ihre Erfüllung eine Unmöglichkeit an sich darstellt, so eröffnet diese doch grundlegend eine andere Perspektive. Ganzheitliche Sichtweisen versuchen, auf Hierarchien und Vorherrschaftskämpfe der verschiedenen Erkenntnisse und Erkenntnisweisen, handelte es sich um die der Wissenschaften, Metaphysiken oder Künste, zu verzichten. Ohne nur eine Einzelne davon in ihren jeweils neusten Erkenntnissen außer Acht zu lassen, beachten sie diese in ihren Ergebnissen gleichermaßen, setzen sie in Bezug zueinander und beleuchten sie auf Korrespondenzen, Gemeinsamkeiten und Unterschiede, um eben daraus neue Erkenntnisse eigener Art und weiterführende Aufgabenstellungen in der Entwicklung der Welt zu ziehen. Sie verzichten, die Soziologie oder, noch älter, die Philosophie oder die Religion wieder in ihr Vorrecht einzusetzen gegenüber der zuletzt dominierenden Technokratie oder den Naturwissenschaften oder die Biowissenschaften oder Hirnforschung nun als allgemeines Paradigma zu erzwingen. Vielmehr setzten sie sie ins Verhältnis zueinander und suchten sie in ihrem Zusammenhang zu sehen und zu durchdringen, sie in ihren neuen gemeinsamen oder widerstreitenden Erkenntnissen zu verstehen, die Komplexitäten der Dinge zu erfassen und damit für *begründete* Orientierungen der Gesellschaften von heute und morgen zu erschließen.

Das Besondere der Krise oder Krisen der Gegenwart ist nicht ihre Normalität oder ihre Außergewöhnlichkeit an ihnen, sondern ihr Gemeinsames und ihr total Ergreifendes. Das „Ganze" ist in seinem Zusammenhang als sozialen Organismus in eine Krise geraten. Der Mensch ist in einer tiefen Krise. Und diese Krise ist eine existentielle Krise(nerfahrung). Diese Krise ist nicht Folge äußeren Einwirkens, vielmehr macht eine innere Auflösung und ein innerer Zerfall traditioneller Ordnung der Welt und ihre allgemein zerstörerische Dynamik ihr Merkmal aus. Der eigenartige Charakter dieser existentiellen Krise liegt in ihrem Selbstgemachten und Selbstzerstörerischen wie in ihrem Zwingenden zugleich. Diese Krise ist nicht Krise irgendeines (noch so dominanten) Teils oder von Teilen, wenn auch erstrangig Folge von Handlungen, die sich durch alle Teile hindurch ziehen, sondern diese Krise ist eine Gesellschaftskrise, ein Epochenwandel, eine Umwandlung schließlich von Mensch und Gesellschaft in einen anderen Grundzustand.

Sie ist entstanden in der Folge eines sozialrevolutionären, nicht zuletzt gewollten Wandels von Arbeits- und Lebensweisen der modernen Menschen, einem Wandel, der jedoch unter den gegenwärtigen Bedingungen ins Leere zu laufen sich anzeigt und eben darin die Krise des Ganzen selbst ausdrückt. Obwohl Mensch und Gesellschaft dem Wandel alles eben so sehr hingeben wie sie der Krise wehren, laufen sie aus, zeigen also das Ganze des Bisherigen als auslaufendes Modell an.

Die Krise ist nicht nur global im Sinne einiger über den ganzen Globus verteilter Großprobleme (wie der Armut, Aids, dem Klimawandel o. a.) oder im Sinne der Globalisierung der Märkte mit ihren sozialen Folgeerscheinungen. Die Krise ist global in ihrem komplexen Inhalt, in ihrer „inneren" Substanz, den Verstrickungen und Blockierungen dort, und in der äußersten Schmerzlichkeit der sich abspielenden Fermentierung. Das Besondere der Krise ist ihr alles erfassender und deshalb schon (sozial-)revolutionärer Charakter, den niemand zu machen scheint, sondern der nur erfahren wird. Kein Stein bleibt auf dem anderen, ohne dass mit Sinn und Verstand ein neuer Stein auf einem anderen landen würde. Die Menschen rasen wie blind und taub in ihre Zukunft, die vor ihnen nicht aufscheinen will.

2   Gesellschaftskrise

2.1   Sozialrevolutionärer Wandel – Nichts bleibt, wie es war, jetzt und sofort. Der Verlust ist umfassend und grundsätzlich.

Die westliche Gesellschaftskrise als Krise des Kollektiven, des Sozialen, des Menschen, dem, was Gesellschaft schlechthin ausmacht, ist es, die alle Teilbereiche von Gesellschaft in ihren jeweiligen Krisen zumindest in zusätzliche, mehr noch in grundständige Krisen bringt. Zuerst und im Zentrum von allem steht die Krise der Politik, die sich nicht nur durch die ganze Gesellschaft zieht, sondern die ihrerseits die Krise der Wirtschaft überlagert und übertrifft. Währenddessen entpuppt sich die Wirtschaft plötzlich als so abhängiger wie integrierter Teil des Sozialen und sie legt damit in ihrer Krise wiederum die Krise der Humanität frei und der Leitbilder der Gesellschaften, ohne die Entwicklung nicht stattfinden kann. In der Tat steht die Welt vor nie dagewesenen Konstellationen und Herausforderungen. „Globalisierung" bedeutet eben nicht nur globale Märkte, sondern eine globale gesellschaftliche Umwandlung von einem Zustand in einen anderen.

Die Veränderungen lassen sich schwer orten und ordnen, denn sie finden in die unterschiedlichsten Richtungen und in den unterschiedlichsten Weisen gleichzeitig statt, anscheinend chaotisch, paradox und anachronistisch. Viele Einzelanalysen können Erhellung bringen und tun es, eine Erklärung für den Gesamtzusammenhang sowie die wechselseitigen und durchdringenden Wirkungen ist damit noch nicht gefunden. Und doch ist gemeinsamer Stoff in den Vorgängen erkennbar, wenngleich die Perspektive des Blicks darauf stets notwendig spezifisch bzw. subjektiv begrenzt bleibt. Um welche Merkmale geht es, in welchem Kontext stehen sie zueinander und wie beeinflussen sie sich gegenseitig? Um wel-

che Krise von Gesellschaft geht es? Welche epochale Veränderung zeichnet sich
sozial, politisch, kulturell, mental und ökonomisch ab oder hat sich bereits vollzogen? Was bedeuten diese Veränderungen? Was ist an ihnen revolutionär?

Die Veränderungen sind so rasant, dass man es sich nicht hat träumen lassen,
und in ihrer Tiefe sind sie noch nicht erfühlbar und bis zu ihrem Ende noch nicht
durchdenkbar.

Die Prozesse der *Individualisierung* und der *Globalisierung* stellen *die beiden
Pole* dar. Sie schaffen auf der einen Seite das Individuum als kleinste gesellschaftliche Einheit und sie werden auf der anderen Seite den Vorrang des Individuums
für lange Sicht zu einer globalen Erscheinung machen. Sie binden auf der einen
Seite das Individuum mehr denn je an seine individuellen, immer „lokalen" Ressourcen und erweitern auf der anderen Seite den möglichen Erfahrungs-, Lern-
und Handlungsspielraum global, während es gleichzeitig von der Globalität der
Entwicklungshindernisse erdrückt zu werden droht. Sie fordern das Individuum
in ungekannter Weise heraus, lassen seine Möglichkeiten, eine Heimat für sich zu
finden, jedoch ebenfalls in ungekannter Weise wachsen. Eine äußerste innere Begrenzung im eigenen Selbst auf der einen Seite stößt auf eine äußerste äußere Erweiterung an Optionen auf der anderen Seite. Weder das Individuum noch die
Menschen-, Gesellschafts- und Staatenwelt sind jedoch auf eine derartige Bewe-
gungsmöglichkeit wie deren Verankerungsnotwendigkeit eingestellt. Ganz abgesehen davon, dass die traditionellen Mächte das höchste Interesse haben, ihre jeweiligen Schäflein an den eigenen Machtbereich zu binden und unter Kontrolle
zu behalten. Konträr dazu überkreuzen sich mit diesen die Freiheits-, Schutz- und
Rechtsbedürfnissen der Individuen.

Individualisierung und Globalisierung sind in ihrer Gewalt und Größe von
absoluter Dominanz. Sie unterlaufen in ihrer wechselseitigen Bezogenheit und
Abhängigkeit herkömmliche soziale und politische Strukturen und allemal alltägliche Lebenswelten. Sie lassen keine Chance auf Steuerung durch irgendjemand
bereits Bestimmten, auch nicht von der größten Regierungsmacht. Sie schaffen
eine Verbindung, die unentrinnbar ist, eine andere Art objektiver Macht, die jenseits von Herrschaft liegt, welche veränderbar wäre. Es gibt keine Einheit außer
jener des Weltzusammenhangs. Unter ihr – für die, die ihre Mechanismen auszubeuten verstehen – wächst die Möglichkeit zu unkontrollierter und unkontrol-
lierbarer Macht, deren Versuchungen zu groß sind, als dass die negativen Folgen von diesen abhalten würden. Globalisierung und Individualisierung schaffen
paradoxerweise alle Macht für jeden und keine Macht für niemand. Unter dem
einzig „einheitlichen" Verbindungs- und Zwischenglied in Gestalt von Geld und
Profit, welche sowohl in ihrer komplexen wie einfachen Dimension unfassbar geworden sind hinsichtlich ihrer Abstraktion, Größe, Menge und Zuspitzung, wirken sie wie ein Strudel.

Mit dem Prozess der Individualisierung und Globalisierung verwoben, schwinden, das eine das andere nach sich ziehend, gleichzeitig und hintereinander die traditionellen *Geschlechter*verhältnisse – welche, eingewoben in jede gesellschaftliche Grundordnung, und mindestens so fundamental wie die Beziehungen zwischen Kapital und Arbeit, die durch diese nun ungeahnt durchkreuzt, erweitert und verallgemeinert werden – zugunsten von Pluralität und Unterschiedlichkeit dahin. Diese Umstülpung der Verhältnisse hat nicht nur bis heute noch nicht annähernd erfasste rein quantitative Auswirkungen, sei es auf Arbeitsmärkten, in Stadtkulturen, Finanzhaushalten, Märkten u. a. m. Sie bringt das traditionell vorherrschende, vermeintlich starke Geschlecht aus der Fassung, versetzt es in tiefe Identitätsprobleme und ungelöste Lebensfragen. Sie stellt das aufsteigende Geschlecht erst vor die wirklich neuen, nämlich Erfindung verlangenden Herausforderungen und Fragestellungen von Emanzipation, Selbstbestimmung und politischer Gleichberechtigung. Für die Gesellschaften werfen sie die denkbar grundlegendsten Fragen überhaupt auf, nach Partizipation, Demokratie, Familie, Arbeit, nach ihrer Verfasstheit schlechthin. Sie führen auch nicht zurück ins Matriarchat, sondern bedeuten für alle Geschlechter, für die innere Struktur von Gesellschaften und jedem ihrer Teilbereiche, für das Selbstverständnis qualitativ neue inhaltliche Anforderungen. Mit der Veränderung der Geschlechterverhältnisse steht nicht nur die Ungleichheit von Freiheit, Macht und Ressourcen zur Disposition, sondern die Produktion und Reproduktion von Gesellschaft selbst ebenso wie die die ganze Gesellschaft durchziehende Arbeitsteilung, ihre Wirtschaftsweisen, ihre Generationenverhältnisse, ihre Kultur, ihre Lebensformen und ihr Normengefüge. Schon allein mit der Tragweite dieser Veränderung steht das Ganze vor gewaltigen Veränderungen und zur Neuverhandlung an.

Von hier aus hat sich schon die *Arbeit* in ihren bezahlten wie unbezahlten oder ehrenamtlichen Formen und ihre häuslichen, öffentlichen, privatwirtschaftlichen und tariflichen Organisationsweisen verändert, wie unsere Gesellschaften sie kannten oder noch meist kennen, und sie wird sich weiter ändern. Herkömmliche Grenzziehungen lösen sich auf, Hierarchien, Steuerungs- und Führungsweisen werden härter und weicher, zugespitzter, diffuser und flacher, anonymer, selbst- und fremdbestimmter zugleich. Was dem Bereich der „harten" Produktion zugewiesen wurde, verbindet sich untrennbar mit dem Bereich, der als „weiche" Reproduktion ausgezeichnet wurde. Es ist mehr als eine Addition, ein neues Amalgam. Bislang private und häusliche Arbeit verallgemeinert sich als öffentliche, bislang berufliche Arbeitsbestandteile werden zu persönlich-privaten, aber öffentlich erbrachten Leistungen. Die herkömmliche Trennung zwischen Beruf und Familie, zwischen privat und öffentlich, zwischen männlicher und weiblicher Arbeit, zwischen Rationalität und Emotionalität, zwischen Körper und Geist und deren vertikalen und horizontalen Hierarchien und Strukturen löst sich auf. Die

Funktions- und Organisationsweisen der Arbeit im Öffentlichen und Privaten haben sich längst angeglichen.

Die mindestens so große Veränderung kommt jedoch von der anderen Seite *jeder* gesellschaftlichen Arbeit selbst, wiederum in vielfältigen Bezügen verwoben mit der Veränderung der herkömmlich quantitativ und qualitativ ungleichen und hierarchisch strukturierten Arbeitsteilung zwischen den Geschlechtern. Die Handarbeit weicht der Kopfarbeit, die körperliche weiter der geistigen, und immer größere Anteile der Arbeit können mit den neuen Technologien der maschinellen Verselbständigung überlassen werden. Mit den neuen Medien wiederum verschiebt sich der Stellenwert des Wortes zum Vorteil des schnellen, eingängigen und einfachen Bildes bis hin zum unentwegt laufenden Kino, das sich in seiner unentwegten Wiederholung schon wieder fortwährend selbst verflüchtigt. Beides ist so verkürzt wie unendlich ausgeweitet und permanent im Fluss geworden, so simpel im Einzelnen wie komplex im Ganzen, so konsistent wie flüchtig. Es verschiebt sich die Arbeit von der Arbeit mit der Maschine zur Arbeit mit Informationen, Wissen und mentaler Steuerung, bevorzugt per Unterhaltung und Glaubensfragen, und hat sich von der Arbeit an Strukturen zur Arbeit an Kommunikation und Dienstleistung zur Arbeit am Mensch verschoben. Die verschiedenen Ebenen verschmelzen zu Hand-Maschine-Kommunikation-Mensch, wobei das letzte Element, der Mensch, der letzte Hort konkreter Arbeit ist. Arbeit im Allgemeinen ist komplex und abstrakter geworden, ohne dass die Bezüge zur tief gelagerten Produktion des Lebens, seiner unmittelbaren Bedürftigkeiten und Materialitäten noch erfahrbar oder allem Anschein nach gar gegeben wären. So wird die Arbeit geradezu das Gegenteil zu ihrem einstigen Selbst einer irgendwie gearteten handfesten materiellen Produktion, nämlich zum Bewegen an sich, zum Laufen im Hamsterrad, zu einer Art Wahnvorstellung, zum „Anschaffen" und zur reinen Phantasie, zum „Spin" oder „Spinnen". Von den Polen her betrachtet zeigt sich nicht nur im Ende der Industrie- und Arbeitsgesellschaft, sondern auch darin ein inhaltliches Ende der traditionellen Arbeit überhaupt, die jedoch nur von neuer anderer Arbeit abgelöst wird.

Schon diese Faktoren, Vorgänge und Prozesse implizieren *Migrationen und Durchmischungen* in vielfältigen Hinsichten. Damit sind noch nicht die weltweiten Migrationen zahlloser Menschen über die Arbeitsmärkte, die trostlosen Armutszonen der Welt und die unterschiedlichsten Kulturen hinweg erfasst, die wiederum weitere Durchmischungen erzwingen. In der Anpassung an die nackten und für die meisten im allgemeinen schlechten Existenzbedingungen des neuen Landes, sind sie oft zugleich mit dem Export ausgerechnet der ältesten Traditionen ihrer Herkunftsländer verbunden, reibt sich das Neuste mit dem Ältesten der Welt unter noch extremeren Bedingungen, als es durch den weltweiten Handel in den jeweiligen Ausgangsländern schon geschieht, während eine kleine globale

Elite im Konkurrenzkampf der Mächte die exorbitanten Normen der neuen Mischungsverhältnisse, der verlangten Veränderungen und Reformen und der Zielgrößen setzt. Die *demographischen* Veränderungen bringen nicht nur veränderte Reproduktionsbedürfnisse und Anforderungen der Gesellschaften zum Ausdruck, sondern sie implizieren ihrerseits weitere Migrationen und Durchmischungen in den Gesellschaften im Verhältnis von Jung und Alt, Jugend und Alter, im Verhältnis von vermeintlicher oder tatsächlicher Gesundheit und vermeintlicher oder tatsächlicher Krankheit, von Ausbildung, Bildung und Arbeit und deren Inhalt wie Dauer, in der Lebensdauer, der Lebensalter, insbesondere der Bedeutung der Kindheit und des Alters, der Strukturentwicklung der Länder und Regionen, der Stadtentwicklungen u. a. m.

Das Individuum erlebt außerdem eine Art Migration durch verschiedene Leben, die es in seinem Leben zu durchlaufen hat, und eine Durchmischung des eigenen Lebens in jeder Lebensetappe. Dieses Leben ist nicht mehr von einer linearen und anwachsenden Laufbahn gekennzeichnet ist, es ist nicht nur von Brüchen und Rissen durchzogen, nicht nur beschleunigt, verlängert und ausgedehnt, sondern jederzeit verdichtet und komplex geworden und von heute auf morgen jeweils neu zu finden. Beschleunigung und Ausdehnung, Verdichtung und Komplexität, Beschränkung und Grenzenlosigkeit, Flüchtigkeit und Unentrinnlichkeit – mehr und verschiedene Leben und Aufgaben quasi in einem Leben – sind allgemeine Kennzeichen heutiger Lebensweisen. Die Elemente der Veränderung des Lebens in der Gegenwart gegenüber der und in Relation zur Vergangenheit sind dabei zueinander sowohl befördernd wie gegensätzlich wie durchdringend. Sie erfordern nicht nur neue Orientierung, sondern gänzlich neue Orientierungsmuster und zwingt zu neuen Einheitsfindungen, wenn Leben nicht zerlaufen, zerreißen, implodieren, explodieren oder auslöschen soll.

Mit den erstgenannten drei grundlegenden und zugleich globalen Veränderungen wie den mit ihnen verknüpften bzw. auf sie folgenden Veränderungen geht ein Wandel sozialer Steuerung und ihrer Mechanismen einher. Die Verschiebung oder der Übergang verläuft von Steuerung durch die traditionellen Gruppenmächte zur Selbstbestimmung der Individuen und der einzelnen gesellschaftlichen Einheiten und wechselnden Begegnungen mit anderen nach Interessen, Zeit und Ort; von den direkten zu den indirekten, von offiziellen bzw. formellen zu inoffiziellen bzw. informellen, von strukturellen zu flexiblen, politischen zu persönlichen Steuerungsmechanismen. Permanente Grenzüberschreitungen und Grenzsuche finden statt. Es kommt dabei nicht nur und je nachdem sowohl zu einer Offenheit, Beweglichkeit und Punktualisierung als auch zu einer Unverbindlichkeit, Auflösung oder Willkür, sondern vor allem zu einer *Archaisierung der sozialen Beziehungen* mit den beiden Seiten, der Frische wie der Rohheit. Permanente direkte und indirekte soziale Kämpfe sind die Folge, welche mit allen

Mitteln und auf allen jeweils zur Verfügung stehenden Ebenen stattfinden. Aufklärung, Kontrolle und Rationalität als zivilisierende Elemente bleiben auf der Strecke. Es bleibt schließlich kaum ein Stein auf dem anderen.

Es verändern sich auch die Verhältnisse zwischen Mensch und Natur und seinen ökologischen Lebensbedingungen überhaupt, es zerfallen sowohl die herkömmlichen Beziehungen und Kontexte wie ihr Zusammenhang gerade darüber schmerzreich erfahren wird. Für viele, in vielen Regionen der Welt dominieren oft existentielle Verluste, Risse, Brüche. Damit ist des Menschen auf dieser Ebene liegende eigene *Lebendigkeit* durch die vom Menschen gemachte Welt der Gegenwart in dem Moment *infrage gestellt,* in dem es auf höchste Sinnesschärfe ankäme. Umweltzerstörung hält an. Energieverbrauch und Energieressourcen stehen in keinem, schon gar nicht in einem nachhaltigen Verhältnis zueinander. Seins-, Lebens-, Wirtschafts- und Ernährungsweisen des letzten Jahrhunderts haben das Leben verlängert, aber auch eine große Anzahl neuer massenhafter Zivilisationskrankheiten geschaffen, die Ausdruck eines tiefen anderen Mangels und fehlender Bedürfnisbefriedigung sind und gewaltige materielle Ressourcen verzehren, die für die Stärkung von Leben und Produktivität der Gesellschaften fehlen. Der Kontrollverlust ist doppelt doppelter Art. Zum einen ist das Leben der Moderne zunehmend dominiert von Abstraktionen, auf die die herrschenden Mächte zudem mit wachsender Kontrolle und Entmündigung der Bürger von oben reagieren. Zum anderen hat der moderne Mensch an Wahrnehmungs- und Steuerungsfähigkeit im Unmittelbaren und Elementaren eingebüßt, sie angesichts des Maßes an äußerer Versorgung nicht schulen müssen, zugleich haben sich mit der Moderne die nach innen wie nach außen gerichteten körperlichen, sozialen, psychischen und geistigen Bedürfnisse selbst gewandelt. Gigantischer Kontrollzuwachs von außen und subtiler Kontrollverlust von innen gehen Hand in Hand und tragen die Dynamik des selbstinduzierten anscheinend kaum aufhaltsamen Abrutschens in Vitalitätsverlust und Lebensunfähigkeit in sich.

2.2   Tiefenveränderung

Selbstverständlich vollziehen sich diese Prozesse nicht überall gleichzeitig und vollständig, sie dominieren jedoch die unter ihnen liegenden herkömmlichen Verhältnisse, selbst dann noch, wenn diese sich als sehr beharrend erweisen oder es sogar eine (vorübergehende) Rückkehr zur Tradition gibt oder gar, wenn Widerstand sich ihnen widersetzt. Gegenüber der Vergangenheit, gegenüber den einstmals in langen Auseinandersetzungen gewonnenen Regularien, Organisationen und Institutionen, gegenüber den gewohnten Lebenswelten stechen gravierende Veränderungen hervor:

Zunächst entfällt das Kollektiv, es entfällt „das Soziale", es entfällt der Zusammenhalt, der aus einstmals gemeinsamen „Sachen" - Bezügen zu Mensch, Gesellschaft und Welt - entstand. Es entfällt die Erfahrung eines Wir. In historisch neuer Weise steht „Einer" bzw. „Eine" allen anderen und der Welt in einer direkten Beziehung gegenüber und einem direkten Verhältnis zueinander. Zunächst steht damit „Einer" bzw. „Eine" der Wirtschaftswelt gegenüber, denn sie ist gegenwärtig die einzig vorhandene Teilgesamtwelt in Gestalt der Währung des Geldes, die jedoch ihrerseits eigentlich nur aus unentwegtem Abschneiden besteht. Herkömmliche Regeln, Strukturen, Institutionen, Organisationen sind nicht mehr stimmig. Sie sind von der Dominanz der Kollektive geprägt und haben keine Angebote für das freigesetzte Individuum. Die Einbettung des Menschen in seine Umwelt entfällt, der Mensch fällt aus der Welt, ihn befällt Verlorenheit.

Der Geschlechterunterschied ferner als jener Faktor, der zum einen quasi automatisch, so vermeintlich natürlicherweise wie durch die Herrschaft des Mannes den menschlichen Nachwuchs und somit existentielle Reproduktion garantierte, und der zum anderen den ober- und untergeordneten sozialen Status von Männern und Frauen bedingte und damit zugleich vom Grund ungleiche Beziehungen in die Gesellschaft setzte, der zuletzt noch einen Rest an kollektiver Identität und Orientierung ermöglichte, entfällt nach und nach mehr und mehr. Damit entfällt die hierarchische und zwingende Ordnung der Gesellschaft in ihrem Basis- und Kernelement der Familie. Freiheit und Freiwilligkeit im Zusammenleben wird zu einer Notwendigkeit. Es verallgemeinern sich Öffentliches wie Privates. Es verstärkt sich die individuelle Differenzierung in Produkten und Produktionsweisen ebenso wie in den Lebenswegen und Lebensformen wie im sozialen und politischen Status. Der Dualismus öffnet sich ins Multiple, Offene, Ganze und Komplexe. Jede und jeder hat zu unterschiedlicher Zeit und wechselnd gleichzeitig mehrere verschiedene Identitäten - oder jedenfalls die theoretisch unbegrenzte Option darauf, ist gezwungen zur freien Wahl des „Ichs", die in der Realität gleichwohl materiell begrenzt bleibt, obgleich diese Materialität sich potentiell erweitert und qualifiziert hat. Der Orientierungsverlust ist zunächst umfassend.

Auch wenn Technik gegenwärtig und künftig in jeder denkbaren Weise fort- und neuentwickelt wird, so wird des weiteren doch die Arbeit an der Maschine oder mit der Technik, selbst die hochwertige, von der Arbeit zur Erfindung und Steuerung des Ganzen, d. h. von der Arbeit mit dem Kopf, abgelöst. Damit wird menschliche Kreativität zur entscheidenden Ressource. Auf gewisse Weise werden alle Menschen Künstler - sie müssen es werden. Die Veränderung stellt die Verhältnisse der Arbeit vom Kopf auf die Füße. Zum Fokus des Arbeit, des Lebens und der Gesellschaft wird, nicht zuletzt im Kontext der Hirnforschung, das Bewusstsein. Zum Fokus wird allgemein und für die Arbeit das, was eine Gesellschaft mental im Selbstbild zusammenhält - ihr „Glauben" an sich und den Menschen, wie immer dieser sich ausbuchstabieren mag. Das Bild der Gesellschaft von sich und dem Mensch wird über ihre Produktivität und ihren Reichtum entscheiden.

Seinen zugespitzten Ausdruck findet dies in der Tatsache, dass sich mit den neuen Kommunikationstechnologien und den bildgebenden Medien vor alle andere Wahrnehmung das *Bild* geschoben hat und zwar dasjenige, das den Menschen am schnellsten und tiefsten erreicht – das einfache Bild, das schnelle Bild, schöne Bild, das gefühlvolle Bild, das gefällige, suggestive und verführerische Bild, das laufend gemachte, das bewegte und bewegende Bild, das systemisch manipulierte und inszenierte und als solches potentiell immer trügerische Bild. Zu Anfang steht ein Bild von etwas, das die Menschen sich machen, woran sie glauben und das zu ihrer Leitvorstellung wird. Es ist als solches Bild eine Festlegung sehr enger Art und doch nicht fest, sondern, weil jederzeit austauschbar, leer und hungrig machend, obwohl die Welt für den Menschen groß und weit geworden ist. Es ist ein Bild, das dem kurzen, nicht-diskursiven, quasi befehlendem Wort, der Parole, dem „to do" entspricht. Wo es keine „Erklärung", keine Kontrolle oder Steuerung der Welt, auch nicht ihr „Machen" zu geben scheint, liegt darin eine Auslieferung an ein Nichts.

Diese Veränderung verändert auch die konkrete Arbeit der Menschen in ihren inhaltlichen, organisatorischen und sozialen Anforderungen und Profilen. Jene lohnabhängige Massenarbeit, wie die westlichen Gesellschaften sie in den letzten zweihundert Jahren ausgebildet haben, wie sie einfach, gleichförmig, maschinell, normiert, berechenbar, unter einem Dach, mit der eigenen Hände Kraft und sei es in gewandelter Form leicht im Büro stattfand, schwindet in großem Umfang. Sie existiert als massenhafte Arbeit höchstens in Gestalt von Dienstleistungsarbeit jeder Couleur neu und weiter, welche ihren Charakter darin findet, sich an Bedürfnissen anderer auszurichten, personenbezogen, menschennah, individuell, intim, ungebunden-wechselnd, kunstvoll zu sein. Sie dient der Verbindung zwischen Mensch und Gesellschaft oder dem Fluss der Dinge und Mächte und ist darin beide Male auf unterschiedliche Weise „menschlich-maschinell". Die sonstige übrig bleibende Arbeit ist dauerhaft anspruchsvollste, ständig auf neue Anforderungen eingehende, lernende höchste spezialisierte Facharbeit in freilich allgemeinen Kontexten. Jede Arbeit wird – so abstrakt vor- und fernbestimmt sie sein mag – vom Einzelnen primär Selbstführung verlangen. Sie wird ihre Berechenbarkeit verlieren und sich ins vorab Unberechenbare verschieben. Sie ist voraussetzungsvoller und komplexer als herkömmlicherweise. Sie teilt die Gesellschaft in eine Elite und von ihr abhängige, machtlose, dienende und gläubige Masse Einzelner.

Die umfassenden Migrationen und sozialen Durchmischungsprozesse lassen zudem bisherige soziale Identitäten, Lebensentwürfe und kulturelle Leitbilder obsolet, unbrauchbar und sinnlos werden. Gleichzeitig klaffen die gesellschaftlichen

Realitäten in einer für überholt geglaubten Weise zwischen Arm und Reich auseinander, sei es materiell, kulturell oder sozial. Was auf der einen Seite Gier oder
Ressentiment auslöst, lässt auf der anderen Seite weit(er) in die Vergangenheit
zurückgreifen, um sich dort der Orientierung und Ordnungsmuster zu bedienen. Während auf der einen Seite mit Haben- oder Niedermachenwollen auf Begründungen verzichtet werden kann, ist auf der anderen Seite qualitative Substanz
aufgrund der Überlebtheit von Identitäten und Strukturen nicht mehr vorhanden. Der Handel wird mit leeren Hülsen und vernichtenden Etiketten betrieben.
Orientierung in der Gegenwart und für die Zukunft wird zum Griff in die Leere
überhaupt, wo polare, lineare oder hierarchische Fortschreibungen schlechthin
die neuen Komplexitäten und fremden Herausforderungen nicht zu fassen vermögen. Die bisherigen Wege werden zur Sackgasse, in der sich die, die sie begehen, selbst zu ersticken drohen. Der Ort des Lebens in Gegenwart und Zukunft
ist unbekannt, er will erst wahrgenommen und erfahren, erkannt und neu gebaut werden.

Soziale Verbindung, gesellschaftlicher Zusammenhalt und Geschichte muss
nun permanent und fließend per Kommunikation hergestellt werden. Kommunikation wird zur eigentlichen neuen einfachen und gehobenen Massenproduktion
und zur Arbeit, die für die Gesellschaften das wichtigste Binde- und (Über-)Lebensmittel herstellen wird, mehr als alle Festlegungen es je könnten. Gleichwohl
wird ein neues grundlegendes Maß an gesellschaftlichen, auch globalen Regularien und Festlegungen – d. h. an gesellschaftlichen Materialitäten – unerlässlich
sein, wenn diese Kommunikation bzw. Verbindung einen reellen Anker finden
und damit auch wirklich wirken soll, anstatt unwirklich zu sein, wie ein Rauschen,
wie ein Rauschgift, wie ein Surrogat für etwas. An die Stelle einer feststehenden
sozialen Ordnung und Verordnung, sei sie herrschaftlich oktroyiert oder demokratisch legitimiert, wird das Auffindens eines das *Ganze* tragenden materiellen
Fundaments und die permanente Produktion eines komplexen Sozialen selbst aus
Worten, die Taten sind und immer wieder neu zu solchen werden, treten.

Menschliches Leben und Weiterleben sowie individuelle und gesellschaftliche
Entwicklung finden des weiteren – wenn nicht früher, so doch später – nicht mehr
einfach quasi von alleine statt. Sie sind nicht nur von komplexen Existenzbedingungen abhängig, sondern zuletzt insbesondere vom Wohlergehen und Glück der
einzelnen Menschen und vor allem von der Verfügung über ihr eigenes Leben.
Eine solche Verfügung haben die einen in den sich umwälzenden Gesellschaften
im Übermaß, weshalb sie, ohne Glück zu haben, überdreht Maß und Richtung
verlieren, und die anderen immer weniger, nämlich nur noch isoliert per ständig kleiner werdendem Stück, sodass sie nicht einmal Maß oder Richtung wählen
und einschlagen und allemal ihr Glück nicht finden können. Es zeigt sich darin
eine in sich selbst zusammenfallende Entwicklungsdynamik. Ein zu erwartender

Profit oder Vorteil kann unter diesen Vorzeichen die Antriebskraft für Produktivität nicht mehr bilden, sondern nur ein immer scheiterndes „Leben" offenbart noch die Lebensbedürfnisse und enthält versteckt die Ressourcen zur Freisetzung neuer Kräfte.

Schließlich sticht das alles und jeden durcheinander werfende und sich verhängnisvoll verknotende Globale der Veränderungen hervor. Wo Migration und Durchmischung allumfassend erscheinen, lösen sich Herkunft und herkömmliche Verhältnisse in einem Maß auf, das der Welt an Boden entzieht, auf dem sie sich bewegen kann. Wo allein Beschleunigung und Ausdehnung, Verdichtung und Komplexität des Daseins herrschen, erreicht die Welt ihren toten Punkt und damit den Stillstand einer jeden ihrer Sachen. Wo die Archaisierung der Lebensverhältnisse bis zu ihrer völligen Zerstörung vordringt, kann ein Neuanfang kaum mehr stattfinden und wird jede Neugeburt zum Phantom. Wo nur noch Komplexität zu bewältigen ist, kann einfaches Handeln nicht mehr stattfinden. Die globalen Entwicklungen zwingen so zu einer bewussten Entscheidung für neue „gute" Einfachheiten.

Wo nichts bleibt, wie es war – bis dato eine Erkenntnis, die sich auf lange historische Zeiträume erstreckte – nun jetzt und sofort, in einer Zeitspanne von zwanzig bis dreißig Jahren, darf mit Fug und Recht davon ausgegangen werden, dass Gesellschaft und Gesellschaftssystem in eine grundlegende Krise – paradoxerweise unmerklich und schleichend – stürzen. Der Verlust ist umfassend und grundsätzlich. Gesellschaft selbst löst *sich* auf. Soziale Verbünde entstehen neu über die Tätigkeit von Menschen. Aber der Gang der Tätigkeiten als solcher scheint zunächst unterbrochen und die Welt dreht sich im Leerlauf, im denkbar modernsten und technisch versiertesten Hamsterrad, während sich eine Handvoll Weltenherrscher ins Außerirdische abgesetzt zu haben scheinen, um höchstens spät noch einmal als Weltenretter zum letzten Ruhm auf der Erde Station zu machen. Der Realitätsverlust ist auffällig allseitig. Wie eine tiefe Bewusstseinsstörung führt er zu lebensgefährlicher Selbst- und Fremdgefährdung und verschlingt riesige menschliche Opfer.

Die produktiven Potentiale, die in der Veränderung der Welt liegen, können nicht genutzt und ausgeschöpft werden.

2.3   Ökonomisierung – Der Motor des Wandels

Die Ökonomisierung allen gesellschaftlichen Geschehens muss als Motor des umfassenden sozialen Wandels verstanden werden. Sie scheint so „gut" wie „schlecht" wie letztendlich „dumm". Das Seltsame liegt schon darin, den Begriff „Ökonomisierung" nicht nur zur Beschreibung eines Tatbestandes zu gebrauchen, sondern wie ein Wesen, wie einen Akteur. Die Ökonomisierung scheint etwas so Einheitliches wie etwas Zerteilendes, etwas notwendig Progressives wie Zweischneidiges und extrem Widersprüchliches, wie etwas Paradoxes und im Ganzen Sich-Selbst-Aufhebendes zu sein. Ihre Logik ist rein und kalt und doch geht sie nicht auf. Sie bringt schlussendlich nicht das Ergebnis, das sie zu bringen verspricht, nämlich Wohlstand, gar allgemeinen, gar gerecht verteilten Wohlstand. Sie gibt sich als mathematische Logik, als Rationalität und Objektivität, vereinfacht sich auf Zahlen und autonome Eigenmechanik. Sie verkürzt sich auf einen Tausch zwischen zwei vermeintlich gleichen Teilen, Leistung und Gegenleistung, frei von Bewertungen und Werten. Sie exkulpiert sich von allen sozialen Zusammenhängen. Sie tut „unschuldig", was ihre Sache ist. In ihrer alles andere ausschließenden Allgemeinheit ist diese Logik etwas zuletzt Absurdes, selbst wenn von jeder Wertung abgesehen wird. Sie stößt – hoffentlich – doch noch auf kraftvoll leben wollende „Humanressourcen", auf Menschen, auf jene Subjekte, die das Kapital zu seinem Zweck haben will, um sie als Humanum abzuschaffen. Diese Logik scheint so segensreich wie verheerend, solange sie sich nicht aus sich heraus erledigt. Sie will, so kalt und rein, wie sie ist, verstanden werden, um im Verstehen verständnisvoll den so entmachteten wie verantwortlichen Menschen gegenüber überwunden zu werden und ihrem Wesen zuwiderlaufende Schlussfolgerungen wieder ziehen zu können.

In der folgenden Darstellung werden die Logiken der Ökonomisierung durchgespielt, um ihren Charakter zu verstehen und es soll dabei auf jene Faktoren abgehoben werden, die *neu* sind oder *nicht realisiert* werden.

Der soziale Wandel mit seinen sozialrevolutionären Veränderungen und die in der Folge auftretende Krise des Ganzen in dessen innerem Zusammenhang und globalen Kontext werden – nach dem Fall des Eisernen Vorhangs – von der mit der weltweiten Ausbreitung der kapitalistischen Märkte verbundenen Ökonomisierung aller gesellschaftlichen Verhältnissen angetrieben. Der Vorgang an sich ist nicht neu, er kommt in der Gegenwart in seiner inneren und äußeren Grenzenlosigkeit höchstens zu einer Vollendung und wird zu einer echten Allgemeinheit. Diese Ökonomisierung schließt alle bislang ganz oder teilweise extraordinären Lebensbereiche ein, andere Staatsformen und Systeme, den Staat selbst wie alles Nicht-Staatliche, Gesellschaftliche und Private, Materielles wie Immaterielles, Kultur, menschliche Beziehungen, immaterielle Güter bzw. unbezahlte Arbeiten wie Liebe, Aufmerksamkeit, Fürsorge, öffentliche Güter wie Bildung, Gesundheit, gesellschaftliche Versorgung, zivile oder gemeinnützige Organisationen und Institutionen, Religion, Wissenschaft, Kunst u. a. m. Kein Bereich bleibt ausgenommen. In der Folge passen historische Koalitionen, die zwischen kapitalistischen Märkten und ihren sie umgebenden sozialen Verhältnisse entstanden waren oder sich neu herausgebildet hatten und die ihn förderten und entwickelten, nicht mehr zueinander. So fügen sich herkömmliche (Klein-)Familie und Kapitalismus nicht mehr zueinander, es sei denn Familie wird zum Kapital und Unternehmen, womit freilich ein Abschied von Freiheit und Liebeswahl-Modell einhergehen. So beziehen sich Kapital und Arbeit nicht mehr zwingend und noch in ihrem Antagonismus aufeinander, die Beziehung zwischen Unternehmern und Lohnabhängigen wird von der Beziehung zwischen Kapital und Geld bzw. Humankapital bzw. dem Mensch in seiner Ganzheit abgelöst. Schließlich lösen sich die Beziehungen zwischen Marktwirtschaft und Demokratie und sozialen Sicherungssystemen, erst recht dem Sozialstaat auf und mit ihnen eine Idee und Praxis von Politik, die sich an inhaltlichen Zielen und legitimierten Gestaltungen von Gesellschaft orientiert, ja an Politik überhaupt.

Ökonomisierung könnte an sich in der Tat als neutral gelten, so wie sie in Wirtschaft, Gesellschaft und Politik meist in Zahlen, Daten, Diagrammen, Quoten und Statistiken an sich verhandelt wird, fände sie nicht immer in einem konkreten Kontext statt und wäre nicht jeder materielle Wert auch eine Wertsetzung. So bringt die Ökonomisierung und Vermarktung nicht nur von Waren und Dienstleistungen sowie Arbeitskräften, sondern von jeder Tätigkeit, jeglichen Verkehrs und Geschehens sowie aller gesellschaftlichen Verhältnisse und Beziehungen eine gigantische Ausweitung von Märkten und der Begegnung von Menschen, die jedoch in ihrem Sozialstatus sehr ungleich sind. Merkmal dieser Märkte ist zugleich ihre Unausweichlichkeit und prinzipielle Allgültigkeit wie ihre Willkürlichkeit und Machtgetränktheit. Die Begegnungen jedweder Art finden unter aufgezwungenen Bedingungen einerseits statt und bedeuten im gleichen Moment den befreienden Akt im Zugang zu ihnen andererseits. Sie bedeuten eine Beziehungnahme, ein In-Beziehung-Setzen, ein Miteinander-in-Bezug-Stellen sämtlicher Aspekte menschlichen und weltlichen Lebens. Es ist ein so sehr einheitsschaffender Vorgang, eine Beziehungsstiftung zwischen allem und jedem, wie er endlos zerteilend nur und ausschließlich über eine Dimension sozialen Austausches stattfindet, nämlich über die des Geldes, seines Flusses und seiner Vermehrung, in der dabei das „Ganze", *alles* Mittel zu dessen Zweck wird. Es gibt für jene Beziehungsstiftung bis heute nur ein allgemeines und anerkanntes Tauschmittel, nur eine Methode, eine Rechnungseinheit, die es eigentlich in sich hat. Es verselbständigt sich sogar das Geld selbst und löst sich von jedem Wert und Profit. Was tatsächlich ein komplexes und multiples, kontextuales und historisches Geschehen ausmacht, wird mit quasi objektiver Gewalt auf eins in Raum, Zeit und Ergebnis – jetzt, hier, sofort alles, fortlaufend und immer reduziert, während bisher obwaltende Regeln außer Kraft gesetzt werden. Es handelt sich um eine denkbar scharf einschneidende Vereinfachung einer sehr kompliziert gewordenen Welt, die noch in jedem Moment die politische Ordnung selbst verändert. Die Wertbestimmung für den Verkehr jedweder Art erfolgt dabei notwendig immer von bestehenden Machtverhältnissen her. Es geht in sie so immer weniger und irgendwann gar nicht mehr der objektive Wert von etwas ein, das sich an Sachkriterien des Aufwandes, der Zeitdauer, Qualität, dem Bedarf etc. bemessen lässt, sondern wer, wann, mit welchem Interesse die Bestimmung dessen entscheidet. Wertbestimmung wird zum Akt der Willkür. Dieses Geld behält jedoch auch hier noch einen objektivierenden und demokratisierenden Faktor, der neue Qualitätsfindungen ermöglicht, falls und wenn einmal *alles* inkl. des sogenannten Privaten durchgerechnet und in Bezug zueinander gesetzt wird. Man kann im Übergang von militärischer und politischer Herrschaft und Machtausübung zur Herrschaft des Geldes und zum Rechnen immer noch einen Fortschritt erkennen, denn, obwohl letztere in ihrer Zahlenobjektivität nicht weniger brutal in den Wirkungen sind bzw. sein können, so machen sie eine Sache doch anders prüfbar und sie lassen, falls dies geschieht, eine Lücke für etwas Neues, weil die Rechenfehler offenbart werden. Zum Problem wird der Vorgang, wo erneut und neue politische Macht ins Spiel kommt und zugleich kein machtfreier Raum mehr existiert.

Zum Problem wird diese Ökonomisierung dort und dann, wo unter ihrer Hand statt Produktivität unerkannt Fremd- wie Selbst-Ausbeutung herrschen und diese Art Profiterwirtschaftung *allgemein* geworden sind und ins Verhalten aller gesellschaftlicher Einheiten bis hinunter zum Individuum seinen Eingang gefunden haben. Dies geschieht, wie darzustellen sein wird, über die Veränderung der Arbeit selbst und der Stellung des Menschen in ihr, welche eine neue soziale Frage ganz eigener Art hervorbringt. Es ist jener Moment, in dem allem Innovationswahn zum Trotz, der nur noch vermeintlichen oder tatsächlichen weiteren Variantenreichtum desselben bereits Vorhandenen liefert, keine neue Produktion mehr stattfindet. Zum Problem wird diese Art Ökonomisierung, wenn es kein Außerhalb, kein Anderes, kein Mehr zu ihr mehr gibt und alle an ihr mitwirken, je unterschiedlich und stark, aber im gleichen grundlegenden Mechanismus, anstatt je anders individuell zu handeln, jedenfalls in einem solchen Ausmaß, das die Lücke für Neues immer kleiner werden lässt, bis sie ganz schwindet. Der Mechanismus selbst, der als abstrakter und objektivierter wirkt und als berühmter Sachzwang erfahren wird, bindet jede und jeden ein, und kennt als Alternative nur den sozialen oder im Grenzfall auch körperlichen Tod.

In der Verselbständigung nur eines abstrakten Mechanismus, der als abstrakter Mechanismus und quasi maschinelle Logik die „totale" Herrschaft gewinnt, liegt die Falle. Unter ihm bzw. ihr liegt ein Untergang menschlicher Lebendigkeit. Am einen Ende dieses Mechanismus wird der Mensch in großer Zahl herausgeworfen, je einfacher er ist, umso mehr, um vom gleichen Mechanismus am anderen Ende wieder hineingefügt zu werden. Dieser wieder eingeführte Mensch wird dann die hochentwickelte Humanressource als Arbeitskraft der Zukunft genannt. Der Mechanismus selektiert die „richtigen" von den „falschen" Menschen, die funktionierenden von den dysfunktionalen, die Minderheiten von den Mehrheiten, jene, die als vermeintlich „effektiv" nur noch „gebraucht" werden. (Bis man anschließend den demographischen Wandel und das veränderte Geburtenverhalten der Bevölkerung feststellen muss und nach dem neuen, aber immer noch vor allem „richtigen" Nachwuchs zu rufen beginnt.) Das Problem liegt dazwischen und es ist größer als gedacht, größer auch als Millionenzahlen von Erwerblosen suggerieren: was ausgelutscht, ausgetrieben, ausgeworfen wird, ist nicht nur der überflüssige Mensch, sondern auch die Menschlichkeit des Menschen. Es vollzieht sich von innen wie von außen, durch Fremd- wie Selbstbeeinflussung, auf jeden Fall von „selbst" oder wie von selbst, ohne äußeren Zwang. Der Zwang ist dabei nach innen oder nach fernab verlegt, er ist auf jeden Fall unsichtbar, kaum wahrnehmbar, nicht greifbar, in Herkunft und Folgewirkungen nicht verfolgbar.

Dieser Prozess der Ökonomisierung wäre jedoch tatsächlich nicht denkbar ohne die handelnden Menschen und deren Lebenskontexten. In der Wirklichkeit zeigt er die Wirtschaft deshalb als keineswegs selbstständigen Teil, sondern als untrennbaren Teil des Sozialen und damit auch als unmittelbaren Teil der politischen Machtordnung der Gesellschaften. Die Ökonomie zeigt sich gerade in ihrer äußerlichen brutalen Vereinfachung und Reduktion so selbst als pure gesellschaftliche Komplexität. Wenn sich große Konzerne und Firmen längst zu buchstäblichen Gesellschaften umgestalten, wenn sie sich in ihrem Marketing durch Sponsoring für das allgemeine Wohl und Gute legitimieren, so haben sie sich längst selbst für das Politische der Ökonomie sensibilisiert und an neuer Stelle wieder aufgebaut, freilich unter der eigenen, vom Ganzen abgekoppelten Wertsetzung. Ohne das Politische und ohne Politik *in* der Ökonomie könnte der Mechanismus nicht wirken. Das Handeln der Menschen in dieser Ökonomie wird selbst zur puren Politik, sofern es in jedem Akt auch soziale und gesellschaftspolitische Beziehungsstiftung und Machtsetzung wird. Um dieses Politische in der Wirtschaft geht es, wenn das gesellschaftliche Problem identifiziert und gelöst werden soll. Das Politische selbst hat sich jedoch auch gewandelt, (worauf noch einzugehen sein wird.) Mit der Individualisierung und Globalisierung ist das Politische privatisiert und das Private politisiert, auch dies ein Vorgang einerseits der Demokratisierung und der Schaffung von Transparenz, jedoch andererseits nicht minder ein alles verzehrender Schrecken der Aufhebung jeglicher Unterscheidungen und Unterschiede, mit dem die politische Ordnung selbst verändert und umgestaltet wird. Die Ökonomie ist von dieser neuen Art der Politik durchzogen, sie hat von ihr profitiert und sie droht am Ende selbst Opfer dieser Veränderung oder Opfer ihrer selbst zu werden, weil in ihr alles Gesellschaftliche zusammenfällt – im doppelten Sinn des Wortes.

Die Probleme der Ökonomie und Ökonomisierung liegen deshalb in ihren Inhalten, die zu materiell mächtigen Werten werden, und von hier aus in der Art ihrer Beziehungsgestaltung, in den sich darin zeigenden Machtverhältnissen und in dem, ob, was und wie wirklich produziert wird.

Die Ergebnisse der eindimensionalen Logik dieser Ökonomisierung inmitten höchster Komplexität liegen auf der Hand, würde diese nach ihrem eigenen bisherigen Gesetz weiterfunktionieren: Sie führte zu einem bloßen und völligen Ressourcenverzehr. In ihr schiene die Materialität des Lebens schlechthin aufgehoben. In ihr würden keine Werte mehr produziert, in ihr gäbe es keine Werte und somit keine Orientierung mehr. Kreativität wäre ihr alles, während die Bedingungen für sie unterhöhlt wären. In der Folge gäbe es „Leben" nur an den äußeren Rändern dieser Ökonomisierung oder im „Gegensatz" zu ihrer Natur, nur unauffindbar „heimlich" und nach außen „ableitend", unter soviel Verstellung wie Verbiegung der Menschen, wie es von der Fülle der Dominanz der Ökonomie erzwungen würde bzw. unter ihrer Irrealität nur noch möglich wäre. Damit verschwände der Mensch aus ihr einfach, er wäre herauskatapultiert und eine weiter sinkende Geburtenrate nur die logische Folge. (Früher oder später müsste die Verunmöglichung menschlichen Lebens und menschlicher Lebendigkeit zu Explosionen im unbewohnbaren Außerhalb dieser Ökonomie oder zu Implosionen im entleerten Innern oder beidem führen.) Diese Ökonomie erledigte sich selbst, da sie ohne „Humanressource" nicht sein kann. Es zeigte sich ein Paradox: Der mit der Individualisierung verbundene Machtzuwachs des/der Einzelnen, für das Individuum brächte zugleich die Entlassung des/der Einzelnen in *alle* existenziellen Risiken, die zu bewältigen für den Einzelnen unmöglich ist. So führte die Ökonomisierung in eine Transformation von Gesellschaft, von Vielem und von Vielfalt, von Reichtum, der als wirklicher Reichtum immer komplex wäre, die sich diesmal im Abwärts hierarchisch von oben nach unten strukturiert auf Eins reduziert, um von hier zur Null zu werden und nichtig zu sein.

3 Entwicklungslogiken, Ordnungsverlust und deren Grenzen

3.1 Implosionen

Ließe man diesen über die Menschen wie eine Naturkatastrophe hereinbrechenden Entwicklungen ihren Lauf, dächte man die Prozesse der Ökonomisierung zu Ende, folgte man dabei gar gläubig den mit ihnen einhergehenden Ideologisierungen des Geschehens und mehr noch ihren Ideologen, in welcher Art Ordnung würde man sich wiederfinden?

Würde die Ökonomisierung, in die das politische Prinzip nun überall unmittelbar eingewoben ist, als Prinzip pur herrschen – und dieses Prinzip dominiert gegenwärtig noch da, wo der Staat weiter handelt, sofern er nach dem gleichen Prinzip handelt, was er nicht nur in den USA, sondern auch in den westeuropäischen Ländern weithin tut – so würde nicht mehr die Politik die Ökonomie in welcher Weise auch immer beeinflussen oder gar ihre Rahmenbedingungen gestalten, sondern aus der Ökonomisierung fortschreitend eine neue politische Ordnung hervortreten. Diese neue Ordnung würde die konstitutiven Grundlagen der politischen Demokratie Deutschlands nach dem 2.Weltkrieg, bei allen Unterschieden im Einzelnen aber auch des Westens insgesamt, umkehren und dabei zuallererst den bisherigen und historisch einmaligen wirtschaftlichen Wohlstand der westlichen Gesellschaften aushöhlen. Diese neue Ordnung ist in vielem bereits seit längerem erkennbar:

Sie trägt in ihren bis dato aufscheinenden Zeichen das Gesicht eines so erschreckenden wie leeren Neofeudalismus, hinter dem Unterwerfung und Herrschaft in einem zusammenfallen. Diese Ordnung, so unausweichlich sie scheint, hat keine Autorität und wird im Zweifel nach Opportunität gewechselt, um bald das Prädikat Ordnung überhaupt zu konterkarieren und bloß einem Sumpf zu gleichen. Sie beruht auf keiner gesicherten Leistung mehr, eher auf einer gelungenen Herstellung einer Scheinwelt, die sich mit wachsendem Tempo abnutzt. Sie zeigt sich als hoch instabile Gesellschaft der jeweils neusten Reichen, ob aus Medien, Showbusiness, Wirtschaft, Kunst, Sport oder Politik, den just Prominenten als Vorbildern und Stars als Weltenrettern, die als Meritokratengesellschaft zu bezeichnen schon euphemistisch ist. Sie mag auf einer bestimmten Ebene noch eine Ordnung der Gleichheit sein, aber ohne irgendeinen Inhalt hebt sie sich ins eigene Gegenteil auf. Sie zeigt sich als eine haltlose Ordnung.

In dieser Ordnung würden Freiheit, Macht, Güter, Besitz, Bildung, Rechtsgüter wieder – und zwar endlos in ihrer sozialen Aufsplitterung – nach dem Ausleseprinzip der „Leistung", die sich auf das Mithaltenkönnen in dieser Art Glaubens-Gesellschaft bezieht, ungleicher sein. Das Ausmaß der Privatisierung von Beziehungen würde auf die Dauer hinter jede Gesellschaft als organisches Gefüge zurückgehen und damit noch hinter die Moderne zurückfallen. Diese Ordnung würde – modellhaft gedacht – sogar quasi hinter die Geschichte überhaupt zurückfallen, denn, bei aller denkbaren Wiederholung von Geschichte, kann jene nicht wirklich rückwärts gegangen werden und somit auch nicht auf einstige Lösungen des Sozialen einfach zurückgreifen. In dieser Ordnung herrschte bei aller Anhäufung von „Wissen" eine das Denken ausschaltende, dumme, inzestuöse Vereinfachung, während gleichzeitig alle wirklichen Ressourcen brachlägen und verkommen würden. Ökonomisierung pur würde im Gegenteil dessen münden, wozu sie gegenwärtig verfolgt wird, statt im allgemeinen Reichtum endete sie in Hunger und Armut. Ihre Abkoppelung von jeglichen Inhalten führte nach dem inneren Ausbrennen in den Kollaps, in einen Zusammenfall nach innen, in eine *Implosion*. Die Logik dieser eindimensionalen Ökonomisierung führte in die eigene Endlichkeit dieser Art der Ökonomisierung.

Wenn die Abstraktionen einer modernen Gesellschaft, wobei es letztere selbstverständlich nicht ohne erstere gibt, denn die Moderne beruht auf ihnen, sich ihrerseits verselbständigen und von niemanden mehr, weder von oben noch von unten noch aus der Mitte, beherrschbar werden, dann gerät „das Ganze" dieser Moderne, die ganze Moderne, in eine existentielle Krise. Wenn das Individuum mit dem Prozess von Individualisierung und Globalisierung zum nur noch Einzelnen als Vereinzeltem gemacht und es danach allein in alle existentiellen Risiken entlassen wird – und außerhalb dessen höchstens sein oder ihr Nutzwert übrig bleibt – so haben der Mensch als Mensch und die Gesellschaft keinen Platz mehr. Dann ist die wirtschaftliche Krise eine politische Krise, eine soziale Krise, eine Krise des Sozialen, des Menschen-, Gesellschafts- und Weltbild, eine geistige Krise, eine kulturelle und künstlerische Krise und eine existentielle Erfahrung. Mit einer solchen Krise hält das Existenzielle auch wieder Einzug in die Politik. Diese Krise würde zum Ernstfall der Politik von heute.

Diese Krise ist von einer Größe, Tiefe und Weite, wie eine Umwandlung von Gesellschaft und Welt von einem in einen andern Zustand und einen Epochenwandel sie markiert. Als *Gesellschaftskrise und Krise von Gesellschaft* diesen Ausmaßes kennzeichnet sie insbesondere ihre anscheinende oder tatsächliche Ausweglosigkeit. Der mit der Krise einhergehende Zerfall der existierenden Gesellschaft findet nicht nur als geräuschloser und unsichtbarer, sondern vor allem von allen Beteiligten als je selbstgemachter und freiwilliger Vorgang statt. Zerfall, Übergehen, wenn nicht gar Zerschlagung des Herkömmlichen sind schon fast identisch mit dem Wurschteln und Herumirren ihrer gesellschaftlichen Akteure. Diese begreifen sich jeweils – abgesehen von den unterschiedlichen Varianten des Behaltens dessen, was man hat, einem ganz eigenen Ausdruck von „Strategieunfähigkeit" – als „ohne Alternative". Der allseits angewandte und beglaubigte Pragmatismus offenbart eine tatsächliche Anbetung des Istzustands, eine äußerst geschäftige Lähmung und letztliche stillschweigende Selbstaufgabe. So bekundet sich das eigene Überlebtsein. Diese Veränderung der Gesellschaft beruht auf der Unfähigkeit, noch Unterscheidungen treffen zu können, obwohl im sozialen Spiel in der Öffentlichkeit anscheinend so laut von ihnen gehandelt wird, und die Umwandlung wird wie im Rausch von der Allgemeinheit hergestellt. Diese Umwandlung ist gewalthaltig unter der Hand, hinter ihrer Ordnungs- und Ortlosigkeit scheint keine Freiheit mehr auf. Die „Chancen" der Krise werden – politisch nicht neu bearbeitet – zum Risiko reinster Natur, in dem es aufs Ganze gesehen nur das Abgleiten in ein „Nichts" geben kann. Wenn Krisen in gewisser Weise normal sind und es sie immer gibt, liegt das Besondere in diesem Fall in ihrem alles Verzehrenden.

Das Ende der Geschichte bleibt offen – im doppelten Sinne des Wortes, das Ende dieser Geschichte der Ökonomisierung allen gesellschaftlichen Geschehens wie das Ende der Geschichte überhaupt. Wenn das Besondere der Krise wirklich in ihrem Wesen das alles Verzehrende ist, so würde sie auch eine große und wachsende Sehnsucht hinterlassen. So bliebe ein Ausstieg mancher, einiger, vieler denkbar und möglich, die Schritt für Schritt etwas Neues wagen und beginnen wollen. So würde die Ökonomisierung allen sozialen Geschehens auch als eine Fiktion und als ein Wahn erkennbar. An ihrem Ende entwickelte diese Art der Ökonomisierung möglicherweise aus sich heraus, auf der Basis des von ihr produzierten Zwangs wie der wieder zu gewinnenden Freiheit zur Selbsttätigkeit, eine Dynamik zu einer tatsächlich neuartigen Demokratisierung und Befreiung bzw. Freiheit der Gesellschaft, die von jenen getragen und vollzogen wäre, die es jeweils für sich und mit anderen *anders* machen würden. Es würden wohl jene sein, die die Zusammenhänge realisieren, den stärksten Anlass und die größten Fähigkeiten zu einer derartigen Veränderung haben. Es begänne mit ihnen insofern das Ende des „Kapitalismus", des freien Unternehmertums – ob in neoliberaler oder sozialwirtschaftlicher, demokratischer oder autoritärer Variante der Marktwirtschaft – als *Gesellschaftsform,* weil dieser aus sich heraus keine Gesellschaft stiften kann, außer der eigenen Firma ein corporate identity zu verleihen, Kultur einzukaufen, Stadtteile aufzukaufen oder zu bauen und im Fall der richtigen Größenordnung Pakete für die Vereinbarkeit von Beruf und Familie, sprich den Nachwuchs, anzubieten und insofern hausintern einen gewissen Gesellschaftsersatz zu schaffen. Aufs Ganze jedoch wird er es nie können, ohne selbst Gesellschaft und Staat zu werden – und also seinerseits eine andere Gesellschaft zu bauen.

Wenn dem Mechanismus der Ökonomisierung auch nicht zu entkommen ist, so muss doch der Mensch in diese Ökonomie wieder hinein verpflanzt werden, wenn die Wirtschaft produktiv sein soll. Produktivität aber verlangt sowohl das Individuum als auch die Gesellschaft. Sie gibt es nur, wenn der Mechanismus eindimensionaler Ökonomisierung überschritten wird und aus dem vollen Leben schöpfende Individuen und Gesellschaften kreativ und produktiv sein können. Eine Handvoll Überlebender auf einer Arche Noah würden dazu weder als Individuen noch als (Not-)Gemeinschaft ausreichen, es bedürfte des entfalteten Lebens vieler Einzelner und freier großer Gesellschaften. Ihr Zusammenwirken wäre sicher produktiver als das jetzige maschinell und funktionell organisierte Leben von Massen. Wenn der Mensch gegenwärtig aus Wirtschaft und Gesellschaft externalisiert wird, dann ist es auch eine Umwandlung unseres Bildes von Mensch, Gesellschaft und Welt und unserer Weise zu leben und zusammenzuleben. Am Menschenbild wird sich entscheiden, welche Entwicklung die Gesellschaft(en) nehmen werden.

3.2 Das Ende einer Ära

Mit diesem sozialen Wandel geht nicht nur eine Entwicklungsphase einer Gesellschaft oder eines Gesellschaftstyps zu Ende und in eine nächste Etappe über. Es verändert sich auch nicht nur eine oder die wesentliche Dominante einer Gesellschaft, wie etwa der Begriff der Wissens- oder Dienstleistungsgesellschaft, die die Industriegesellschaft ablösen, nahelegt. Es ändern sich nicht nur vertikale und horizontale Zuordnungen und Einteilungen, nicht nur Dominanz- und Unterordnungsverhältnisse, nicht nur im Einzelfall oder gar in deren Mehrzahl. Es verändert sich das Ganze der Gesellschaft und das (Selbst- u. Fremd-)Verständnis von ihr, ihr kompletter Inhalt durchläuft eine Transformation, die früher oder später ein neues Gesellschafts- und Weltbild nach sich ziehen wird. Hervorstechend ist, dass nichts von der Veränderung und Verwandlung ausgespart bleibt, dass einstweilen eindeutige Zuteilungen überhaupt nicht mehr möglich sind, dass Macht und Abhängigkeit als gegensätzliches (Fähigkeits- und) Organisationsmuster von Gesellschaft generell infrage steht. Auch geht es nicht nur um ungekannte Differenziertheit und Komplexität, sondern dass aus ihnen heraus permanent etwas qualitativ Anderes und Neues entsteht. Die Dramatik liegt in der Summe dieser Faktoren und ihrem einstweilen weithin unüber- und durchschaubaren Zusammenwirken. Das Revolutionäre in diesem Vorgang erklärt zugleich das Regressive unserer heutigen Gesellschaft(en). Die Veränderung soll angehalten werden. Aber sie wird sich fortsetzen, offen ist nur ihr Ausgang.

Zu Ende gehen nur die alten, sauber geteilten Dualitäten und die Hierarchien etwa zwischen Kapital und Arbeit; zwischen Geld und Sozialem (einschl. des menschlichen Nachwuchs), im Synonym zwischen Mann und Frau; zwischen Profit(anspruch) und Versorgung(sanspruch); zwischen öffentlich und privat; zwischen schwarz-rechts und rot-links (und sei es mit je andersfarbigen Einsprengseln); zwischen Führen (Chefs) und Folgen (Folgsamen); zwischen Teilen und Herrschen einerseits und kollektive Einheit und Abhängigkeit andererseits; zwischen Fremden und Einheimischen; zwischen Ohne-Erwerbsein und Mit-Erwerbsein; zwischen Familie und Beruf; zwischen „arbeitsfreien" Lebensphasen zu Anfang und Ende und einer „arbeitsreichen" Lebensphase in der Mitte; zwischen Mensch und Technik; zwischen Natur und männlichem Mensch; zwischen einem Staat, der von oben regelt, was unter diesen Dualitäten unten an Problemen herausfällt; zwischen Staat und Gesellschaft, Wirtschaft und Gesellschaft, die sich über den Staat vermitteln; zwischen national und international u. a. m.

Mit diesen Dualitäten enden zugleich sowohl die Gemeinsamkeiten und Spiegelbildlichkeiten zwischen den Polen als auch der in langen sozialen Kämpfen und Auseinandersetzungen gewonnene Ausgleich und Kompromiss zwischen ihnen, mindestens in deren bisheriger Gestalt. Es neigt sich der Sozialstaat, der gerade

Markenzeichen eines reichen Deutschlands war, und die Demokratie, wie wir sie kennen, einem Ende zu. Zugleich erheben alle übrig gebliebenen und nun für sich stehenden Teile gleiche Ansprüche, an der Zusammenmischung des (Nach-)Folgenden und Neuen teilzuhaben.

Es beginnt gleichzeitig etwas Anderes und Neues. Hierbei handelt es sich um mehr als um „Verflüssigungen", wie die Veränderung oft charakterisiert wird. „Flüssig" ist höchstens die Bewegungsform des Übergangs, falls es überhaupt Flüssiges und elastische Bewegung gibt und nicht über ein Zerfließen, Zerbröseln und Reißen hinaus eruptive Brüche und Aufbrüche. Was sich statt der herkömmlichen Verhältnisse zeigt, sind auch nicht nur Oberflächlichkeiten, ein beliebiges Nebeneinanderstehen von Unterschiedlichkeiten oder Leere, die oft beklagt werden. All jene dualistisch geordneten Faktoren verschwinden auch nicht etwa und werden bedeutungslos, sie werden nur relativer, reihen sich aneinander und multiplizieren sich mit anderen, Hierarchien verfeinern und verschärfen sich dabei, jede Einheit bildet in sich eine zunehmende (konträr nach oben oder unten gepolte) Komplexität heraus. Deshalb sind die Gesellschaftsakteure darauf bedacht, jeweils möglichst viele von ihnen anzuhäufen, sofern sie Machtgewinn versprechen, und umgekehrt jene loszuwerden, die Ohnmacht bedeuten. Homöopathische Dosen vermögen in den teils explosiven Mischungen unter Umständen gewaltige Wirkungen zu haben. Es entstehen neue Substanzen und sie suchen sich neue Gefäße und einen Boden, in denen sie wirken und auf dem sie stehen können. Aus der Komplexität, welche zunächst einmal zu realisieren wäre, erwächst früher oder später eine neue Einheit, in der Form und Inhalt zusammenfallen und, jedenfalls für einen Moment, wieder eine Einfachheit versprechen. Deren Qualität wird Auskunft über die Qualität des Neuen geben.

Selbstverständlich entstehen in dieser Umwandlung von Gesellschaft fortlaufend neue Machtverhältnisse. Sie sind bereits weithin entstanden. Doch sie scheinen wenig trag- und legitimationsfähig. Das hängt zunächst damit zusammen, *wie* sie derzeit im Entstehen begriffen sind, nämlich durch einen so sehr gleichen ungleichen wie ausschließlichen Tausch von Waren, dass von den Chancen und Risiken einer Krise geradewegs auf die „totalen" Risiken zugegangen zu werden scheint. Es hängt nicht minder mit den so hergestellten *Inhalten* und *Werten* zusammen. Es fehlt also sowohl an Substanz und an Funktionsfähigkeit als auch an Zustimmungsfähigkeit, die sich aus ersteren erschließt. Wer dem entgehen wollte, müsste ein neues Gesellschaftsmodell und Politik völlig neu erfinden und begründen. Es müsste sich um allgemeinfähige taugliche gute und schöne Neuordnungen handeln, in denen die drei Eigenschaften eine neue und echte Verbindung eingehen und wirklich werden. Hier wäre neue Politik als Kunst gefragt, wollte man den Vorgang nicht den wilden Gewalten überlassen.

Der tiefste Grund für diese Notwendigkeit zu grundlegender Veränderung liegt in irreversiblen sozialen Veränderungen, die keine Kraft der Welt mehr aufheben kann – in der tatsächlichen – nicht nur über den Globus verteilten, sondern sich auf jeden menschlichen Austausch beziehenden – Globalisierung der Märkte. Er liegt in der Ökonomisierung des Austausches auf der Welt und zwischen den Menschen – und damit in der Auflösung der traditionellen Geschlechterverhältnisse, der traditionellen Entstehung bzw. Produktion des Lebens und der Familie(nverhältnisse) sowie in der Entstehung einer neuen Arbeit, neuer Arbeits- und Produktionsverhältnisse.

4   Sozialrevolutionärer Wandel neuer Art

Diese Veränderung sei hier als (sozial-)revolutionär bezeichnet, weil mit ihr eine – wie auch immer geartete – neue Gesamtheit entsteht, und weil mit der Archaisierung, in der sich die Veränderung vollzieht, sowohl eine existentielle Infragestellung als auch eine intensive Verlebendigung des Menschen, des Lebens auf der Welt und des Weltgeschehens einhergeht, die neue Erfahrungen und neue Realitäten in die Gegenwart der Menschen bringt. Mit dieser Veränderung werden der oder die *Einzelne* in ihrer Zahllosigkeit – und nicht mehr soziale Gruppen oder Klassen – unter denkbar *brutalen* Bedingungen in einem quasi objektiven verselbständigten Verfahren *in die Freiheit entlassen*, die zugleich alles Einzelne aufsaugt, aufhebt und eingemeindet und die (doppelt) noch keine freie Freiheit sein kann.

Die Veränderung ist, geboren aus der Globalität der Krise selbst, im Einzelnen wie Gesamten von ganz eigenem Charakter. Hier vollzieht sich nichts polarisierend und im Stürmen von Grenz-Barrikaden oder reaktionären Akten, sondern in selbstinduziertem rasantem Umstülpen, Entleeren, Verbrauch, Ablösen und Zerstören von Altem und in Transformation von unzähligen am Wegesrand zurückbleibenden Teilchen in etwas (noch unbekanntes) Anderes, in einem Prozess des Zer- und Verfall und einer Durchwälzung aller Teile und des Ganzen der Verhältnisse, einem quasi gleichzeitigen Ab- und Auftritt eines alten und neuen Zeitalters von besonderer Art. Quantitäten und Qualitäten, Äußerlichkeiten und Innerlichkeiten, Formen und Inhalte, Breite und Tiefe sind angesprochen und bilden einen *Strudel* miteinander. Dessen Sog ist innerlich und äußerlich zugleich, unerträglich ab einem bestimmten Maß. In diesem Strudel vollzieht sich eine äußerst schmerzliche Umwandlung von Mensch und Gesellschaft.

In der Veränderung gibt es keine so oder so gearteten Revolutionäre und doch sind alle Teilhaber selbst zu passiv-aktiven Akteuren, zu „Umstürzenden" geworden, welche wiederum nur mehr als wissende Vollzugsbeamte anzusehen sind.

Das hoffnungslose Zu-Ende-Gehen des Alten ist selbstgemacht, weil es internalisiert ist und durch keine äußere Gewalt herbeigeführt wird. Die Veränderung ist ganz modern, weil ihre Gewalt abstrakt und inversiv und doch auf andere Weise kaum minder gefährlich ist als direkte, äußere Gewalt. Sie ist durch die Einzelnen gemacht und in dem es alle machen, setzt sie sich äußerlich quasi in Mimesis als gewaltig(es Oktroi) durch. *Subjekt und Objekt sind nicht zu trennen.* Trotzdem ist die Veränderung noch vergleichsweise friedlich, weil sie eine kleine Chance mehr (als den offenen und diesmal alles erfassenden Krieg) zur Besserung der Verhältnisse lässt. Die *Veränderung* liegt auch darin, dass sie auf diese Weise das *umfassendere Kollektiv, die Gesellschaft, zum Akteur macht,* sie zum Aktivsein zwingt. So könnte sie sich möglicherweise am Ende auch selbst zu dieser Besserung zwingen, sie aus sich hervortreiben.

So sehr mit dieser Veränderung das Individuum hervortritt und die traditionellen Kollektive sowohl in ihrer lebensweltlichen und machtpolitischen Dimension zurücktreten als auch vor allem in ihrer identitätsstiftenden Funktion, so sehr tritt nämlich zugleich *das Gesellschaftliche* des Menschen in den Vordergrund. Das Individuum zeigt sich durch und durch als soziales Wesen auf der Basis der eigenen Einheit. Sein Lebensraum erweitert sich in die ganze Gesellschaft. Es bewegt sich in verschiedenen Welten immer wieder anders. Es findet sein Leben täglich neu. Es ist nicht (mehr) zu trennen zwischen dem Eigenen und dem Fremden dabei, dem Inneren und dem Äußeren. Es spiegelt sich in allem und wird immer wieder auf sich zurückgeworfen. Dieses gesellschaftliche oder gesellige oder soziale oder sozial bedürftige Individuum zeigt diese Gesellschaftlichkeit noch in der allumfassenden Privatisierung, die unsere Gesellschaft im Zusammenhang mit der Ökonomisierung ihrer Beziehungen und Verhältnisse beherrscht. Diese Privatisierung bedeutet, das Individuum in sich selbst einzusperren. Sie hat etwas Selbsttötendes. Der viel beklagte Egoismus der Menschen der Gegenwart ist gemacht. Die Gesellschaft in ihrer Umwandlung macht ihn. Sie hindert das Individuum durch ein großes offenes Tor in die Freiheit zu gehen. Die Gesellschaft in ihrer heutigen Form der Privatisierung macht die Menschen zu Gefangenen ihrer selbst. Die Selbsterschaffung des Selbst im eigenen Selbst läuft auf Selbstmord hinaus. Am eigenen Schopf aus dem Sumpf ziehen kann sich erst, wer irgendwann auf eine Stufe stößt oder von einer Hand ergriffen wird. Erst die Realisierung der Gesellschaftlichkeit des Individuums und die Vergesellschaftung der Selbsterschaffung im Selbst, d. h. die Selbsterschaffung in Gesellschaft eröffnet eine Lebensoption. Die *Individualisierung der Gesellschaft bedeutet zugleich* eine weitere und weitergehende *Vergesellschaftung der Individuen,* eine Erkenntnis, die von der Gegenwartsgesellschaft verweigert wird, weil sie weitreichende Konsequenzen hätte.

Die fehlende Wahrnehmung dessen hat jedoch eine Logik. Die Gesellschaft sitzt ihren eigenen Mechanismen auf, die sie Hellseher oder Andersdenkende einfach als nicht bei Verstand wahrnehmen lässt. Mit der durchgängigen Ökonomisierung gesellschaftlicher Beziehungen und somit der Beziehungsstiftung allein über Geld, erfährt der Mensch nicht mehr wirklich sein menschliches Gegenüber, er wird abgeschnitten von ihm. Das Geld, das auf vergangenen Tatsachen beruht, dem, was vor ihm geschaffen wurde und einstmals einer Wertsetzung gegenüber etwas Reellem war, wird selbst zum Wert*urteil.* Wo es nicht ist, ist nichts, ist es dunkel, ist das Sehen blind, sagt das Geld, welches das aber gar nicht beurteilen kann. Die Gesellschaft schneidet sich selbst die Zukunft ab. Die Deskription dessen, was war und gerade noch ist, wird zur immerwährenden Norm und diese Norm ist es, die in sich das Ende dekretiert. Daher rührt auch der Eindruck, das Ende der Geschichte sei erreicht. Das Neue wird immer erst geschaffen und entdeckt, es muss sich entwickeln, erst danach und über die Erfahrung mit ihm lässt es sich einschätzen und beurteilen, wo das Geld längst seine Nichtswürdigkeit festgesetzt hat, bevor es überhaupt aufscheinen kann. Das Geld setzt *sich,* abstrakt und vollkommen empfindungs- und wahrnehmungslos. Wer es gerade hat, bestimmt. Alles und alle werden seinem Gebot untergeordnet, sogar sein Besitzer, der Manager und die „Heuschrecke". Am Ende frisst es alles auf. *Die Abstraktion* höchsten Grades, die Verkürzung von Leben *auf eins,* wird eine einzige *Gefangenschaft.* Die Umwandlung der Gesellschaft unter diesem begrenzten Vorzeichen führt in eine Sklavenschaft. Wenn das Geld Gesellschaft wird, schafft es Gesellschaft und den Mensch ab.

Wo sich Mensch und Geld (nur noch) direkt gegenüberstehen und dies die einzige *direkte* Begegnung noch darstellt, hat der Mensch am Ende großen (Geld-) Reichtum, aber nicht einmal mehr etwas zu essen. Ihm ist aber auch jede Fähigkeit abhanden gekommen, seine eigene Lage zu erkennen und zu beurteilen. Das hat das Geld für ihn schon erledigt. Wo es keine Rückbindung des Menschen an irgendetwas, nicht mehr nur den anderen Menschen, nicht an Menschliches, auch nicht an wirkliche menschliche Tätigkeit und Arbeit, außer ans Geld gibt, ist nicht nur die Wirklichkeitswahrnehmung unterbunden, sondern auch die Frage eliminiert, was „gut" und „schlecht" für ihn ist, ja, es wird ihm jegliche Unterscheidungsfähigkeit und damit *jegliche Entwicklungsmöglichkeit genommen.* Ökonomisierung aller gesellschaftlichen Beziehungen heißt, alle Fragen nach Ursachen und Wirkungen, nach Handeln und Folgen, nach Freiheit und Verantwortung, nach Einschätzung und Bewertung, nach Tugend und Moral, ja sogar nach Gelingen und Scheitern zurückzuweisen – und doch ein einziges Diktat dabei zu errichten, ein einziges Korrektes: das, was sich jetzt im Moment „rechnet". Bis auch der letzte Moment vergangen ist. Es bleibt nur Geld, das zu allem gut ist (im Doppelsinn des Wortes). Das ist das Paradox – das zu allem Gute führt zu allem Ende und damit – für die die leben wollen – zu allem Schlechten.

Dieser Vorgang ist in seiner Unsichtbarkeit und Unfassbarkeit für den Mensch und die Menschen von unerträglicher Schmerzlichkeit und in seiner Unerträglichkeit unartikulierbar. Er geht mit einem Sprachverlust einher, von dem auch eine gefühlige Bilderwelt nicht rettet, die sich so beliebig vervielfacht, dass selbst sie in ihrer surrogativen Wirkung verschwindet. Die Folge ist ein Verlust von Denkfähigkeit, der es verunmöglicht, den Schmerz sich selbst und einander aufzuklären. Es wirken nur noch rohe Natur und Irrationalitäten, wer noch Verstand hat, wird verrückt. Die *Gesellschaft* erscheint, nüchtern betrachtet, selbst *verrückt* geworden. Sie beraubt sich damit der Chance, ihre Konflikte zu ver- und bearbeiten. Die *Selbstbezüglichkeit* der Individuen und ihr roher Egoismus offenbaren zugleich die *unendliche Einsamkeit und Schutzlosigkeit des Individuums,* in die das Geld ihn entlassen hat. Dass das Individuum die Freiheit hat, kann es nicht mehr wahrnehmen – es glaubt, keinen Ausweg zu haben. Das Geld ist zum reinen Glauben geworden. Die Selbstbezüglichkeit des Geldes hat den Mensch gefangen – und sie ist doch seine eigene Grenze. Nichts anderes hält es mehr auf.

Das markiert eine *Grenze* der Logiken des Geldes. Die Freisetzung des Einzelnen unter den Vorzeichen dessen, was diese Freisetzung angetrieben hat, führt zur Abschaffung des Menschen. Der Mensch wird gesellschaftlicher denn je und damit die Privatisierung bzw. Abschaffung der Gesellschaft kontraproduktiver denn je, ja kontraproduktiv per se. Damit läuft die Gesellschaft derzeit ins Leere, damit laufen die Menschen ins Leere, obwohl sie alles getan und gegeben haben, was das Geld von ihnen verlangte. Sie laufen aus, das Modell zeigt sich also ein *auslaufendes Modell*. Eine (Welt-)Gesellschaft des Geldes kann ihre Probleme nicht mehr externalisieren. Sie kann untergehen oder, wenn sie weiterexistieren will, sich selbst widmen, um sich und die Menschen miteinander auf neue Weise am eigenen Schopf aus dem Sumpf zu ziehen und eine andere Gesellschaft zu bauen. Je stärker sie sich entwickeln will, umso mehr Offenheit und Verbindung jenseits des Geldes wird sie brauchen. Menschen, Subjekte bestehen nicht aus Logiken allein. Die Krise ist eine grundständige, wie sie grundständiger nicht sein könnte. Wenn der Sieger der Geschichte das große Geld ist, dann hat das Geld jetzt auch die ganze Weltgesellschaft an den Hacken.

Die Krise der Gesellschaft ist eine Gesellschaftskrise und diese ist – vor einem großen allumfassenden offenen Krieg, der nicht mehr möglich ist, weil er nicht mehr kontrollierbar wäre – existentiell. Die *Humanität* des Menschen ist ein halbes Jahrhundert nach der Menschenvernichtung des Faschismus und Stalinismus und nach zwei Weltkriegen *in eine neue tiefe Infragestellung* geraten und vor eine Bewährungsprobe einzigartiger Art gestellt. Wenn Europa in der Nachfolge der französischen und sozialistischen Revolutionen versucht hat, mit einem sozialstaatlichen und zivilen Modell der Kooperation Antworten zu geben, so sind diese und die ihnen zugrundeliegenden Utopien in ihrem Potential nun ausgereizt. Ein Ausweg kann nur in einem neuen Weg liegen.

II Politik – Die Krise ist eine Krise der Politik

1 Politik an der Schwelle

1.1 Gewalthaltigkeit und Umwandlung der Politik

Die spezifischen Entwicklungen der Zeitgeschichte – mit dem Einschnitt von ‚68‘, von ‚89‘, ‚9/11‘ – brachten es mit sich, Politik erneut, jedoch auf andere Weise als nach den Diktaturen des 20. Jahrhunderts bis zu den tiefsten Fragen der Existenz verfolgen zu können. Der Hintergrund und Grund dafür liegt in einer gewaltig veränderten Welt, die sich mit der technologischen Entwicklung zu den neuen (Computer-)Medien, der Globalisierung der Märkte und der Individualisierung vollzog. Das Studium der Erfahrungen währenddessen erlaubt einige Erkenntnisse.

Wenn hier Politik in der Gegenwart betrachtet wird, so geht es nicht um jedes politische Einzelgeschehen oder die Leistungen der verschiedenen verfassungspolitischen Institutionen, nicht um politische Einzel-Handlungen oder Maßnahmen, die kontextual zu analysieren und für sich von relativem Eigengewicht sind. Es geht vielmehr um die Untersuchung von Politik in ihren „Ursubstanzen", um politische Führung durch politische Eliten, durch Bundesparteien und Regierung(en), um das, was vom politischen Kopf der Gesellschaft aus für das Ganze und seine politische Ordnung gedacht, getan und entworfen wird. Es interessieren die sich in den letzten Dekaden entstandenen, Dominanz erlangt habenden Logiken und Mechanismen der Politik, die vorherrschenden politischen Denkweisen einer Gesellschaft und ihrer Mitglieder und deren Wirkungen.

Auf dem Grund hat sich nach und nach eine *gewalthaltige Substanz* der Politik herausgebildet.

Die Veränderungen in der Welt sind das eine, der Umgang damit das andere. Die Rahmendaten sind schnell benannt: Entscheidend ist die politische Wende von 1989, der Zusammenbruch des kommunistischen Weltreiches, mit denen neue Machtverhältnisse offenkundig geworden sind, auch wenn sie durch vorangegangene ökonomische, militärische, soziale u. a. Entwicklungen sowie politische Auseinandersetzungen und bürgerrechtliche Bewegungen bedingt und von ihnen hervorgebracht sind.

Die Folgen dieser Wende bestanden vor allem darin, dass die bisher gegebenen und erworbenen politischen Grenzen für das Kapital entfallen sind, seine politischen Gegenkräfte niedergeschlagen sind und mit der weltweiten Globalisierung sich quasi alle und alles in einem Haus wiederfinden. Bisherige Regeln, gesellschaftliche Einbindungen, ein Teil von etwas weiterem zu sein, das war auf allen Ebenen plötzlich politisch hochfragil, durchlässig und leicht aufhebbar geworden, wenn nicht gar in seiner hergebrachten Gültigkeit entfallen. Von der alten Ordnung blieb nur ein sicheres Teil, das Geld, übrig. Mit der allgemeinen Ökonomisierung jeden Bezugs zur Welt hängt alles an diesem einen Faktor, ist jedes auf einen Faktor reduziert und das Ganze schließlich auf dieses Eine gesetzt. Darin liegt das Neue der Situation. Dieses im globalen Ganzen auf eins Fokussiertsein ist für Politik eher wesensfremd, jedenfalls solange sie auf ein Allgemeines orientiert bleibt, da Politik in Demokratien mit Pluralitäten und Machtteilung operiert, sie nicht einmal in eine Diktatur herkömmlicher Art ausweichen kann, auch ein von ihr befehligter Krieg als geordnetes Regelwerk gewalttätiger Art kein Mittel für irgendwas sein kann und jenseits dessen nur der Krieg aller gegen alle bleibt.

Nach 1989 fragt sich, ob der Kapitalismus als politische Ordnung sich vom Scheitern seines Gegenpols und Herausforderers erholen kann und ob seine Fortsetzung in einer weiterer Verlängerung und Steigerung des Vorhandenen liegen kann – angesichts politischer Eruptionen allüberall und im Zeichen allseitiger Kommunikation und weltweiter Öffentlichkeit, über die Realität wahrgenommen und definiert wird. So handelt es sich um eine neue historische Herausforderung, gar um eine Schwelle für einen Neuanfang von etwas. Vor dieser Aufgabe haben sich die etablierten Politiken als Organe der Verantwortung, die über ihre traditionellen Grenzen hinweg mehr und mehr zu ein und derselben Politik wurden, weggebeugt und als Eliten schließlich mehr und mehr versagt. Das gilt in diesem Zusammenhang für Deutschland, aber nicht nur für dieses Land. Die weltweit, insbesondere in westlichen oder westlich beeinflussten Sphären, in unterschiedlichen Variationen auftretenden, aber doch allgemein vorherrschend gewordenen Neuen Mitten nehmen in ihrem Begriff von sich selbst etwas von der neuer Situation auf und spiegeln es. Das ist ihr Verdienst und fast schon ihr ganzer, während sich alles unter dem Begriff Folgende verdunkelt. Die neue Mitte war und ist Katalysator der Wende nach der Wende von 89 in der Qualitätswendung von Politik als einem sozialen Stoff hin zu einer Machtpolitik „pur" jenseits einer Orientierung am Gemeinwohl. Neue-Mitte-Politik ist nicht nur von schlechterer Qualität als Politik bislang, sie ist nicht nur zerstörerisch, sondern systemisch unfähig, etwas Neues hervorzubringen.

Der harte Kern der gegenwärtigen Krise(n) liegt deshalb nicht in der Wirtschaftskrise, nicht in der Krise der Gesellschaft als Ganzem, diese sind vielmehr im Kern eine *Politikkrise*. Diese Krise der Politik ist ein kollektives Phänomen. Politik ist das, was eine Gesellschaft – wie auch immer – zusammenhält und formt. Wenn sie, wie hierzulande beansprucht, historisch aufgeklärt und demokratisiert ist, – ein Verständnis von Politik, nach dem auch alle Bürger und Bürgerinnen für sie verantwortlich sind, – ist Politik der Stoff, der zusammenführt und Gesellschaft stiftet, letztere im Glücksfall fördert und in ihr kollektiv Gestaltungskraft als konstruktivem Akt freisetzt. Sie ist der Stoff des öffentlichen Verhältnisses der Menschen zueinander und des Menschen zu sich selbst, der Stoff öffentlicher Zuwendung, Zivilität und Friedfertigkeit statt des Hasses, der Gewalt und des Krieges, in welcher Form auch immer.

Insofern zeigt sich in der Politikkrise mehr als anderswo und in ganz besonderer Weise eine Krise der Humanität, nicht nur und nicht in erster Linie weil der Mensch „allzu-menschlich" und also zu allem fähig wäre, sondern weil der Mensch *sich* nicht versteht. Menschen- und Weltbild stimmen nicht mehr. Entfremdung und Selbstentfremdung liegen auf dem Grund dessen. Ein Verrat des Sozialen ist die tiefste Ursache des Problems. Aus ihm resultierten der Ausfall der Politik.

Die Krise der Politik als Stoff bedeutet eine Unfähigkeit zur Lösung gesellschaftlicher Probleme und eine Selbstaufgabe der Politik. Zermalmung, Kleinteilung und Zerstörung werden Prinzip der Politik, Politik leistet Beihilfe zur Auflösung von Gesellschaft, sie gibt den Weg frei für einen archaischen Krieg der Einzelnen gegeneinander jenseits des nicht mehr möglichen offenen Kriegs parallel zur Ökonomisierung und zum Konkurrenzprinzip, anstatt Alternative dazu zu sein, zu gestalten und Alternativen zu ermöglichen. Die Zerstörung ist nicht produktiv, sie wirkt nur destruktiv. Sie mündet nicht nur in eine zutiefst affirmative Politik und in einer blanken Anbetung des Ist-Zustandes, sondern in einer *Blindheit* namens *Pragmatismus als Ideologie schlechthin*. Sie endet auf diesem Weg in einer Art von Neofeudalismus, der jedoch hohl ist und mit jedem Schritt alles einmal mehr schlimmer macht. Opfer und Täter in einem, den Unterschied selbst aufhebend, wird der Prozess im Zentrum der Politik selbst betrieben und verantwortet. Politik unterscheidet sich in ihren parteimäßigen Variationen dabei untereinander wie die Konkurrenz von Automarken zueinander, die sich im Fahrzeug kaum unterscheiden, wohl aber im Image, d. h. in der Distinktion, in der Abgrenzung, in der (Durch-)Trennung zu anderen. Währenddessen kracht es in den Motoren und kommt es zu einer allgemeinen Karambolage.

Die Krise der Politik als Stoff wird zu einer Politikkrise im Sinne einer Politik-Systemkrise. Sie kann zu einer existentiellen Krise des politischen Systems werden.

Diese Krise der Politik kann der Gesellschaft nicht gleichgültig sein, nicht allein weil mit ihr die Problemlösungsfähigkeit einer Gesellschaft verloren geht wird. Auch dass die etablierte Politik dabei sogar zu einer zusätzlichen Belastung und Problemverschärfung wird, ist noch nicht alles. Hinter ihrer vermeintlich generellen Unfähigkeit verbirgt sich eine Fähigkeit: Implizit findet über diese Politik ein unausgewiesener politischer Umbau der Gesellschaft statt. Zu ihm gehört der Gestaltwandel von Politik selbst, auch wenn er oder gerade weil er sowohl objektiver als auch subjektiver Art zugleich ist. Die Veränderung vollzieht sich vor dem Hintergrund gesellschaftlichen und sozialen Wandels insbesondere seit den 70erJahren, der seinen Ausdruck u. a. in den weltweiten neuen sozialen Bewegungen und Teilhabe-Ansprüchen fand und eine neue politische Zeit anzeigte. Tiefe alte und neue soziale und politische Konflikte blieben jedoch unausgetragen, wurden verdrängt oder ausgegrenzt. Die Krise der Politik ist deshalb auch eine Krise von Politik überhaupt und ganz grundsätzlicher Art. Sie bringt eine Umwandlung auch hier hervor. Politik wird im umfassenden Sinne etwas anderes und anderswo sein als zuvor. Der Wandlungsvorgang ist von größtem Interesse für eine Gesellschaft.

Es geht dabei nicht um Moral, sondern zunächst allein um die Wirksamkeit oder Unwirksamkeit der Politik in Erfüllung ihrer Aufgabe, sowohl, wie diese sich definiert, als auch, wie sie das in der Handlung ausfüllt, und insofern darum, inwieweit Inhalte sich in der Form der Materie niederschlagen.

1.2 Die Erscheinungsformen der Krise der Politik – Erosionen, Personen, Ideologien

Die Veränderungen von Politik, vom politischen System und der Ordnung von Gesellschaft zeigen sich äußerlich auf vielen Ebenen und in vielen allgemeinen Erscheinungsformen. Sie sind überwiegend indirekter und aushöhlender Art. Sie vollziehen sich unter dem Signum des Bekenntnisses zur etablierten demokratischen wirtschaftlichen und sozialen Ordnung oder gar im Namen deren Stärkung und bei allen rechtlichen Anpassungen meist auch nicht etwa als offene in Verfassung und Gesetz neu legitimierte Veränderungen. Sie haben jeweils objektive und subjektive Seiten und lassen sich insbesondere an der Erosion und dem Abtreten der alten Formationen der Macht, an der bemühten Anti-Ideologie-Ideologie und dem Verhalten des politischen Führungspersonals darstellen.

Mit Individualisierung und Globalisierung der Lebensverhältnisse treten die herkömmlichen Formationen der Macht mehr und mehr zurück. Sie haben ihre

soziale Basis eingebüßt oder verloren und repräsentieren nur noch die verschiedenen und spiegelbildlich gegenteiligen Seiten eines schrumpfenden veralteten politischen und gesellschaftlichen Systems. Als Verlierer gesellschaftlicher Veränderung, aber im Anspruch auf ihre eigene fortwährende Relevanz und Bedeutung
treten zunehmend ihre Gemeinsamkeiten – nämlich ihr existentieller Bezug zur
bisherigen Ordnung – gegenüber den Unterschieden hinsichtlich deren Ausgestaltung in den Vordergrund. Sie bilden mehr und mehr eine Einheit mit vielleicht
unterschiedlichen Seiten und Facetten, aber sie haben ihre relative Autonomie als
Akteure längst gegen die wechselseitige Abhängigkeit wie in einer unauflösbaren
Sippschaft eingetauscht. Doch trotz dieser Ver(ge)schwisterung zum Zwecke der
Besitzstandswahrung schwinden ihre Grundlagen weiter.

Der Abtritt der alten Formationen der Macht zeigt sich zunächst in allen gesellschaftlichen Bereichen der seit langem sich vollziehenden generellen Erosion und Auflösung der Großbünde und -Organisationen sowie der traditionellen Hierarchien. Sofern sie durch neue internationale Zusammenschlüsse ergänzt
oder ersetzt werden, erreichen diese nicht mehr die einstmals gegebene Binnen-
und Bindungswirkung. Die Parteien sind nicht mehr das bündelnde Zentrum
der Politik. Sie haben ihre Verankerung und ihre konkreten Bezüge nicht mehr
in festumrissenen sozialen Bezugsgruppen und Milieus von dauerhafter Stabili-
tät, denen jeweils eine elementare gesellschaftliche Teilaufgabe zugekommen war,
die sich politisch in einer Partei repräsentierte. Die Parteien haben ihre zentrale
Rolle für die Politikbildung auch deshalb verloren, weil sie keine neu integrie-
renden und zentrierenden Ideen, Programme und Praxen entwickeln konnten,
die ihre Öffnung vorausgesetzt hätten. Sie sind mehr und mehr zu geschlossenen
Veranstaltungen Professioneller geworden. Schließlich ist die Politik u. a. deshalb
in andere Bereiche des Lebens abgewandert. Das Parlament als Entscheidungs-
organ des Volkes ist in seiner Bedeutung erheblich herabgestuft. Autoritäre politische Führung durch einsame Spitzenfunktionäre, von ihnen bestellte Berater,
Experten, Medien und Lobbies bestimmen weit mehr als der Bundestag das politische Geschehen, von der Konkurrenz mit anderen politischen Zentren wie der
EU, Ministerien, Räten u. ä. ganz abgesehen. Das Kapital ist erst recht nirgends
und überall, wahrhaft global, und es tritt in vielfältigen persönlichen, institutio-
nellen, unternehmerischen, stiftungsmäßigen und gesellschaftlichen Formen auf,
auch wenn es an gesellschaftliche Voraussetzungen gebunden bleibt. Es ist eine
abstrakte Größe und aufs Ganze gesehen keine mehr des konkreten Besitzes. Un-
ternehmerverbände sind nur wenig mehr als eine Atrappe ein Interessensverbund
zur Geld-Quellenmehrung und Beeinflussung der öffentlichen Meinung. Gewerkschaften sind zu berufsständischen Verbünden zur Absicherung herkömmlicher
Standards und Besitzstandswahrung geworden. Sie haben keine kollektive identi-
tätsstiftende Idee mehr und brauchen ihren Gegner. Auch die sozialen Bewegun-

gen, die sich auf neue gesellschaftliche Grundfragen fokussierten wie die ökologische Frage, die Gleichberechtigung von Frau und Mann, die Nord-Süd-Frage oder weltweite Migrationsbewegungen, haben ihre übergreifenden und umfassenden Anliegen aufgegeben und sind zusammen mit unzähligen Einzelinitiativen und Engagements zu weithin höchst professionellen Ein-Punkt-Lobbies mit Anspruch auf Interessenssicherung geworden.

Politik wird also größer und abstrakter und kleiner und konkreter zugleich. Die Handlungsketten sind länger geworden und in ihrer Tragweite nur über globale Denkbilder einerseits und konkrete Verantwortlichkeit andererseits zu bewältigen. Auf beiden Ebenen fehlt es gegenwärtig sowohl inhaltlich als auch formal. Alle Kräfte konzentrieren, ballen und bedrängen sich vielmehr in der – alten – Mitte, versuchen sie und sich aneinander zu stabilisieren, ebenfalls in sie hineinzukommen bzw. möglichst viel von ihr zu bekommen, wo das Hauptproblem diese Mitte selbst geworden ist. Sie selbst bringt es darin zum Ausdruck, dass sie aus ihrer Mitte im Gedränge ihre schwächsten und somit lästigsten Teile unter sich abdrängt und herausdrückt. Ihr eigenes Problem ist diese Mitte schon deshalb, weil sich in ihr alle gegenseitig auf den Füßen stehen, um zu bleiben und zu behalten, wo sie sind und was sie haben. Schon ob dieses zwar sehr unruhigen, aber starren Verharrens gibt es in den Mitte-Politiken der unterschiedlichen Provienz keinen Zusammenhang mehr zwischen Wort und Tat und also keine der von ihren Protagonisten umso lauter beschworenen Glaubwürdigkeit. Mit dieser Veränderung ist – obwohl Bezugspunkt der Mitten – die soziale Marktwirtschaft à la Ludwig Erhard bzw. der Sozialpakt zwischen Kapital und Arbeit und das dazugehörige Demokratiemodell bereits Vergangenheit.

Das deutsche Parteiensystem, bei dem bislang die politische Führung des Landes lag, und aus dem heraus, auch aus seinen inneren allgemeinpolitischen Konkurrenzverhältnissen, sich das deutsche Gesellschaftsmodell sich entwickelte, hat keine Antwort. Es ist zu einem mit sich im Grunde zufriedenen Einheitsmodell geworden, in dem die Gemeinsamkeiten längst die Unterschiede als bloße kleine Variationen desselben dominieren. Es ist nicht mehr wie einst der ehemals freiwillige oder unfreiwillige Bezug zur Verfassung, von dem aus unterschiedliche Deutungen, ja gegensätzliche Grundansätze mit Ausnahme rechter und linker Outlaws formuliert wurden und sich aneinander prüfen und beweisen mussten. Gleichgültig gegenüber der Verfassung und ihren Grundwerten erschöpfen sie sich in machtpolitischer Selbsterhaltungsstrategie und Selbstbedienung. Die „Neuen Mitten", die Antworten auf die neue Lage zu geben vorgeben, meinen nur sich selbst.

Das Problem liegt auch tiefer als im Bedarf nach neuen moderneren kulturell anschlussfähigeren Wahl- oder Parteiprogramme, die mit Fleiß zur Deckung der Lücke vorgelegt werden. Weil die Grundlagen der alten politischen Formationen auf Basis der ungebremsten Veränderung der Lebensweisen fortschreitend schwinden, rettet die althergebrachten Formationen keine bloße Anpassung, wie sie immer mal wieder viel zu spät und müde kommt. Weil diese Veränderungen nicht in ihrer Tiefe und Entschiedenheit realisiert werden, können sie auch nicht in ihrem Umfang und Charakter zu neuen Sichtweisen zusammengeführt werden. Unfähig zu einer Neuschöpfung besteht die „Strategie" der etablierten Politik höchstens darin, anderen etwas wegzunehmen oder sich gegenseitig voreinander herzuschieben. Wo auch neue Formationen nicht erkennbar sind, es sie voraussichtlich auch so wie gekannt nicht mehr geben wird, werden politische Perspektiven immer unklarer. Das deutsche Parteiensystem repräsentiert einen schrumpfenden Kern der Gesellschaft, der künftig nicht mehr „Kern" sein wird. Seine Angehörigen verhalten sich dazu in einer Weise der Selbstreduktion, die nicht stärkt und sammelt, sondern Substanz einmal mehr aushöhlt.

In dieser aussichtslosen Situation hat sich die etablierte Politik einer „Idee", „Denk"- und „Handlungsweise" verschrieben, die eigentlich keine ist, sondern eher ein Automatismus, der freilich seine Logik im Vorausgegangenen hat: sie setzt auf Pragmatismus. Diese Vorgehensweise scheint überaus nahe zu liegen und ist doch ihrerseits extrem problemverschärfend, obwohl sie gerade jeden Extremismus heftig von sich weist. Sie setzt auf das, was gerade je nach Tageslage und eigener Verfassung vor der Politik liegt oder ihr vor die Füße fällt, also immer das, was schon in unmittelbarer Umgebung da ist, ohne deshalb eine Perspektive außerhalb des „Tuns" selbst zu haben oder damit zu verbinden. Sie setzt auf das, was noch, sogar reichlich, da ist, aber trotzdem überall fehlt und deshalb zu vergeben und zu verteilen ist: das Geld. Die einzige Frage, die den derartigen Pragmatismus bewegt, liegt darin, woher das Geld wohin verschoben werden soll. Gemäß dem Teufel setzt diese Vorgehensweise dabei stets auf den größten Haufen, denn der liegt bereits vor der Tür, und wirft gutes Geld dem Schlechten hinterher.

Dieser Pragmatismus ist notwendig von schwindender Handlungsweite. In der Kleinheit der Politik, des politischen Tuns und der Geschäftigkeit besteht schon sein ganzer Ansatz, und wenn er nicht reicht, kann er nur einmal mehr verkleinert werden, zur kleinsten und allerkleinsten Handlung, zur bloßen Symbolpolitik, zu Surrogaten, zu Nichts.

Die übriggebliebene Politik der neuen Mitte(n), in der früher oder später noch jede der existierenden Parteien gemündet ist, ist grundsätzlich wie der Markt auf das Hier und Jetzt, d. h. auf Cash sofort, orientiert. Indem sie dazu auf kleine Politik orientiert, orientiert sie auf Kleinteilung der Wünsche ihrer Klientel und auf Kleinteilung der Klientele selbst und damit gewollt oder ungewollt auf die Auflösung des Bisherigen, um immer das vorzuziehen, was noch einen Profit verspricht. Mit diesem Verfahren wird das, was eigentliche Aufgabe der Politik wäre,

Problemlösung nämlich, erledigt, in dem Probleme und vor allem das und die „Problematischen" unsichtbar gemacht und ausgeklammert werden. Pragmatismus, eine situative Alltagstugend, wo das Wissen über die Lage eingeschränkt ist, wird auf Dauer gestellt zu einer bloß affirmativen Politik, zum blanken Ja-sagen, zu einer Anbetung des Ist-Zustandes. Pragmatismus wird zu einer Ideologie schlechthin, beinahe einem Wahn, der seinen eigenen Gegenstand nicht mehr erkennen und ihm auch nicht mehr helfen kann. Politik auf seiner Basis ist zu einem Teil des Marktes geworden, in dem sich alles gegenseitig aufhebt.

So lässt sich schon an der Oberfläche erkennen, dass das herrschende Politik-verständnis selbst das Problem ist. „Pragmatismus" fasst Probleme nicht an, son-dern beseitigt sie, indem er sie zur Seite ausspült. Er geht an keine Ursachen von Problemen, schon gar nicht an Machtprobleme und Machtverhältnisse, weil er sich für sie nicht interessiert, es diese für ihn grundsätzlich nicht (mehr) gibt. Er wird eine Apologetik dessen, was da ist, aber schon nicht mehr funktioniert. Er ist unfähig, menschliche Möglichkeiten neu zu eröffnen. So ist in dieser herrschen-den Logik tatsächlich nichts zu machen, außer ins Verderben zu rennen. Diese Art pragmatischer Problembearbeitung macht weiterhin alles nur schlimmer und ist am Ende teurer als das, was sie jetzt als „zu teuer" zur Seite legt. Seit 1989, und ein-mal mehr seit 2001, ist die etablierte Politik über alle Regierungsvarianten hinweg von der Vorstellung beherrscht, dass es keine Alternative zu diesem Pragmatismus und also zu sich selbst mehr gibt. Diese Vorstellung heißt nur, an sich selbst ge-fesselt zu sein, etwas, was Politik nie sein sollte, wenn sie sich nicht selbst aufgibt. Utopien fehlen vollständig.

Wiederum handelt es sich um eine sich selbst reduzierende Reduktion im An-gesicht neuer Herausforderungen, um eine Verkleinerung der eigenen „Natur" und dadurch um eine Selbstschwächung, eine Blockierung und Zementierung des Status quo.

Diese Muster finden ihre Fortsetzung auf der Ebene der Personen der Politiker und Politikerinnen. Wer etwas werden will, setzt sich ab von den Formationen, auf die er oder sie sich stützt, die ihn oder sie hervorgebracht haben, die er oder sie nur noch benutzt. Indem er oder sie Spielregeln und Grenzsetzungen mittels einer Politik der Person aushöhlt ohne etwas Neues, außer sich selbst als vom Rest abge-setzte Person zu bieten, machen er oder sie ihre Karrieren. Er oder sie festigt diese Karrieren durch Netzwerke außerhalb des spezifischen Politikmarktes mit jenen, die in anderen Marktsegmenten aufsteigen wollen. Er oder sie kauft sich Beratung gemäß dem eigenen Interesse als Herrschaftswissen ein, ein anderes Wissen, gar Denken interessiert nicht und ist von vornherein von eigenen Absichten und Zie-len her ausgeschlossen. Je höher die Karriere gelingt, desto eingeengter ist die Po-litik solcher Personenpolitik. Es ist ein Verfahren der Selbstentmachtung um der Macht willen, das letztlich unsicher und abhängig macht.

Auch hier reagiert die Politik auf eine gesellschaftliche und politische Veränderung mit einer Selbstreduktion, die in permanente Selbstreduktion überhaupt eintritt, im Glauben an die eigene Macht. Sie untergräbt sich selbst und die Grundlagen, auf denen sie basiert. So zeigt sich jedes Mal, politisch, ideologisch und personell, ein Mechanismus von Reduktion und Selbstreduktion, der sich selbst ständig weiter reduziert – bis zum Verschwinden. Mit dem Schwinden der Politik als Sorge für das Soziale aufgrund des unentrinnbar mit aller Gewalt gehaltenen Interesse an der Macht schwinden Freiheit und Humanität der Gesellschaft.

1.3 Umbau im Zentrum des Systems

Wodurch wird dieser Verlust an Zusammenhang, Entwicklung und Perspektive, an Kollektivität und Pluralität, an relativer Freiheit und relativer Gleichberechtigung ersetzt? Wenn Politik so selbstreduktiv ist, sie aber doch einen so großen Raum in Öffentlichkeit und Gesellschaft einnimmt, was hat sich stattdessen ausgebreitet? Wohin verwandelt sich Politik, wer verwandelt sie? Die Umwandlung geschieht von ganz oben, an der Spitze der Mitte selbst. Die äußerlich sichtbaren Veränderungen sind zugleich Mittel der inneren Veränderungen.

Es beginnt mit einer anscheinend so anonymen *inhaltlichen Entleerung* der Politik. Ihr Inhaltliches verschwand ungesehen Schritt für Schritt anscheinend endlos fortschreitend. Es wird selektiert und abgespalten, es wird verdünnt, verflüchtigt sich und entfernt sich immer mehr. Politik verabschiedet sich von Inhalten und einem Ideengehalt, von Analyse und Konzeption und Gestaltung(swillen), in dem etwas Kollektives gedanklich verarbeitet und zu einem Vorhaben entworfen wird. Programme werden zur bloßen Legitimationsformel und zum Eintrittsbillet für Diebe von Zustimmung, die gewählt werden wollen. Inhalte, wo immer sie zu finden sind, werden beliebig verwandt, wie es gerade opportun ist. Das Wort wird zur Verführung, Überwältigung, Vereinnahmung oder zur Festnagelung, Stigmatisierung, zum Pranger. Sein Inhalt gilt grundsätzlich nicht, er meint zuerst und hauptsächlich immer etwas anderes, und dieses Andere lässt sich nicht prüfen oder gar beweisen. Es bleibt immer im Dunkeln. Es findet kein Austausch von Worten und Sätzen mehr statt, der Verkehr ist einseitig von oben nach unten gerichtet. Es ist der Verlust von Sprache als ernstzunehmendes und „ehrliches" politisches Kommunikationsmittel. Gespräch gar ist ausgeschlossen. Es entfällt jede wechselseitige Beziehungs„arbeit", das politische Wort nimmt nur mit und teilt aus. Kontakt findet nicht mehr statt, er wird verhindert. Es entfällt Beziehung und Verbindung, es entfällt der Stoffaustausch. Der positiv bindende und aus sich weiter wachsende Stoff verliert sich dabei. Die inhaltliche Entleerung der Politik ist zugleich eine Abtreibung von Kritik und Kritikfähigkeit. Der Kritiker wird zum Schädling gemacht.

Je erfolgreicher ein Politiker oder eine Politikerin darin ist, umso erfolgreicher ist er oder sie als Politiker oder Politikerin. Er spricht auf der Basis des Alles-für-mich-und-nichts-für-das-Allgemeine-Wohl-Prinzip, bevorzugt im Namen des Anti- oder Unideologischen. Er oder sie ist leer schließlich und wird eine unglaubwürdige, lächerliche, erbärmliche Figur, nicht einmal mehr zur Einschüchterung fähig (wie Ex-Kanzler Schröder bei seiner Abwahl), von sich selbst zum Abschuss freigegeben.

Wo Politik nur in einer Person noch besteht, sind es die Politiker, die den Inhalt entfernt und sich an dessen Stelle gesetzt haben.

Die inhaltliche Leere wird ersetzt durch die Orientierung auf die *Person* und aufgefüllt durch das, was sie verkörpert an äußerlichen und oberflächlichen Attributen, „schön", gefügig und gefällig allerweltsmäßig, ehrgeizig, karriereorientiert und fokussiert immer auf die *erste* Person. Es geht um Personenmacht, die begehrt werden will und soll. Es geht um die voraussichtliche oder bereits ans Ziel gelangte Sieger-Person und den (Macht-)Sieg der Person, nicht etwa um das Gelingen eines Vorhabens. Es ist jene Person, die das Kriterium „Geld" am besten und reibungslosesten internalisiert hat, die ständig ein Aufstiegsversprechen für oben und unten gleichzeitig verkörpert und die somit die meisten in sich spiegeln lassen kann, und die es obendrein versteht, Macht auf sich zu setzen und trickreich von anderen fernzuhalten. Sie ist als Person der Macht in einer Welt der Abstraktion aus Geld und mit, von, für Geld notwendig neokonservativ, neofeudal und modern gestylt – eine Figur äußerster Künstlichkeit und innerster Leere. Sie ist deshalb auch weit davon entfernt, als Machtperson bzw. Amtsträgerin besonders furcht- oder respekteinflößend zu sein, obwohl die Effizienz, mit der sie funktioniert, erschrecken müsste. Ihre Hülle ist die einzige Realität dieser Figur, hart, glatt, an der offenen Seite schneidend scharf. Sie ist vom Inhalt her gesehen und traditionell konnotiert ein Männlichkeits-Model(l), der Sieger oder die Siegerin mit der größten Gemeinheit, Kälte und Tränenlosigkeit. Ob das Model selbst weiblich oder männlich ist, spielt keine Rolle, es muss jeweils nur von neuster Mode sein. Hat das Publikum von alt-neuen Machos die Nase voll, darf eine moderatere Variante alt-neuer Matriarchenart Entlastung verschaffen, bis ein neuer einmal mehr modischer weiblicher Macho sie ablöst.

Politik ist in diesem Modell der Kanal zum Geld, sie liefert Beziehung zu Geld, um gegen entsprechende Dienstleistung von diesem ein Abfallprodukt zu erstehen. Das gelingt, weil Politik sich dem Geld unterworfen hat, um dort das eigene Geschäft zu fördern mit Macht an der Macht um der Macht willen. Politik ist zur bloßen anonymen Machtbeziehung(sarbeit) im Dunkeln geworden. Politiker machen sich zu Lakaien wie zu Großherrschern zugleich, in Groß- und Kleinformat.

Wenige werden die Nummer Eins und zugleich kann der Verbrauch und Wechsel sehr rasch gehen. Einige werden noch die Nummer Zwei, eine Reihe die Nummer drei, am Ende jedoch steigt immer nur die Zahl der Verlierer und Nieten. Der Verschleiß nimmt ständig zu.

Die Person der Personenpolitik sagt von sich, ich bin die Politik, meine Existenz ist die Macht, wo ich bin, mein Körper ist, ich mich im medialen Bild zeige, ist die Politik, da ist es gut, ich bin das allgemeine Wohl. Nicht einmal das Handauflegen ist mehr nötig. Mit dieser Politik der Person zeigt der derartige Politiker äußerlich ein Subjekt, während er tatsächlich alles freiheitlich Subjekthafte und Verantwortliche – damit auch Antwort- und Zurückgebende – aufgegeben hat. Es ist eine Politik grenzenloser Unterwerfung, der Instrumentalisierung, des Missbrauchs, der Vergewaltigung und Ausbeutung des eigenen Selbst, vor allem aber anderer zwecks Macht für das eigene Ich, für das Geld. Es ist ein sich und alle anderen total gefangen nehmendes Verfahren, eine freiwillig-unfreiwillige Einsperrung und Ausraubung, die in Selbsttötung endet. Der Politiker selbst betreibt, was zum Politikverlust führt.

Im Zeichen neuer *Medien* wird diese von Grund auf veränderte Politik hauptsächlich über das lügnerisches Bild, über die blendende Inszenierung und über das laufende Bild wie in einem mit den Gefühlsdrüsen spielenden Hollywoodfilm dargeboten und abgesichert. Sie operieren vor allem mit Angst, unerfreulichen Instinkten und Pseudomenschlichkeit. Das Medium steuert in seiner Funktionsweise das Verhältnis der Menschen zur Macht mental, sei es manipulierend, vereinnahmend oder ausschaltend, wie es dem Interesse und Prinzip der Gewinner des Systems ohne Orientierung auf und für Gesellschaft entspricht. Kontrolle über das Medium entscheidet über Erfolg oder Misserfolg. (Der französische Präsident hat gleich sein eigenes Filmteam.) Auch hier liefert Politik sich selbst an einen Mechanismus aus, dem es systemisch an Kontakt zum Adressaten fehlt, welcher nur und höchstens künstlich per Auftritt eines Volksstellvertreters in die Talkshow hineininszeniert wird. Politiker sind dabei nicht eigentlich mehr „Herrschende", sie sind als Machthabende eher Pseudofiguren. Sie können nicht wirklich sehr viel bestimmen, und bestimmen nicht, was sie könnten. Sie kümmern sich ums Eigene, ohne irgendwo Wurzeln zu haben. Sie sind übermittelnde Repräsentanten der Abstraktion des Geldes, wofür sie bezahlt werden wollen wie Manager der Spitzenklasse. Politik via Medium und Medien wird zu einer Illusionsproduktionsmaschine und Wunscherfüllungsbehauptungsmaschine, eine fortwährende Umwälzungsmaschine, die den Politiker ständig mit durchspült, auf dass an ihm nichts dran und drin mehr ist. Politik wird eine profitable Industrie.

Der „Inhalt", der hier per se nur der äußere Schein dieser Illusionsproduktion ist, ist die traditionell konnotierte Weiblichkeit – sei es die öffentliche Mutter anknüpfend an religiöse Bilder der Obhut, die Versteherin, die Fürsorgerin, die Gefallende, die Schöne oder Schönste, je nach angezeigten Bedarf, optisch die Aggression und Kälte und Hässlichkeit des Handelns herausgenommen. Die jeweilige Darstellung der Muster und Methoden zur Herstellung dieses äußersten Scheins vollzieht sich ebenfalls im Wettbewerb und je nach Bedarf zwischen Frauen und Männern. Für die Auswahl ist nicht das reale Geschlecht der Politiker entscheidend. Die Handlungen von Frauen und Männern unterscheiden sich nicht. Nicht einmal das Aussehen der Geschlechter unterscheidet sich noch wesentlich. Die Staats-Ausgaben für Make-up und Haarfärbung der Männer liegen nicht unter denen der Frauen (wie Blair, Sarkozy u. a. zeigten). Die Wahl entscheidet der Markt und die jeweils attraktivste zur Spitze gelangte Person. Es wird ständig irgendwie anders, in diese oder jene Richtung gesteigert, das Karussell oder die Achterbahn beschleunigt sich nur oder wird noch steiler. Auf Dauer erzeugt es Übelkeit und Schwachsinn im Kopf und Absturz.

Dabei scheint die Weiblichkeit der Medien und von den Medien aus voll in die Politik und deren Männlichkeit selbst gerückt zu sein – und umgekehrt. Tatsächlich fallen Medien und Politik ineins. Pure Bild-Präsenz ist Macht, fast egal wie, wodurch, wofür. Das eine Medium umhüllt das andere, sie stecken ineinander, zusammen sind sie weich und hart, Hülle geht in Hülle, stellt sich in ihr dar, glatt in Härte der Funktion, weichgespült in der Unmenschlichkeit. Alle Beteiligten werden Schauspieler für Geld (im doppelten Sinn für das Geld und die eigene Bezahlung), „gut" für sie und ohne Alternative. Durch diese fließt es stets nur in einer Richtung hindurch. Jeder will jeden manipulieren, ablenken, wohlgesinnt stimmen, etwas aufdrängen, verheimlichen, betrügen. Selten, lediglich als Ausnahme zur Bestätigung der Regel, finden Kommunikation, Gespräch und Auseinandersetzung statt. Am Ende versteht keiner mehr irgendetwas, nicht einmal sich selbst. Chaos und Hilflosigkeit sind das Produkt. Auch dieser Vorgang ist politisch gemacht.

„Populismus" schließlich ist die Art und Methode des Auftritts auf diesen drei Ebenen, beträfe es Inhalte, Person oder Medien. Es gibt Worte, die gehört werden wollen, obwohl sie lügen, falsch spielen oder totreden. Es gibt eine Darstellung eigener Potenz und Bedeutung, wie sie an Biertischen oder Cocktailständen oder vor dem Fernseher beeindrucken. Es gibt das Spiel mit positiven oder negativen Gefühlen, Vorurteilen und Assoziationen zum je eigenen Vorteil. Positives wird stets dem eigenen Selbst zugeleitet, Negatives dem anderen angeheftet. Es gibt die Ausschmückung politischer Ereignisse mit Heimatsignalen unterschiedlicher Provenienz. Es gibt das „Programm", die Wünsche des Volkes in allen seinen Segmenten zu erfüllen – mit Augenzwinkern nach oben, dass es für unten nicht ganz so ernst gemeint ist – und seine Partizipation zu suggerieren. Jenseits von „rechts und links" werden 100 Punkte in 100 Tagen geboten, eine Ansammlung, dessen Konzeption und Finanzierung und Verwirklichung im Allgemeinen völlig unklar

bleibt. Es kommt nur darauf an, an die Macht zu kommen, und anschließend an
der Macht zu bleiben.

Der Politiker holt sich bei den Wählern und Wählerinnen auf solch vordergründig dienerische, aber verkappt aggressive Weise für seine Personenmacht
Zustimmung. Er stellt nicht ein Programm zur Abstimmung, das gemeinsames
Anliegen werden und von den politischen Verfassungsorganen vorderhand in Angriff genommen werden soll. Die Wähler haben keine Chance. Die entscheidende
Kunst des Politikers heute besteht in seiner „Fitness" nach Tageslage, seiner An-
passungs- und Ausnutzungsfähigkeit. Es geht um ihn und seine Macht, nicht um
andere oder etwas Verbindendes mit ihnen. Seine Frage lautet nicht, was ist gut
oder schlecht für die Gesellschaft, sondern „was geht", wie man Halsabschneide-
risches am einfachsten durchkriegen kann. Ziel ist die je größtmögliche Einheit
für das neue Fürstentum. Dem Erfolg ist der tendenzielle Fall der Profitrate eingeschrieben.

Der Umwandlungsprozess von Politik ist tief- und weitgreifend. Die Veränderung ihrer Grundlagen geht vom Zentrum und der Spitze der Politik selbst aus.
Sie vollzieht sich aus der mittesten und höchsten Mitte der Gesellschaft heraus
und entkleidet sie.

Im Namen eines höheren Wertes als dem des Lebens wird in ihm der Gegenstand der Politik selbst aufgegeben: der Mensch und sein Wohl. Die etablierte Politik nimmt das Wohl der Menschen bzw. der Bürger und Bürgerinnen nicht als
Bezugspunkt und sie bleibt ohne Verstehen des Menschen als Mensch. Sie löst
ihr „Problem" durch die Abschaffung ihres Gegenstandes. Sie verrät den Menschen und das Soziale. Sie verweigert sich darin auch der Realität und es mangelt
ihr folglich an Realitätserfahrung. Im Namen des Realismus der Realpolitik ist der
Bezug zur Realität der Gegenwart allenfalls noch in virtueller Künstlichkeit ge-
spiegelt, während wirklicher Kontakt längst verweigert wird.

Die Umwandlung vollzieht sich nach dem „männlichen" Prinzip, das sowohl
vom „weiblichen" Prinzip inspiriert als auch umwickelt ist, eine ganz traditionelle
Arbeitsteilung und unter Einsatz beider traditioneller Machtmittel, die von beiden
Geschlechtern, ob Frau oder Mann in der Politik angewendet werden, wechselseitig angeeignet, vereinnahmt und gesteigert, sowohl im Inneren als auch im Äußeren. Der Vorgang endet im Zirkelschluss und hebt sich darin schlussendlich selbst
wieder auf. In der untrennbar vereinten Männlichkeit und Weiblichkeit ist sowohl
die Gleichberechtigung von Frau und Mann schon wieder aufgehoben, weil keine
Freiheit der Wahl mehr besteht, etwas anders und anderes zu machen, als es bereits gemacht wird, als auch die Idee der Freiheit und Gleichheit wie der Verbindung der Menschen überhaupt.

Inhaltsleer, unglaubwürdig, lügend, ohne Strukturbearbeitung, ohne politisches Handeln, ohne konkrete Hilfe, lebt die pragmatische Politik im Moment

vom Moment, sie schlägt Macht für sich heraus und bestätigt diese permanent. Wie die Politik dabei so selbstbezüglich wie machtversessen geworden ist, so huldigt sie nichts als sich selbst und also der Macht. Dazu ist peu a peu alles erlaubt und darf alles verzehrt werden, was ihre Umgebung ihr noch bietet. Es geschieht parallel zum Prinzip der Ökonomie, das die Politik verinnerlicht hat und dem sie sich hingibt. Die Politik selbst betreibt die Ökonomisierung aller Beziehungen allein anhand des eines Maßstabes des Geldes.

Hinter dieser Umwandlung vor unseren Augen tritt all das Zerstörerische der Politik selber hervor, wenn sie nichts als Macht geworden ist, so wie „Macht" pur zerstörerisch ist, weil keine Politik mehr, weil sie nicht weiß, wozu sie gut ist oder sein soll. So setzt Politik sich auch von Politik selbst ab, wie die Prozesse der Verluste der Parteien wie Innern wie Äußeren zeigen und oft zerstört sie sich sogar einmal mehr in Hass, wenn das Schiff erst tief genug gesunken ist. Ein neuer Ort und neuer Stoff für Politik wird bitter nötig.

2   Selbstaufgabe, Zerstörung, Selbstzensur

2.1   Selbstaufgabe

Die Krise der Politik ist auch hier durch einen inneren Prozess charakterisiert, Politik frisst sich, verbraucht sich, kollabiert. Der Prozess ist gekennzeichnet durch die *Selbstaufgabe des Politischen* durch die Politiker zugunsten der Politiker, zugunsten des Modells – und zunächst auch der konkreten Person – des innerlich hart (ab-)schneidenden *ersten* Mannes, der in einem „weiblichen" Gewand auftritt, insofern er sein Privates in Politik ummünzt und dieses zu einer Dienstleistung und Ware und schließlich zu einem allgemeinen Geschäft macht. Die jeweils ersten Personen, die wie eine Wiederkehr der Fürsten auftreten, bilden dabei über die gesellschaftlichen Teilbereiche der Politik, Wirtschaft, Medien, Wissenschaft und Kultur hinweg quasi eine eigene Kaste außerhalb der jeweiligen Bereiche, denen sie ihren Status verdanken, die sie aber im Verbund miteinander übertrumpfen und in ihrem Eigengewicht außer Kraft setzen. Trotz dieser Flucht des ersten Mannes nach vorn, lässt ihn diese Veränderung selbst einmal mehr austauschbar sein, im Zweifel durch die Frau, die dem Modell folgt. Der Vorgang ist exemplarisch für den Umgang mit dem Menschen durch die Politik, er spielt ihn vor, und ist selbst als letzter verbliebener Inhalt der Politik zu lesen. Die Aufführung, die „Show" selber ist die Politik dieser Politik. Damit macht die Politik die Politik beliebig, austauschbar, sekundär, zu einem Schmiermittel, zu einer Ablenkung, zu einer Anpassung, zu einer bunt schillernden Luftblase, zu einer absteigenden Angelegenheit, die nur dem verinnerlichten Prinzip des Geldes und der Zahl, dem eng gewordenen harten „männlichen" Kern folgt.

Die Selbstaufgabe des Politischen beginnt an der Spitze von Politik und Gesellschaft und breitet sich von dort wie eine ansteckende Krankheit über alle Politik und die Gesellschaft insgesamt aus. Diese Politik der Selbstaufgabe des Politischen braucht logischerweise kein Programm und kein Konzept, keine Partei und keine (Partei-)Politiker, diese dienen ihr nur als Mittel zum Zweck, während sie ansonsten eher hinderlich sind. Sie geht aus vom ersten Mann aus, der, um seine Haut angesichts der umwerfenden Veränderungen in der Gesellschaft zu retten, seinen Beruf opfert und doch seinem Abstieg nicht entgehen kann. Nachdem die Politik lange den Reformbedarf ignorierte und trotz erkennbarer Herausforderungen nicht handelte, wartet er auf die günstige Lage, bis die zugespitzten Probleme Lösungen erzwingen, die er deshalb autoritär-handstreichartig im Sinne des kurzen Prozesses des „Richtliniengebers" durchsetzen kann. In diese zugespitzte Lage, die bereits eine gemachte ist, setzt er die neuen Fakten hinein und macht damit zugleich jede wirkliche Erneuerung mehr und mehr unmöglich. Um sich vor dem Wahlvolk zu verkaufen, hat er das in die Politik in Personal und Inhalt seit langem drängende, noch immer traditionell konnotierte „Weibliche" – gefühlige, schöne, persönlich-öffentliche Darstellung, Ausstellung des Privaten, Einsatz von „sozialer" Geste – aufgenommen. Von Männern vorgeführt, übertrifft es jede Frau und stiehlt ihr damit die Show, um sie nur noch als Langweilerin und Aufräumerin im Anschluss an sich auftreten zu lassen, deren Neuigkeit nur noch im biologischen Geschlecht an sich liegt. Er lässt Politik zur Illusionsfabrik werden, mit Disziplin und „weiblicher" Gewalt als Verführung.

Die Fabrikation von Illusionen bezieht sich auf die Gleichberechtigung von Frau und Mann in der Macht wie in der Gesellschaft, auf die grund- und menschenrechtliche Gleichberechtigung zur Selbstbestimmung der Menschen, auf die Demokratie und auf die Politik als solche. Politik ist äußerlich „weich" geworden, ohne menschlich zu sein, ohne Verbindung zu Sinn macht sie sich und anderen Illusionen. Frauen machen mit, mehr und mehr, überall, so oder so verstärkt wie Männer, die wiederum ihrerseits so oder so variiert ihr Werk fortführen. Es mag ständig anders werden und doch bleibt es dasselbe wie in einem bunten Karussell. Und es führt doch nur in den Abstieg der Politik und der einstmals männlichen Domäne der Macht allgemein. Für den Moment freilich wird der je erste Politiker, und immer ihm folgend die erste Politikerin, mächtiger denn je und die Abhängigkeit ganzer Gesellschaften von ihm ist im entscheidenden Moment groß. Jener Moment treibt den Prozess der Selbstaufgabe des Politischen durch die Politik entscheidend an.

2.2   Zerstörung

Gleichwohl bleibt es nicht bei der Anfertigung von Illusionen. Diese Politik nach der Selbstaufgabe des Politischen durch die Politiker hat auf ihrer Kehrseite erst ihr Handfestes, sie zeigt ihre Hauptsache in den heftigen Folgen auf dieser Kehrseite, in ihren Wirkungen und Versäumnissen, die sie sich jedoch nicht zurechnen lässt. Diese Politik ist selbst zerstörerisch und selbstzerstörerisch, sie ist *Zerstörung* als Politik. In ihr selbst sitzt die Spaltung vom Sozialen, vom Geistigen, vom Sinnhaften und sie ist eine Politik, die die Gesellschaft spaltet.

Solange Politik an Macht und nicht an Inhalten orientiert ist, solange sie nur der späteste Ausdruck ihrer Zeit ist und nicht über sie hinausweist, geht es immer schon bereits um einen Verfall und Verlust an Gesellschaft, ist sie indirekt schon zerstörerisch, sogar für die Macht selbst, auch wenn sie sich gerade steigert. Schon dann versagt sie vor den ihr von der Verfassung aufgetragenen Werten. Gerade die Politik müsste sich um das Allerinnerste des Menschen kümmern und verrät es am allerschmerzlichsten. Wenn Politik aufgrund des Wandels der Welt sich selbst stofflich wandelt, so findet sie ohne inhaltliche Orientierung auch keine neue Identität und Stofflichkeit. Je größer eine entleerte Macht ist, desto zerstörerischer wird sie wirken, wie umgekehrt je größer Tragweite und Allgemeingültigkeit ihrer Inhalte in der Tiefe und Integrationsfähigkeit sind, desto aufbauender ist sie für sich und andere. Daneben schließt der entleerte, an der Macht orientierte Politikbegriff viele Interessen der Bürger per se aus. Er orientiert sich am Hergebrachten, stellt sich nicht zu Verhandlung, lässt nur die agil sein, die ihre Interessen bereits trefflich bedienen können, lässt nur zu, was sich seinen Prämissen unterordnet, alles Neue nimmt er nicht auf. Der implizite Ausschluss äußert sich als Politikabstinenz vieler Bürger, die gern als „unpolitisch" bezeichnet werden. Unter diesem Verständnis bleibt von Politik nur die Teilhabe am „Vitamin B", an der Macht um der Macht willen, und sei sie noch so winzig, bloße anonyme Machtbeziehungsarbeit im Dunkeln fürs Überleben. Qualifikationen jeder Art außerhalb dessen sind nicht nur wertlos, sondern ein Hindernis und eine Gefahr für den Träger, weil sie Sand ins Getriebe bringen. Es existieren nur Machtstrukturen und -mechanismen, alle Agierenden wollen behalten, was sie haben und mehr davon. Da alles außerhalb ihrer selbst bereits ausgespült ist, bleibt nur, anderen wegzunehmen, was diese vermeintlich oder tatsächlich (noch) haben. Sie schafft vorgefundene Regularien beiseite, ohne integrationsfähige neue zu bieten. Der Mechanismus steigert sich aus sich selbst heraus und ist in sich zerstörerisch. Wenn mit der Globalisierung bisherige Grenzen unterspült werden, heißt dies zugleich nicht, dass es keine Grenzen mehr gibt, sondern dass sie sich vervielfachen, verstärken und differenzieren und die *Politik* selbst diesen Prozess fördert und antreibt. Sie ist *zum eigentlichen Schauplatz der Trennungen im Raum des Politischen selbst geworden.* Politik der Gegenwart trennt und zerstört. Politik hat zuletzt schon fast nur noch Zerstörungsleistungen vollbracht, ist eine Zerstörungsmaschinerie geworden. Macht pur ist zerstörerisch, weil sie nicht mehr weiß, wozu sie gut ist.

2.3 Selbstzensur

So sehr die Selbstabschaffung des Politischen beim ersten Mann beginnt, so wenig ist es etwa ein von ihm autoritär verordneter Akt, sondern ein zugleich kollektiver Vorgang, der nur als solcher funktioniert. Diese Selbstabschaffung findet ihren Anfang, mit welchem begonnen werden kann, im Kollektiv des Sozialen, von dem aus sie sich ausbreitet, in einer Art *Selbstzensur und Unterwerfung,* an der alle Mitglieder einer Gesellschaft mehr oder weniger auf ihre je eigene Weise und nach jeweiligem Vermögen beteiligt sind. In der Folge wird mit der Eliminierung des Politischen die Politik von oben und unten entmachtet, werden Bürger entwaffnet und ihre Lage dem Schicksal anheimgegeben, sei es fatalistisch oder im Kampf jeder gegen jeden. Der Wirkungsmechanismus ist „systemisch" durch die Kriterien, an die die Handelnden glauben und denen sie gehorchen.

Obwohl oder gerade weil es „alle" machen, werden – am besten jene gerade möglicherweise scheiternden – Politiker im Zweifel zu Blitzableitern für den Vorgang gemacht, um damit noch den Prozess anzukurbeln. So wie das Abwenden der Wählerschaft, für das es ja gute Gründe gibt, zwar zu einer Eingrenzung für machtgesteuerte Politiker wird, weil diese über Wahlen noch angewiesen sind auf jene. Zugleich ist diese Abwendung jedoch auch eine Entgrenzung leerer Politik und wird damit unter der Hand noch zu deren Verbreitung. Je mehr der Mechanismus der Macht sich ausbreitet, desto mehr wird gleichzeitig soziale Verantwortung für andere weggeredet, obwohl unser Leben ständig von anderen abhängt. „Dein Problem" wird von „meinem Problem" seziert, was immer nur aufgrund der Beteiligung zweier oder mehrerer ein Problem ist. Der Zensor, der „die Leute" sind, ist das Schweigen, das eine Art Verschwörung des Schweigens ist, obwohl sich alle Beteiligten bewusst sind, dass über etwas geschwiegen wird. Kritische Auseinandersetzung ist nicht zugelassen, nur in einem Spiel „als ob", als Unterhaltung und also wirkungslos. Es würde von allen unangenehme Verhaltensänderungen verlangen, das aufzugeben. Das wäre aber nicht mit der Bequemlichkeit vereinbar, die dem „Unten" von „Oben" im Tausch garantiert wird. In der modernen Gesellschaft sind „die Leute" der Zensor, die Umfragen im Zweifel. Der Akt ist kollektiv selbstkontrollierend. Für die Elite oder Herrschenden einer politischen Ordnung bedeutet es das Gekonnteste, wenn Zensur gar nicht erst nötig ist, weil die Beherrschten via Manipulation auch diese Aufgabe übernommen haben, diese undankbare Arbeit kostengünstig auf sie abgewälzt ist und sie einmal mehr in Gefangenschaft genommen wurden. Die Gewalt, sofern es ihrer noch bedarf, geht dabei perverserweise allzumeist von den Verlierern aus, wie nicht nur die Gewalttaten Jugendlicher zeigen. Abweichendes wird ausgeschwitzt, ausgeätzt, verletzt, verprügelt und im Grenzfall auch erschlagen. Es sind die Opfer, die die gesellschaftliche Gewalt spiegeln und die ihnen noch im Rückweisakt zugewiesen wird, jene Gewalt, die die Profiteure der Jetztzeit zur Aufrechterhaltung der Ordnung nicht mehr direkt ausüben müssen und mögen, wo es indirekt um ein Vielfaches effektiver geschieht. Wo Angst, Unsicherheit und Ohnmacht herrschen, können die etablierten politischen Kräfte mitten in der Demokratie mit den Stichworten von Sicherheit und Macht ihre Interessen mit demokratischen Mitteln durchsetzen. Dass die Angst Gründe hat, die in existentiellen Kämpfen und Auflösungsprozessen liegen, die zuvorderst ein Produkt der Politik sind, ist auf dem Weg vergessen und dem Schweigen anheimgegeben worden. Je größer dabei die Probleme werden, desto besser kann der Mechanismus wirken. Angst und Schrecken werden zu Kulturen, die die Projektionsflächen für unsere eigene Angst und die Blitzableiter für diese nach außen sind.

2.4   Politik demythologisiert sich

So führt die Entwicklung in einen Zustand von Politik, in dem „aktive Aggression" herrscht, eine Art Semi-„Krieg" mit modernen nicht-kriegerischen Mitteln, wo offene direkte Gewalt aufgrund von Verflechtung kontraproduktiv wäre, außer Kontrolle geraten und zu viele „Falsche" auch treffen könnte. Dieser *Art Semi-Kriegs-Zustand* ist auf schleichende Weise und ausgeführt am lebendigen Leib auch vernichtend, ungeheuerlich, eine andere Art von unerkannter Folter. Er vernichtet soziale Existenz, auch wenn er noch über eine längere Strecke jedenfalls äußerlich am Leben hält und eingeschränkte Wenden oder Auswege noch möglich macht. Politik ist nur noch in schwindender Weise die Alternative zum Krieg, eher seine Vorstufe, wenn nicht gar sein Teil. Sie baut nichts Konstruktives mehr auf. Darin liegt eine Krise des Westens selbst. Etwas Totes liegt in der Politik der Macht, sie unterwirft und tötet ab, sie geht unauffällig über Leichen, in ihr zieht der Tod der Politik herauf.

Politik heute besteht darin, anderen ihren Willen und ihre Macht aufzuzwingen. Es geschieht mit modernen unsichtbaren, stofflich nicht fassbaren, nicht direkt, gar unmittelbar negativ, erfahrbaren, aber mit hochgradig überwältigenden und missbräuchlichen Mitteln, mit Geld, Ideologien, Feindbildern, Religion, Symbolen, Werbung, Psychologie etc. Politik kennt keine Offenheit, kein Gespräch, keine Auseinandersetzung, keine darauf basierende Verhandlung. Rationalität, die begründet, (ggf. neue) Ordnungssysteme und Verfahren schafft, die im Zweifel überzeugt oder nicht, wird als schwach verworfen. Der Mechanismus steigert sich selbst bis zur Selbstauflösung. Macht zerbröckelt und versackert überhaupt, Gesellschaft gehorcht gar keiner Ordnung mehr. Macht diffundiert ebenso fortlaufend wie gierig neu nach ihr gesucht wird. Die Gesellschaften, die Welt werden chaotisch(er) und anarchisch(er), die Machtkämpfe archaisch(er), sie bleiben unentschieden und kennen kein Ende. Es treten immer mehr Akteure auf die Bühne, es werden immer mehr Entscheidungen in immer komplexeren Systemen ohne Regelwerke nötig, es entwickeln fortwährend sich neue Vorstellungen und Raffinessen von Macht. Die Anwendung physischer Gewalt ist zunehmend schon ausgeschlossen, sie wird chirurgisch minimiert, Kriege werden unmodern, Erpressung, Hetze, Ideologie sind wirksamer. Es ist die moderne Vernichtung nicht-militärischer Art, die bereits stattfindet – *in* der Politik. Es ist ein wahlloser gleichgültiger Nicht-Krieg-doch-„Krieg"-Nicht-mal-Bürger-vielmehr-Menschen„krieg", ein Niedermachen, ein Unterwerfen und Ausgrenzen. Hinter ihm zeigt sich doch eigentlich das Ende des Konfliktlösungsmodells der Gewalt an, weil diese immer zurückkommt und ihre Grenze mit der Globalisierung der Welt bereits ausgereizt ist. Das tatsächlich oder vermeintlich „Böse", das sich in seinesgleichen nicht und also nichts „Kritisches" am eigenen Leib erträgt, kann nicht mehr hinter die Grenzen einer anderen Gruppe, eines anderen Landes, einer anderen Hautfarbe, eines anderen Geschlechts etc. verschoben und dorthin ausverlagert werden, wo sich alles durchmischt hat. Der Kampf findet in jeder Person und jedem Detail der Politik statt. Die segmentierten Verlierer, allenfalls noch zu infernalischen Amoktaten fähig, spielen Gott und sind doch leichte Beute. Sie bleiben besiegbar, haben nur die Eigenschaft, wie eine Hydra nachzuwachsen. Sie machen den klassischen Krieg überflüssig. Und doch zeigt das kollektive Entsetzen, das jeder begreift, es hat mit uns selbst zu tun.

Politik demythologisiert sich vor aller Augen selbst. So wird Politik, wo Inhalt aus der Politik herausgeführt worden ist, und jene aus der Politik selektiert, die noch Inhalte haben, *wesentlich zu etwas, an dem Gesellschaft und Bürger leiden.* Das Leiden betrifft alles Soziale, alles was Menschen trotz ihrer unendlichen Unterschiede gemeinsam haben, ihr elementares Leben und die daraus resultierenden Bedürfnisse. Dieses Leiden betrifft jeden, am Ende noch den oder die Privilegiertesten, und wenn sie vielleicht nur leiden, weil sie nie genug kriegen können und die Angst bleibt. Politik ist der Raum, wo die Gewalten aufeinander stoßen und das Ergebnis uns leiden macht. Die Unmenschlichkeit unserer Zeit, in deren Zentrum die Politik als Kollektivum des Umgangs mit ihr steht, liegt in der Nicht-Wahrnehmung des Menschen als Menschen, als hätten sie keine reale Existenz. Die Politik der Selbstabschaffung des Politischen produziert Angst und Verzweiflung und Depression – im Zweifel bis hin zum Selbstmord, um sich anschließend daran zu bedienen. Insofern der Mensch sich nicht auf sein so starkes wie schwaches Menschsein bezieht und dies als Wert an sich betrachtet, den der Mensch sich und anderen gibt, gleich wieviel er sich unterscheidet, macht er sich jeden anderen selbst zum Feind. So offenbart die Krise der Politik den politischen Krieg in der Politik als Vernichtung des Humanen als eine Krise des Westens und seiner Freiheit und Würde selbst.

2.5   Geistlosigkeit, Gefängnis, verkehrter Glaubensstreit

Wenn Politik von der Zahl bestimmt wird, die sich rechnet, von der Quote, dem Diagramm, den Umfragen, von den angehäuften Informationen, die permanent die vorangegangenen nichtig machen, wird sie von Tonnenideologie, Rechenschieber, Arithmetik und Statik beherrscht. Sie gibt nicht nur das Fühlen auf. Sie gibt das Denken auf. Sie sammelt Daten statt zu verstehen, Zusammenhänge zu erkennen und neue Einsichten zu gewinnen. Mit dem Denken gibt sie Erkenntnisgewinn auf. Die Folgen sind weitreichend.

Der *Verlust des Denkens* ist zugleich die *Abschaffung der Kritik*. Kritik wird mit diesem Verlust in zweierlei Weise aufgehoben oder verunmöglicht. Sie wird nicht etwa verboten, sie ist wohlfeil allenthalben und dient der Unterhaltung. Wo sie wider Erwartung darin nicht aufgeht, geht Kritik nicht mehr, man kann sie äußern, aber sie kommt nirgends an, sie kann nicht mehr greifen, weil sie es mit einem so dichten wie leeren System zu tun hat. Dieses reagiert auf existentielle menschliche Äußerungen so wenig wie auf Argumente, weil beides für es völlig irrelevant geworden ist. Was an Kritik bleibt, steht, wenn nicht als „unmöglich", dann einfach als überflüssig da. Wo sie an die wirklichen Schmerzen, an Angst und Schrecken, also tiefe Gefühlslagen und Untergründe der Gesellschaft rührt, dient sie sofort der Selbstversicherung der „Demokratie" wie der „Demokraten", der herrschenden Herrschaft, die ihre Überlegenheit quasi genetisch festgelegt hat. Sie wird als – falsch, schlecht, böse – Angriff auf Gesellschaft, Politik und Leute hingestellt und von einem Zeitgeist, der keinen Zensor mehr braucht, weil er der Zensor ist, gnadenlos ausgeschwitzt und ausgeätzt. Im anderen Fall wird sie postwendend mit offenen Armen aufgenommen, in ihren brauchbaren Teilen vereinnahmt, instrumentalisiert und zur Produkt- und Selbstverbesserung verzehrt, während die abgeschnittenen unbrauchbar gewordenen Teile im Müll landen. So ist sie Anlass zum Polieren der Oberflächen. Das System passt sich sofort an und mit dieser Anpassung schluckt es die Kritiker. Willkommen zur Ausbeutung ist Kritik beide Male.

Unter dem Geld wird so die Aufklärung begraben. Unter ihm wird die Emanzipation in einer Selbstverschlingung verschlungen. Unter ihm mündet sie in einen so zerstörerischen wie selbstzerstörerischen Prozess. Die Unterwerfung unter eine Abstraktion – nicht mehr unter Herrschaften, Arbeitgeber, Institutionen etc. – unter eine Maßeinheit, bietet sich in der globalen Welt der Einfachheit halber vielleicht an, nicht jedoch wenn dabei ausgeklammert wird, auf welch komplexe Weise eine solche Abstraktion zustande kommt, woran sie gebunden ist und welcher Ressourcen sie bedarf, d. h. wenn sie ihre Bezüge verliert. Wo die Wirtschaft, das Kapital, das Geld nicht nur Naturschätze plündert und Arbeitskräfte ausbeutet, von denen es mehr als genug gibt, und diese von den Gewinnen arbeitsfähig gehalten werden, sondern jeder Mensch, Menschen, Politik, jeder Teilbereich und die ganze Gesellschaft sich ihrem Prinzip unterwirft, werden nicht nur überflüssige Menschenmassen beiseite geschafft, sondern geht die Steuerungsfähigkeit unseres Lebens überhaupt verloren und werden auch Aufklärung, Selbstbestimmung und Emanzipation – Lebensfähigkeit überhaupt am Ende – aufgegeben.

Der Prozess hat sich selbst erfüllende Auswirkungen auf die *Politik:* das Geld wird zu ihrem *Gefängnis* wie sich ihre *Geistlosigkeit* ausbreitet. Im Ergebnis steht die Perspektive der Politik immer schon fest. Sie weiß vorher, was herauskommen soll, falls sie nicht gar nicht mehr weiß, was geschehen soll oder kann. Alles andere spielt keine Rolle, dient nur der Legitimation der Macht, nicht einer Prüfung und Wahrheitssuche, nicht einer Erkenntnis und keinem Inhalt oder Ziel. Wo es nur noch ums Sich-Durchsetzen geht, sind die Sicht- und Handlungsweisen, mögen sie noch so sanft einherkommen, vergewaltigend. Wahlkämpfe als alles entscheidende Schlachten von Computern, Geld und mehr oder weniger betrügerischen Rechenaufgaben sind ihr letztes Domizil. Politik wird zum Freizeichen für das Walten elementarer Gewalten, wo deren Überwindung doch gerade das „menschliche Plus" und im Kollektiven ihre Aufgabe sein soll.

Die von ihr hinterlassene Leerstelle wird mit Kontrolle, Political Correctness, öffentlicher Aufsicht, Moral und Religion besetzt. Das *Abkoppeln von Inhalten* wird geradezu zum „*verkehrten" Glaubensstreit* des Westens und führt in seiner inneren Logik in den Kollaps. So erklärt sich, weshalb Kritik in der Gegenwart nur noch als Konservatismus auftritt, wo nur Konservatives bleibt. Eine solche Politik und mit ihr eine solche Gesellschaft stirbt an sich selbst. Die Politik, die die Gegenwart alternativlos bestimmt und die sich jenseits der erreichten demokratischen Qualitäten im Namen der Zukunft legitimiert, schneidet die Zukunft ab.

Dass vor ihrem Hintergrund jede denkbare Utopie als „Geisteskrankheit" erscheint und „Compassion" als „Umgehung der Mühe der Ebene der Realpolitik" verstanden wird, ist, wenn auch in völliger Verkehrung der Realitäten, nur logisch. Hier ist jener Punkt erreicht, wo eine existentielle Bedürftigkeit des Menschen nach dem Politischen der Politik erfahrbar wird.

3   Systemwechsel im Zentrum – die Inhumanität einer Politik ohne Inhalt

Die Krise, die in ihrem Zentrum eine Krise der Politik ist, kennzeichnet sich durch ihre *Allgemeinheit,* die mehr oder weniger alle Politik oder jedes politische Handeln regierender oder nicht-regierender, organisierter oder unorganisierter, konventioneller oder oppositioneller Art betrifft. Sie liegt in der Selbstaufgabe des Politischen durch die Politik und damit im Ausfall der Politik, sofern und weil sie den *Verrat des Sozialen* übt, wo die Herausforderung gerade darin läge, in der modernen Gesellschaft vor dem Hintergrund von Individualisierung und Globalisierung geradezu der Schaffer des Sozialen zu sein.

Der Ausfall der Politik startet mit der aggressiven Aneignung der Macht durch den ersten Mann und ihrem zerstörerischen Einsatz, die sich beide fortsetzen in den vielen einzelnen Subjekten, die sich Macht aggressiv aneignen und sie ebenfalls zerstörerisch anwenden. In dieser Einheit von Inhalt und Form drückt sich die eigentliche und einzige wirkliche Aussage und Tat und somit Wahrheit der Politik aus, die erdrückend dominant geworden ist. Sie nimmt vom Zentrum aus in Gefangenschaft, führt zu einem inneren, inhaltlichen, denklogischen Systemwechsel, sie verursacht Spaltung im Mensch und setzt explosive Energien frei, ohne ein Ziel zu haben. Diese Politik zeigt die Politik am Ende ihres Lateins.

Die *Unmenschlichkeit unserer Zeit* liegt vor diesem Hintergrund im unsichtbaren Sozialkrieg und im Terror einer Umwandlung der Gesellschaft, die nicht politisch gestaltet wird. Mehr noch verbirgt sich in dieser politischen Nicht-Gestaltung eine Politik nicht-kreativer, unproduktiver Zerstörung. Politik ist in ihrem Selbstverständnis und in ihrer Eigenpraxis selbst zum zentralen Problem der Gesellschaft geworden.

Sie führt dazu, dass in den reichen westlichen Ländern Europas und der USA – trotz des immensen Wohlstandes und der vermeintlichen Abwesenheit jeder wirklichen Not und alles Zwingenden in der modernen Gesellschaft – existentielle Fragen wieder berührt und erfahrbar werden: nämlich die Verletzbarkeit wie Abhängigkeit des Menschen voneinander und seines Freiheits- wie Sinnbedürfnisses.

3.1   Versagen der Politik

Das *Versagen der Politik* liegt – hinter den entschuldigenden Floskeln von „der Globalisierung", „den Medien", „der Personalisierung" als Ursache ihrer Schwäche, die in der herrschenden Logik auch treffend die ständig behauptete eigene Alternativlosigkeit begründen – in der Selbstaufgabe und Selbstabschaffung des

Politischen. Jedoch eine Politik ohne Inhalte – was für eine Politik ist das? In einer solchen Politik gibt es keine Verbindung zwischen Inhalt und Macht, zwischen Wort und Tat, sie ist „unecht", sie macht nur (Macht) Gefangene, *nimmt in Gefangenschaft*. Ohne Inhalte fehlt Politik das Verbindende, etwas elementar Menschliches bei Pluralität und Offenheit von Gesellschaft, die dann gar nicht mehr sein können. Gibt es nur „äußere" Freiheit und nur „äußere" Gleichheit, wird beides aufgehoben, fallen beide auseinander, bleibt weder das eine noch das andere. Politik ohne Inhalte heißt Treibenlassen, Affirmation, Hingabe, sie wird zu einer *„falschen" Religiosität*. Loslösung von Inhalten heißt *Abschied von jeder Veränderung* und Reform durch Politik. Ihm ist der Abschied aus Gesellschaft und vom Sozialen vorausgegangen bzw. er fällt mit ihm zusammen. Das gilt zumal die Spitzenmitte(n) miteinander verfilzt und durch Filz nach außen abgedichtet sind. Man kommt von außen nicht hinein und drinnen bekommt man nichts mit. Es führt dazu, dass von der Spitze her die Mitte durch das von ihr selbst geschaffene Loch in Gestalt des Verrats des Sozialen fallen wird. Sie macht sich folglich bei aller Anstrengung auch noch selbst überflüssig.

Diese Politik ohne Inhalte impliziert tatsächlich einen politischen Umbau, der hinter die Demokratie führt. Das eigentliche Menetekel dieser Politik ist ein innerer Systemwechsel der politischen Logiken, der aus dem Zentrum der Macht selbst mit organisierter und herbeigeholter Zustimmung der Bevölkerung herbeigeführt wird, begleitet von einer ideenlosen, aber geldreichen Ideenwelt, die keine Korrektur und keine Barriere gegen Macht in sich hat.

Mit ihm vollzieht sich ein Gestaltwandel der Politik. Politik wird zu bloßer *Macht*politik für den Fluss des Geldes umgebaut. Dieser Inhalt, seine *Ideologie* wird über neue Zeichensysteme transportiert. Im Wesentlichen sind es bewegte *Bilder*, die neben schlichten Parolen und Anweisungen zu Codes werden. Sie richten sich strikt auf *Äußeres*. Nicht das Dargestellte und dessen Moral oder Sinn zählen, sondern dessen ästhetische Inszenierung, die eine Überhöhung per se ist und sein soll. Sie ist die eigentliche Botschaft und sie wird auch so verstanden: es zählt, wie Moral zu Taten wird, und sie wird es hier eben so sehr in dem Show- und Schein-Handeln der Politik wie ihrem Herrschaftsanspruch und ihrer Unterwerfung unter das private Geld. Die schönste der gebotenen Darstellungen wird gewählt. Ihr Fixpunkt ist allein das Machtgeschäft nach dem Modell des ersten Mannes. Die Abwesenheit von öffentlicher und allgemeiner Politik wird – ganz dem Gestaltwandel entsprechend – mit „Frau" bzw. traditionell verstandener „Weiblichkeit" bedeckt. Das passt zu den biologistischen Zeitgeisttendenzen und ist im mental polarisierenden Teilen und Trennen antifeministisch per se. Politik ist entweder Macht pur – und darin traditionell „männlich" – oder Ideologie pur – und in diesem Fall traditionell „weiblich" menschelnd. Mit der Ideologie ist es stets sofort vorbei, wenn es um die Macht geht, und wenn Macht nicht weiter

weiß, kommt sie umgekehrt mit Ideologie. Beides fördert weitere politische Entleerung und Gefangenschaft.

Der Systemwechsel bedeutet ferner – mit der Privatisierung gesellschaftlicher Beziehungen, nach dem Abschied der Politik aus der Gesellschaft, nach der
Selbstaufgabe des Politischen durch die Politik, nach der Verabschiedung der Gesellschaft von Politik – eine *Privatisierung der Politik*. Politik wird als Politik privatisiert und so wird von ihrem „Inhalt" her das „Persönliche" zur Politik, Privates
wird unmittelbar eingesetzt und gemehrt. Damit „schießt" das Private unmittelbar
in Gesellschaft und Gesellschaft unmittelbar ins Private zurück. (Wie sich etwa an
den Terrortaten oder Amokläufen Jugendlicher und deren „Begründungen" durch
die Täter wie deren Biographien ablesen lässt.) Was im Privaten geschieht, zeigt
unmittelbar den Charakter von Gesellschaft, wie anschließend in Gesellschaft
sich zeigt, was im Privaten geschieht. Raubbeuterei wird allgemeine Privat-Poli-
tik. Es gibt keine Trennung mehr und so auch keine Selbststeuerung, Steuerung
und Kontrolle. Reine Machtpolitik ist so sinn- und ergebnislos wie reine Geldpolitik. Politik ist bei niemanden mehr und allen, sie wird reine Getriebenheit, ist der
systemische Orientierungs- und Selbstverlust. Die Wirtschafts- und Gesellschafts-
Krise ist eine Krise der Politik, die zu einer Krise des ganzen Systems wird, in dem
Moment, in dem Politik all-*gemein* geworden ist – sich gemein macht, sich dieser
Art allgemein verbreitet, die Allgemeinheit ihre von allen praktizierte Gemeinheit
angenommen hat. Sie hebt sich damit nicht nur ihr eigenes Kriterium, die Gestaltung des Gemeinwohls, das mehr als die Abbildung menschlicher Nichtigkeit ist,
sondern sich selbst auf. Der Zirkulus macht die Gefangenschaft.

Der Systemwechsel endet in der tatsächlich oder vermeintlich *charismatischen
Herrschaft,* die ihrer Tendenz nach überwältigend und allmächtig ist, Kontrolle
nicht kennt und Gefolgschaft fordert. Es ist eine Herrschaftsform, die sich über alles hinwegsetzen will, die ihrer Natur nach keine Barriere gegen Macht als Selbstzweck hat. Wo sie nicht nur personal auftaucht, sondern systemisch wird, bringt
sie eine Hermetik, eine verschlossene dunkle Magie, ins Machtzentrum des ersten Führers oder der ersten Führerin, das kein Außen kennt und so Logik der
Macht um ihrer selbst willen folgt. Die charismatische Herrschaft kann zur Dik-
tatorenmacht werden, wenn der demokratische Unterbau genügend ramponiert
ist und die „Gefahren" absolute „Kontrolle" verlangen. In der modernen Gesellschaft scheint gleichwohl eine zentralistische Diktatur nicht mehr möglich, es sei
denn um den Preis eines unbeschreiblichen Terrors gegen die Gesellschaft. Wahr-
scheinlicher ist deshalb der schnelle Wechsel, Verschleiß und die Beliebigkeit der
jeweils „charismatischen" Führer und politischen Irrationalität.

Welche Ordnung ist das Ergebnis eines solchen Systemwechsels der politischen Logiken? Über ein eindimensionales biologistisch-leistungsorientiertes
Menschenbild wird alles auf eine äußerste Schmalspur gesetzt, aufs *Dienen für*

die Herrschaft des Geldes in einem denkbar umfassenden, quasi räumlich-global-gefüllten Sinne. Es geschieht aus Ohnmacht zwecks Machtgewinnung, als wäre der Mensch selbst aus Geld gemacht. Der *Zwang,* dabei – im Prinzip entleert, d. h. ohne Idee, Inhalt, Wert, Sinn, jederzeit austauschbar, allzeit der Spülmaschine ausgesetzt – *mitzutun, ist die Freiheit und Gleichheit und die Demokratie des Marktes.* Es scheint eine so nichtige wie pseudo-religiöse fromme, aber nicht mehr eine politische, nur noch sich selbst zersetzend-sprengende Ordnung zu sein. Im Innern sind weder die historischen Voraussetzungen noch die je persönlichen Ausgangsbedingungen jemals gleich, so wie im Zweifel das im Moment weniger Mächtige stets unterliegt. Die Teilnahme an dieser Ordnung gleicht einem gefährlichen Spiel mit dem Schicksal. Diese Ordnung freilich ist politisch verordnet.

Wo jeder möglichst viel zu dienen hat, um möglichst viel herrschen zu können, und sei es nur über sich selbst, führt *die Konstruktion der Sache in eine Spaltung des Menschen* selbst und sie wird am Ende selbstauflösend. Sie endet im Nichts. Die Ordnung wird eine Diktatur der allgemeinen Ohnmachts-Allmachtsphantasie, eine blanke Diktatur der schizophrenen Abstraktionen, die mitten durch die Menschen selbst läuft. Sie hat den inneren Zusammenhang ihrer geistigen Persönlichkeit verloren. Diese Ordnung wird wahnhaft, unerträglich, explosiv.

Wenn dabei Macht permanent wieder schwindet, bröckelt, diffundiert und eben deshalb ständig neu nach ihr gegiert wird, so hat dies sehr wohl eine Logik, aber eine, die die Herrschenden nicht und niemand sonst mehr in der Hand haben, eine abstrakte, die vom Instrument Geld ausgeht, das sie noch täglich bedienen. So ist eine *entpersonalisierte, ideologisch abstrakte Herrschaft* in gewisser Weise schlimmer und verletzender als strukturelle und personale, weil sie viel allgemeiner ist als diese je sein könnte, und man sich schwerer widersetzen kann. Dieser Prozess der Unterwerfung unter diese Abstraktion lässt nichts, wie es war, und setzt mit einem irrsinnigen Potential Kräfte frei, die uns überrollen können.

3.2   Umwandlung

Die Krise der Politik zeigt sich als eine Umwandlung von Politik zur Machtanmaßung Einzelner, der die Ohnmacht eingeschrieben ist und die also so hilflos ist, wie ihr nicht zu helfen ist. Sie führt nur in Abstiege und Verluste. Diese Politik ohne Inhalt hat keine Legitimation. Sie markiert das Ende eines Zeitalters, das weiter reicht und tiefer geht, als die Vorstellung vom Ende des 20. Jahrhunderts als dem der Gewalt der Diktaturen und der auf sie folgenden, zum Vorbild gewordenen westlichen Wohlstandsgesellschaften der Nachkriegszeit nahelegt.

Die etablierte, uns allen gewohnte Politik zeigt sich – hat man ihre Beschaffenheit untersucht und erforscht – buchstäblich *am Ende ihres Lateins:* weil die Politik das Politische und damit sich selbst aufgegeben hat, ist das Ende der Politik erreicht worden. Sie weiß nicht weiter und sie hat, schwerwiegender, um die eigene Haut zu retten, den Stoff der Politik als solchen verbraucht, mindestens schwer beschädigt. Sie zieht die ganze Gesellschaft in ihr Nichts hinein. Diese Politik offenbart eine *Zeitenwende.* Die Unmenschlichkeit der Gegenwart hat eine subtilere, quälendere und komplexere Qualität und ist ihre eigene Form einer Steigerung von Unmenschlichkeit überhaupt. Sie zwingt zu neuen Antworten zum Schutz der Unverfügbarkeit des *ganzen* Menschen. Der Gestaltwandel der Politik führt uns in eine andere politische Ordnung als in einen verkleinerten-anders-neu-gesicherten-Sozialstaat, wie versichert wird. In ihr wird das Soziale überhaupt in allen seinen Ausdrucksformen gefiltert und berechnet, ohne ein Ziel vor Augen zu haben und mit unbekanntem Ergebnis. Die politische Umwandlung, die gegenwärtig vollzogen wird und sich vollzieht, hat sich *nicht legitimiert,* weil sie im Verborgenen stattfindet und sich wissentlich entzieht. Sie wäre – offengelegt – auch nicht legitimationsfähig, von der ihr eigenen Schwäche abgesehen. Das zeigt sich nicht zuletzt in der permanenten Aufregung, in der sich unsere Gesellschaft befindet, und im Terror, der bei dieser Umwandlung herrscht, zu deren anderer Seite Angst und Depression gehören. Erregung, Aufregung, Hysterie, terroristische Reaktionen und Gewalttaten sind – neben allem anderen, das sie sind – auch eine Reaktion auf den Terror der gewaltsamen Umwandlung von Gesellschaft durch die Politik. Die tatsächliche Inhumanität der Politik ohne Inhalt ist das, was *das Existentielle* in der Politik wieder spürbar werden lässt. Es liegt zum einen in der Beschäftigung mit den Existenzfragen der Menschen, deren Klärung erst ein wirklich lebendiges Leben und gutes Leben ermöglicht. Es liegt zum anderen in dem Betreiben von Politik aus einem existentiellem Bedürfnis des Menschen nach dem Anderen und einem Auskommen mit anderen. Mag sein, diese Erfahrung ermöglicht aufzuhören mit etwas, das von Schaden ist.

Aus diesem Prozess heraus wird *eine Neugründung von Politik* denkbar, die gut und kräftig wirkt, indem sie Verbindung schafft; offen für alle und kleingeteilt ist; ein konstruktives Vorgehen, ein Angebot, eine Einladung darstellt; von bestimmter, definierter, konkreter Größe und integrationsfähig ist; und sich, anstatt es zu verraten, um das Allerinnerste des Menschen ums Leben statt ums Töten kümmert. Dazu müsste sie auf den Mensch im Singular und Plural setzen, der Werte schafft und setzt und darüber neue Wertverhältnisse, Lebensformen, Staatsformen.

3.3 Verschwinden

Wenn man angesichts dieses Politikverlustes auf die Suche gegangen ist, wohin Politik stattdessen gegangen ist in der Annahme, dass sie irgendwo liegen geblieben sein muss, so entschwindet der Gegenstand, je mehr man sich damit beschäftigt. Die etablierte Politik hat es nicht geschafft, alte überwunden geglaubte Machtverhältnisse als solche wiederherzustellen. Auch wenn die Vergangenheit nie wirklich wiederherstellbar ist, es ist der Politik nichts ähnlich Starkes gelungen. Sie ähnelt nur noch einem Pseudo. Nichts scheint wirklich ernstzunehmen zu sein. Sie scheint wirklich zu versinken, wie ein untergehendes Schiff, das von Zeit und Naturgewalten verrottet wird und sich auflöst. Politik ist in Wirtschaft eingeschrieben, im Privaten, in der Person, in der Abwanderung der Bevölkerung, vagabundierend in der Gesellschaft, nur je nach Stärke chaotisierend gehalten von denen, die noch etwas zu verlieren haben, in der Ohnmachtsverstärkung, in jenen neuen pluralen Mehrheiten jenseits etablierten Politik, die so politisch unpolitisch sind, durch Entzug etwas Unbekanntes zu verhindern oder aufzuhalten. Politik ist überall und nirgends, kein „extra" Geschäft mehr, kaum noch ein – manipulierter – Wahlgang, obwohl dieses Ritual und dieser Ausweis der Demokratie hochgehalten werden. Es scheint auch ohne Politik irgendwie weiterzugehen.

Gibt es welche, die einfach heraustreten? Beginnt hier eine neue Selbststeuerung? Beginnt die Gesellschaft, sich nichts mehr sagen zu lassen und eigenhändig Beziehungsfähigkeit wieder herzustellen? Machen Menschen sich selbständig ohne Staat und Politik, einer alten für unerreichbar gehaltenen Utopie? Was werden sie tun?

Man könnte auch fragen, man wird auch diese Fragen nicht los:

Ist es nicht der Lauf der Welt, dass sie am Ende „leer" ist? Sich entschleiert, auflöst und als Illusion erweist? Dass sie nur *existent* ist, in ständiger Verwandlung? Gibt es nicht, brauchen wir nicht gar eine „gute" Leere, weil in ihr alles Platz hat? Oder braucht der Mensch Inhalte und Werte? Ist eine Koexistenz angesichts ihrer unterschiedlichen Art überhaupt denkbar? Ist der Geist am Ende eine materielle Kraft? Oder können wir ohne Geist auskommen, wäre das nicht viel vernünftiger, wenn auch utopisch? Leben wir nur, indem wir unsere Phantasmen aufgeben? Inhalte, Ideen, Werte, der Geist – sie *sind* eine mächtige Kraft. Es bleibt nichts, als in Gespräche darüber einzutreten oder sie entladen sich gewaltsam?!

Doch warum es nicht durchspielen? Warum soll es nicht anders sein oder werden, als Menschen es sich, seit sie philosophieren, gedacht haben? Warum soll der Mensch, sein Gehirn keine Maschine sein, die stets schon vom Geld, vom Reichtum welcher Art auch immer gefüttert war? Die Fragen zu stellen, heißt den Nutzen und Sinn von Freiheit und Menschlichkeit, zumindest wie sie bislang verstanden wurden, infrage zu stellen. Kapitulieren wir damit bereits vor den Systemen

und Abstraktionen, die zwar von Menschen gemacht sind, die wir aber immer weniger kennen, die bereits Handlungsmacht über uns übernommen haben? Gesellschaften würden sich unvorstellbar verändern, gäbe es nur noch anonyme, nicht
verantwortungsfähige Kräfte, die die großen Fragen der Menschheit entscheiden
und die doch unsteuerbar sind. Wäre das eine andere Form der Freiheit, die wir
noch gar nicht kennen? Bestünde dann der Fortschritt in einem Stillstand von
Ewigkeit, in dem alles und für immer vorbestimmt wäre – wie im Himmel oder
wie in der Hölle? Freiheit als Hingabe an ein Schicksal?

III Neue Mitte

1 Neue Mitte Produkt Neokonservatismus

Vielleicht wird einmal die legendäre rotgrüne Ära unter Kanzler Gerhard Schröder und Außenminister Joschka Fischer, die „neue Mitte", die Krönung der 68er, als jene Phase erkennbar, die nach dem Ende des Gegensatzes zwischen Kapitalismus und Sozialismus, nach dem Ende von „Rechts" und „Links" – der einzig treffenden und modernen Erkenntnis dieser Reform-Koalition – einen *Neokonservatismus* hervorgebracht hat, der Europa umwandeln wird. Die deutsche neue Mitte wäre dabei freilich nur ein Teil einer Veränderung des Westens gewesen, zu dem die kräftigeren Impulse aus den USA und England kamen und die eigenwilligeren Anteile aus Italien und Frankreich. Der sich ausbreitende Neokonservatismus ist so aufgeklärt und gemäßigt liberal wie aggressiv, integrativ und präventiv reaktiv, so ernüchtert wie entschlackt, so gleich frei wie ungleich unfrei, reglementiert, gläubig, trainiert und nicht vital.

Nachdem in Deutschland der alte Konservatismus gefräßig, wie in Helmut Kohl inkarniert, die sozialen (Bürger-)Bewegungen in Ost wie West – mehr als Sozialdemokraten je fähig zu einer Wahrnehmung und Integration – in den von jenen aufgeworfenen Fragen nahezu offen realisiert, in ihren nützlichen Komponenten sich zu eigen gemacht und ihnen eigenen Ausdruck verliehen hatte – sei es westwärts bei den Frauen, der Ökologie, der Arbeit oder ostwärts den Bürgerrechtstugenden, allerdings nur höchst widerstrebend und zögernd bei der Einwanderung – und somit politisch unentwegte Saug- und Dominanzkraft zu haben schien, stolperte diese Kohl-CDU über den größten Spendenskandal der Republik und musste ins Glied treten. Und doch verbarg sich dahinter, wie ratlos sich der alte Konservatismus in seiner Konturlosigkeit als Konservatismus tot lief. Problemlösungen hatte er nicht zu bieten. Weitere Wohlstandsverteilung ohne strukturelle Veränderung kostete viel Geld und stieß an Grenzen.

Unbemerkt, fast unbeabsichtigt, auf schwachen Füßen, in ihren Wirkungen nicht durchdacht, gar kontrolliert vollzog sich in der Ära Rotgrün eine tiefgreifende Veränderung der politischen Landschaft, die konträr zu den Erwartungen und Absichten einer Reformpolitik der bis dato gewohnten und annoncierten Art stand. Verfangen in den 60er, 70er, 80er und 90er Jahren und den Gründungsdaten der Bundesrepublik einerseits und der DDR andererseits waren die Regierenden wie zuvor keine Regierung Getriebene, die orientierungslos durch den gewaltsamen Aufbruch verleugneter Probleme und den gesellschaftlichen Reformrückstand zum Handeln gezwungen wurden. Angetreten mit einem Puppenstubenprogramm aus der nationalen, von Willy Brandt inspirierten Reformzeit einer Verbesserung des Kapitalismus und beglückenden Kuchenverteilung an ihre Wählerklientel wurde Rotgrün eine Reaktion auf die globalen Herausforderungen abverlangt und zu einer ersten Transformation von Politik genötigt. Nach der Verleugnung tiefgreifender sozialer Basisveränderungen in der modernen Gesellschaft speziell in der „Linken" wurde die Regierung Schröder und ihr rotgrünes Bündnis zum ausführenden Organ einer regressiven Gesellschaft und vermeintlicher oder tatsächlicher wirtschaftlicher Gebote. Ihr Handeln kennzeichnete ein visionsloses Gejagtsein. Schon hier liegt der Ursprung eines neuen Konservatismus: nichts geschah freiwillig, nichts war befreiend, keine positiven Energien wurden freigesetzt. So erlebte die Bundesrepublik eine Umstülpung ihrer politischen Vorzeichen und eine politische Umwälzung ausgerechnet unter der Führung einer vermeintlichen Reformkraft, die einst aus dem großen Bedarf an sozialem und politischem Fortschritt erwachsen war.

Es waren nach '68 und '89 die Nach-Wendewendezeiten, progressive Phasen beiderseits der ehemaligen Mauer liefen aus, als der Krieg im alten Europa, dem vergleichsweise friedlichsten Kontinent der Welt, und am Ende der Welt überhaupt, in Afghanistan, wo Deutschland eigentlich gar nichts verloren hatte, wieder ausbrach; als der deutsche Sozialstaat, das Musterbeispiel sozialen Ausgleichs der ganzen Welt, zu reißen begann, und als schließlich am 11. September 2001 Terroristen die westliche Führungsmacht, den engsten Bündnispartner und Schutzherrn Deutschlands angriffen, und der deutschen Politik Hören und Sehen verging.

Es wurde eine Wende ganz anderer Art, bei weitgehender Bewusstlosigkeit, im Glauben zu irgendwelchen „Normalitäten" der Geschichte und Politik zurückzukehren, obwohl normal oder wie überall gewohnt gar nichts war und ein „Fortschreiten" der Geschichte auch nicht stattfand. Eher schien die Welt den Atem anzuhalten. Um ihrer Macht willen, im Namen der „Verantwortung", gab sich die rotgrüne Regierung zum Äußersten hin und ließ sich ihr Innerstes abkaufen, von Beginn an unter dem Dekret der Alternativlosigkeit ihrer selbst in Personen und Handlungen. Die Neue Mitte bildet einen unwiderruflichen Einschnitt zu einer Brutalisierung der Politik und einer Unmenschlichkeit in der Politik, zu der die CDU nicht fähig gewesen wäre und über die die SPD in ihrer Substanz getroffen wurde, soweit sie nicht schon ausgehöhlt und brüchig war. Zwecks eigenem Aufstieg zu Macht und Reichtum räumten die Politiker und Politikerinnen der rotgrünen Regierung mit den emanzipatorischen Bewegungen, aus denen sie entstammten, ebenso auf wie mit ihrem politischen Gestaltungsanspuch als solchem, nach dem der Mensch in Wirtschaft, Politik und Gesellschaft eine eigene und möglichst gar freie Rolle spielen und in der Lage sein sollte, Vorgefundenes nicht nur zu gestalten, sondern der Welt auch etwas Neues und Konstruktives hinzuzufügen, in jedem Fall stets auch Alternativen zu haben oder suchen. Die rotgrüne Neue Mitte hat ihre eigenen Protagonisten nach vorn und hochgebracht – und sonst wenig. Wer unterhalb ihrer eigenen Elite war, hat (weiter) verloren, wer sich oberhalb dessen befand, hat (weiter) gewonnen. Es gibt kein Reformprojekt, das der Gesellschaft Qualität, gar eine neue Qualität hinzugefügt hätte.

Tiefer konnte der Einschnitt zum Aufstieg für Geld nicht sein im durchweg weich gefederten Wohlstandsland Deutschland und doch brachte er vielleicht in den sozialen Tiefenschichten den Gründungsakt der Bundesrepublik nach Verbrechen und Krieg in seiner Reinform, in seinem Extrakt, zum Ausdruck. Alle demokratische Befreiung war auch damals nicht freiwillig und aus eigener Erfahrung und Einsicht entstanden, von Ausnahmen abgesehen. Vielleicht steht diese erst jetzt richtig bevor.

Die Neue Mitte – bald ein allgemein sich ausbreitendes Modell – wurde vom Wiedergänger des „Alten" zum Mitnehmer und Absahner all dessen, was bis dato vernachlässigte, diskriminierte oder sich emanzipierende soziale Kräfte geschaffen hatten, zum Katalysator des allerneusten „Neuen", nämlich der Entleerung von Substanz und Inhalten und der Selbstabschaffung der Politik und politischen Gestalter als historisch emanzipatorischer und machtpolitisch relevanter Kraft überhaupt. Diese Politik dient nicht der Gesellschaft, sondern bedient sich an ihr. Damit bildet sie den Grundstock des allgemeinen Pseudo-Daseins und Wirklichkeitsverlusts, in dem sich Gesellschaft heute bewegt.

So zeigt sich speziell die neue Mitte als ein Übergang und ein Scharnier der Umwandlung von Politik und politischen Verhältnissen, die zunächst nichts anders als Entdemokratisierung zu nennen ist und neue Herrschaftsverhältnisse schafft, von welchen zu befreien sie ausgezogen war. Wenn die neue Mitte so sehr Akteur wie ein Mechanismus von Umwandlung ist, bei der sich ihre Herkunft und ihr Auftrag nicht erfüllt, so zeigt sich ihre eigene Schwäche und sie sich als Schwache, die sich kontradiktorisch zum eigenen Vorhaben als linke Reformkraft, demokratische Alternative, soziale Instanz selbst aufgibt, von sich selbst nur noch alte Zitate und Schablonen hinterlässt und es deshalb auch aller Arithmetik zum

Trotz in Deutschland keine *linke* Mehrheit gab. Die Umwandlung der neuen Mitte in ein Produkt der reinen Machtpolitik und eines Machenwahns zeigt, dass die neue Mitte kann, was Herrschende schon immer konnten, nimmt ihr jeden Unterschied zu herkömmlicher Politik und Regierung, macht sie zu einer konservativen Kraft, die nur den historischen Ballast alteingesessener Konservativer abgeworfen hat. Und als Zeugnis ihrer Fähigkeit zur Normalität der Politik ist aus ihr nur die Kraft zur Zerstörung als Politik überhaupt erwachsen. Damit hat die neue Mitte den historischen Sinn der Sozialdemokratie und der letzten verbliebenen Linken erledigt und die SPD sich. Das Alte bleibt das Alte jedoch nur, wenn das Neue immer wieder in die Welt kommt. Die neue Mitte macht tabula rasa und spätestens hier muss von den neuen Mitten im Plural gesprochen werden, denn außer ihnen ist nichts übriggeblieben. Sie machen die Trostlosigkeit des politischen Zustandes des Landes aus. Das Neue muss nun von woanders herkommen.

Politik hat sich zur „Dienstleistung" am Stärksten im Jetzt zur Befriedigung von Machtbedürfnissen gemacht. Sie ist ein Beruf wie Werbemanager geworden, der für das Produkt Geld wirbt. Politik wirbt darin zugleich vor allem auch für sich selbst, für das Produkt Macht. Sie mehrt die Macht dieser Produkte zum Ausagieren ihrer selbst. Als Politik „für unsere Größe und Stärke", soll sie eine Zukunft sichern, die sie gerade verbraucht.

Als besondere Leistungen der Neuen Mitte unter der sozialdemokratischen Kanzlerschaft Gerhard Schröders müssen so gänzlich unerwartete, vielleicht auch unerwartbare Reformen hervorgehoben werden, die sich als Re-Reformen erweisen. Diese wurden freilich freiwillig und äußerlich auf dem üblichen Reformwege von ihren eigenen Trägern und Trägerinnen vollbracht und sie stießen in der Gesellschaft als solche auf keine Widerstände, vielmehr auf Mitvollzug. Enttäuschung, Abwendung und Proteste gab es allein bei jenen, die mit weniger Geld auskommen mussten oder leer ausgingen.

Die *Neue Mitte* verbreitete, darin besteht ihr erstes Verdienst, erfolgreich eine Unterwerfungslogik, und vollbrachte, über eine vorübergehende, flüchtige Aufpolsterung eines sich totlaufenden Konservatismus hinweg, eine Vollendung der Ökonomisierung und Kapitalisierung der Gesellschaft durch die einstigen Antipoden des Kapitals. Damit kamen die traditionell ökonomistischen Linken welcher Provenienz auch immer zugleich bei sich selbst an, um Herrschaft selbst einmal mehr in abstrakte Logiken umzuwandeln und damit zu modernisieren und im gleichen Atemzug Bürger und Gesellschaft zu entmündigen. Die besondere Note des Vorgangs liegt darin, zu diesem Zweck sich selbst und die Gesellschaft von all ihren Werten und Inhalten zu entleeren und hemmungslos jene Ressourcen zu verbrauchen, aus denen erst Entwicklung und Produktivität entstehen können. Die große Koalition als andere und schon flachere Variante derselben vermag nichts anderes, als dies schlapp und taumelnd fortzuführen.

Die Neue Mitte zeigt ihr zweites Verdienst in der Selbstabschaffung der Reste der Linken als letztem Hoffnungsträger des 20. Jahrhunderts und das endgültige Scheitern herkömmlicher „linker" Politikmodelle und Verbrauch ihrer letzten Reserven. Die Aufgabe defensiver Verteidigungspolitik nicht als Sonderfall der Notwehr, sondern als Normalfall sowie eine Praxis nicht einfach nur sozialen Abbaus, sondern sozialer Ausgrenzung und Fürsorge als Zwang und Kolonisierung „Abhängiger" sind als Urübel anzusehen, die zu Selbstverlust und Selbstabwicklung eines sozialdemokratischen Zeitalters führen.

Auf diesem Boden – so das dritte Verdienst – wächst nichts mehr und mehr noch, es ist aus sich nicht reformfähig. Mit ihr ist Reform im klassisch verstandenen Sinne gar nicht mehr zu denken, als Mittel der Politik selbst verschwunden und verunmöglicht. Dabei ist gleichgültig, ob der Strom aus rechter oder linker Ecke in die Mitte führt. Als zivile und positive Leistung kann man dabei die Selbstauflösung an sich ansehen, in der freilich alles sich auflöst, auch das, was zu bewahren wäre. So kann am Ende des Prozesses nur Neokonservatismus entstehen und übrig bleiben. Nicht zufällig finden sich seit geraumen bei ihm die intelligentesten und klügsten Köpfe, die ihren Elan und ihre Lebendigkeit sogar auch noch „revolutionär" ausagieren, wie die USA zeigt, bisweilen noch wahnwitziger als je zuvor. Nun ist die Mitte selbst höchst gefährdet und weitere allgemeine Zerstörung droht.

Unter Rotgrün wurde eine Wende zu „progressiver" Politik für lange Zeit abgesagt und Chancen auf lange Sicht verspielt. Es waren dramatisch verlustreiche und traurige Jahre. Es wurde in einer Weise abgeräumt, dass „nach uns die Sintflut" kommen darf. Rotgrün hat nichts Neues in die Welt gesetzt. Sie hat sie vielmehr ärmer gemacht. Die Welt geht trotzdem weiter und andere müssen an anderer Stelle die Arbeit wieder aufnehmen – und die Schulden dessen begleichen.

Das Beste an der rotgrünen Ära mögen die erstaunlichen Karrieren der beiden Anführer in Gestalt von Gerhard Schröder und Joschka Fischer sein, die zeigen, was auch in Deutschland an Aufstieg von ganz unten nach ganz oben möglich ist, obwohl die SPD mehr als die CDU für etwas außerhalb von sich selbst zu stehen schien. Die beiden Führer jenseits demokratischer Legitimation ihrer Parteien, die sich direkt ans leidende Volk wandten, waren es, die Grund hatten, um ihrer selbst willen eine politische Öffnung zu vollziehen, welche in der Tat notwendig war. Das Problem war nur, dass sie es mit eigentlich nur notdürftig verhüllter Gewalt erzwangen. Tief irritierend war, dass gerade ihre Parteien und die Öffentlichkeit sich so vergewaltigen ließen. Vielleicht war Druck in Angesicht der geistigen Verfasstheit des Landes ein Stück weit unvermeidlich. Aber der feine Unterschied, der einer aufs Ganze wird, liegt darin, eine andere Qualität überhaupt zu erzielen. Der Unterschied besteht darin, ob Mensch drinnen oder draußen ist bei dieser Öffnung. Die Karrieren der sich selbst stolz als Alphatiere titulierenden Anführer wurden mit fremden Federn und der Aneignung fremder Werte gemacht. Es gab keine Rückbindung an eine spezielle Herkunft und keine Anbindung an eine allgemeine Zukunft mehr. Parvenüs an der Spitze der Politik werfen ein Licht auf alle und färben auf alle ab. Außer ihnen selbst kann dies niemand gefallen. Gerhard Schröders Grinsen auf dem Bildschirm wird man nicht mehr vergessen. Und doch haben ihn nahezu alle bewundert.

2   Gerhard Schröders Neue Mitte – ohne Antwort auf eine neue Lage – Alternativlosigkeit

Die Bilanz der neuen Mitte kann auch als Resultat des Aufeinandertreffens der äußerlichen globalen Veränderungen in der Welt wie der inneren bundesdeutschen Verfasstheit gelesen werden. Interessant ist, was eine politische Führung aus der Lage macht und welche eigene geistige Verfasstheit dem zugrunde liegt. Hier erweist sich ihr eigener Beitrag. Anhaltende Wirtschaftskrise, Arbeitslosenzahlen wie nie, ausgeprägte Kohl-Müdigkeit, lastende deutsche Einheit, gesättigtes Unbehagen in der Gesellschaft ob zunehmender Unsicherheiten und gesellschaftliche Bewegungen im Abwärtstrend zu Ein-Punkt-Initiativen und projektmäßigen oder karitativem Engagement, ermüdende und ermüdete gewerkschaftliche und politische Organisationen, Bürgerinitiativen und Kirchen, die intellektuelle Szene besetzt von ehemaligen 68er, die die wandelnde Kritik per se zu sein beanspruchten, so sah die innenpolitische Ausgangslage aus. SPD und Grüne hatten jenseits nachholender Korrekturen aus besseren Zeiten auf diese Lage keine politische Antwort. Insbesondere fehlt eine Idee zur Zukunft der Arbeit, die Existenz und Lebensweise der Bürgerinnen und Bürger grundiert. Die SPD lieh sich aus den USA und Großbritannien das Clinton'sche und Blair'sche Modell, den Dritten Weg, die Neue Mitte, die Wirtschaft mit Geld und Ideen neu ankurbeln wollten, ein an sich keineswegs falsches und in der neuen Zeit dringendes Vorhaben. Nur, was sollten die richtigen Kriterien und Maßstäbe für die Bewertung dafür sein? Die Grünen fügten dem Ansinnen den globalen Wert der Ökologie hinzu und die Werte neuer Minderheiten, hoben anfangs gar die allgemeine Frauenfrage noch hoch. Doch diese Zutaten reichten kaum für eine neue Allgemeinheit aus.

Dass sich hinter der Neuen Mitte Clinton'scher und Blair'scher Ausprägung eine große neuartige Ausbeutung der sozialen und schöpferischen Fähigkeiten der Menschen und zugleich kapitalpolitische Umwandlung von Gesellschaft verbarg, war vielleicht noch nicht genug erkennbar. Die deutsche Sozialdemokratie und ihre Mitte-Anhänger verstanden diesen Entwurf der Mitte nicht einmal vordergründig anzuwenden. Sie stolperten in die abgeschriebenen Sätze ihrer Programmpapiere hinein, ohne sie je selbst verstanden zu haben, geschweige denn sie ausfüllen zu können. (So blieb auch die vordergründige wirtschaftliche Belebung aus, mit der die USA und England noch vor den zerplatzten Seifenblasen gesegnet wurden.) Umso ungenierter steckten sich die Sozialdemokraten jede fremde Feder an, die sich ihnen am Wegesrand darbot, um bei den großen strahlenden Siegern dabei zu sein.

Die politischen Taten blieben unverhältnismäßig, sie schrumpften zu kleinen und kleinsten Partikeln und behielten gerade noch ein Quäntchen vermeintlicher oder tatsächlicher Verbesserung, sodass sie einerseits Hoffnungen auf wirkliche Öffnungen binden konnten und andererseits alle anderen politischen Angebote aus der Vergangenheit als noch aussichtsloser gelten mussten. Insofern war die proklamierte „Alternativlosigkeit" eine geschickt erzwungene, jedoch in der Sache keine wirkliche – Rotgrün selbst hätte alternative Möglichkeiten aufnehmen, entwickeln und praktizieren können.

2.1 Weichenstellungen – Kultur, Krieg, Agenda 2010, Familie, Politik-Show

Einige Leistungen und politischen Projekte der rotgrünen Regierungsjahre stechen hervor und sind von Bedeutung. Die Vorleistung und später anhaltende, sich auswachsende Leistung des zur Wahl als sozialdemokratischer Kanzler antretenden Gerhard Schröder bestand zunächst darin, die vorhandenen politischen Strukturen der Parteiendemokratie zu unterlaufen. Deren Änderung war in mancher Hinsicht nötig, doch wären dazu offene und demokratische Verfahren erforderlich gewesen. Der Spitzenmann der SPD hat seine Macht auf dem Boden des Scheiterns oder Beiseiteräumens seiner Vorgänger, unter Berufung auf das Parteivolk, mehr noch auf die Öffentlichkeit und das Volk, vor allem auf die von ihm geknüpfte Seilschaft mit seinen unter dem Namen der „Frogs" – Friends of Gerd – bekannt gewordenen Freunden in Medien und Wirtschaft aufgebaut. Somit kam er eher außerhalb der eigentlich vorgesehenen demokratischen Parteigremien und Strukturen, quasi exterritorial befördert, an die Macht bzw. hatte sich dorthin geboxt. Nach diesem einmal bewährten Muster setzte er Ausweitung und Erhalt seiner als Charisma ausgerufenen Macht auch nach der Wahl und Wiederwahl fort, fürderhin gestützt auf die Autorität von Umfragen, bezahlten Beratern, Günstlingen und willigen Experten sowie der nach Bedarf ins Leben gerufenen Sonder-Räte und Kommissionen, seien es der Ethikrat, Rürup-Kommission, Süssmuth-Kommission, oder Hartz-Kommission o. a.

Als erste Leistung wurden meist die kulturellen Veränderungen unter Rotgrün gerühmt, die im Übrigen durchweg den Grünen zu verdanken waren: ein neues Staatsbürgerschaftsrecht, mit dem die doppelte Staatsbürgerschaft ermöglicht wurde, mehr Gleichstellung für gleichgeschlechtliche Lebensweisen von Homosexuellen und Lesben durch eheähnliche Rechte, die Einführung von Gender Mainstreaming zur Gleichstellung von Frau und Mann, wenn auch unter der Kanzler-Qualifizierung als „Gedöns" klar als Nebensache und nicht etwa als Gesellschaftsfrage ausgewiesen. Die Maßnahmen waren als späte Anpassungsmaßnahmen an veränderte Lebensverhältnisse nötig und gut, nicht zuletzt auch ein ökonomisches Erfordernis oder sie dienten der Stabilisierung traditioneller Institutionen, die gerade tiefgreifend infrage gestellt wurden. Sie blieben Teilmaßnahmen der Einfügung von Einzelaspekten ins bis dato existierende Ganze, ohne qualitative Rückwirkungen allgemeiner Natur. Sie wurden vielmehr zur Bestätigung der Hauptsachen herkömmlicher Art.

Als zweite Leistung wird einerseits die Beteiligung am Kosovokrieg zwecks Verteidigung der Menschenrechte sowie die Beteiligung mit zivilen Kräften am Krieg in Afghanistan und andererseits die Weigerung, am Irakkrieg teilzunehmen, angesehen. Tatsächlich blieb ersteres stets umstritten und ist letzteres am Widerstand der Bevölkerung gescheitert, um zum unverhofften Wahlschlager des Kanzlers zu werden. Gleichwohl nahm die Bundesregierung in vielfältiger Weise indirekt an diesem in Wirklichkeit neuartigen weltweiten Krieg des Westens teil. Erstaunlich war, welch große Rolle in diesem Zusammenhang plötzlich die Frauenfrage spielte – mit nichts ließ sich der zivilkriegerische Beitrag besser begründen als mit der Gleichberechtigung der Frauen, mit der es in Deutschland selbst kräftig stockte. Das Bemerkenswerte für eine antimilitaristische, abrüstungspolitisch orientierte, jedenfalls große Friedens-Partei und eine auf Pazifismus gegründete Partei sind weniger die einzelnen konkreten Handlungen, die vielfältigen Zwängen und Dilemmata geschuldet sein mögen und im Ausmaß ihrer Schäden noch als relativ geringfügig angesehen werden können, weil es auch hätte schlimmer kommen können. Entscheidend ist vielmehr grundlegende Richtungsänderung und deren angeblicher Alternativlosigkeit, also ihre Begründungsakte, mit der auch das Bemühen und der Einsatz von Ressourcen jeder Art um und für eine Alternative aufgegeben werden. Die Grundlage der militärischen Einmischung war das Streben nach westlicher Überlegenheit statt Gleichberechtigung der Weltbürger, Nationen oder Völker. Sie führte in einen neuartigen Kriegseinsatz, in dem sich mediale, wirtschaftliche, psychologische, ökonomische, militärische etc. Mitteln der Überlegenheit komplett und unheilvoll vermischten und die die Grenze zwischen zivilem und militärischem Vorgehen und damit die Begrenzung von Krieg überhaupt aufhob. Sie mündet schließlich auch in eine Selbstgefährdung des Ganzen. Damit kam es zu einer globalen präventiven Interessensicherung Deutschlands, die eine Aggression per se impliziert. So wurde die Begründung eines Kriegs für gute Zwecke neu in die Welt gesetzt, obwohl ein Krieg nie für irgendetwas *gut* ist, sondern äußerste Not kennzeichnet, die die Beteiligten zum Negativen verändert. Wer das weiß, kann ihn aufgenötigt bekommen und er bleibt in der Abwehr stets möglichst unterhalb der vorgegebenen Gewaltschwelle, um einen Ausweg zu ermöglichen.

Als dritte und eigentliche Hauptleistung der Regierung Schröder gilt die Agenda 2010. Es musste etwas geschehen – dieser Satz war ihre Grundlage. Nur was? Die Prämissen des Sozialstaates hatten sich gewandelt, immer weniger Erwerbsarbeit wurde von immer mehr Bürgern beansprucht, das Sozialsystem basierte auf ihr und einem gesellschaftlichen Pakt. Das „Bündnis für Arbeit", mit dem die SPD ihren Wahlkampf bestritten hatte, war bald gescheitert. Es gründete auf einem runden Tisch von den Kumpanen des Sozialstaates, die schon lange beieinander saßen und jeweils ihre eigenen Interessen sichern wollten. Sie hatten keine neue Idee und kein Konzept zum Abbau der Arbeitslosigkeit und deren Finanzierung. Ein neuer erweiterter Arbeitsbegriff und eine neue offene Arbeitsbewertung, obwohl in der Gesellschaft seit langem diskutiert, blieben den Herren ein Fremdwort. Die neu Dazugekommenen, besonders etwa Frauen, Migranten, Prekäre, und das Neue in der Arbeit, etwa die stets implizite Arbeit am Mensch, wurden konsequent ignoriert und verdrängt. Aber man verstand und blockierte sich und hielt zusammen wie eh und je. Ein härterer Schnitt nur vermochte eine Öffnung zu erzwingen. Auch in diesem Fall liegt das Dramatische am wenigsten in den konkreten mit der Agenda 2010 verbundenen Sparprogrammen als solchen und schon gar nicht in der sinnvollen Zusammenlegung von Sozial- und Arbeitslosenhilfe, die mit der Agenda vollzogen wurde. Das Problematische und der grundlegenden Programmatik der SPD Zuwiderlaufende lag im Konzept und seinen Inhalten selbst. Es baute auf ideologischen Grundsätzen auf, die der Vergangenheit angehört hatten und als überwunden galten: Der Grundsatz, „Wer nichts leistet, soll auch nichts essen", weist die „Schuld" für Erwerbslosigkeit dem Betroffenen zu. Der Satz „Leistung muss sich lohnen, Ungleichheit ist gut", verschärft das Konkurrenzprinzip und Über- wie Unterordnungsverhältnisse. Das Paradigma „Fordern und fördern" verlangt einseitige Vorleistung vom Schwächeren, ohne dass sie einen Anspruch auf eine Gegenleistung, gar auf Fördern hätten. Gnade kann man nicht fordern, sie wird gewährt. Der Rechtsstatus des Individuums, seine Möglichkeit zur freien Berufswahl wurde eingeschränkt. Außer der Lockerung oder Aufhebung bisheriger Regularien, die schon existierende Ungleichheiten nur spiegelten, bot die Agenda keine Perspektive auf neue Arbeit und neue Wertschaffung.

Dahinter stehen Paradigmenwechsel, die an der neuen Arbeitswelt und den Lebenslagen der Menschen, die keine Erwerbsarbeit haben, vorbeigehen und jedes auf seine Weise kontraproduktiv wirkten. Sie laufen den Gründungsparadigmen sowohl der SPD als auch der Grünen zuwider und können auch nicht als bloße neue Kompromissfindung gelten, denn sie öffnen mental und politisch die Schleusen zu neuer Hierarchisierung der Gesellschaft.

Die Agenda 2010 bildete die wirtschaftliche und arbeitspolitische Problematik nur ab, um die Schraube schärfer anzuziehen und sie eine Runde weiter und tiefer zu drehen. Sie förderte soziale Selektion, anstatt sie zu mindern oder zu beheben und anstatt vor allem neue produktive Entwicklungen freizusetzen. Sie selektierte die Leistungsfähigen von den Leistungsunfähigen, nicht nur ohne den Leistungsbegriff in seinen Schwächen und Leerstellen infrage zu stellen, sondern durch zusätzliche neue Anforderungen Ausbeutung neuer Art zu genehmigen. Statt Vielfältigkeit und Wahloptionen zu eröffnen, erlaubt die Agenda, Ungleichheit zum Aufbau und zur Ausübung neuer struktureller Macht und Vorherrschaft zu schaffen und zu nutzen.

Die SPD hält sich viertens als besonderen Verdienst eine neue Familienpolitik zugute. Mit Stolz verwies der Kanzler seinerzeit darauf, das Thema Helmut Kohl und der CDU abgenommen zu haben, womit er auf die Fragwürdigkeit der inhaltlichen Leistung bereits selbst hingewiesen hat. Die Regierung entdeckte die demographische Frage, als gäbe es keine drängenderen Fragen als das Aussterben der Deutschen, die aufgrund höheren Lebensalters und höherer Lebensqualität gar nicht auf steigende Geburtenraten angewiesen waren, und lobte sich einmal mehr selbst, konservatives Gebiet „besetzt" zu haben, als sei dies ihr Gründungszweck. Tiefgreifende qualitative Veränderungen versuchte die Regierung mit Quantität einzuholen, mit einer Masse von Geld, Werbung, Moralgeboten, Drohungen und Eliteversprechungen. Sie führte die neuen vielfältigen, offeneren und unabhängigeren Lebensformen in einen (Klein-)Familienbegriff und eine Kinderförderung zurück, die an die gute alte Zeit anschlossen, anstatt die soziale Selbständigkeit ihrer Bürgerinnen und Bürger und die soziale Arbeit für andere zu fördern. Wirtschaft und Gesellschaft rechnete die Regierung die ökonomische Profitabilität der eingebetteten Familie vor, Eltern spielte sie gegen Kinderlose aus, erstere sollten sogar doppeltes Wahlrecht erhalten und die Gleichberechtigung der Geschlechter wertete sie erneut zu einem dem abgeleiteten und untergeordneten Thema ab. Die neue Familienpolitik war insofern alt, als sie Abhängigkeitsverhältnisse retraditionalisierte und je eigenständige Lebensperspektiven von Frau wie Mann wie jedem Individuum verdrängte und den Hebel wieder bei der „Reproduktion" des „richtigen Menschenmaterials" ansetzte.

Diese Leistungsbilanz gipfelte fünftens in der Umwandlung der Politik selbst in ein machistisches Schauspiel, in dem hinter neuer Heiterkeit bitterer Ernst gemacht wurde und in dem die männliche Macht den öffentlichen Missbrauch an der Feminisierung der Gesellschaft und den sozialen Rollen des weiblichen Geschlechts verübte. Mit der Ausrufung männlichen Charismas, der Inthronisation der ersten starken Führer und der Deklamation ihrer „Bastas" im Kreise eines informellen Kernkabinetts der männlichen Fürsten der politischen Männer-Domänen oder -bünde und der Ausstellung der weiblichen Zuarbeit und Hinterrolle, der stärkenden und inspirierenden Ehefrau als vermeintliches Zeichen der Frauenliebe und Gleichberechtigung wurde die alte private Haus-Ordnung flugs auf dem öffentlichen Terrain der Gesellschaft und Politik wiedererrichtet und der Ausbruch der Frauen aus der ersten Ordnung auf der Ebene der zweiten Ordnung erfolgreich eingedämmt. Man ließ sie öffentlich und unter öffentlicher Kontrolle das gleiche verrichten, tun und denken, wie einstmals privat und daheim. Die Verdrängung der Frau gelang gemeinsam besser als allein. Auch hier mögen Details zum Amüsement veranlassen und als unwesentlich betrachtet werden. Tatsächlich bediente der Geist dieser Art vorhandene Ungleichheitsverhältnisse, um mit den Handlungen undemokratische und ungerechte Strukturen und Kulturen zu verlängern, zu verfeinern und zu multiplizieren, mit der Wirkung, die Fallen für Frauen zu vervielfältigen und ihre Spaltungen zu fördern – anstatt Frauen wie Männer eigenständige und verschiedene Individuen sein zu lassen. Zugleich liegt die Wirkung in einer Demontage der Politik überhaupt, die die Handelnden einer wirklichen Machtteilung und politischen Erneuerung vorzogen.

2.2 Innovation, Integrationszwang, Pragmatismus, Ausgrenzung und Basta

Die Methoden entsprachen diesen Vorgaben. Sie machen auf ihre eigene Weise sichtbar, welches Ausweichen vor den Problemen und welche Aushöhlung von Wirtschaft, Politik und Gesellschaft in den Konzepten der Neuen Mitten liegt, die bezeichnenderweise als „Konzept" schon bald nach ihrer Akklamation unter Kanzler Schröder ob ihrer Substanzlosigkeit fallen gelassen wurden, und mittlerweile, obwohl allenthalben praktiziert, nur noch darin auf ihren Begriff kommen, dass alle Parteien die Mitte der Politik und Gesellschaft besetzen wollen, um dort wiedergewählt zu werden.

Als probates Mittel den Anschluss an die Globalisierung zu gewinnen, galt der Regierung Schröder das Ziel der „Innovation", welches über das „Benchmarking" zu erreichen sei. Über den Vergleich – eine Richtbank – mit den anderen Ländern Europas und den USA sollte das Modell der „best practice" gefunden und übernommen und so die erforderlichen Neuerungen eingeführt werden. Der Wettbewerb sollte überall und in allem und jedem gelten. Das ist vordergründig so bezwingend wie hintergründig begrenzt. Wenn kontextlos nur das bereits Vorhandene miteinander verglichen und die je neuste Variante kopiert wird, was sollte dabei an wirklich Neuem herauskommen? Das Ergebnis konnte nur im überall vereinheitlichten Alten und somit in zunehmendem Überfluss an Eintönigkeit und deshalb Armut bestehen. Während das Neue, wirkliche Schöpfungen, nie auf dem Weg entsteht, einen Vorteil gegenüber anderen Wettbewerbern zu finden, obwohl dies ein Motiv zur Suche nach Neuem sein kann, sondern nur aus der tiefen Einlassung und Erforschung einer Sache sowie aus schöpferischer Kreativität, wird die Frage nach Ursachen von etwas und der Wirkung irgendeiner Innovation in einem konkreten und zeitlichen Horizont gar nicht mehr gestellt. Es wird der Moment abgeschöpft – von allen gleichzeitig – und dieser Moment dauert nicht lang, sind erst einmal die vorhandenen Ressourcen für diese Art Wettbewerb um Innovation ausgeschöpft.

„Benchmarking" war zugleich Teil einer Kapitalisierung Europas nach dem Modell der USA unter Hingabe des europäischen Modells des Sozialstaats, der europäisch christlichen und reflexiven Kultur. Die USA konnten sich als Welt- und Führungsmacht das hoch verschleißende Modell des Tellerwäschers, der Millionär wird, leisten, wuchsen aus allen Länder der Erde doch stets kreative Kräfte nach und konnte das Land anderen seine Bedingungen diktieren. Der 11. September 2001 ist das Datum, das den USA die Abhängigkeit von der Welt deutlich machte. Die tiefe und neuartige Krise der USA ist mittlerweile offenkundig. So ist es kein Zufall, dass auf dem globalen Markt mittlerweile nichts in abstruserer Weise gehandelt und horrender bezahlt wird wie Kunst zwecks Einkauf neuer Werte, von Kreativität bzw. der „Kreativen". Für jedes Unternehmen, das auf sich hält, ist dieser Einkauf zur Norm geworden, wie einst bei Päpsten, Fürsten und Kaisern. Was immer im Durchschnitt oder Einzelfall dabei herauskommen mag, der Handel dürfte derzeit ähnlich den Blasen auf dem Kapitalmarkt sein. Benchmarking, so nützlich der Vergleich sein kann, ist ob seiner Begrenztheit zu einer Problemverschärfung geworden.

Der per Druck und Verhandlung zustande gekommene Sozialstaatskompromiss wurde durch die Methode der sozialen Integration durch Zwang und Zurichtung ersetzt. Dabei richtet sich eine Aufforderung, wenn nicht Nötigung zur Integration von der Mehrheit, der Mitte, die sich als Norm und normal setzt, so schwindend sie sein mag, an Minderheit und Abweichende. Diese haben zugleich die Aufgabe, der Mehrheit ihr Ideal von sich zu zertifizieren, eine mehr oder minder einheitliche, sozial und moralisch intakte und gute Gemeinschaft zu sein, in die sich die „anderen" einfügen sollen, und die diese anderen bestätigen und durch ihre Zuwendung wie Zufuhr bestärken sollen, während eine gleiche und freie Integration gerade nicht stattfindet. Umso mehr muss die vermeintliche oder tatsächliche Mehrheitsgesellschaft den anderen ihre Moral aufnötigen und sie von früh bis spät mittels der Medien zum richtigen Verhalten erziehen. Aktivieren und zugleich demütigen und erniedrigen erweist sich dabei als besonders bevorzugtes Mittel. Werteverordnungen, Political Correctness, die sogar Minister und Regierungschefs auf öffentliche Demonstrationen treibt, Haltungsnoten, Repression, Kontrolle, symbolische Handlungen als permanente Richtungsangabe dienen der passenden Zurichtung. Sie sind für kaum etwas gut außer für Domestizierung der Bürger, der Individuen, mit fragwürdiger Wirkung, die nicht von Mündigkeit, Zivilität und Freiheit spricht. Auch diese Methode verspricht mäßigen Erfolg, zumal es mit Moral und Anstand auf der Seite der Fordernden oft selbst nicht zum Besten steht. Garantiert aber fördert das Verfahren Abgrenzung und egomanische Durchsetzung. Im Übrigen verbreiten sich Mief und kleinkarierter rückwärtsgewandter Geist, der seinerseits mit drückender Atmosphäre die Sache nur schlimmer macht.

Zu einer Methode der Verdunkelung und präventiven Vermeidung kritischer Nachfragen wird der „Pragmatismus" als Methode und Handlungsmaxime als solcher. Wo politische Konzepte fehlen, an ihrer Stelle Opportunitätsentscheidungen fallen und Scheinlösungen exerziert werden, wird das Spiel „der Stärkste setzt sich durch" als lobenswerter, nützlicher und tragfähiger Pragmatismus als richtige Politik an sich propagiert. Diese Politik dient freilich allein den Politikern selbst als Nachweis ihrer Existenzberechtigung. Denn solcher Pragmatismus als Politik ist so überflüssig wie er eine selbstwirkende Affirmation des bereits Vorhandenen ist, das doch gerade ein Problem hervorgebracht hat. Es käme auch ohne Politik das gleiche heraus. Sein problematischerer Teil liegt darin, wie er durch einen impliziten Mechanismus Demokratie aushebelt. Da zu den Opportunitätserwägungen für die Politik sowohl der Druck der Stärksten als auch die öffentliche Zustimmung und Wiederwahl gehören, muss sie diese frühzeitig sicherstellen. Das Mittel der Wahl sind Umfragen, durch die getestet und im Zweifel so lange gebastelt wird, bis das Richtige, was sowieso herauskommen sollte, herausgekommen ist. Den passenden Geist zu verbreiten, das behält sich die Politik noch vor. Und so kommt es, dass sich die Politik mit diesem Pragmatismus entlang der Umfragen aus dem Volk zurufen lässt, was sie hören will und zuvor zuallererst selbst in die Welt gesetzt hat. Die Neue Mitte und mit ihr die SPD als Reformpartei hat den Pragmatismus wie keine Regierung zuvor – und noch dessen natürliche Repräsentanten, die konservative CDU, übertreffend – zum politischen Programm erhoben.

Wer bislang über diese Methoden noch nicht eingemeindet werden konnte, kommt unter die Obhut eines weiteren Verfahrens. Wer sich nicht vergleichen lässt oder dabei schlecht abschneidet, wer unter den sozialen Zwang zu sperrig nicht passt oder gar unter ihm krank wird, wer noch nicht menschelnd weichgespült ist und keine Gleichgültigkeit demgegenüber aufzubringen vermag, was doch gegebene Sache ist, macht sich sowieso erst einmal von Natur aus verdächtig. Eine solche Sonderrolle, wo alle in einem Boot sitzen, ist Provokation per se, die heftigste Reaktion der totschweigenden oder anprangerischen Art hervorruft. Es setzt die Methode der Segmentierung, Spaltung, Selektion und Ausgrenzung der subtilen, inversiven und unsichtbaren Art ein, die wie nichts sonst zur Verlagerung der sozialen Probleme ins Innere der Menschen führt und diesen ihr eigenes Scheitern und ihr Selbst-Schuldsein vor Augen führt. Die Methode hat den Vorteil, dass irgendwann bei irgendeiner Gelegenheit jeder sich zumindest etwas schuldig fühlt und also etwas gefügiger (gemacht) wird, was den Vorgang aufs Ganze sehr erleichtert. Die Spuren sind niemals zu verfolgen und dingfest zu machen, niemand ist verantwortlich, das Verlorene und Verschwundene ist unauffindbar und gehorcht auf keinen Namen. Nicht mal die Verlorenen selbst wissen, wie ihnen geschehen ist, sie wissen es am allerwenigsten. Sie haben, alleingelassen und ohne sozialen Spiegel, sich verloren und können sich folglich auch nicht wehren. Es bestätigt sich die Ideologie, dass jeder und jede seines und ihres Glückes Schmied und Schmiedin ist. Die Beweisführung ist (tot-)schlagend.

Die Methoden der Neuen Mitte finden in einer letzten Methode ihren Abschluss und zugleich ihren gesammelten Ausdruck. Sie ist die eindeutigste, einfachste und einfältigste Methode, sodass sie jeder verstehen kann, ja gar nicht verstehen muss, weil sie unmittelbar zu fühlen ist. Sie wirkt kurz und heftig und hat nur den Makel, negativ zu sein, tabula rasa zu machen und nichts zu ermöglichen. Die Methode ist – auf den Punkt, eng und spezifisch – das Zuschlagen im entscheidenden Moment (Basta) und sie kann (nur) zuschlagen. Es ist die Methode der Orientierung und Fixierung allein auf die Macht jenseits von Inhalt als Vorherrschaft vor jedem anderen und Durchsetzung des eigenen Interesses. Die Methode teilt auf nach Machtgewinn und -verlust, Freund und Feind, Störendes oder Widerstrebendes wird entfernt und abgeschnitten.

Es könnte sein, dass im Zweifel niemand die Methode besser beherrscht als diejenige Mitte, die von unten nach oben gekommen ist, Existentielles erfahren hat und diese Erfahrung – wie von Gerhard Schröder vor Angela Merkel am Wahlabend ein letztes Mal und heftig demonstriert – „raubtierhaft" nach eigenem Bekunden, anders gesagt, aggressiv gewendet hat, weil sie sich und sich nun sowohl von unten wie oben infrage gestellt, ungesichert oder bedroht fühlt. Mit der Anwendung der Methode der nackten Macht freilich wirft diese sich selbst inhaltlich jedes Mal zurück, je häufiger je mehr, zunächst auf ein Mittelmaß, dann unterhalb der Mitte, bis sie an sich selbst vergeht. Sie verbaut sich ihr eigenes Wachstum.

Im Moment der Machtausübung ist Negierung des „anderen" und Zerstörung wesensmäßig einerlei, sie lässt keine Entwicklung zu. Das positive Aufgreifen von Möglichkeiten hingegen muss sich wesensmäßig in sozialen Beziehungen vollziehen, sich besondern, differenzieren und mit anderen/m verbinden. Dieses Aufgreifen von Möglichkeiten gilt dem Mensch und damit Inhalten, es lässt sich ein. Macht dagegen tritt immer aus sich selbst heraus, macht andere zum Objekt und Gegenstand.

Zu ihr in ihrer Reinform gehört die Exklusion der öffentlichen und offenen Infragestellung und Prüfung der Macht, der Kritik und Kritiker wie Kritikerinnen.
Die Repression ist heute modern, unsichtbar, durchsichtig, indirekt und inversiv. Kritik und Kritiker haben nur eine (hochgefährdete) Existenz im Außerhalb.
Macht macht das Unpassende, das Widerständige, das Neue, das Avantgardisti-
sche zu einer exklusiven Sache – im doppelten Sinne des „Außerhalben" wie des
„Luxuriösen" – beides bereits wieder populistisch durch die Macht diffamierbar
vor denen, die sie beherrscht. Kritiker sind dann wahlweise inkompetent, nicht
sachverständig, elitär, arrogant oder anmaßend oder einfach Pessimisten und
Miesmacher.

2.3 Ausverkauf von Werten und Katalysator zur Beseitigung des Alten

Die Projekte und Methoden haben ein seltsames Ergebnis. Als käme in diesem
der politische Konservatismus einer CDU in zusätzlich angestaubter Weise mit
dem staatlichen Aufsichts- und Kontrollwahn der ehemaligen SED in leicht ab-
gestaubter Weise mit einem zurückgestauchten, an den entscheidenden Stellen
versagenden Sozialstaat in Gestalt eines wahrhaft „dritten" Weges ganz eigener
Art zusammen. Dieser bündelt sämtliche Altlasten Deutschlands in besonders be-
drängender Weise. Alles Unpassende wird herausgedrängt, bis nicht viel Passen-
des übrig bleibt. Den Weg in die Zukunft mag man diesem sich zunehmend ver-
engenden Weg nicht abnehmen. Nichtsdestotrotz wird diese Neue-Mitten-Politik
nach und nach zum politischen Einheitsmodell, dessen Pluralität sich nur noch
auf Duftnoten und Farbgebungen der Werbung für konkurrierende Machtbünde
namens Parteien bezieht. Dieser Weg verändert das Land tiefer als zunächst wahrnehmbar und erkennbar. Die zunächst technisch glänzende, vermeintlich positive, zumindest harmlos erscheinende Oberflächenbearbeitung hat aufgrund ihrer abgründigen Leerstellen erst allmähliche und implosive Tiefenwirkungen. Sie
bildet eine Weichenstellung der besonderen, nämlich weichen, der denkbar sub-
tilsten und geradezu sensiblen Art, in die die Bürger und Bürgerinnen samt ihrer
politischen Klasse rauschhaft, geschmiert, halb schwindelnd getragen, schließlich
ermüdend getrieben werden, ohne gewahr zu werden, wie sie gewendet werden.
Soziale Bewegungen, emanzipatorische Befreiung aus alten Schranken hinein in
eine offene Moderne, demokratische Initiativen werden vereinnahmt, enteignet
und umgestülpt. Sie werden umgemünzt in heimliche Botschaften wie „du musst
dich bewegen, auf Teufel komm raus" „heiraten ist gesund" „Freiheit ist Entmündigung, weil du dich um nichts mehr zu kümmern brauchst" „Kinder sind deine
Kreativitätsressource und Alterssicherung" „solange du der Fitness-Industrie hul-

digst, stirbst du nie" „sei einzig und die Welt ist in deinem Besitz" „erfinde dich
oder du kannst dich vergessen" – das für sich Stehende, Andere, Soziale, Verbindende, wird verraten. Der Mensch als Mensch, alles Menschliche, alles Lebendige
wird exkludiert. Die Botschaften künden vom Zwang und es gibt keine Freiheit.
Selbstbestimmung, Selbstverwirklichung und Selbsthilfe als freier eigener Anfang
mit anderen von gleichem Recht werden verkehrt in ein „sieh' zu, wie du dir selbst
hilfst, oder stirb', du bist überflüssig". Rotgrün hat entgegen den wirklichen Neue-
rungsnotwendigkeiten der Gegenwart die traditionelle Ehe restabilisiert, Soziales
abgebaut, Buntes kriegerisch gegeneinander aufgestellt, Grünes und Weibliches
neu separiert und kapitalisiert, Gesellschaft entmündigt, um ihr selbst das richtige Maß vorzugeben.

Das Gute im Schlechten lag jedes Mal im Moment einer Öffnung, wenn jeweils ein neues drängendes Problem von den Umständen auf die Tagesordnung
gesetzt wurde. Bisweilen geschah dies auch unter der als Heldentum ausgegebe-
nen Berührung von „Tabus" – wie etwa solcher relativer Privilegien der eigenen
Klientel, die gegenüber neu dazukommenden Rechtlosen nicht mehr zu legitimieren waren, die sich doch stets an den weniger Starken zu schaffen machten.
Da jedoch das Handeln nicht vorausschauend, sondern nur reaktiv, eindimensional, oberflächlich war und dem Erhalt und der Mehrung der Macht geschuldet, hat Rotgrün kaum eine Chance genutzt, aber viele Chancen verspielt. Kein
Problem wurde gelöst, die angefassten Probleme sind in der Folge schlimmer geworden, nichts Neues ist in die Welt gesetzt, aber ein paar Scheinlösungen mehr.
Es sind die geistigen Grundlagen der Politik, die dafür verantwortlich sind. Es ist
die stete Einseitigkeit der Bezugnahme anstatt sich auf Wechselseitigkeit im Austausch zwischen Politik(ern) und Gesellschaft zu begeben. Es ist Ausrichtung des
Blicks nur nach oben anstatt jedes Teil im Kontext seines komplexen Ganzen zu
erfassen, den Blick in alle Richtungen zu öffnen und die Vielfältigkeit möglicher
Perspektiven wahrzunehmen, um die inneren Verhältnisse des Ganzen angemes-
sen auszuloten. Es ist die Vorteils-, Profit- und Instrumentalhaftigkeit des Handelns und des Ausverkaufs von Werten ohne Gegenwert.

Die politische Öffnung in der Kriegs- oder Sozialstaatsfrage war gewaltsam
und die Auswege aus den Krisenlagen wurden nicht erweitert, sondern eingeengt.
Die kulturelle Normalisierung im Blick auf Minderheiten wurde auf das Eigene
begrenzt. Politische Widerstände der eigenen Klientel wurden gebrochen, ohne
auf sie einzugehen und sich auseinanderzusetzen, Berechtigtes von Unberechtig-
tem zu differenzieren und dem gegenüber gänzlich ausgeklammerte Interessen
einzubeziehen; der „Sozialpartner" auf der anderen Seite wurde verschont. Das
Selbstbewusstsein, wenig fundiert, bewegte sich an der Grenze zur Großmannssucht und war oft geboren aus Ignoranz oder gar Abwertung anderer; Bewegung
wurde einseitig erzwungen.

Das Ergebnis ist von diesen Prämissen geprägt und wird zu einer Re-Reform klassischer Art: zu einer neumodischen Wiederauflage von Männerherrschaft, zu der Opferung der Ressourcen anderer, zu neuer sozialer und politischer Hierarchisierung, zu einer unwürdigen, unfreien, unmenschlichen Moral und moralinsaurer Kultur, zu einem Modell der Unterwerfung und zu der Selbstaufgabe der Politik. Dem stehen zugleich zwar das Anrühren, dann aber doch nur eigennützige Benutzen der zentralen politischen Probleme der Gegenwart gegenüber:

Die Neue Mitte hat die Ökonomisierung der Gesellschaft aufgegriffen, ohne sie auf die Gesellschaft und die Bürgerinnen wie Bürger zurückzubeziehen. Das Ergebnis ist ärmlich. Es gibt ein paar wenige Aufgestiegene mehr. Das wahnhafte geschäftliche Treiben auf dem Markt hat vermutlich einstweilen von Schlimmeren abgehalten und vielleicht eine – aber doch kraftzehrende – Pause ermöglicht. Aus Menschen jedoch wurden derweil Wirtschaftsobjekte, die keine Kosten verursachen dürfen.

Die Neue Mitte, im Firmenschild die Gleichheit und Freiheit von Frau und Mann, hat sich, ohne gesellschaftliche Kodierungen und Strukturen zu ändern, die Feminisierung der Gesellschaft zur eigenen schönen Ausstellung angeeignet, um Gebrauch und Missbrauch, Vergewaltigung und Unterdrückung von Frauen – ihrer Arbeiten, ihrer historischen Rollen, ihrer Körper, ihres Seins, ihrer Innovationen – auf öffentlicher Ebene fortzusetzen und als moderne Politik zu verkaufen. Sie hat die „Frauenfrage" – paradigmatisch für jedes Andere überhaupt – in ihrer fundamentalen Dimension ignoriert. Währenddessen hat sie viele Frauen tatsächlich und symbolisch als Ehefrauen der neuen Herren, einem freilich mehr denn je gefährdeten Privatbesitz der gehobenen Form, eingefangen. Diese beherrschten das Spiel nach seinen Regeln, „konnten" es also, ganz gleichberechtigt. Sie bestätigten, dass Geld, Macht, Geist(losigkeit) entscheidender sind als das Geschlecht, als der Mensch. So ergab sich ganz natürlich der Rückverweis auf das „Problem" jener Frau bzw. der Menschen, die noch nicht so weit sind.

Die Neue Mitte, Repräsentanten des sozialen Fortschritts, hat eine Sozialreform geschaffen, mit der das Soziale unsichtbar verraten und abgetrieben wurde, um es, jedenfalls alles des „Zu viel" davon, in einem in den Gesellschaftsboden gehauenes Loch unterirdisch verschwinden zu lassen. Die sozialdemokratische Sonderleistung und das Hauptwerk der Regierung Schröder, die Agenda 2010, bietet keinerlei Antwort auf die Frage nach der Zukunft der Arbeit und der selbständigen ökonomischen Existenzweise mündiger Bürgerinnen und Bürger. Sie hat das Problem entsorgt, indem sie Bürger ohne Erwerb aus Statistiken, Altersklassen, (Einsatz-)Fähigkeitsdefinitionen, Fitness- und Willigkeitskriterien herausexaminiert. Die Leistung der Partei der Erwerbstätigen, Leistungsträger, Aufsteiger, Abhängigen, unteren Schichten, mit minderem Recht Ausgestatteten, Benachteiligten besteht darin, auf diese Weise eine neue Kategorie Mensch in der modernen,

nivellierten, beinahe klassenlosen Gesellschaft konstituiert zu haben: die Überflüssigen. Die Neue Mitte hat damit nicht, wie behauptet, für die Gesellschaft und
das Ganze gearbeitet, sondern nur für sich selbst. Sie hat das Thema Arbeitslosigkeit und soziale Versorgung nur instrumentalisiert, um von jenen gewählt zu werden, mit deren Problemen sie nur spielt.

Die neue Mitte hat Krieg mit der Verteidigung und dem Schutz von Menschenrechten begründet und damit unausgesprochen das Konzept eines gerechten Krieges neu ins Spiel gebracht. Das ist weit schlimmer als die Beteiligung an
vermeidbaren oder gar unvermeidbaren Kriegshandlungen. Sie hat sich damit das
Denken von Gewalttätern vorschreiben lassen und auf diesem Weg Zerstörung als
Prinzip in die Politik hineingenommen. Militärische Gewaltmittel mögen, wenn
sie das denn vermöchten, einen Gewalttäter zu einem nicht geringen Preis stop-
pen, niemals aber Menschenrechte schützen. Menschenrechte schützt und verwirklicht man gewiss nur friedliche Weise. Hier steht gar nicht die Angemessenheit des Kosovo-, Afghanistan- oder Irakkrieges als militärischer Handlung zur
Beseitigung einer Diktatur zur Debatte. Hier steht die ideologische Begründung
infrage, die eine viel globalere ist. Die Berufung auf den Holocaust und den Hit-
lerfaschismus ist unzulässig, denn die Geschichte ist nicht nur weitergegangen, als
Vermächtnis wurde der kategorische Imperativ für zivile Alternativen hinterlegt.
In Europa, allemal in Deutschland, gibt es keine geschichtliche Erfahrung, die
mehr infrage gestellt hätte, über welche Alternative die Menschheit verfügt und
was an neuer Politik zu entwickeln ist. Gerade SPD und Grüne haben ihr ganzes
Selbstverständnis und ihre eigene Entstehungs- bzw. Entwicklungsgeschichte darauf gegründet. Wer diesen Unterschied zwischen der erzwungenen Tötung oder
gewaltmäßigen Abwehr eines gewaltsamen Angreifers und dem Schutz der Menschenrechte nicht denkt und beachtet, hat den Giftbecher der Gewalt bereits ge-
trunken und ist ein Bündnis mit seinem Widersacher eingegangen. Diesen Geist,
dieses Denken, das dem Menschen und Leben diametral entgegengesetzt ist, in
die Politik Deutschlands hineingelassen zu haben, darin liegt das Versagen und
das Scheitern von Rotgrün und einer „Reformpolitik". Es wirkt wie ein Trauma.

Mit diesen beiden zentralen politischen Leistungen – der Preisgabe der Überflüssigen, die menschenrechtliches Denken höchst selbst konterkariert, und der
Erfindung des gerechten Krieges für Menschenrechte – hat die rotgrüne Neue
Mitte konzeptionell ihre eigenen und im Zentrum ihrer Identität stehenden historischen Errungenschaften aufgegeben, ohne eine bessere Alternative und ein
neues Konzept zu gebären. Damit hat sie es zu einem historischen Selbstabtritt
gebracht. Damit hat sich nach der revolutionären Linken auch die reformerische
Linke selbst erledigt.

Die Neue Mitte hat dies gegen ein neumodisches und leeres Machokönigtum
ohne inneres und äußeres Fundament eingetauscht. Dieses Machokönigtum ba-

siert auf Macht- und Interessenlobbies, Klientelwirtschaft und einer zunehmenden feudalen Hierarchisierung von Gesellschaft, die innerlich verbraucht und
hohl ist. Es steht im Zentrum der Politik und es bestimmt den kollektiven Geist
der Gesellschaft. Zu dieser neuen Art einer politischen Herrschaftsform gehören die Skandale in Wirtschaft und Gesellschaft dieser Zeit. Paradigmatisch zeigt
sie sich im VW-Hartz-Skandal, ausgerechnet jener Leitfigur der Agenda 2010,
in seinen ganzen Bestandteilen von Korruption, Betrug, Seilschaft, Prostitution,
Stadtaufkauf, Glamour inszeniert im kollektiven Opernbesuch und in Frauen-
verachtung unter Beteiligung von Wirtschaftsführern, Gewerkschaften und Politik. Volkswagen, Musterkonzern, engstens mit Staat, SPD und Gewerkschaften verbunden, Personalvorstand Peter Hartz als Inspirateur und Namensvetter
gleichnamiger Zentralreform – das ganze soziale Modell der Bundesrepublik, ist
hier in nuce versammelt. Die Vorgänger- und Folgeskandale um korrupte Mana-
ger(gehälter), Heuschrecken und Subventionen heißen Mannesmann, Vodafone,
Siemens, Daimler-Schrempp, Telekom, Nokia u. a. m., auf die mit den Fingern zeigen, die diese Geister selbst beschworen haben. Auch die kleinen Skandale und
Prozesse um Haarfarben, Anzugmarken, aus Russland eingeführte Adoptivkinder,
Latexhandschuhe, Haarfrisuren und Dekolletés, die die Republik in Aufregung
versetzten, gehören zum gleichen Bild.

Diese Politik ist kein Rotgrünes Spezifikum, sondern Teil eines deutschen und
westlich-internationalen Globalphänomens: In ihm zeigt sich der dritte Weg, welcher eigentlich tatsächlich hätte gefunden werden müssen, programmatisch als
ein Nichts mit leerer Machtgier von zerstörerischer Wirkung; außenpolitisch als
eine (Re-)Legitimation von Krieg und Gewalt, sozialpolitisch als eine Beförde-
rung von Ungleichheit, politisch als eine Selbstauflösung von Politik und politischer Fähigkeit von Gesellschaft und geistig als Beseitiger von Freiheit. Er versetzt die Gesellschaft in einen Roh-Zustand ihrer einstigen „Natur" zurück, der
jedoch nicht nostalgische Bedürfnisse zu befriedigen vermag, sondern Angst und
Schrecken auslöst. Der dritte Weg zeigt sich als Katalysator fürs Wegspülen und
Wegfegen des Verbrauchten und Unbrauchbaren und Alten (oder was man als solches erachtet) – eine traditionell weibliche Angelegenheit – als heimatlich-häus-
licher Abräumer von Politik als demokratischer Gestaltung, eine Aufgabe, die
man auch im privaten Heim nach den Ordnungsworten und -entscheidungen des
Vaters in den lästigen Einzelheiten der Durchsetzung gegenüber den Kindern lieber der Frau und Mutter überlässt. Die soziale Marktwirtschaft der Bundesrepublik, wie auch immer sie gewesen war, ist nicht mehr. Die Politik, die bundesdeutschen Parteien, haben keine positive Idee zur Gestaltung der Gegenwart, zur
Gestaltung von Politik, Gesellschaft und Welt.

Der Unterschied zwischen Reform und Re-Reform, zwischen Notwehr und
Feinderklärung, zwischen Gesellschaftskrise und leeren Kassen, zwischen sozialer

Strukturkrise und menschlichem Fehlen, zwischen schmerzlicher Sozialreform und sozialem Killertum, ist – auch wenn die Unterscheidungen im Einzelnen noch so schwierig und Grauzonen unvermeidbar sein mögen – ein Unterschied aufs Ganze. Dass die rotgrüne Regierung der Mitte zur Wahrnehmung des Unterschieds weder willens noch fähig war – *das* ist (schon) das ganze Problem. Ein Unterschied zwischen Destruktion und Konstruktion, ein politisches Versagen wie das Versagen eines Arztes vor seinem hypokratischen Eides im Moment, in dem es gerade auf ihn ankommt. Daraus folgt das große Durcheinander in der mentalen Verfassung des Landes, der Parteien und insbesondere der SPD zum Ende von Rotgrün und danach. Daraus folgt die große Orientierungslosigkeit. Hier ist nicht einfach nach rechts oder links eine „Richtung" zu bestimmen, sondern hier beginnt zwingend die Suche nach etwas wirklich Neuem, nach einer aufbauenden Entwicklungsoption fürs Ganze, nach einem anderen Politikverständnis für die Gegenwart und die Zukunft unter den Bedingungen der Globalisierung.

Die rotgrüne Regierungszeit wird beide beteiligten Parteien tief verändern, am tiefsten die SPD. Die grüne Partei ist bereits eine Partei anderer Art, geboren aus einer im Verhältnis neuen Zeit. Sie spiegelt in ihrer Entstehung bereits in sich den von den „Extremen" herkommenden Rechts-Links-Konflikt wie zugleich dessen Auflösung wie auch den Bruch dessen bereits wieder im Wandel von der Anti-Parteien-Partei zur „normalen", das heißt den anderen als Partei gleichen Partei, die dennoch innerlich anders bleibt – mit offenem Ausgang. Sie trägt in sich also in mehrfacher Hinsicht bereits den Widerspruch zwischen dem Alten und Neuen und wird dies möglicherweise aus eigener Kraft transformieren können. Jedenfalls behält sie eine Sonderstellung. Anders ist das im Fall der SPD, die sich selbst nicht wiedererkennen wird. Hier bricht das Alte zusammen, ohne dass auf dem Trümmerhaufen noch viel Brauchbares zu erkennen wäre. Obwohl in der SPD ihr Internationalismus schon immer hinter dem Nationalismus stand, obwohl die Partei schon Kriegskredite bewilligte und Menschenrechtspolitik jenseits des eigenen Klientel noch nie besonders groß schrieb, bedeutet der Schritt zur Legitimation eines internationalen Krieges mit der Figur der Menschenrechte einen selbstaufhebenden Akt. Gravierender noch ist die Selbstdemontage der SPD im Innern. Unter ihrem Kanzler Schröder hat die SPD nicht nur ihre ureigene historische Errungenschaft – den (vermeintlich oder tatsächlich) partnerschaftlichen Sozialstaat – für ihr eigenes Klientel und unter dessen Erpressung zurückgenommen und neue Unterwerfung verlangt, ohne eine Gegenleistung vom Sozialpartner dem Kapital zu verlangen. Sie hat zudem, die sie für die Abhängigen überhaupt soziale Grundrechte als Freiheitsrechte zu erkämpfen beansprucht, Beihilfe geleistet, eine neue Schicht der Überflüssigen der modernen Gesellschaft, der Ausgeschlossenen, zu schaffen und damit ein tiefes Loch in den Boden der Gesellschaft eingelassen, um jene unter der Erde verschwinden zu lassen, auf dass man sie nicht sähe. Sie hat Bürger 2.Klasse und soziale Statusveränderung nach unten geschaffen. Soziale Befreiung als Vervollständigung politischer Freiheit war der Existenzgrund der Sozialdemokratie. Diesen hat die SPD verlassen. Die SPD hat damit ihre Gründungsparadigmen ganz aufgegeben, ihre so lange existierende Doppelstrategie, im System für eine qualitative Erweiterung des Systems zu arbeiten. Sie hat, anstatt es in pluraler Weise neu zu formulieren, damit auch ein „Wir" zugunsten eines Angebots von Aufstiegstugenden von Einzelnen verlassen.

Darin liegt ein Akt der Selbstentäußerung der SPD, in den die ganze Partei und alle ihre Mitglieder verwickelt sind. Die Krise der SPD ist keine wie schon viele in ihrer Historie. Es ist eine Identitätskrise, aus der kaum oder nur sehr schwer Ausweg möglich scheint. Aus ihr erfolgt Lähmung und ein Zerfallsprozess. Es rettete sie nur eine grundlegende Neugründung. Am äußersten Ende erst wird sich zeigen, ob die SPD ihre Mission erfüllt hat oder ob noch, nachdem sie das System der ökonomischen Ökonomie vollendet hat, eine Kraft zur Erneuerung geblieben ist. Geboren aus einem Dilemma, in das die deutsche Politik sich gebracht hatte, hat sich die SPD um der Macht willen selbst in ein noch viel tieferes und heilloseres Dilemma gebracht. Man kann das auch als tragisch betrachten.

3 Gewichtigkeit, Essenz, Wesen – Veränderung in der Tiefe, Ökonomismus, Pseudopolitik

Die Neue Mitte kennzeichnet eine Zeit, in der seltsamer Weise im Auftrag der Gesellschaft mit den vorhandenen demokratischen Mitteln Demokratie inhaltlich zu einem politischen Einheitsmodell gemacht und so wesentlich reduziert wurde. Die Demokratie selbst wurde damit inhaltlich dementiert. Mit demokratischen Mitteln wurde sie so aus dem Zentrum der Gesellschaft heraus demontiert. Nach einer politisch und gesellschaftlich verweigerten Entwicklung wurde der Zwang, der aus den Problemen der gesellschaftlichen Wirklichkeit resultierte, genutzt, die Durchsetzung dieses Einheitsmodells im Namen der Alternativlosigkeit der Neuen Mitte zu erpressen. Hier liegt die *Tiefenbedeutung* der politischen Verhältnisse (nicht nur) in Deutschland. Sie ist, gravierend, eine Rück- und Vorentwicklung zugleich in ein neues politisches Zeitalter.

Dieses ist zunächst gekennzeichnet durch ein rückwärts buchstabiertes Wirtschaftswunder und eine doppelte, nämlich politische und soziale Demokratieunfähigkeit. Das könnte als eine Folge der nach Faschismus und Krieg verordneten und nicht selbst aus freien Stücken erworbenen und erkämpften Demokratie verstanden werden, mit lebensweltlichen Folgen von Unselbständigkeit der Bürger und Bürgerinnen, die in der Wirtschaft heute oft beklagt werden und für die niemand ein Hilfsmittel weiß.

Es ist ferner durch einen Neokonservatismus gekennzeichnet, der jedoch eher ein Kostüm denn ein Wesen kennzeichnen würde. Der alte Konservatismus ist ausgehöhlt wie sein sozialer Boden. Christliche Werte, die auf der Kapitalseite den Sozialstaatskompromiss ermöglichten, sind längst weggetragen wie sozialdemokratische auch. Übriggeblieben ist nur die Verteilung von Geld oder die Befriedung des Volkes durch Geld – darin liegt die quasi verdrehte, pervertierte Sozialdemokratisierung der ganzen Politik. *Neo* ist die äußerliche Anverwandlung der Moderne verstanden nur noch als Mode und alle sozialen Tiefenveränderungen instrumentalisierend. Dazu gehört die Political Correctness als neue Anstandslehre, die Einstellung auf die neuen Bildmedien, die Politik der Person, die Aufhebung der Trennungen zwischen verschiedenen Lebensbereichen oder Gewalten und im Zentrum von allem die Anbetung des Geldes und des Erfolgs. Wirtschaftlich läuft die Veränderung auf eine moderne multimediale Kommandowirtschaft hinaus, die den Bürgern befiehlt, in der Wirklichkeit anzukommen und frei zu sein. Ihre Basis ist der politische Missbrauch des modernen selbständig sein wollenden Bürgers. Dieser Neokonservatismus pflegt das Bewahren nur noch als Attitüde und fegt ansonsten alles Bisherige weg wie jede Politik.

Die Leerstelle der Politik schließlich wird durch „Typen" verdeckt, die zur Legitimation des Ganzen eine große Show inszenieren und bewegte Bilder produzieren als inkarnierte permanente Diktate „bürgerlichen" Verhaltens, dessen, was die Bürger sein und tun sollen-müssen, eine Karikatur schon des mündigen Bürgers, die ihnen permanent ihre Defizite vorführen, bis sie selber daran glauben. Berlusconi, Blair, Schröder, Merkel, Sarkozy etc. sind nur unterschiedliche Varianten, gelungener und weniger gelungener und mentalitäts- und stimmungsabhängiger Art von Typen.

Die Neue Mitte – einzige Neuerung und allgemeingesellschaftliche Leistung der Schröder-SPD – ist die *Dienstmagd des Ökonomismus* und der Entleerung von Politik und Gesellschaft zugunsten des Gefängnisses des Geldes. Sie versteht den Materialismus als progressive Kraft, ist von missionarischem Optimismus, verkündet das gelassene Wohlfühlen und positives Reden als Pflicht zur Innovation, das mit dem Faktischen, der Tatsache, der Wirklichkeit gleichgesetzt wird. Ökonomische *Effizienz* ist ihr einziger und alles bestimmender *Zentralbegriff*. Effizienz ist „positiv" ist „progressiv", ist eine Ideologie, die nichts, neutral, gleich egal sein will. Es ist das Fortschrittsverständnis von heute. Effizienz, gesteigert und gesteigert, lässt nichts mehr übrig.

Eine Ökonomisierung pur heißt jedoch, sozial, geistig und materiell zu verhungern. Die Einsperrung im Gefängnis des Geldes bedeutet gesellschaftliche Verwahrlosung und Geistlosigkeit, besonders der Politik – geistlos, wie gerade die Linke, welcher Provenienz auch immer, nie sein wollte. Diese Geistlosigkeit wurde zum allgemeinen Zeichen unserer Zeit und an ihre Stelle systemisch die Lüge gesetzt. „Gerechtigkeit" wird zur Chiffre für die Raffung von Geld und möglichst viel Reichtum quer durch die ganze Gesellschaft hindurch. Sie wird zum faktischen Ende der sozialen Marktwirtschaft. Der Abbau des Staates führt zu einer aufgeblähten Industrie um ihn herum, die teurer ist als zuvor, aber abhängige Lobbies schafft und den Betrieb ordentlich antreibt.

Die Fixierung aufs Geld statt des Menschen und seines Kontextes endet, wo der Wettbewerb endet, weil es nichts mehr zu bewerben gibt und gar nichts Neues mehr entstehen kann, da das Neue als Kreatives seiner Natur nach nicht „gemacht" werden kann. Das „Ende der Geschichte", von dem im Westen nach dem Kalten Krieg manche schwärmten, kann nur eine negative politische Utopie sein, die zum Programm gemacht an der Wirklichkeit, bitter und teuer bezahlt, scheitern würde.

Der Preis des immer dürftiger umkleideten Ökonomismus der Neuen Mitten ist die Externalisierung des Menschen und Menschlichen aus Wirtschaft und Gesellschaft. Es ist das größte und wichtigste Problem der Gegenwart und ihres politischen Ausdruckes in der Innen- und Außenpolitik. Wenn die Bundesrepublik sich viel auf ihre Sozialstaatlichkeit als einer Marke von internationaler Beispielhaftigkeit, gar als Lehre aus Faschismus und Kommunismus, zugute hielt, so zeigt die Hingabe seiner Substanz eine unter ihr lauernde ungeahnte systemische Unmenschlichkeit von Politik und Gesellschaft heute.

Die neue Politik der Neuen Mitte, die so doch wieder zu Politik wird, richtet sich gegen die eigene soziale und gesellschaftliche Basis insgesamt und sie wirkt darum implosiv.

Die Neue Mitte schließlich greift die gesellschaftliche Schlüsselfrage der Gegenwart – die Geschlechterfrage als Synonym auch des Umgangs mit dem, der und den Anderen überhaupt – auf, indem sie sie sich einverleibt und verzehrt, um sie nach Genuss nach außen zu stülpen und wie ein schönes Kleid zu tragen, unter dem der alte, aber schwach gewordene herrschaftliche Mann steckt.

Das Spezifikum der Neuen Mitte, eine Folge der kulturellen Revolution von '68 und der Reaktion der Frauenbewegung darauf, ist die offene Aufhebung der Trennung von „privat" und „politisch" in einer allgemeinen Öffentlichkeit, die keine Distanz zu irgendwas zulässt und blind macht. Dabei wird der Slogan „das Private ist politisch" in seinem Sinn nach jedoch umgekehrt, denn es ging um die politische Organisation des Privaten in der bürgerlichen und spätkapitalistischen Gesellschaft. Die rotgrüne Neue Mitte aber nimmt das gegenwärtige Private als politisches Programm und Programmausweis, nicht ohne sich jeweils frisch das passende Private zugelegt zu haben, sei es Frau, Hund oder Adoptivkind aus fernen Ländern. Indem sie vorzeigt und ausstellt, wie sie privat lebt, glaubt sie, den Sinn des herrschaftskritischen Slogans, der strukturelle, personale und direkte, soziale und kulturelle Gewalt und politischen Ausschluss angreift, erfüllt zu haben. Dass sie ehrgeizige Ehefrauen vorzeigt, die die Ehe als politische Firma unter seiner politischen Machtrolle praktizieren, hält sie für ein Zeichen politischer Emanzipation des weiblichen Geschlechts. Sie drapiert dem Inhalt nach traditionell konnotierte Weiblichkeit um ihr machtpolitisches Credo und steigert es damit einmal mehr. Diese Politik gefriert zur Politik der ersten Person, die alles um sich schart, was sie ausschmückt und sich als charismatische Führung, Fürsten- und Königtum neuer Art ausgibt, Schindluder und Missbrauch eingebaut. Goldener Glanz soll von ihr ausgehen. Im Goldlametta geschmückten Porträt des Kanzlers durch seinen Malerfreund Jörg Immendorf findet es ungewollt oder gewollt seinen treffenden Ausdruck.

Der Politikentwurf ist in seiner Herrschaftlichkeit vor allem von der Selbstherrlichkeit der führenden Männer gekennzeichnet. Er hat alle existentiellen Fragen der Politik aus dem Blick verloren und kann nur im Retrowertediskurs enden. So verwundert es nicht, dass Angela Merkel Anklang und Zustimmung der weiten Bevölkerung allein aus schierer Erleichterung, dem Schröderschen Gehabe nicht länger ausgesetzt zu sein, findet und ihre Biederkeit entlastende Ernüchterung bringt. Ohne den Politikentwurf als solches zu ändern, braucht sie ihn nur etwas moderater fortzuführen, um trotz der umwerfenden Verhältnisse die Öffentlichkeit zumindest für eine Weile zu beruhigen. Das Modell der Politik lässt sich also spielend auch weiblich besetzen, in dem Moment, in dem es ein wenig Selbstzurücknahme und ein wenig weniger grelles Kleid erfordert. (Derweil unterhalb dessen der Vizekanzler Franz Müntefering die SPD in härterem Kurs peitschte, um im Namen des Ganzen seine Partei unter die Macht zu zwingen, die Organisation ist, welche Systemvollstreckung ist. Der Vollstrecker, eine Politikmaschine und ein Verwandter vom Kasernenhof, wurde, obwohl zum Fürchten, als letzter Vertreter einer guten alten Zeit bejubelt. Er fiel in seinen eigenen Autoritarismus. Seine Partei hinter ihm konnte nur rückwärts plumpsen zu ihren nächsten Vorsitzenden in ihrer ganzen Hilflosigkeit, den bescheidenen Provinzfürsten althergebrachter Art, Matthias Platzeck und Kurt Beck.)

Die situative Wandlungsfähigkeit des Modells kann nicht über die Qualität des Entwurfes für die Politik hinwegtäuschen. Es sind die neuen Machos oder Machas, die *Politik* als eine *Pseudo*-Veranstaltung betreiben und ihren Selbstabtritt evozieren. Sie benutzen den Bürger und Mensch, dominieren sie anstatt der Politik und Demokratie Dominanz bei der Gestaltung der Gesellschaft einzuräumen, um allen Bürgerinnen und Bürgern ein gleiches Grundmaß an Selbstbestimmung und Freiheit zu ermöglichen. Egomanie ist ihr politisches Konzept, Selbstbedienung und Entmündigung anderer. Sie verändern Politik zu einem Kriegsspiel, das höchstbald bitteren politischen Ernst macht und noch seinen Ausdruck im fernen tatsächlichen Krieg für Gleichberechtigung findet. Und doch verkörpert dieses Modell der Politik eine Eigenwelt, die mit der Gesellschaft nicht verbunden ist und die nicht einmal von der Wirtschaft jenseits ihrer unmittelbaren Günstlinge wirklich gebraucht wird, welche nicht auf Dauer überlebensfähig ist. Es ist ein falscher Hofstaat, mit falschem Brot und falschen Spielen für das Volk. Denn es ist kein Spiel. Das Problem ist, dass diese Politik die ganze Gesellschaft mit in ihren Strudel hineinzieht.

Rotgrün, ihrer machtpolitischen Bedeutung entsprechend zuerst die Schröder-SPD und dann die Fischer-Grünen, im Realitätsschock haben abgeräumt, mit aktiver Hilfe ihrer jeweiligen Klientel. Die linken reformerischen Reserven sind von ihnen verbraucht worden. Ein kritischer und damit zur Erneuerung fähiger Ansatz hat sich selbst aufgelöst. Während aus den Grünen in ihrer Aufnahme der gesellschaftlichen Veränderungen einst die wirklich neuen Konservativen hervorgehen könnten, in ihnen möglicherweise eine neue Elite heranwächst, hat die SPD in ihrer Verweigerung eben jenen gegenüber im gebrochenen Bund mit ihren Anhängern, den Gewerkschaften, ihre Selbstabwicklung bewerkstelligt. Herausgekommen ist ein bis zu seinen tiefsten Übeln noch selbstbestimmter Kapitalismus, der darin zugleich seinen Gipfel findet und nun zu seinen Ursprüngen zurückkehren muss, um noch einmal unter grundlegend veränderten Bedingungen neu anzufangen. Die einstige Linke und ihre herkömmlichen Organisationen haben sich als solche damit historisch erledigt. Sie kann sich dereinst, wenn denn überhaupt, allenfalls ebenso grundlegend neu begründen.

Die Politik der Neuen Mitte, zusammengefasst, ein westliches Phänomen, das sich unter den Bedingungen der Globalisierung herausbildete, praktiziert von einer Art informeller neuer Einheitspartei, und insofern auch einen Rest von Demokratie darstellend, ist der Tanz, die Brücke, der gute Schein, der über die Tiefenveränderung von Gesellschaft und Politik hinwegtäuscht, bevor die Menschen in der Lage sind, sie wirklich anzuschauen.

Der Ökonomismus findet seine besondere Qualität nicht nur darin, dass er alle gesellschaftlichen Bereiche durchdrungen hat, sondern dass er von beiden ehemals kontrahenten Seiten in Gestalt von Kapital und Arbeit betrieben und damit allumfassend gemacht wurde. Er überschlägt sich darin selbst und wirkt konterkarierend. Alles andere um ihn herum ist Manipulation, Werbung und schöne Verpackung geworden. Es ist eine Oberflächenbehandlung der aufwendigsten, teuersten, kreativsten, raffiniertesten und blendendsten Art geworden, die am Ende doch nur dürftig überdecken kann, auf welchem Ausmaß an subtiler Ausbeutung und Gewalthaltigkeit und verratener Menschlichkeit der Ökonomismus basiert. In der Oberflächenbearbeitung steckt alles, für etwas anderes ist nichts mehr da. Oberfläche ist alles. Alles liegt offen. Jeder kann alles kaufen wie im weltweiten Supermarkt. Das entspricht aber nicht der Wirklichkeit. Der Mensch hat in diesem Ökonomismus keinen Wert und keine Würde, alles und jedes ist ihm Mittel zum Zweck. Dieser Ökonomismus rechnet und unternimmt Zahlenspiele, statt Fühlen, Denken und Handeln zu ermöglichen. Sie werden durch ein Als-Ob ersetzt.

Das Leitbild des Ökonomismus ist der Sieger um jeden Preis, der erste Mann, der Stärkste, der oben sein will und alles abdeckt und vereinnahmt. Dazu werden erworbene Werte, Kulturgüter, politische Güter, soziale Güter ersatzlos verbraucht, abgerissen und weggefegt. Die verspielten Chancen von Rotgrün liegen in ihrer Scheinpolitik. Programme wurden Legitimationsformeln für das, was sich gerade verkauft, ohne zu fragen woher und wohin und womit und für wen und wie. Dazu hätte es aber keiner Politik bedurft.

Die Leistung dieser Politik besteht gleichwohl in ihrer neuen Einheitsstiftung für die nationale bzw. westliche Politik. Die Einheit wurde hergestellt über eine unsichtbare Falltür im Inneren auf dem Boden der Gesellschaft, durch das vermeintliche Schmarotzer fallen sollen, und eine ebenso unsichtbare Abgrenzung nach außen, die vor Nestbeschmutzern und Terroristen schützen soll. Die gestiftete Einheit ist, insofern sie ihr „Fremdes" schluckt und ausschwitzt, unecht. Sie hat einerseits ihre Logik für sich und bezieht ihre Berechtigung aus dem Bisherigen. Sie wird andererseits zu einer tödlichen Sackgasse des Selbstverlustes und ist so schlau wie dumm gleichzeitig. Sie ist Macht pur. Sie klammert Probleme aus und verweigert sich der Wirklichkeit. Sie ist Ausdruck von Leere und ihr Ergebnis ist *Leere*. Niemand ist leerer als die Neue Mitte und insofern ist sie völlig uninteressant. Sie offenbart die Orientierungslosigkeit der Gesellschaft. Der Politikverlust selbst ist das größte von ihr produzierte Problem. An ihm sind alle beteiligt und von ihm sind alle überwältigt. Mit der Politik geht die Problemlösungsfähigkeit der Gesellschaft verloren.

Die Leere ist eine Folge von Selbstentleerung um der Macht willen. Diese Politik hat substantiell selbst produziert, was sie beklagt: den Ausfall der Politik und die Politikverdrossenheit und die Aufgabe der Vernunft, Empfindung und Seele. Es ist eine Selbstabschaffung im Gewand der Schaffung neuer schwacher alter Autoritäten. So wird der Ökonomismus am Ende von niemand besser repräsentiert als den Enkeln und Urenkeln von Marx und Engels und im Ergebnis von ihnen selbst am weinerlichsten beklagt. Es war ihre erste und letzte Bestimmung. Nun ist der Kapitalismus zum Äußersten getrieben, ohne abgeschafft zu sein. Er schafft höchstens sich ab, indem er sich in seiner Gänze vorführt. Die Leere des Kapitalismus zeigt zuletzt niemand besser als die Neue Mitte.

Der Verdienst der Neuen Mitte liegt im Niederbau des Alten, in der sanfteren Vernichtung und Zerstörung des Überflüssigen und der Selbstabschaffung des historisch Überholten. Die Tröstung soll in der Hoffnung für die nächste Generation liegen, die voraussichtlich gleichwohl weniger haben und der es materiell-quantitativ schlechter gehen wird. Doch diese Hoffnung könnte trügen, denn aus Zerstörung und symbolischem Mord entsteht kein neues Leben. Das Wesen der Politik der Neuen Mitte war Zerstörung, keine produktive Neuerung. Unter ihr ist Politik zur gut geölten Zerstörungsmaschinerie überhaupt geworden.

Die Paradoxie und Parallelität von Gefangennahme und Selbstgefangennahme zeigt sich in der beanspruchten Alternativlosigkeit der Neuen Mitte Agenda auf ihrem Gipfel. Wo keine Alternative mehr gedacht wird, gibt es auch keine mehr. Wo alles andere als das Eigene innerlich oder äußerlich ausgeschlossen wird, bleibt nur die Mitte als leere Hülle übrig. Im Ergebnis ist die Politik auf den Hund gekommen und die Alternative dazu ist weg.

Wo Politik reziproke soziale Beziehungen verweigert, soziale Beziehungen nur psychologisiert oder infantilisiert, ist „Entpolitisierung" der Gesellschaft ihre logische Folge, zumindest in der Wahrnehmung der Politik selbst. Das muss jedoch keineswegs dem Bewusstsein aller Bürger und Bürgerinnen entsprechen. Ihre Reaktionen können auch genau jene sein, die die Wirkungen der etablierten Politik noch zulässt.

Die geschaffene Leere bildet auch einen freien Raum, in dem Neues entstehen kann.

IV Neue Mitten

1 Der Machtanspruch ist allgemein, kurzgetaktet und negativ

Die neokonservative Umwandlung von Politik für Geld als neue Art von Allein-herrschaft, eine Transformation von Macht und Herrschaft von einem in einen anderen sowohl festeren wie hohleren Zustand mit impliziter Aneignung der Macht- und Steuerungsfähigkeit der BürgerInnen und Gesellschaft anstelle einer politischen Ordnung, die von den Bürgerinnen und Bürgern ausgeht und deren Handlungsräume erweitert, ist mit der Neuen Mitte der rotgrünen Ära nicht abge-schlossen. Sie findet vielmehr ihre Fortsetzung in der großen Koalition und wei-terhin unter Beteiligung der Opposition. Fremd- und Selbstzerstörung und -Ge-fangennahmen nehmen dabei immer bizarrere Formen an, unterbrochen nur von kurzen Atempausen nach kurzfristigen Siegen der einen oder anderen Beteiligten, welche sich als Sieger gleich anschließend wieder infrage gestellt sehen. Menschen wie Menschlichkeit werden weiter ausgespült, und die Mitte fängt selbst an, das zu fürchten, was ihre Nervosität verstärkt. Die gefährliche Entwicklung beginnt auch manche Insider der nicht mehr aktiven politischen Klasse zu besorgen.

Währenddessen feiern die rotgrünen Neue-Mitte-Protagonisten die Erfolge ihrer Politik, auf die sie sich aus ihrer Sicht zu Recht berufen – denn sie haben die sich ausbreitenden Erfolge der Wirkungen ihrer Politik vor Augen. Unter die Oberflächen schauen sie dabei so wenig wie in aller Zeit davor. Die diese Er-folge bestreiten, binden sich ihrerseits alternativlos doch an ihre Politik und de-ren Logik.

So tritt die Systematik des Politikmodells der Neuen Mitte und dessen Dyna-mik, die mit keiner Rückkehr zu den ehemaligen Denk-, Programm- oder Pra-xisweisen zu korrigieren sind, in ihrer Eigenheit klarer als etwas Eigenes hervor.

Die Neue Mitte verkörpert eine qualitative Veränderung der gesamten Politik, so sie in der parlamentarischen Demokratie der Gegenwart repräsentiert ist. Sie wird ein eigenes Gebilde, das sich von den inhaltlichen Geboten einer Demokratie nicht nur entfernt, sondern diese in ihren inhaltlichen Konstitutiven entäußert und verzehrt, sich selbst eingeschlossen, schließlich und endlich.

Während und mit der Neuen Mitte der Schröder'schen Art werden auch die anderen Parteien einschließlich ihrer (vermeintlichen) Gegner Protagonisten von Neue-Mitten-Politiken – der Machtanspruch dieser Politik ist groß und allgemein und diese Politik verbreitet sich wie von allein überall aus und sie findet Billigung – vom tiefen Unbehagen unfreiwillig Verschwindender und der bloßen gedankenlosen Abwendung vieler begleitet. Es handelt sich um ein Unbehagen und eine Abwendung, die in ihrer Natur und Ausdrucksform in der Logik dieser Neue-Mitten-Politik selbst liegen – und insofern ist alles Gejammer über ausbleibende Stimmen Intellektueller oder unpolitische Bürger verfehlt – es sei denn das eigene Echo löst das Jammern aus. Die wirklichen Opfer oder Betroffenen dieser Politik haben keine Stimme mehr oder bekommen keine, weil sie nicht gehört werden.

Betrachtet man die Politik der Opposition von rechts und links während und nach der rotgrünen Regierungszeit und die Politik der sich anschließenden großen Koalition, so finden sich alle Beteiligten auf eine hintersinnige Weise in einem festen Bündnis Neuer-Mitten-Politiken wieder. Sie führen der Öffentlichkeit ihre Katz- und Mausspiele der Besitzstandswahrung ihrer je eigenen Klientel als vermeintlich politisch-konzeptionelle Unterschiede vor und offenbaren sich als Gefangene ihrer Ohnmachts- und Machtverstrickungen, die keinen inhaltlichen Haltepunkt mehr finden, weil die programmatischen Grundlagen ihrer Politik versiegt oder verhökert sind. Das gilt für die Linke, die Rechte, wie die große Koalition – die sich im Zweifel bestens verstehen und erst einmal an der Regierungsmacht in jedem Fall egal in welcher Kombination das Gleiche tun, Abhängige ihrer entleerten Systeme geworden. Die politischen Paradigmen, in denen Gesellschaft, Politik und Welt erfasst sind, stimmen nicht mehr und haben ihre Gültigkeit verloren. Die Politik findet keine Sprache und keinen Ausdruck für die Gegenwart und die in ihr liegenden Aufgaben. Sie lässt sich von den von ihr herangezüchteten Industrien „wissenschaftlich begründet" die Stichworte zum Zeitgeist liefern, und es gewinnt der oder die, der oder die diese Stichworte am schnellsten und vergänglichsten in der Medienmaschinerie zum eigenen Vorteil vermarktet – in Europa zuletzt unübertroffen vom französischen Präsidenten Nicolas Sarkozy vorexerziert. Die Führerfigur springt, um zuzuschlagen, in fortwährend kürzerem Takt hin und her.

Es gibt drei Varianten des Phänomens, aus denen sich diese Mitte speist, die sie ist – nichts als Besitzstandswahrung des eigenen Selbst in Abschottung und

Verdrängung – und in der alle anderen Varianten auf die eine oder andere Weise aufgehen. Sie bilden nicht etwa umrissene Flügel der Politik ab, wie sie aus der Vergangenheit bekannt sind. Sie bestehen immer nur aus einzelnen Personen, die untereinander querbeet und im Zweifel von einer Minute zur anderen wechselnd nach Bedarf und Vorteil jeweils Bündnisse miteinander eingehen.

Was einstmals als „progressiv" galt, die „Linke" genannt, zeigt sich als Besitzstandswahrung in erster Variante in Gestalt von Protest, auftretend mit einem Minusprogramm der öffentlichen Negativität. Sie ist das aggressive (gekränkte) Alter Ego der neuen Mitte. Was sich als „konservativ" bezeichnete, die „Rechte" genannt, zeigt sich als Besitzstandswahrung in zweiter Variante in Gestalt von Rückzug mit einem Schwundprogramm der privaten Verweigerung. Sie ist das defensive (beleidigte) Alter Ego der neuen Mitte. Was sich als große Koalition in der Regierung versammelt hat, ist die Besitzstandswahrung der dritten Art, zähes breites Sitzenbleiben auf dem Haben, auch wenn es einem unter dem Hintern weggezogen zu werden droht oder aus der anderen Richtung mit Füssen weggeschlagen oder in direktem Mundraub ab- oder mitgenommen werden soll. Es ist die behauptende Neue Mitte, die von sich behauptet, das allgemein Beste der Demokratie zu verkörpern, das Ego per se, das einschließt, die eigene Sichtweise stets einzuengen.

Die Akteure dieser drei Neue-Mitten-Varianten befinden sich in einer paradoxen fortlaufenden, scheinbar widersprüchlichen Art von Bewegung, wo sie, inhaltlich entleert und in der Sache ohne Unterschied, dem flüssigen Eindruck zum Trotz etwas verkomplettieren und unbeweglich machen: nämlich die Verengung und Implosion der Politik, mitten aus ihrem Inneren heraus – bis es die Demokratie selbst erreicht. Die Neuen Mitten zu Zeiten der großen Koalition verfestigen und verengen die Politik und sich selbst nach innen und innerlich und erweitern und verfeinern sie durch unendliche Differenzierung in Gestalt der einzelnen Ego-Akteure nach außen und äußerlich. Sie machen es sowohl mit mehr Frauen und im Einzelfall auch Migranten oder Schwulen, als auch mit mehr Varianten des politisch Selben oder anderen Einfällen mehr. Es handelt sich jedoch nicht um eine Zersplitterung, sondern um eine Verschmelzung, die sich mit dem Schimmern von „Vielfalt" täuschend interessant macht, hinter der Abschmelzung und Aushöhlung liegen. Handelt es sich nun anscheinend bereits um 5 Parteien neben einer Unzahl anderer ähnlich agierender Organisationen und Gruppen, sind es bald möglicherweise noch mehr – nicht jedoch mehr Auswahl und Demokratie. Im Gegenteil – die Wirkung dieses politischen Modells ist im Kern der Sache entdemokratisierend.

So wird geschönter und verdeckter *durchgezogen* – wie von der CDU-Kanzlerin einst und insofern authentisch angekündigt, was in der rotgrünen Ära angelegt wurde.

In allen drei Varianten der Neue-Mitten-Politiken kommt im Ergebnis ein Minus und etwas Negatives heraus, ob Wegnahme oder Abzug, Ablehnung, Abweisung oder Verweigerung. Sie ziehen zurück, drängen, quetschen in Mitte – was bleibt, jedes Mal wird es weniger. Festgemacht an der Errungenschaft der Nachkriegsrepublik, einem paternalistischen hierarchisch strukturierten sozialen Ausgleichsmodell, der sozialen Marktwirtschaft und also dem Wörtchen „sozial" wird der Prozess vermeintlich von „links" angetrieben, während die Republik in Einmütigkeit wieder „rechter" „richtiger" „ordentlicher" gemacht wird, tatsächlich aber entleert wird, bis sie kollabieren kann. Es gibt keine Reflektion, keine sich korrigierenden Sichtweisen, keinen Geist, der Türen öffnet – nur Stimmengewirr, eine bewegt stabile Beschleunigung von Erosion, Vakuum und Implosion.

Das Eigene der Neue Mitten Politiken zeigt sich in der Allgemeinheit ihres Machtanspruchs, der aus seiner Logik heraus nur Unbehagen und Abwendung zum Ergebnis hat – und insofern aller Auflösung von Politik zum Trotz doch ganz – unausgewiesene – Politik ist. Es äußert sich in der sich verselbständigenden Führung in immer kürzeren, spontaneistischen, willkürlichen Takten wie in der Verschmelzung einer Elite der Politik durch eine durchgezogene Abschmelzung und Aushöhlung zugleich. Ihr Ergebnis bleibt – wie man es auch dreht und wendet – ein Minus und ein Negativ.

2 Traditionelle Linke und Konservative – Katz- und Mausspiele

Wenn die Neue Mitte beanspruchte, nicht rechts oder links, sondern vorn zu sein, so trifft dies in Relation zu den restlichen politischen Kräften zu. Mehr noch, die neue Mitte zieht alle anderen hinter sich her und auch in ihren Schlamassel hinein. Alle sind verwickelt, sofern und solange sie nicht ausgestiegen sind, um den Ausgeschlossenen zur Seite zu stehen.

Zum Phänomen der Neuen Mitte gehört, dass es in der gegenwärtigen Politik jenseits von ihr, von einzelnen Repräsentanten abgesehen, parteipolitisch weder einen traditionellen Konservatismus als bewahrende Kraft noch eine traditionelle Linke als progressive Kraft noch gibt, die sich irgendwo grundlegend inhaltlich ausweisen ließen. Beide Kräfte existieren, aber in ihrer eigenen Wirkungskraft sind sie ausgespielt. Sie verfügen abseits vom Machtbündnerischen nicht einmal über irgendeine wirkliche Verhinderungsmacht. „Rechts" und „links", sofern sie noch parteipolitisch organisiert auftreten, haben nicht nur tagespolitisch oder konjunkturell wenig Bedeutung, sondern sie haben in der Gegenwart grundständig Relevanz verloren. Die tagespolitische Ununterscheidbarkeit ist nur eine Folge davon. Sie erscheinen lediglich als Werte- oder Systembewahrer einem Museum ähnlich, oder gar nur als Aussteller von Devotionalien, ohne gegenwärtige Lebendigkeit. Ihre Rolle beschränkt sich auf eine gesellschaftliche Bremsfunktion. Ihre Wirkung liegt bisweilen darin, den sozialen Aufprall abzupuffern oder ihn indirekt verbal zu forcieren und bisweilen einen Zeitgewinn in diese oder jene Richtung zu erstehen.

Die CDU, obgleich in Deutschland in Regierungsverantwortung, ist wie die anderen konservativen Parteien Westeuropas eine Partei in Auflösung oder Erweichung, programmatisch, personell und schon lange kontinuierlich an Nachwuchs verlierend. Sie verfügt über eine schwache rein taktisch agierende Führung und konkurrierende Länderfürsten der unauffälligeren Art. Die Linke, PDS, WASG und spätere Linke, verlieren ebenfalls den Nachwuchs oder bekommen ihn gar nicht erst in relevanter Weise. Sie hat nicht eine neue Idee und keinerlei Programm und wird von einst drei, mittlerweile nur noch zwei führenden Repräsentanten der ehemaligen West- und Ostelite beherrscht, die jede eigene Regung aus ihrer Partei unter Kontrolle halten.

Zugleich ist nahezu alle Kritik, die sich an der politischen Entwicklung des Landes im Kontext der etablierten Politik entzündet, unabhängig davon, ob sie von „Rechten" oder „Linken" geübt wird, ihrem Gehalt nach eine konservative: sie verteidigt das alte Bessere im Verhältnis zum Existierenden oder im Lichte von in der Vergangenheit entwickelten Alternativvorstellungen, ohne für neue Problemlagen neue, vorwärtsweisende Lösungen aufzeigen zu können. Das Bessere als die Gegenwart muss erst noch gefunden, gedacht, entworfen werden. So erklären sich viele der neuen Bündnisse zwischen einstmals entgegengesetzten Kräften über die Parteien, Lager und Gruppierungen hinweg. Doch von den etablierten politischen Kräften steht niemand für etwas Neues oder eine wirkliche Alternative. Die auffallendste und vergleichsweise treffendste Kritik kommt in Ausnahmefällen von manchen reichen und sehr reichen Gewinnern des Systems. Andersartige Kritik findet sich nur im Untergrund der gesellschaftlichen Bühnen. Dieser abgründige Konservatismus ist ein Teil des Selbstverlustes und inneren Verfallens der etablierten Politiken. Deren verschiedenen Akteure bewegen sich zueinander in babylonischer Gefangenschaft, was indirekt aggressions- und hassfördernd ist und somit sprengend wirken wird.

2.1   Linker Protest – Besitzstandswahrung I

Die gegenwärtige Die Linke ist der Protest, der sich vermeintlich links organisiert, weil er sich von einer Regierung absetzen musste, die als Reformregierung galt. Tatsächlich sammelt sich dieser Protest aller lauten Abgrenzung zum Trotz aus den Lagern aller Denkschulen und Parteien und er hat insofern engste Nabelschnüre zu eben jener Neuen Mitte, die er kritisiert. Der Protest muss – das ist seine beste Seite – als ein fernes Echo auf die der Gesellschaft geschlagene Wunde verstanden werden, derer die durch das Loch in ihrem Boden gefallen sind. Er repräsentiert aber vor allem die Verlierer aus der Mitte bis in ihre Spitze selbst und jene nicht allzu vielen aus der Führungsschicht der Gesellschaft, die sich, nicht selten aus dem aktiven Geschäft entlassen, auf deren Seite gestellt haben. Er repräsentiert auch die Klage der ganzen Gesellschaft über die erlittenen Verluste, die politisch tabuisiert und nicht betrauert werden. Er verweist auf den Mangel an Alternativen. Aber er ist kaum die Stimme der eigentlichen Verlierer, der Überflüssigen oder Verlassenen. Ihre Macht bezieht die Linke aus den Sünden der Neuen Mitte und mit deren Wahl nehmen ihre Wähler Rache als letztes Mittel gegen eine Politik, an die sie nicht mehr glauben und von der sie nichts mehr erwarten, womit sie freilich ungewollt einer Vorgabe der Neuen-Mitte-Protagonisten zur Aufgabe von Politik folgen. Ansonsten könnten SPD und Die Linke in ihrer Pragmatik spielend eine Partei werden, nur um dabei links ein paar kleine Bruchstücke zu verlieren.

Dieser Protest ist jedoch zugleich seinerseits die Programmlosigkeit per se und er entspricht darin ganz der Allgemeinheit. Er sagt nur, dass die Protestierenden behalten wollen, was sie hatten. Er fordert die soziale Besitzstandswahrung, die den Bürgern und Bürgerinnen einst mit dem Sozialstaat versprochen wurden. Er weiß keine Lösung für die Probleme und schaut auch nicht über sich selbst hinaus in die Gesellschaft und auf die vielen anderen, die im Übrigen oft vor noch viel größeren Schwierigkeiten stehen als sie selbst. Der Protest ist gesamtdeutsch – gesamtdeutscher als irgendetwas sonst. Er ist das Bündnis von sozialen und politischen Verlierern beiderseits der ehemaligen deutschen Grenze, einerseits jener aus den höheren Etagen der westlich sozialdemokratisch-staatlichen Marktwirtschaft Herauskatapultierten und andererseits jene, zahlenmäßig noch stärker, ehemals in der von der SED beherrschten DDR wieweit auch immer etablierten Schichten. Beide sind von Hause aus darauf orientiert und darin geschult, ihre Macht zu behalten. Sie wollen möglichst viel zurückgewinnen von dem, was sie verloren haben, jedenfalls wollen sie weiter dabei und möglichst weit oben sein. Mit dem Stalinismus oder auch nur dem untergegangenen Sozialismus haben sie (von den alten Kadern abgesehen) im Allgemeinen wenig mehr zu tun. In dieser Hinsicht kann man die übriggebliebenen (Alt-)Realsozialisten wohl allenfalls als Heimatvertriebene verstehen, die keinerlei wirkliche Machtmittel mehr haben, sich jedoch umso mehr für ihre einstige Politik rechtfertigen müssen. In ihrer Mehrheit sind die Mitglieder jene, die den westdeutschen Sozialstaat als besten Sozialismus der zweiten Wahl haben wollen, mit dem der Osten vom Westen einst stets angelockt wurde, die nach der Einheit aber nicht den ganzen Segen erhielten, und die mit der Neuen Mitte über den Rand gekippt wurden, obwohl sie ihr im Kern innig verbunden sind und die Abweisung sie umso mehr kränkt.

Sie werden mit dem SED-Stempel – wie auf der anderen Seite die NPD, in der die schlimmsten Feinde bereits separiert sind – im Konkurrenzkampf um die Wählerstimmen aus dem gleichen Topf als Schreckgespenster der Vergangenheit gejagt und daraus beziehen sie mehr ihre Kraft als aus ihrem eigenen Vermögen. Doch sie repräsentieren nicht die politischen Gefahren der Gegenwart.

Die Linke kennzeichnet ein Minus-Programm, sie sind ohne eigene Macht, Idee, Programm, Negativität ist ihre Haltung und sie bilden das aggressive Alter Ego der Neuen Mitte. Weder die SPD noch Die Linke kann erklären, was der gleichermaßen propagierte „demokratische Sozialismus" sein soll, außer demokratisch, d. h. auf die existierende Weise sein soll. Eine eigene positive Vorstellung von Gesellschaft ist längst verloren gegangen, die Konservative auf ihre Weise wenigstens insofern noch haben, als sie stets das gute Alte für sich bewahren wollen.

Das Neinsagen – einstmals fußend auf einer realen Verweigerungsmacht, Konzepten und Strategien vor dem Hintergrund einer positiven Zielvorstellung – ist keine Politik mehr ohne diese, sondern nur ein fatales Spiel. Abgesehen von jenen, die jedes Programm stets nur als Mittel zum Tausch der Macht und nicht der Veränderung von Machtverhältnissen benutzt haben. Der Linken, welcher Provenienz auch immer, ist nur der Ruf geblieben, „*die* nehmen uns etwas weg". Und untereinander spaltet sich das gesamte linke Spektrum nach dem gleichen Schema von Verdächtigung und Bezichtigung, in inhaltlose, früher oder später austauschbare Jasager und Neinsager zum „Habenwollendürfen" auf.

Die Ursachen liegen tiefer: die soziale Basis dessen, woraus die Linke einmal Kraft bezogen hat, ist wehrlos und ohnmächtig. Die „sozial Schwachen" haben keine Verweigerungsmacht – sie sind überflüssig. Verweigerungsmacht haben nur die Reichen gegenüber den Armen, indem sie sich aus der Gesellschaft loseisen – und im weiteren Sinne zählen die gegenwärtig Protestierenden (als politische Elite allemal) dazu. Sie grenzen andere und anderes als sie selbst aus. Deshalb sind sie auch unfähig, neue Programme und Ziele zu entwickeln. Negation als politisches Konzept kann für eine Linke im ursprünglichen emanzipatorischen Sinne unter den gegenwärtigen Bedingungen nicht infrage kommen, sie ist nur ein Bumerang. Es wäre im Übrigen auch nur das spiegelbildlich gleiche, wie es die Reichen, ihre vermeintlichen oder tatsächlichen Gegner, mit ihrer Aussage „es gibt keine Alternative" handhaben. Die Verhältnisse haben sich von Grund auf umgekehrt. Die Neue Mitte ist leer – und auch jene, die an ihr hängen, bis hin zu jenen, die sich ihr am heftigsten an die Füße heften, um sie vor sich her zu treiben. Die Ausgeschlossenen sind voll; voll von Leiden. Woher kommt hier – in dem politischen Establishment – ein Bedarf an Veränderung? Auch diese Politik bleibt ein Teil der etablierten Politik der Gegenwart.

Die Linke hat als Partei und Gesamtorganisation, Einzelne oder Teile können durchaus eine Ausnahme sein, nicht nur das Scheitern des Sozialismus an sich selbst im Rücken, das sie von sich aus immer noch wenig wirklich aufgearbeitet hat, sondern nur in den Unabweisbarkeiten anerkennen muss, um überhaupt gehört zu werden. Sie sah sich gezwungen, Standards zu akzeptieren, die nicht zuletzt die Sieger der Geschichte diktieren und die sich als allgemeine Erkenntnisse durchgesetzt haben. Die Linke als der linke Teil der Linken bleibt via Neue Mitte auch der aktuellen Selbstabschaffung der (Rest-Reform-)Linken verhaftet, abgesehen davon, dass der aus der SPD abgespaltene Teil, insbesondere in Gestalt des ehemaligen SPD-Parteivorsitzenden, an Zerfallsprozess der SPD nicht weniger beteiligt war als ihr letzter Kanzler und seine Kreise. Die einst im 19. Jahrhundert noch vereinte Linke lebte, wie die Rechte, vom Klassenkampf – gegen einen Gegner bzw. Feind, der nie wirklich ein ganzer war. Im Ökonomismus waren beide sich stets einig, nur unter umgekehrten Vorzeichen, die sich heute aus ganz anderen Gründen als beabsichtigt erledigt haben. Jede ist ihre eigene Unternehmerin geworden, jeder sein Unternehmer, den Rest regeln die Abstraktionen der modernen Gesellschaft. Der eine Flügel begann, mit dem Feind Kompromisse zu schließen, der andere Flügel wollte die Macht ganz und sei es auf dem Wege der Diktatur. Der Streit war so erbittert, wie die Sehnsucht nach Wiedervereinigung groß blieb. Der Streit wird wohl über die Interpretation der Vergangenheit, dem grundlegenden Gegenwarts-Inhalt der Politik nach aber um ein „Nichts" so verbittert fort- und neu geführt, wie die Wiedervereinigung im Scheitern und Selbstverlust längst stattgefunden hat. Der eine Flügel hat seine „Liebe" zum „Feind" entdeckt und sich unterworfen, der andere Flügel existiert nur in der festen wütenden Vorstellung, dass der Feind noch existiert und dingfest gemacht werden muss, ohne dass es zwischen beiden praktisch einen wesentlichen Unterschied gäbe: Machtkämpfe um das Geld in den Kassen allseits, ohne dass es irgendwo einen Mehrwert materieller oder ideeller, quantitativer oder qualitativer Art noch gäbe. Einmal an der Regierung sind sie sich erst recht nahezu unterschiedslos gleich. Es bleiben zur Unterscheidung nur Feind- und Freundlyrik, die keine Lyrik ist (dann würde es eher noch helfen), sondern mal Gebell mal Verbeugung vor der gleichen Macht, der man sich doch beiderseits anverwandeln möchte. Beide wollen ihr Haben erhalten – mit unterschiedlichen Methoden, welche beide des Übels sind, weil sie kein positives Ziel haben und dieses nicht im eigenen Verhalten auch herstellen. Zugleich aber können SPD und Linkspartei nicht wirklich, d. h. in der Wirklichkeit, zusammenfinden, weil die stalinistische Gewalt, deren Opfer auch Sozialdemokraten waren, aus der fernen Wurzel der Linkspartei nicht abgetrennt ist und diese Tatsache von der SPD trennt, wie die SPD im Positiven wie im Negativen etwa des Autoritären ihre Ähnlichkeit mit der Linkspartei u. a. gerade deshalb nicht wahrnehmen kann oder will, um sich auf ihren historischen Erfolg und somit ihre Überlegenheit zu berufen, die sie längst nicht mehr hat.

Neben einigen wertorientierten gläubigen Linken teilen sich die beiden und vielen Flügel der Linken untereinander jedes Mal erneut auf in mehr oder weniger konturlose Wesen oder Sekten ad Personam oder Ideologie, Einzelzellen immer wieder – scheiternde Unternehmer ihrer selbst. Doch es gibt Nebeneffekte, auf der einen Seite Frustrationsabbau via Feindbild „Neoliberalismus", auf der anderen Seite Selbstaufputschung via Heldentum für „es gibt keine Alternative". Selbstauflösung spätestens durch Jubel im Angesicht des eigenen Selbst, Scheitern an sich selbst, politischer Selbstmord scheinen die letzten „progressiven" Taten einer das 20. Jahrhundert prägenden Linken zu sein.

2.2 Rechter Rückzug – Besitzstandswahrung II

Konservative demgegenüber können gegen den politischen Lauf der Dinge nicht protestieren, nicht nur weil bzw. solange sie an der Regierung beteiligt sind. Sie können nichts *gegen* etwas verteidigen, sie können nicht die großen Neinsager geben. Es fehlt ihnen nicht nur ein wirklicher Gegner, gegen den sie etwas einsetzen könnten. Das, was sie einzusetzen haben, die sie tragenden Institutionen sind geschwächt und ihre Milieus schwinden. Das zieht ihnen den Saft und die Kraft aus dem Leibe. Sie können keine Wut entwickeln, die einen konkreten Anlass braucht. Mag sein, sie werden depressiv. Andere Ressourcen – neben dem Ausharren, Aussitzen und der Ausdauer dafür – haben sie nicht. Ihnen wird von unten aus den gesellschaftlichen Tatsachen aus ihrem Inneren genommen, während es links vermeintlich von oben geschieht. Eine Opferrolle steht ihnen nicht zur Verfügung, nur Schwäche. Die sozialen Veränderungen speisen sich in beiden Fällen aus dem gleichen gesamtgesellschaftlichen Wandel, der sich an unterschiedlichen Phänomen festmacht, unterschiedlich Betroffene schafft und für die Beteiligten zudem unterschiedlich in seiner Bedeutung oder Interpretation ist. An die Stelle Konservativer treten die aufgestiegenen Ankömmlinge und Neureichen, mit denen sie fremdeln, mangelt es ihnen doch (u. a.) an Kultur und Anstand. Dennoch brauchen sie diese Aufsteiger als frisches Blut, wie diese sie, mindestens zur Selbstbestätigung. Ihre Verhältnisse schwinden – welche Verweigerungs- oder Repressionsmacht sollten sie haben? Ihnen tritt die Realität verobjektivierter entgegen, vergleichsweise weniger subjektiv vermittelt. Sie haben es zudem weniger nötig zu protestieren – und wo sie es doch nötig haben, speisen sich aus eben dieser Quelle die Wähler der Linkspartei, die von der CDU abwanderten – und sie können sich im Zweifel abseilen. An ihre Stelle treten Stiftungen und Philantropen, die mit neuen Mitteln es wieder zu neuer Pracht und Herrlichkeit richten sollen. Sie haben noch die Reserven, die zu derart konstruktiven Akten fähig machen. Jene, die herkömmliche, ggf. religiöse Werte verkörpern, versuchen vielleicht, sich „anständig" zu verhalten. Deshalb auch richtet sich gesellschaftlich alle Veränderungserwartung nach „oben" und an die Konservativen aller Couleur, obwohl diese wenig werden helfen können. Der Glaube an den Sinn von Autoritäten und die Sehnsucht nach autoritären Strukturen entstehen neu. Hier liegt der Grund, weshalb die Rolle der Elder Statesmen und alten Herren als einzige und letzte moralische Instanz gewachsen ist. Diese verbliebene Kraft des Konservatismus reicht nicht nur wegen seiner Altersschwäche nicht zu irgendeiner neuartigen politischen Organisation bzw. gesellschaftlichen Gestaltung. Ihre Methode läuft ebenfalls auf die Absicht hinaus zu behalten, was sie haben. Darin sind sich alle Beteiligten auf dem politischen Feld einig: sie mögen Mehr oder Verbesserungen wollen, aber im Grunde keine Veränderung, das gerade nicht.

Die Rechte hat ein Schwundprogramm, sie wählt den privaten Ausweg und bildet das defensive Alter Ego der neuen Mitte. Programmatisch sind Konservative grundsätzlich bescheiden. Das Vorhandene ist Programm an sich und eigentlich Programm genug. So hat die CDU ein Grundsatzprogramm auch eher im Nachgang, als Interpretation ihrer erfolgreichen Praxis verfasst. Ihr Programm, das sich nach dem zweiten Weltkrieg neben familienpolitischen Konservatismus, der auf Naturtatsachen baute, was sich erübrigt hat und die Ehe nicht mehr als privilegierte Institution taugen lässt, auf soziale Marktwirtschaft nach Ludwig Erhard bezog, hält sie in der alten Weise für obsolet. An ihre Stelle soll eine neue soziale Marktwirtschaft treten, die nicht anders als unter der Neuen Mitte definiert wird bzw. mit ihr identisch ist, von der etwas differierenden Klientelbewirtschaftung abgesehen. Worin das Soziale des Marktes künftig bestehen soll, können Konservative so wenig erklären, wie Linke den demokratischen Sozialismus. Obendrein besteht das nicht unwesentliche Problem darin, dass ein solches Programm neusozialer Art von Erfahrungen konterkariert wird, wo Erfahrungen und die dadurch vermittelte Sicherheit doch ein konservatives Programm bzw. die Partei selbst im Allgemeinen legitimieren und der CDU ihre Zustimmung zuführen. Das Dilemma der Konservativen liegt darin, dass die Verhältnisse nicht mehr funktionieren wie gewohnt, und nicht darin, dass sie sich verleugnen oder aufgeben müssten.

Die CDU-Konservativen der verbliebenen Art unterscheiden sich deshalb nicht von der Neuen Mitte im Typ des schwammig-leeren Politikers. Sie mögen lediglich auf Sekundärtugend mehr Wert legen und es nicht so schrill wie Aufsteiger anlegen, womit sie bereits unauffälliger werden. Sie hoffen, dass die Form selbst weiterträgt, während die Schröder-SPD sich als Hülle gegeben hat. Die Demontage der alten Rechten vollzieht sich still, ist passiv, nicht laut und aktiv. Die Gewalt der NPD wird ihr nicht zugeschrieben, so wenig oder so viel wie die Gewalt von links der Linken zugeschrieben werden dürfte – denn sie kommt letzten Endes stets aus der Mitte, aus der ganzen Gesellschaft. Sie geht alle an.

Die CDU weiß nicht, wofür sie steht – außer für dasselbe wie die Neue Mitte und in ihr geht sie sogar weiter als diese, nicht zuletzt, weil es zur Neuen Mitte als politischem Muster gehört, ständig eine neue Pirouette zu drehen. Die CDU stellt die erste Frau an ihre und der Regierung Spitze. Die Kanzlerin übernimmt die Bilderpolitik und macht es freundlicher als die Herren. Sie ist sozial mitfühlender als der SPD-Kanzler. Die Regierungs-CDU ist feministischer und weiblicher. Sie fördert Beruf und Familie und Vereinbarkeit von beidem und das nach allen Seiten. Sie treibt Innovation an. Sie schreibt ihr Grundsatzprogramm in ökologisch und behandelt die Grünen wohlwollender als diesen sonst je geschehen ist. Sie überholt links, wenn es sein muss – es geschieht nachholend im Jetzt, wo alles egal ist außer der Macht. Schon immer ist die CDU programmloser als die SPD, weil es für Konservative reicht(e), auf das zu setzen, was schon da ist, dies zu erhalten, fördern und steigern und Heimatgefühle zu erzeugen und zu stärken. Doch was einmal da gewesen war, ist nicht zuletzt durchs eigene Wirken pro freier Marktwirtschaft weggefegt und nicht mehr da. Konservative sterben an ihrer Schwäche, die Linke hat sich selbst um ihre Möglichkeit gebracht.

So bedrohlich sie manchen scheinen mag, das schwächste Glied der in der Mitte der Gesellschaft konkurrierenden Mitte-Parteien ist die Partei Die Linke. Sie gehört einerseits der fernsten Vergangenheit an und andererseits ist ihre Macht, wenn davon überhaupt zu reden ist, nur eine aus dem Versagen der anderen geliehene, fremde Macht, ohne großes Eigengewicht. Eine Macht der echten Verbindungen und dessen, wofür einmal die Idee der Solidarität stand, und eigener Alternativen verkörpert sie nicht. Sofern in diesem politischen Reigen die Schlagwörter von „rechts" und „links" bedient werden, liegt hierin von beiden Seiten her nur der Aufruf und die Tat, die Kleinen von unten sich nach oben auf die Großen wenden und von ihnen versorgen zu lassen, anstatt sich selbständig zu machen und für die eigenen Vorstellungen und Wege zu kämpfen. Auch das kommt allen zupass, denn so wird sich auch wieder nichts wirklich verändern. Dabei hätten alle Beteiligten Grund, aus ihren Erfahrungen zu lernen, am meisten die Linken, was sie am interessantesten machen könnte, wenn sie es denn täten. Es würde sie zu einer anderen Partei machen.

2.3   Die politischen Paradigmen stimmen nicht mehr

Die politischen Paradigmen stimmen nicht mehr – die Neue Mitte nahm allen weg, was sie nur kriegen konnte, die einen (Konservativen) nehmen nun der Mitte weg, die anderen (Linken) sammeln ein, was diese auf dem Weg an vermeintlichem Müll alles hat fallen lassen und tragen es zurück, indem sie die Mitte damit jagen. Das entspricht spiegelbildlich dem Geld-Verteilungskampf. Das Ankleben des vermeintlich oder tatsächlich Alten hilft so wenig wie das Ankleben des vermeintlich oder tatsächlich Neuen. Die letzten Neuerungen kamen aus den sozialen Bewegungen, die letzte neue Partei waren die Grünen. Die Klebeaktionen sind jeweils Anpassungen an bereits Vergangenes. Sie verdecken das Problem, lösen es aber nicht. Von ihnen gehen keine Impulse mehr aus. Der Kanal, im Gegenteil, wird immer enger.

„Rechts" wie „links" wie in der „Mitte" gibt es die gleichen „linken" wie „rechten" Positionen genauso wie ihr Gegenteil oder die Mitte zwischen beiden und eine große Zahl weiterer Einzelstimmen, rechte Demagogie bei Schönhuber wie Lafontaine, Linksradikalismus bei Geißler als Attac-ler wie bei Müntefering als Heuschrecken-Verfolger, jede Menge Mitte bei Gysi, Familienregression bei Christa Müller von der Linken und forschen Feminismus bei von der Leyen in der CDU-Regierung.

Es gibt parteipolitisch keine Konservativen und keine „Rechte" und keine „Progressiven" und keine Linke mehr ebenso wenig wie es eine Auseinandersetzung zwischen ihnen, gar mit produktiven Ergebnissen, gibt. Es bleiben nur die Machtpolitiker und Machtpolitiken aller Provenienz, die gleichbedeutend mit den Ökonomisten, der Macht des Geldes sind, die für das Soziale noch nie etwas übrig hatten. Im Übergang fanden sie sich mehr bei den Linken als den Rechten, weil diese im Fortschrittsdenken eins mit den Kapitalisten als Ökonomisten waren. Das Ergebnis ist machtpolitische Beliebigkeit, die nicht harmlos, sondern gefährlich ist. Die Veränderung reichen weit in die Tiefe. Jetzt ist jenseits der Wahl- und Parteienwerbung aus aller Politik das Inhaltliche heraus, das auch ihre Form bestimmen würde. Die zerstörerische Dynamik hat die Oberhand und der Niedergang ist noch lange nicht beendet. Ein Ausweg fraglich.

Deutschland ist derweil den USA auf anderem Wege doch ähnlicher geworden und ähnlicher als es selbst – in seiner oft billigen Abgrenzung zu den USA – glaubt. Das Bizarre liegt für die Deutschen darin, dass diese Ähnlichkeit jedenfalls zuletzt mehr von den „Antiamerikanisten" als den „Amerika-Freunden" angetrieben worden ist. Die Neue Mitte Deutschlands zeichnet sich dadurch aus, dass sie von links ein „von oben" neu begründet hat und von rechts volkstümlich moderat mütterlich verständnisvoll auffangend besetzt wird – womit die Konservativen doch wieder auf neuer Ebene beim alten Weiblichkeits- und Mutterbild und der neuen Fürsorge zugleich, Berufstätigkeit hin oder her, ankommen und das miteinander zusammenfällt. Der Fortschritt der Sozialdemokratie liegt darin, dass sie auf neue Weise die alten Verhältnisse wieder hergestellt hat. Der „Sozialismus" hat sich im „Kapitalismus" erfüllt. In der wechselseitigen Anpassung erledigen sich beide – Sozialismus und Kapitalismus. Es bleibt im neuen falschen Neofeudalismus nichts, als eine Demokratie grundlegend neu zu begründen, um neue Grundlagen zu haben.

Die Grundlagen der alten Republik, die Kräfte, die sie in Bewegung setzten, sind erschöpft. Es ist das Ende der sozialen Veränderung durch Gewerkschaften, durch die 68er und die neuen sozialen Bewegungen und auch der Frauenbewegung, die von den 70er Jahren ausging und ihre Ausläufer bis heute zeigt. Noch untereinander haben sie sich in ihren Wirkungen nicht verkraftet, alle anderen und alles andere außerhalb ihrer selbst haben sie meist nicht hinreichend oder gar nicht in den Blick genommen. Sie haben noch manche Nachgänger unter den jüngeren Protest-Aktivisten gefunden, doch eine neue Bewegung, die die Bezeichnung verdient, ist nicht entstanden. Die Konservativen sind ausgesöhnt mit den ihnen abgerungenen Veränderungen von 1968 und Folgende, sie haben sich deren viele Vorteile längst zu eigen gemacht und leben kaum mehr anders als ihre einstigen Kontrahenten. Zugleich sind alle freiheitlichen Aufbrüche inhaltlich schon längst und nach und nach beendet worden und den renovierten Konventionen und konventionellen neu-konservativen Verhältnissen gewichen. Neue Ansätze zeigen sich erst im Rahmen internationaler neuer Aufbrüche wie etwa in den arabischen oder anderen südlichen Ländern.

3 Große Koalition(en) – ein und dasselbe Spiel aller

Die große Koalition, die auf die Regierung Schröder folgte und bei der die SPD die Kanzlerschaft an die CDU abgeben musste, ist die Koalition der politischen Verlierer der Bundestagswahl von 2005, der beiden großen Volksparteien, die dies nicht mehr sind. Diese Koalition werkelt und merkelt mehr oder weniger unauffällig und ständig gewarnt durch Wahlergebnisse und Umfragen an der Neuen Mitte-Agenda weiter. Im Lichte großer Skandale in der Wirtschaft, die die gesellschaftliche Stimmung veränderten, und bei guter Konjunktur, die als Ergebnis der Agenda 2010 gelesen wird, spezifiziert sie deren Gehalt allenfalls mit kleinen wenig bedeutenden sozialen Korrekturen, um das soziale Klima zu beruhigen, das dann doch nach und nach mehr und mehr als bedrohlich wahrgenommen wird.

Diese Koalition kennzeichnet im Großen und Ganzen anscheinend eine weitgehende Ergebnislosigkeit, eine „Reformpause" und ein vermeintliches wechselseitiges Blockieren. Doch dieser Anschein trügt über das wirkliche Geschehen eher hinweg und ist vielleicht sogar erwünscht, Politik der Verbergung. Es ist die zähe Fortsetzung der Neue-Mitten-Politik, noch kleinteiliger, stockender, schwammiger, schwimmender und festgelegter zugleich, die auf ihre Weise beharrlich auf eine weitere Verengung von Politik und Demokratie hinausläuft.

Der Kurs dieser Politik verläuft entlang der inhaltlichen Vorlagen einer „rückwärtsvorwärtsgewandten" Hinwendung zur neofeudalen Gesellschaft: der Naturalisierung alles Sozialen, des diesmal biologischen Determinismus, der Demographie und Familie, des Patriotismus, der Leitkultur, von Elite, Staat und Ordnung, des Krieges, von Anti-Gewalt-Gewalt und kultureller (Zwangs-)Integration. Der Glamour ist ein wenig gewichen, das Neue ist hollywoodtauglich glanzvoll installiert worden, es kann und muss, die Penetranz der Neuankömmlinge meidend, ein wenig mehr Zurückhaltung im Stil einkehren. Auch deutsche Biederkeit muss zum Zug kommen.

Die substantielle Seite der Politik der großen Koalition kreist um drei Komplexe, die den modernen Dienst an der Wirtschaft mit einer handfest traditionalistischen Orientierung verbindet.

Einig im Großen dreht sich der Streit innerhalb der Koalition fortwährend um die jeweilige Klientelbewirtschaftung, wobei das Ergebnis von der momentanen Gemengelage einer Entscheidung abhängig ist, die von niemand vorausgesehen oder gesteuert wird. Die latente Aggressivität im Wirtschaftlichen ist dabei bei allen Aufrufen zu Sitte und Anstand zwecks Wiederherstellung öffentlichen Ansehens in jeder Hinsicht und von allen Beteiligten gestiegen. Die Unterscheidungsmerkmale der jeweiligen Verteilungskonzepte erstrecken sich auf Detailfragen, die weder in der einen noch anderen Hinsicht geeignet sind, die zum Ausgangspunkt genommenen sozialen Probleme auch nur ansatzweise zu lösen. Wirtschaft, Gesellschaft, Bürgerinnen und Bürger werden weder an Kombi- noch Mindestlohn, weder an Rente mit 67 noch Altersteilzeit, noch an Studiengebühren noch Gesamtschulen genesen.

Das große Ereignis, das einzig Größere als unter Kanzler Schröder, ist die kollektive deutsche Familienpolitik, die den altdeutschen Traum von der Rettung durch eine gute Familie wieder beleben will, obwohl es derzeit kein Überleben im Kollektiv gibt, in das allein die sozialen Verlierer zur privaten Selbst-Bewirtschaftung geschoben werden, auf dass sie sich wechselseitig selbst helfen, ob alt oder jung. Dafür müssen die Kräftigsten, die Eltern der Gesellschaft, gleichzeitig ordentlich erwerbsarbeiten können, es werden immer weniger, die die wachsende Zahl Nicht-Erwerbstätiger ernähren müssen. Diese CDU-SPD-Familienpolitik ist namens „Familie ist da, wo Kinder sind" modern bekleidet, ohne Kinder freilich war Familie noch nie. Auf diesem Feld liegt die einzig reale Leistung der Regierung, die zudem der veränderten Lage der Frauen Rechnung trägt.

Der Rest des Regierungshandelns erstreckt sich auf die Herstellung von „Sicherheit". Die Leitbegriffe dieser umfassenden Sicherheitspolitik lauten Prävention, Kontrolle und Fürsorgepflicht als Staatspolitik, wie man sie eher mit dem „realen Sozialismus" in Verbindung brachte. Sie beruhen auf einer Biologisierung der Definitionen von Krankheit, Gewalttätern, auffälligen Kindern und anderen besorgniserregenden Symptomen und einer Kolonisierung der Bürger und Bürgerinnen. Sie sind statt lebbarer Visionen eine perverse Vorwegnahme der Zukunft via Verwaltung, Chemie oder Technik und der Abgabe von Verantwortung, die nur noch dann wieder auftaucht, wenn es um die Eigenverantwortung als Schuldzuweisung bei einem Fehlen geht, um Unheilbare oder Unbelehrbare also. Der beharrliche Aufbau der Bundeswehr und ihre Beteiligung an Kriegen als normale Angelegenheit gehören ergänzend dazu. Die Anlässe zum Ausbau einer Kontrollgesellschaft sind fast so vielfältig wie beliebig, ob Terror-Gefahr, Kindesmisshandlung oder Fettleibigkeit. Mediale Ratgebung, Hinweislieferung und Weisungserteilung finden auf allen Kanälen statt und ersetzen nicht nur prüfbare Informationen und Argumente, sondern steht mit der Empfehlung zum richtigen Umgang mit dem angeblich Unveränderbaren an Stelle von Problemlösungen.

Auch die Methoden sind eine Fortschreibung des Neue-Mitten-Modells. Was der herkömmliche Mann mit seiner Ehefrau sich zunächst zur Ausstellung neuer „Männlichkeit" ausleihen und anheften musste, die Attribute von herkömmlicher „Weiblichkeit", sind im nächsten Schritt abgelöst vom Auftritt der realen Frau im gleichen Modus der Politik. Die eigens berufstätige Frau war gesellschaftliche Norm geworden und spiegelt sich nun auch in der Regierung mit einem Ehemann nun im Hintergrund. Er kann sich stärker zurückhalten, weil der Auftritt des weiblichen Geschlechts als solches beruhigend auf die Öffentlichkeit wirkt. Im Übrigen erübrigen sich die Ehepakete als Politikfirma in dem Moment, in dem Frau nach vorn gekommen ist und für den Mann allenfalls eine nachrangige Rolle bleibt, wenn nicht gleich die Scheidung folgt. Hatte die SPD als Partei der Emanzipation verkehrter Weise mit dem neu-alten Machos ihren historischen Auftritt, so hat ihn nun die von Haus aus konservative CDU mit einer Kanzlerin, welche jedoch ganz naturwissenschaftlich-rational-männlich und trotzdem moderat im persönlichen Umgang ist. Die weibliche Lösung gilt mittlerweile allenthalben als probates Mittel, das Publikum noch einmal aus seiner Abwendung von der Politik oder niederstrebenden Parteien hervorzuholen, im kleinen Hessen wie im großen Frankreich. Auf die Frage, worin sie sich von ihrem Konkurrenten Nicolas Sarkozy unterscheide, antwortete Ségolène Royal, der größte Unterschied sei für jedermann sichtbar, sie sei eine Frau. Der weibliche Körper steht jedoch nicht nur für keine andere Politik, sondern auch nicht für eine Veränderung der Dichotomie von weiblich und männlich, ihrer inhaltlichen Zuschreibungen oder Konnotationen oder ihrer Hierarchisierung. So überrascht es nicht, dass der Übergang zum weiblichen Gesicht nicht bedeutet, dass Frau nun auch die politische Führung hätte. Als Moderatorin lässt sie sich führen – von ihren Auftraggebern, den Beteiligten der Diskussionsrunde, den Umständen, womit sie wieder auf nun öffentlicher Ebene bei einer urtümlichen „weiblichen" Aufgabe angekommen ist. Eher ist die Politik ohne Führung überhaupt, es führt der Prozess, es führen die der Gesellschaft eingeschriebenen und bestimmenden Abstraktionen, es führen die Strippenzieher im Hintergrund, tatsächlich oder vermeintlich anonyme Mächte.

Deshalb gibt es auch das seltsame Phänomen, dass einerseits nach Führung gerufen und weibliche Führungsfähigkeit bezweifelt wird und andererseits doch große Zufriedenheit mit der konturlosen, nicht zickenden, effizient erscheinenden Führung durch Kanzlerin herrscht. Die beste Schülerin Helmut Kohls kann nicht den öffentlichen Patriarchen geben und ist dafür zunächst wohl noch zu bescheiden weiblich. Deshalb muss sie sich aufs weibliche Wirken im Hinterland verlegen. Sie zeigt die Bastas nur (noch) nicht dermaßen öffentlich und unverhohlen. Zur Regierungshalbzeit gibt sie sich „alles in allem zufrieden". Aus dem Wahlergebnis erwachse die „Verantwortung, gemeinsam zu machen, was möglich" ist. Das darf man als Kurzformel für die Neue-Mitten-Politik überhaupt verstehen. Sie wird noch durch den regierungsprogrammatischen „Dreiklang: sanieren, investieren, reformieren" spezifiziert. Wie die Politik, so das Amt. Wer einmal drin ist, für den arbeitet *es*. Das Amt trägt sich selbst. Bemerkenswert bleibt nur Angela Merkels modischer Wandel vom biederen DDR-Schick und entsprechendem vermeintlichem Desinteresse an Äußerlichkeiten über schrittweise staatsfräuische Ausstattung bis hin zum Dekolleté beim Opernbesuch. Ihre Mode-Designerin gibt Auskunft über ein sehr konservatives, konventionelles Modebild für die Frau, das sie bei der Ausstattung Angela Merkels leitete. Wie unter ihrem Vorgänger erfährt man mehr über Äußerlichkeiten, als dass man je einen Inhalt zu hören bekäme. Politik ist inszenierte Bilderpolitik, unendlich in ihrer Vielfalt je nach Bedarf und Marktlage und mit der Aufgabe wachsend. Fortlaufende Werbung und Symbolik steht anstelle von Demokratie. Neue Höhepunkte bieten mehr und mehr internationale Auftritte.

Das zweite Merkmal der Neuen Mitten, der Populismus, wird in seiner glatten Fortführung doch verfeinert und erweitert, sodass die Kunst (auch hier) beinahe schon wieder wie etwas Neues erscheinen mag. Die Kanzlerin hat auf ihren vielen Stationen im Auge der Öffentlichkeit tausende verschiedene Möglichkeiten, ihrem Publikum überall ein bisschen etwas zu sagen oder zu zeigen, was die meisten hören oder sehen wollen und ein bisschen etwas, was die anderen auch noch hören oder sehen wollen. Sie kann überall Erwartungen wecken, sich auf nichts festlegen und auf Stimmungen eingehen. Den Populismus der Spitze der großkoalitionären Neuen Mitten zeichnet aus, dass er jede wahrnehmbare Regung wie eine Schneeflocke einsammelt und in eine Glaskugel füllt, die sich wie eine Märchenkugel schütteln und unter rieselndem Schnee schön verzaubert anschauen lässt, was sonst böse aufeinanderprallen würde. Darin heben sich alle Spaltungen und Polarisierungen auf, die auf dem Grund, hat sich der Schnee wieder gelegt, munter fortwirken und in keiner neuen Politik aufgelöst werden. Die vielen kleinen Populisten können dann unterhalb dessen jeweils das Bedürfnis nach Polarisierung wieder befriedigen. An die Spitze kommt, wer skrupellos genug rundum die meisten Leute einzubinden vermag. Der Populismus ist nicht etwa demokratiezwingend, sondern Teil der Übergangsbewegung zur Schaffung neuer Herrschaft.

Auch die Zwei Pole Methode zwischen der schweigend wachenden Aufsichts-politik des Anstands-Political-Correctness und der filzigen Abdichtung der je eigenen Netzwerke und Seilschaften, mit der im Innern Zweifel oder Infragestel-lungen tabuisiert und ihrem Hereindringen von außen kein Luftweg gelassen wird, setzt sich von der ersten Runde der Neuen-Mitten in die zweite fort. Eingespiel-ter schon, kann es distinguierter erfolgen. Das Ausgeschlossene und die Verlie-rer werden derweil sozial karitativ behandelt und fürsorglicher Belagerung aus-gesetzt, bevor sie den Insidern ganz auf die Füße fallen. Nachdem draußen in der Wildnis die harten Schnitte vom starken Mann vollbracht wurden, kann die Frau im Innern die Arbeit mit der „weiblichen" Methode fortführen und dabei die im Vergleich zum Vater und nach seinem Machtwort mildere Mutter abgeben. Schließlich ist sie mit dem Alltag konfrontiert, in dem die kleinen Wunder täglich vollbracht werden wollen.

Der Preis der Methode ist, dass die Frauen hier eine größere Rolle spielen, was nicht heißt, sie spielten schon eine große. Frauen ziehen in der Politik ins Haus-innere der globalisierten Welt ein und beanspruchen dort die Mutterrolle als eine von eigener Herrschaft. Sie füllen sie nach Lage der Dinge mit ihrer je eigenen Handschrift. Diesmal liegt die „Bewegung" und Aktivität bei den Frauen, sofern sie nie frauenbewegt waren, noch nicht jede Bewegung bereits durchlaufen oder hinter sich gelassen haben oder längst eben berufsmäßig von ihr leben. Die pro-filierteste Ministerin ist die Familienministerin, später Arbeitsministerin, die Fa-milienpolitik, nach den Zeiten Helmut Kohls, in der zweiten Auflage von konser-vativem Feminismus als neue Frauen- und zarte neue Männerpolitik betreibt. Die getauschte Spitze in Gestalt der Kanzler*in* und ihrer Begleiterin lösen eine nächste Runde feministischer Debatten aus. Sie folgen ihrerseits dem Kennzeichen der Neuen-Mitten als Medium eines Neokonservatismus auf der ganzen Länge und den dazugehörigen durchaus giftigen Platz- und Generationenkämpfen. Im Un-terschied zu den Männern unterhalten die Frauen sich und die Öffentlichkeit mit ihren Macht-Konkurrenzen öffentlich und ohne Geheimnis, ein Akt der Demo-kratisierung anscheinend. Die Debatte bleibt dennoch ohne inhaltliche Impulse und neue Ideen für die Gesellschaft und sie dreht sich im Mitte-Zirkel um sich selbst und dessen Karrieren. Es gibt keine allgemeine Frauen- oder andere soziale Bewegung irgendwo. Die Debatte und der Kampf um die Hackordnung auf dem Platze vervollständigt die Neue-Mitte-Verhältnisse um die Rolle der Frau in ihr, die nun äußerlich und formal dem Mann, nicht aber in ihren Wertigkeiten gleich-gestellt ist, jedenfalls noch nicht.

Zur Methode gehört das Spiel und der Wettbewerb, im Neue-Mitten-Modell stets eine neue Farbnote, eine andere Variante des Stylings oder Designs zu finden, um sich bei aller Gleichheit zu unterscheiden – und stets über den letzten Standard – hier der deutschen Verhältnisse – hinaus. Der spanische Regierungschef José Luis Zapatero quotiert in einem patriarchalen Land Ministerriege und besetzt „männliche" Posten wie den der Verteidigung mit Frauen. Der französische Regierungschef Sarkozy bildet im republikanischen Frankreich die neue soziale Vielfalt und Pluralität von Frauen und Männer, Immigranten und Einheimischen, Linken und Rechten, Parteigängern und Parteilosen optisch in den Personen ab, die allein auf sein Kommando hören, wenn er sie nicht gleich nur zu Vorzeigesymbolen und die Politik selbst macht. Er bildet über seine als Bilder fungierenden Figuren seine neue kombinatorische Politik in ihren Versprechen und Suggestionen ab. Er bietet Repression *plus* Autorität neben Integration *plus* materiell-sozialen Aufstieg durch stramme Leistung neben der Aussicht auf Wohneigentum für alle *plus* seiner Handreichung an alle Verlassenen, um damit erklärtermaßen mit 68 aufzuräumen. Es macht nichts, das es gar nicht mehr viel aufzuräumen gibt, wie die Adaption der neuen Freiheit durch den Präsidenten etwa in Gestalt seiner Eheschließungen zeigt. Das Modell der Neue-Mitte-Macher schimmert immer durch: nachholende Anpassung an veränderte Verhältnisse, neue Hierarchie mit königlichen Spitzen verbunden mit dem knallharten Tausch von „Leistung" und Fügsamkeit gegen ein Minimum an sozialer Sicherung, zumindest als Verheißung für Tüchtige, und „menschlicher" Show. Der bildnerische Misch-Pluralismus als jüngste Variante der Neuen Mitte folgt den Leitlinien seiner direkten Oberherrschaft. Der neuste Stern Europa setzt auf aggressive Integration, scharf nach beiden Seiten, „weiblich" und „männlich" angespitzt, und dreht die Schraube damit eine Runde weiter.

Es setzt sich, im Ergebnis, mit der großen Koalition fort, was unter Rotgrün begonnen hat. Doch die Veränderung vollzieht sich leiser, verdeckter und gänzlich außer Konkurrenz. Mit dem Blick auf die Öffentlichkeit ist das so erwünscht wie nötig. Äußerliche Beruhigung soll sedativierend gegen innere Unruhe wirken und verbergen, dass der Umbau des Landes unter der Hand „durchgezogen" wird, wie die Kanzlerin einmal versehentlich bemerkte. Die Veränderung verfestigt und vertieft sich mit der großen Koalition.

Mit den veränderten Machtverhältnissen können die Gewinner einmal mehr für sich selbst sorgen, während die Verlierer weniger Macht denn je haben. Sie werden still und unsichtbar. Die Dinge scheinen, von gelegentlichen Hartz-Reform-Bilanz-Schrecknissen abgesehen, die gleich mit kleinsten Korrekturen ins Lot gebracht werden, wieder in Ordnung zu geraten. Die Politik des Nicht-Entscheidens, des Alles-In-Eins-Setzens und der ewigen Gemengelage ist die Fortsetzung der Unterwerfung der Politik als öffentliche und immer absichtsvolle (Nicht-)Handlung durch Anpassung an andere Entscheider. Die Neuen-Mitten wollen und brauchen kein Gestalten. Die Neue Mitte erfüllt sich gasförmig, wie ein Geist im Aufgehen, wie ein Äther, ohne Unterscheidung und Abstandnahme zu irgendwas, in alles eindringend und sich über alles legend. Diese Politik, diese Unterwerfung, sie ist das Ganze und lässt sich nicht infragestellen. Sie kennt keine Reflektion, kein Denken, keine Differenz. Sie reicht sich selbst vollkommen. In und mit ihr wird es abgestanden, eng und erdrückend. Die neuen Mitten sind ein- und dasselbe Spiel in unterschiedlichen Farben. Demokratie aber bedeutet Selbstbestimmung, Wahl und Gewaltenteilung. Weil die Gegenwart von ihr erstickt wird, bleibt für die Vorstellungswelt nur die vergangene Vergangenheit. So produziert die Neue Mitte sowohl Nostalgie wie Ängste. Ob ihrer Leblosigkeit tanzen hinter ihr überall nur Gespenster, die ordentlich Gruseln machen und die die zahllosen selbsternannten Retter auf den Plan rufen, die zuvor Profiteure der Vernichtung der Politik zugunsten des Geldes waren bzw. diese höchstselbst in verantwortungsvollen Positionen betrieben haben, heißen sie Bill Gates, Bill Clinton, Al Gore, Bono, George Soros, Warren Buffet oder anders, die „guten" superreichen Börsenmenschen.

Die beiden großen gesellschaftlichen Fragen, die Auseinandersetzung zwischen Bewahren und Fortschritt, bleiben übrig und doch lösen sich die ihnen einst zugehörigen Lager auf, um sich umzuwandeln. Sie sind nicht mehr fest umrissen oder jeweils festgelegt, man kann zwischen ihnen wandern auf der Suche nach alt oder neu. Sie sind kaum mehr an bestimmten Wählerklientel festzumachen. Die sozialen Lager sind viel zu plural in sich, die Lagen wechseln individuell – abgesehen von den Ausgefilterten, die an keiner Suche beteiligt sind. Alternativen zwischen konservativ und progressiv werden bleiben, aber eher situativ als grundsätzlich gestellt. Neue grundlegende Fragen entstehen. Die eigentlichen Herausforderungen werden in einer neuen Ordnung des Ganzen bestehen. Die eigentliche Suche wird sich auf Gesamtentwürfe beziehen, in denen „alles zusammen und jedes für sich" Platz hat. Die Konkurrenz um die Vergabe von Wohltaten an Wählergruppen und Einzelne wird der Vergangenheit angehören.

4   Fatalismus, Handlungsunfähigkeit, höheren Gewalten ausgesetzt

Mit der Neuen Mitte kehren im Kontext der gesamtgesellschaftlichen Veränderungen generell Veränderungen in der Politik ein, in denen zum einen der Kern der Unfähigkeit zur Krisenlösung für die ganze Gesellschaft liegt und die zum anderen die Politik selbst tief verändern und damit zu einer kalten invasiven auflösenden und umwandelnden Systemveränderung werden. Diese Veränderungen vollziehen sich so passiv wie aktiv, mit so viel öffentlichem Mitvollzug wie Entzug, so ausgeliefert wie süchtig. Menschliche Steuerung findet nicht mehr statt, Fatalismus wird Kulturelement, Politik ist dessen Treibmittel. Handlungsunfähigkeit ist das Resultat. Der Mensch wird höheren Gewalten ausgesetzt und den Göttern – dem Gott des Marktes – geopfert.

In der allgemein gewordenen Politik der Neuen Mitten hat die Realität und der Mensch in ihr keine Bedeutung mehr. Sie werden ausgeblendet zugunsten der Affirmation ans Gegebene und der Inszenierung eines innigen Verhältnisses zu den Massen via Massenmedien, als Demokratie ausgegeben und doch ein Demokratie-Surrogat. Vorgespielt in einem unendlichen öffentlichen Schauspiel wie in Hollywoodfilmen, das mit bitterstem Ernst des abhängig süchtigen Lebens gespielt wird, wird das Persönliche der Politiker als Politik ein Spiel, das zur politischen Handlung wird. Indem sie dabei Herkunft, Regel, Tradition, Personal und Institution – „Establishment" – für sich über den Haufen werfen, stiften sie Identifikation mit den Massen. Sie lieben die jeweiligen Moden und machen sich modisch beliebt, wenn es sein muss, von gleich auf jetzt wechselnd nach Umständen. Die Ausstattung, Pflege und Bereicherung des persönlichen Leben und Beziehungsgeflecht der Politiker wird Politik. Das eigene Leben, das Ausleben ganz eigennütziger Interessen, ist Politik und allgemeine Botschaft und Empfehlung. Die globalen Fürsten der Politik werden zu Ersatz(vorbild)göttern, die sich als unentwegt schillernde Projektionsfläche für die Massen inszenieren. Sie exerzieren einen protzenden neuen weiblich-männlichen komplexen Herrschaftskult, mit neuen gleichberechtigten emanzipierten Frauen, die Lust darin haben, die Gegenspielerinnen zu solchen Trophäen zu sein, was die Männer umgekehrt für sie auch sind und die die Geschäfte nicht minder verstehen. Die Botschaft der Freiheit und Demokratie heißt: macht und nehmt, wonach ihr begehrt, und zeigt her, was ihr wollt und könnt, koste es, was es wolle. Jeder ist, was er ist, und bleibt, was er kann.

Die Situation ist tragisch – nur die haben Erfolg, die dieses Spiel erfolgreich spielen, solange es gespielt wird, die anderen fallen. Diese Politik ist verhängnisvoll. Sie zerstört die Politik als menschliche Fähigkeit und Kunst. Sie hinterlässt verbrannte Erde. Diese Politik ist exakt der politische Ausdruck, die Politik der Gegenwart des Regiments des alle Wirklichkeit vernichtenden Geldes.

Mit der Ökonomisierung der Politik erfüllen die Neuen Mitten *diesen* Kapitalismus. Auf dem höchsten „realen" Sozialniveau, das in ihm erreicht wurde an der ehemaligen Grenze zum Kommunismus als Menschheitsidee anderer Art, verlieren sie ein Ziel und geben diesem „System" seinen Rest. Das Ende des Lateins der sozialen Marktwirtschaft ist erreicht. Der Substanzverlust ist eine Folge der Verschwiemelung und Instrumentalisierung von allem und jedem miteinander zu eben jenem Zweck des einen Geldes, bis nur Leere bleibt. Der Missbrauch wird Grundprinzip der Politik, denn er ist Kehrseite der Egomanie, Selbstbedienung, Überwältigung, Ausbeutung und Vergewaltigung im Umbruch. Zur Destruktion gehört die Selbstdestruktion von und mit allen, allem und auf allen Ebenen, weil

Ausgänge nicht vorgesehen sind. Die Krönung des Mechanismus liegt in der Externalisierung des Menschen und Menschlichen aus der Welt.

Damit wird aus dem Zentrum der Politik durch die Politik die politische Ordnung des Kapitalismus (nicht nur) in Deutschland unterlaufen, die in der Verfassung vorgesehen ist und in den Institutionen, Gerichten, Parlamenten etc. noch existiert. Damit hat die Politik den Krieg in die Politik gelassen und ihn dort begonnen, sodass als Phänomene wie als Phantome Retter, Stifter, Ehrenämtler, Moralpostulate und religiöse Erweckungen unterschiedlichster Art auftauchen. Mit dem Auftauchen der Frauen auf der Oberseite der Gesellschaft verzieht sich die Politik in eine Unterwelt, um dort uralte Ordnungen der Herrschaft wieder zu errichten.

Die Politik der Neuen Mitten hat die Politik aus der Politik externalisiert und durch Umfragen ersetzt, die gemäß der Frage abbilden, was ist, und die Anleitung zum datengesättigten Populismus geben. Dieser Abschied der Politik von der Politik ist die politische Verabschiedung von Veränderung durch Politik und zugleich der Abschied der Politik aus der Gesellschaft, so sehr sie auf diese guckt, ob sie es wohl merkt und sich, gar widersetzend, regt. Schließlich ist es die Verabschiedung von Gesellschaft als normativer und tatsächlicher Größe überhaupt. Es ist ein heimlicher Abschied, eine Art heimlicher Putsch. Damit ist jedoch das Loch in der Gesellschaft nicht zu stopfen, durch das nur die Mitten selbst fallen werden. Die Zukunft der Staaten selbst steht mit dieser Politik infrage. Wo das Privatinteresse veröffentlicht zur Politik an sich wird, wird die Folge dieser Politik in die Gesellschaft gespült und dort sozialisiert – die Zerstörung, ihr Müll, der Zerfall. Wo es Trennungen gab – zwischen Privatem und Politischem, Religion und Politik, Sozialismus und Kapitalismus, Wirtschaft, Familie und Gesellschaft – wird alles in einem verschmolzen, das sich – einstmals seinerseits durchaus „aufklärerisch" gewesen – selbst absolut und total als Gott setzt. Noch einmal: Sinnbildlich findet es sich in Immendorfs goldenem Schröder-Porträt. Freiwillig und selbstbestimmt gibt die Politik, geben die Menschen, gibt die Gesellschaft Emanzipation und Selbstbestimmung, menschliche Identität und Freiheit auf und mit ihnen Demokratie. Wer bürgt danach für gemeinsame Grundlagen und Minima des Menschseins und Bürgerdaseins?

Die Politik der Neuen Mitten bezeichnet auch ein großes Scheitern. Dabei ist die Großmannssucht, die sich als null und nichtig erweist, um durch ein bisschen mehr Moderation ummäntelt zu werden, das Geringste. Der dritte Weg, der ein Ausweg aus den polaren – Rechts-Links, Kapital-Arbeit, Oben-Unten, Sozial-Liberal – Blockaden sein sollte, ist eine misslungene Mission. Die Schraube wurde nur fester ins Holz hineingedreht, die auseinanderstrebenden Seiten und Splitter haben ihren Abstand vergrößert. Diese Politik kennzeichnet das Versagen namentlich der rotgrünen Regierung als letzter verbliebener Reformkraft. Sie bedeutet die Selbstenthauptung der großen emanzipatorischen Partei, der SPD, und den Selbstverlust der großen konservativen Volkspartei, der CDU. Sie zeigt nicht nur die Erschöpfung der die Nachkriegspolitik bestimmenden Kräfte, sondern vor allem auch der progressiven Kräfte des 20.Jahrhunderts an. Sie führt hinter die politische und soziale Demokratie der Bundesrepublik zurück in eine Entmündigung von Bürgern und Bürgerinnen mit möglicherweise fatalem Ausgang. Kontrolle und Massendemokratie sind ein doppeltes Paradox – bloße Massendemokratie ist keine Demokratie mehr, (die Absicht der) Kontrolle zu ihrer Kontrollierung hebt Demokratie auf. Eine solche Demokratie stirbt an sich selbst. Kritik kann nicht mehr in die Macht eindringen und damit hat die Macht verloren, wenn sie sich gerade besonders sicher glaubt. Das Denken dieser Art Demokratie ist charismatisch verblendet, nämlich ohne Widerstandskraft gegen eine Ideologie der Macht und ihres Nutzens. Sie lässt keine Erkenntnis zu. Sie wird zwanghaft zwingend. Sie wird ihrerseits zu einer Form der Selbstauflösung bzw. Implosion.

Die Politikkrise wird zu einer wirklichen Gesellschaftskrise, die zu einer Systemkrise wird, bis zu den Fundamenten menschlicher Existenz. Das Existentielle hat die Politik wieder eingeholt, kehrt in der Politik wieder, meldet sich als Verdrängtes in ihr zurück. Der Wechsel aus dem System heraus ist aus dem System selbst heraus erfolgt – ohne dass jemand weiß, wohin es führen soll.

Bewahren und Konservatismus geht nicht mehr, Reform und Progressivität gehen nicht mehr, Negation führt doppelt ins Nichts, als Negation von etwas, dass sich schon auflöst.

Können Zwänge so zwingend werden, dass ein Zwang entsteht, etwas zu ändern? Können pure Äußerlichkeit und innere Leere und Sinnlosigkeit ein Grund für Änderung sein? Fehlt es nur an Geist und Seele, wo wir materiell alles im Überfluss haben und betäuben können und bei unendlichem Angebot an verkitschten Gefühlen als Surrogaten für „Leben"? Auf jeden Fall fällt etwas in sich zusammen, wenn der *Glaube daran* verloren geht. Bei der Schwäche der Schwachen und der Stärke der Starken, beide von nie gekanntem Ausmaß.

5   Umwälzung, Erschütterung der Mitte, alternativlose neokonservative Gegenwart

Hinter den Mythen der Politik der Neuen Mitten über die Machtlosigkeit der Politik unter den Bedingungen der Globalisierung der Märkte, über ihren Pragmatismus gleichwohl im Sinne des Guten für das Volk und ihr Wirken für Demokratie, soziale Marktwirtschaft und Menschenrechte arbeitet die Politik *inhaltlich* tatsächlich an einer *umwälzenden* Veränderung von Politik und Gesellschaft. Hinter der Selbstinthronisation neuer Führer und ihrer kleinen erlesenen Machtzirkel verschmelzen die Parteien zu einem politischen Familienunternehmen mit weit verzweigten Verwandtschaftsbeziehungen zu den großen Firmen und Medien, die miteinander eine neofeudale Ordnung einführen, die auf Dienen für eine Elite beruht und sich auf Macht, Glauben und verinnerlichtem Sklaventum stützt und Autonomie genannt wird. Mit ihr ist das zuletzt in Europa allgemein gewordene sozialdemokratische Zeitalter besiegelt.

Die Umwandlung wird durch eine systematische Entleerung betrieben. Diese Entleerung vollzieht sich durch äußere Kontrolle und Ausschluss des Nicht-Nützlichen einerseits und innere Abdichtung und Unterwerfung des Nützlichen-Profitablen andererseits. Und wie zur nochmaligen Bestätigung dessen kann von beiden Seiten nur der Tod eintreten. Diese Entleerung bringt uns die paradoxe Erfahrung des unerträglichen Hungers wie der unerträglichen Übersättigung, eines unerträglichen Mangels wie eines unerträglichen Überflusses. Nichts, so scheint es, vermag so mehr zu helfen.

Demythologisiert zeigt die Politik ihr „machtvolles" Ergebnis: eine existentielle Krise des Mensch, der Menschheit und der Humanität auf Erden. Alle Themen der Gegenwart berühren die tiefsten Dimensionen von Mensch und Gesellschaft: Familie, Demographie, Glauben, Leben, Sterben und Krieg. Das Existentielle der Politik wird erfahrbar. Politik ist am Ende ein mörderisches oder lebenstiftendes Geschäft. Zwischen beiden liegt nur ein hauchdünner Unterschied. Die Krise ist eine Umwandlung der Politik. Die Neuen Mitten sind der Katalysator für das Wegfegen des Alten und der Politik als Versuch der Gestaltung. Die vom nackten Geld hinterlassene Unmenschlichkeit grenzt an eine physisch-psychische Quälerei.

Die Neuen Mitten zeigen und schaffen die *Erschütterung der ganzen Mitte der modernen Gesellschaft*. Ihre identitätsstiftenden Begriffe und Vorbilder haben ihre Leitfunktion verloren, die überwunden geglaubten Übel der Vergangenheit werden von ihr wieder eingeführt. Familie, Arbeit, Beschäftigung, christliche Werte, soziale Werte, Bildung, Kapitalismus, Demokratie, Zukunft, Deutschland, USA, Religion – sie stehen alle infrage und scheinen unter der Hand in ihrem Sinn zu zerfallen. Was helfen soll, erschreckt eine aufgeklärte Moderne: Vergangenheit, Kontrolle, obrigkeitsstaatliche Prävention, Zwangsverordnung zur Integration, Grenzverschärfung, Biologismus, Kolonisierung, Imperialismus, Folter. Doch auch damit sind die einstürzenden Welten nicht zu bannen.

Die Welt leidet an der Krankheit Verdummung, Ausbeutung und Missachtung des Menschen. Deshalb ist der Terror in den Alltag eingekehrt, das ist Terror, der niemanden unberührt lässt. Die Gesellschaft ist voller Unruhe, Angst und Ungewissheit und tief krank. Sie leidet an Sinnlosigkeit und Leere.

Verblendet vom eigenen Machtcharisma haben sich die Neuen Mitten mit ihrer Loslösung von der Gesellschaft von Wahrnehmung, von Emotionen, Geist und

Kunst gelöst und sich selbst neuer Erkenntnis- und Entwicklungsmöglichkeiten
beraubt. Sie verarmen zusehends. Sie haben ihre Fähigkeit zu guter Politik verloren.

Die politische Auseinandersetzung zwischen rechts und links drehte sich im
20.Jahrhundert darum, die kapitalistische Marktwirtschaft vor dem Hintergrund
der Option zu seiner Abschaffung politisch auszugestalten. Der Markt wurde in
seinen Funktionsweisen im Wechselspiel der Kräfte und der Konkurrenz politischer Weltanschauungen immer wieder durch politische Reformen dieser und jener Art korrigiert. Dieser Weg hat sich in doppelter Weise erschöpft. Der kapitalistische Markt erfüllt sich (heute) darin, dass auch noch jede Korrektur und
Reform vermarktet und zu seinem Selbst macht. Ein ganz Anderes zu ihm existiert nicht oder nur im gänzlichen außerhalb kleinster Arche Noahs. Seine Negation ist kein politisches Konzept mehr, weil der Markt auch diese längst gefressen hat und täglich frisst und ihn direkt oder indirekt nur noch einmal bestätigt.

Die einzige Idee zu seiner „Weiterentwicklung" gedacht als eine Fortführung
und Verbreiterung besteht in der neokonservativen Idee seines mehr oder weniger
gewaltsamen Transportes von Markt, Freiheit und Demokratie noch in die hin-
tersten Winkel der Welt, in denen die Vergangenheit noch nicht abgeräumt wurde
oder werden konnte. Nicht selten sammeln sich hinter ihr ehemalige Revolutionäre und das Konzept ist das einer Revolution von oben durch die noch führenden Mächte der Welt, die sich ihrer Relativierung entgegen stemmen. Die Gewalt
des Neokonservatismus bezieht sich keineswegs nur auf gegenwärtige oder denkbare künftige Kriege, sondern nicht minder auf das Durchdrücken eines bestimmten Gesellschaftsmodells, das – viel besser als der Krieg – alle modernen Gewaltmittel in Anspruch nimmt. Das Unterpfand der Idee ist die globale Abhängigkeit
der ganzen Welt noch von der Funktionsweise der Märkte gerade auch der Märkte
in den Ländern dieser Mächte.

Einem System (mit Konkurrenten im Rücken) etwas abzuringen, ihm etwas
anzufügen und es dabei in einer moderierenden Weise zu wandeln, zu reformieren, ist etwas grundständig anderes, als etwas eigenes Neues schaffen zu müssen. Wenn die höchste Form eines realisierten Kommunismus im westdeutschen
Sozialstaat kapitalistisch bezahlt war, dann sind danach neue gesamtgesellschaft-
liche Mechanismen unabdingbar.

Die Neuen Mitten bezwangen die Gesellschaft mit der Behauptung, es gäbe zu
ihnen keine Alternative, weil sie unfähig zu positiven eigenen Schöpfungen und
neuen Ideen waren, die auf neue Herausforderungen antworten. Einen besseren
Beweis für ihre eigene tiefgreifende und grundlegende Erschöpfung können sie
nicht erbringen. Veränderung, Entwicklung, Reform für die Gegenwart und als zu
verfolgendes Projekte für die Zukunft braucht grundständig einen anderen und

unabhängigen Denkansatz und muss etwas Eigenes gestalten und aufbauen. *Die Gegenwart kennt keine Alternative zum Neokonservatismus.*

Zur Signatur der Neuen Mitte ist – zusammengefasst – der Tod der Politik in der Politik als Politik für die Allgemeinheit geworden, die inhaltliche Entleerung und die Überwältigung. Der Abgrund ist notdürftig durch einen neuartigen Pseudokönig bedeckt, dessen Führung ziel- und richtungslos und mechanisch ist. Ihr Dekret lautet: Alternativlosigkeit zu sich selbst. Sie kehrt den politischen Begriff der Emanzipation von Abhängigkeiten und der Mündigkeit, der Selbstbestimmung, der Freiheit und der Gleichheit der Bürger als selbstbestimmte Freie, die als solche grundsätzlich miteinander kooperieren und ein Gemeinwesen politisch gestalten, zu Geld noch ohne ökonomische Eigenständigkeit der Einzelnen, gar einem Eigentumsrecht für Jede/n, und setzt den unpolitischen Begriff der Effizienz an die Stelle des Menschen als komplexe soziale Wesen. Sie dementiert damit inhaltlich zentrale Grundlagen der Demokratie. An deren Stelle bildet sie in Gestalt von Verschmelzung durch Abschmelzung und Aushöhlung eine Elite heraus, deren Ergebnis schließlich und endlich nur im Minus, im Negativen, im Nichts liegen, noch für sie selbst. Sie erledigt sich mit dieser ihrer ganzen Aufgabe selbst.

Die Politik spricht, so sie spricht, nur die Sprache der Macht und der Anpassung an die Macht, knallhart innen und in menschelnder Geste außen, „weiblich"-„männlich" zugleich, „Weib" bedeckt und verdeckt die Tat „Mann", die Männer wie Frauen gleichermaßen begehen und selbstverständlich gleichermaßen können und also beherrschen. Die Politik führt sich vor als Hollywoodfilm, in dem ernst gemacht wird mit der Parole: Ausleben von Eigennutz.

Darin sind die Neuen Mitten mit ihrer jeweiligen obersten Spitzenmitte die besten Geschäftsmacherinnen in eigener Sache. Sie kommen in jedem Fall einstweilen gut davon – solange die Gesellschaft ihre Schmerzen erträgt oder die Schmerzen in ihr ihr gleichgültig sind.

Die Neuen Mitten werden zur Totalen. Unter ihnen erstickt die Gegenwart, ist die Vorstellung von vergangener Vergangenheit besetzt, findet die Abkehr von der Wirklichkeit statt. Sie werden zur kalten invasiven Systemveränderung, menschliche Steuerung findet nicht mehr statt, Fatalismus breitet sich aus. Der dritte Weg als jener, der nicht rechts und nicht links, sondern vorn, bei der Logik der Funktion des Geldes ohne Logik der Sache der Menschen ist, ist eine tödliche Sackgasse.

Das Menschenbild hat sich verändert. Die Trennlinien zur Gewalt des 19. und 20. Jahrhundert aber sind nur äußerlich vollzogen. Wenn die Zerstörung neuer Art Tabula Rasa machen will und doch noch kreativ sein soll: Welches Menschenbild braucht eine globale Weltgesellschaft?

Die Politik ist wie ein böser Geist an sich geworden. Sie ist damit in die Unterwelt gewechselt und hat sich zu uralten Dämonen gewandelt. Ein teuflischer Putsch ganz eigener Art. Er hinterlässt Abfall überall. Er ist existentiell.

Freilich bleibt einzuräumen, wie unzulänglich diese Verallgemeinerungen sind, denn nicht alle Einzelheiten werden von ihnen erfasst und damit auch nicht alle längst bereits wieder eingetretenen Veränderungen. Auch wird nicht nachgeforscht, wo und wie und wieweit die Rechnungen aufgehen. Sie bleiben nur deutende Momentaufnahme, an sich ein Ding der Unmöglichkeit. Wichtig aber bleibt die Logik der Ideologie und der Realität der „Erfolgsvorstellung", die uns heute beherrschen, und der Versuch ihrer Durchleuchtung. Für alles weitere und andere wären das Scheitern und die Scheiternden zu untersuchen und was dieses gebiert. Es wäre das ignorierte Widerständige und Eigenwillige von Relevanz. Von Bedeutung wäre, dass sich die Gesellschaft, die Menschen sich auf menschliche Beziehungen besinnen und sich erinnern, dass der Mensch ein beseeltes Wesen ist, ein Hoffnungsträger, der sich in anderen erkennen kann. Schließlich ist hervorzuheben, wie sehr wir alle Beteiligte der Veränderungen sind, die uns erfassen, uns sowohl als Verantwortliche wie als Ausgelieferte zu sehen, deshalb nicht unterschiedslos, einschließlich PolitikerInnen, bei aller besonderen Eigenart und Verantwortung der Profession. Die Vielfalt der Personen in ihren Lebens- und Gesellschaftsgeflechten, das wäre ein anderes Thema.

V Die neue soziale Frage

Soziale Fragen spielen spätestens seit der Agenda 2010 der rotgrünen Regierung die zentrale Rolle in der innenpolitischen Auseinandersetzung nicht nur der Bundesrepublik. Sie haben mit der Partei der Linken, einer aus Ost und West hervorgegangenen traditionssozialistischen Vereinigung, bereits zu einer Veränderung des Parteiensystems geführt. Sie binden die große Koalition zusammen und bilden die große Unbekannte der kommenden Zeit.

Doch worin besteht das soziale Übel der Gegenwart? Woran leiden die Menschen, woran leidet die Gesellschaft? Sicher stellt sich die Frage nach Armut und Reichtum in einem sehr komplexen Sinne. Dabei stehen jedoch nicht die alten sozialen Fragen im Vordergrund, auch wenn diese sich keineswegs erübrigt, wohl aber relativiert haben. Es ist eine neue soziale Frage von anderer Tiefe und Weite als bislang und von großer Modernität, die die gegenwärtige Gesellschaft markiert. Sie nimmt alte Fragen in sich auf. sie ist eng mit philosophischen und Sinnfragen verknüpft.

Soziale Fragen sind bislang als Teil- und Gruppenfragen, als Fragen von Ausgleich und Verteilung verstanden worden, die sich an der sichtbaren Außenseite der Gesellschaft bewegten und die zuletzt zunehmend viele und tiefe Risse aufwies. Tatsächlich müssen sie als tiefgreifendes und komplexes Grundproblem der gegenwärtigen Wirtschafts- und Gesellschaftsweise verstanden werden, welches nur noch in seiner Ganzheitlichkeit treffend gefasst werden kann. Wo der Mensch sein eigenes Kapital geworden ist, hat er am Ende nichts mehr, auch sich selbst nicht.

Soziale Fragen sind in der Vergangenheit vor allem als materielle (Geld-)Fragen verstanden worden. Verhandelt wurden Schutzrechte, Lohn- und Einkommensfragen auf Basis von Erwerbsarbeit als Existenzgrundlage und Teilhabe der abhängig Beschäftigten am Wohlstand. Zuletzt hatten sich diese sozialen Fragen zunehmend aufgesplittert – es ging um Armut und Kinderarmut, Hartz IV Empfänger, Alleinerziehende und kinderreiche Familien, um Erwerbslosigkeit und

Alterssicherung, Gesundheitsversorgung und Altenpflege; es folgten eine aus-
einandergehende soziale Schere und Unterschicht, wachsende Bildungsarmut
und drohende Altersarmut, Zeitarbeit und Mindestlohn u. a. m. Daneben stehen
Steuer- und Abgabenfragen. Kapitalistische Ausbeutung aber gilt mit Tarifautonomie, Gewerkschaften, Rechts- und Sozialstaat schon lange als beendet. Man geht
von einem Restbestand an variierenden, mal zu-, mal abnehmenden Sozialpro-
blemen aus, die reformerisch gelöst werden – durch materielle Befriedigung, wie-
derholte Korrekturen und Anpassungen. Der Staat bildet die Schleuse und den
Akteur dafür. Die Zunahme sozialer Problemstände, wirtschaftliche Stagnation
oder Krisen oder die deutsche Einheit haben in den letzten Jahren zu Kürzun-
gen der Sozialsysteme geführt. Sie sind schlimm genug. Doch massenhaften Hunger gibt es noch nicht. Die sozialen Standards gelten – jedenfalls im internationalen Vergleich – trotzdem noch als relativ hoch. Die Situation mag angespannt sein,
aber von einer tieferen und grundlegenderen Veränderung geht die Politik offiziell
nicht aus. Es gibt viele, die der Auffassung sind, man könne die sogenannte Spar-
politik der letzten Jahre auch einfach rückgängig machen und damit die existierenden Probleme lösen. Dazu gibt es ein grundlegendes Dilemma: viel mehr als
wir hierzulande haben, kann man nicht mehr haben, und doch gibt es gleichzeitig Armut.

Jedoch stimmen die Identifikation von Problemen der wesentlichen Art und
deren Ursachen noch und treffen die Vorstellungen der sozialen Funktionsweisen des gesellschaftlichen Zusammenspiels von Wirtschaft, d. h. Arbeit und Kapital, und Staat noch und damit auch die systemischen Knappheits- und Krisenbe-
hebungskonzepte und -strategien? Oder sind diese zumindest in ihrer jetzigen Art
überholt, möglicherweise gar Teil des Problems und deren Ursachen?

Stimmt – insbesondere – die allgemeine Vorstellung von Arbeit und ihren traditionellen Aufteilungen noch, bildet sie doch die Grundlage eines sich über mehr
als hundert Jahren herausgebildet habenden Sozialsystems? Findet der politische
Streit an den falschen Objekten oder nur innerhalb geschlossener Denkweisen
und Zirkel statt? Sind die sozialstrukturellen Analysen auf dem neusten Stand der
Wirklichkeit? Die Überlegungen sollen sich erneut auf die Ebene der politischen
Logiken beziehen. Das reale Leben bringt stets Abweichungen, Zufälle und Überraschungen und somit ständig jede Menge Veränderungen.

Was ist die soziale Frage der Gegenwart, die die alten Fragen keineswegs per
se erledigt hat, sondern in sich aufnimmt? Wie lässt sie sich markieren? Geblieben sind die allgemeinen Fragen der sozialen Sicherung, der (Macht-)Ungleich-
heit und Abhängigkeit in den Lebenschancen und den Möglichkeiten zur Selbstbestimmung, der Ausbeutung, der Freiheit und Demokratie als Teil der sozialen
Frage. Doch was macht Inhalt und Kontext aus? Der Unterschied besteht darin,
dass sie sich im Allgemeinen sowohl spezialisiert wie verallgemeinert haben.

Wenn es eine neue soziale Frage gibt, so stellt sie sich als „ganze" menschliche Frage, als ein Kontinuum von ‚Freiheit', ‚Sozialität' und ‚Demokratie'.

1   Veränderung der Arbeit

Die neue soziale Frage ist Resultat der tiefen Veränderung der Arbeit im Kontext der veränderten Welt. Die Welt ist eine strukturell abstrakte und singuläre geworden, in der die Politik, privatisiert und vergesellschaftet zugleich, in den Akt der Preissetzung in der Wirtschaft ausgewandert ist. Der Mensch verschwindet hinter diesem Akt, ist existentiell getroffen und isoliert als Einzelner, und falls er sich zur Gesellschaft öffnet, wird er gefangen zum Bestandteil eben jenes Muster und seiner Erfüllung.

Drei Probleme vor allem sind dabei entstanden, die die neue soziale Frage umreißen: eine neue Produktion findet nicht mehr statt, Ausbeutung und Selbstkolonisierung betreffen den Menschen direkt und ungeschützt, strukturelle Veränderung vollzieht sich zugunsten des Einzelteils und dessen Macht ohne jeden Zusammenhang.

Das erste Problem, welches unter dem Schirm der westlichen Welt und ihrer Erwerbs- wie Lebensidee entstanden ist, besteht darin, dass allem Innovationswahn zum Trotz, der nur noch Varianten desselben hervorbringt, *keine wirklich neue originale wahre Produktion* mehr entsteht und in diesen Vorgang all jene eingebunden werden, die teilhaben wollen. (Unbegrenztes) Wachstum ist keine Perspektive. Die Globalität der Wirtschaftsweise gebiert sozial und politisch einen globalen Extremismus, dessen höchste und tiefste Ausgeburten hierzulande einstweilen anscheinend nur in Maßen anzutreffen, ihrer relativen Unscheinbarkeit zum Trotz gleichwohl stark wirksam sind. Die Hauptgewinner dieses Extremismus sind so unsichtbar wie die Hauptverlierer.

Wenn sich in der Gegenwart der Kern der Arbeit auf Kopf- und Bewusstseinsarbeit, egal ob wahr oder unwahr, falsch oder richtig, bezieht, wenn die Arbeit sich vom Körper zur Maschine, von der Maschine zum Kopf, zu geistiger Arbeit unter den Bedingungen des „Spin-Zeitalters" fortbewegt hat, welches sich die Welt nach dem eigenen Wunschbild erfindet und die den Erfolg als eine Folge nur des Wollens und der manipulativen Macht betrachtet, und wenn es auf dem Markt um das Vergleichen und Übertreffen geht, dann werden nur noch endlos künstlich und unecht Kopien produziert, um die Ernte aus allerfernsten unbekannten Originalen davon zu tragen.

Wo der Gebrauchswert dieser „Produkte" der Arbeit nicht mehr im Handfesten und dessen Qualitäten liegt, sondern sich auf so luftige wie unproduktive Erscheinungen reduziert hat wie auf Status und Sinnersatz, Macht und Geld, vermehrt sich diese Arbeit fortlaufend selbst, ohne viel mehr als dem Nachschub an dieser Art „geistiger" Tätigkeit zu benötigen. Wo dabei der Einzelne täglich die Dinge in doppelter Weise auf den Kopf stellen muss – nämlich unter Einsatz seiner Phantasie wie indem er um sich alles auf den Kopf stellt – und wo sich dieser Einzelne dabei ständig neu erfinden muss, um die eigene Potenz zu steigern und weiter mitspielen zu dürfen, richtet sich schließlich alles auf ein verwegenes rein glücksspielerisches Rechnen, ein Nichts am Ende.

Wo die Arbeit auf immer größerem Spezialistentum beruht und dieses sich wiederum zur Selbstbehauptung allgemein setzen will und muss, obwohl das Spezielle dies nicht sein kann, transportiert sich in diesem „eins für alle(s)" permanent ein Dominanzanspruch und der Versuch, diesen gegen andere durchzusetzen, ohne dass daneben etwas anderes übrig bliebe.

Wo vor diesem Hintergrund die denkbar schnellste und kürzeste Bild-Medien-Vermittlung solcher Arbeitsprodukte vorherrscht, in denen hochkondensiert zugleich ihre allgemeine (Leit-)Orientierung liegt, der doch nachzueifern angezeigt ist, fördert die Jagd nach deren Umsetzung und Nachahmung mit den Wahnbildern einen Wahnbetrieb.

Wo die ökonomische Rationalisierung, gar die reine Ökonomisierung einer jeden Arbeit bis hin zur sozialen Arbeit selbst als eine vom Rest abgetrennte Arbeit, mit der zudem nicht der produktive, sondern der funktionierende Mensch protegiert wird, explodiert, werden die Kosten für den Mensch, so auch die bezahlte wirkliche Arbeit, bis aufs Äußerste verknappt.

Wo Arbeit aber, sofern sie stattfindet, im „ganzheitlichen" Einsatz des Menschen stattfindet, orientiert freilich nicht an irgendeinem Inhalt, sondern an ihrem finanziellen Output, wird sie so leer wie letztlich ziellos. Wo es aber keine Trennungen mehr gibt und überall der ganze Mensch drin sein muss, gibt es auch keinen Schonraum und kein Außen mehr. Es gibt nur Arbeit oder gar keine.

Wo gegenständliche und stoffliche Arbeit, sei es an der Maschine, in der Verwaltung, im Handwerk, in Energie oder Nahrungswirtschaft, zunehmend kleiner und unentwegt entwertet wird, wächst zeitgleich der Aufwand für wirtschaftliche Existenz, Organisation, Bürokratie, Transport, Verkehr, Zeiteinsatz, hierarchische und horizontale Kommunikationswege u. a. sowohl individuell als auch gesellschaftlich so ausfernd wie der Sinn des Ganzen schwindet.

Wo auf allen Ebenen sich die Anstrengung auf die Steigerung und Addition des Gewohnten richtet, verfehlt diese Anstrengung doch die neuen qualitativen Anforderungen, die aus der Veränderung der Arbeit entstanden sind, nämlich die Entwicklung des Mensch und der sozialen Lebensqualitäten der Menschen und Gesellschaften, so sie gerade eben auf ihre eigenen Fähigkeiten zurückverwiesen sind. Die alles entscheidende „Ressource", die doppelte Bedingung etwas Neues zu schaffen, wird definitiv vernachlässigt. Ganz für sich ohne Dominanz, gleich und frei mit anderen, im Kopf aufgeklärt, ohne immer schon vorgeschriebene Regel, aber doch mit klarem Bild vor Augen – eine solche Arbeit, ein solches Sein wird nicht nur verunmöglicht, seine Voraussetzungen und Bezüge werden – fixiert auf überholte Vorstellungen von Arbeit – geradezu zerstört.

Im Geld verdichtet sich die ganze Irrealität der Gegenwart. Das Ergebnis liegt im Phänomen des Schwindelns und des Schwindens von Arbeit zur Existenzsicherung bei gleichzeitig wachsender Anstrengung und des Anwachsens von mühseligster Arbeit aus Mangel. Der Arbeitsbegriff löst sich auf, alles wird auf irgendeine Weise Arbeit. Aber nichts Neues entsteht, nur jede Menge Unrat. Neue Produktivität findet nicht mehr statt. Aus Reichtum wird Armut. So bedarf es einer neuen (Selbst-)Aufklärung ebenso wie einer neuen sozialen Revolution der Arbeit, diesmal vom Mensch ausgehend, es bedarf seiner Antwort auf die ihm offerierte, aber übergestülpte Veränderung der Arbeit und Arbeitsidee. Es ist eine Frage nach den gesellschaftlichen Werten, die sich in den Werten der Arbeit ausdrücken. Selbstbestimmung, Demokratie, Freiheit, soziale Beziehungen, Gesellschaft sind und schaffen neue wertvolle Arbeit.

Im Zentrum der neuen sozialen Frage steht das zweite Problem, eine *Ausbeutung und Selbstkolonisierung des Menschen,* die – obwohl sie aus ungleicher Macht entstanden sind und durch sie genährt werden – noch während sie einen unteren Teil, einen „Bodensatz" Hoffnungsloser ganz aus der Gesellschaft herausfallen lässt, alle betrifft und wie ein Schlund, ein Strudel wirkt, in den die ganze Gesellschaft gezogen wird.

Ausbeutung betrifft hier nicht mehr „nur" die Arbeitskraft der abhängig Beschäftigten, die in der Vergangenheit mehr oder weniger stark eingegrenzt wurde. Sie betrifft auch nicht „nur" jene Arbeit am Mensch, die immer noch kostenlos oder unterbezahlt vor allem von Frauen geleistet wird. Noch betrifft sie allein die nach unserem Verständnis Armen vor allem in den südlichen Regionen der Welt. In der Hauptsache liegt sie auf einer anderen hochkomplexen, tieferen und umfassenderen Ebene. Diese Ausbeutung ist global und internal, sie kommt von ganz „außen" und ganz „innen", sie ist selbstausbeuterisch und fremdausbeuterisch – und dies quasi gleichzeitig, jedenfalls ineinander verwoben, beinahe miteinander verschmolzen. Sie betrifft den Menschen selbst in seiner Ganzheit und in seinem Menschsein, in seiner reinen Menschlichkeit. So er oder sie Zugang zu Geld haben will, ist imperativ der ganze Mensch verlangt, seine Zeit, sein Engagement, sein soziales Umfeld, sein Inneres, sein Äußeres, sein Geist, sein Tun stellt er oder sie in den Dienst. Das besondere Merkmal ist die permanente und primäre Ausbeutung des sozialen Kapitals. Sie ist unsichtbare äußere Verfügung und angenommene Selbstkolonisierung zugleich. Ihre Folge ist eine sich stets verfeinernde, aber zugleich auch gleitend verschärfende Ungleichheit, ein feinchirurgisch invasiv wachsendes und sich auffaltendes Maß an Missbrauch, Vergewaltigung und

Bereicherung, an um sich greifender Aneignung und allgemeiner, so verbreiteter wie gemeiner, Herrschaft. Es entsteht eine herabziehende innere Eigendynamik der Gesellschaft. Es gibt keinen äußeren Gegner, keine Polarisation und anscheinend keine äußere Herausforderung bei dieser Art der Ausbeutung. Der Einsatz auf dem Markt für Geld erfordert alles und alles ist Markt für Geld. Das Geld, nicht menschliche Begegnung, stiftet den Zusammenhang. Der Mensch ist in seinem Körper und Wesen, in sich, gefangen, der er doch sein „Kapital" ist, das er zwangsläufig mit allem, was „drin" ist, einsetzen muss, irrewerdend im Kopf, auf den es doch so sehr ankommt.

Die Enteignung vollzieht sich in einer Art von Globalangriff durch eine allseitige Macht- und Geldpolitik. Wer noch an das reale Leben gebunden ist, wer mehr noch etwas herstellt, ist an Ort und Zeit und Kraft gebunden, sei es zu Hause, im Handwerk, der Dienstleistung, der Versorgung, als Fachkraft oder Forscher, in der Kunst, als Intellektuelle/r u. a. Wer den Ton angibt, Kapital vergibt und Vertrieb der Waren leitet, ist davon entbunden, wird unentwegt gefüttert, operiert auf weltweiter Spielwiese, kann sich, hochergiebig in seinem Wirken, abschotten von Kritik und Konkurrenz und so den Markt kontrollieren. Das einzige, das dort etwas wert ist, ist der Verbrauch dessen, was da ist und nicht, was geschaffen wird. Der Markt für Geld entwertet und verzehrt wie eine Krake parasitär alles, was existiert – insbesondere das „Unsichtbare", Inhalte, Kulturproduktion, Erfahrungen, erworbenes Wissen, soziale Beziehungen und Übereinkünfte. Geschäfte und „Cash" machen hier und in diesem Zusammenhang nur noch die Vervielfältiger und Vermittler, die Diebe, Spekulanten und Verkäufer. Bezahlt wird nur, was sofort verwertbar ist, zuvorderst also die populistischen Echo-Macher, Kopierer und Wiederkäuer, während die Produzenten von Originalen beraubt werden. Existenzarbeit für sich, für andere, für Gemeinwesen hat keinen Raum mehr und findet nicht statt. Arbeit zum Erwerb hat keinen Wert, schöpferisches menschliches Tun, Wirken und Werken erst recht nicht. Während in aller Munde von Kreativität laute Rede ist, Manager sie sich in Schnellkursen mit Gewalt aneignen wollen, ist Kreativität das Einsamste, Langsamste und Unberechenbarste, das sich denken lässt. Ihre Produkte sind – da per se nicht marktfähig – ideell und materiell wertlos. Geld und Macht gehen Stufe für Stufe Hand in Hand, je weiter oben desto mehr. Politik ist auch nur eine Ware, mit der nach Größe des Etats gehandelt wird. Sie werden vom modernen Einzelnen in der Selbstausrichtung adaptiert.

Die neue soziale Ausbeutung erscheint in der Gestalt des Guten. Sie kommt daher im Namen des Lebens und des Wohlstandes für alle, des fair verdienten Sieges, der richtigen Entscheidung für den Selbstentwurf und die Selbstüberwindung zum Glück eines jeden. Sie zeigt sich in ihrer bis aufs Äußerste höchst kunstvollen, ästhetischen unterhaltsamen, sportiven inneren Aggressivität in Wirtschaft,

Politik und medialer Werbung in deren untrennbarer Einheit und für alles und jeden, ob groß oder klein, organisiert oder in „Leadership". Sie ist weich, unsichtbar, invasiv, werbend, schnell, positiv, psychologisch, sensitiv, mental, ideologisch-unideologisch. Ihr Außen oder Innen, Fremdes oder Eigenes ist ununterscheidbar. Sie trifft mitten in die elementare Bedürftigkeit und Abhängigkeit des Menschen. Sie hat den Charakter einer Erpressung, ist überwältigend und betrügerisch. Sie arbeitet mit dem Unbewussten und zielt auf es. Man weiß, wenn überhaupt, immer erst hinterher, wie einem geschehen ist. Man bleibt entschieden als der Dumme zurück. Sie wird transportiert über das Doping und Coaching nach oben und das Fertigmachen und Mobben nach unten. Dabei ist das Opfer, d.h. der Verlierer, das Schlimmste, zu dem man grundsätzlich *sich selbst* macht bzw. gemacht hat. Ein härteres Schimpfwort als „Opfer" kann einen heute Lebenden kaum treffen. Optimierung ist die soziale Norm der Ausbeutung, mit Optimismus das Optimum placeboglaubig herausschlagen, lautet die Aufforderung. Das aufgeblasene, gedopte und gecoachte Ich erbringt die sozial erwünschte und anerkannte Spitzenleistung, das ausgeblasene, fertiggemachte und gemobbte Ich wird gehetzt und kommt an den Pranger. Begleitet wird dieser Art Sozialverkehr von einer unentwegten und riesigen Ratgeber-, Erziehungs- und Kontrollkultur über die Dauerberieselung durch die „Kommunikations"-Medien, die die Individuen postwendend an sich und ihresgleichen weiterreichen. In seinen Erfahrungen individualisiert, vereinsamt und beziehungslos verbirgt sich der Einzelne aus Selbstschutz außen und spielt vollen Ernstes, so lange als möglich, wenn nicht den Gewinner, dann den Mitspieler. Diese Ausbeutung trainiert – im Namen der Freiheit und des Selbstbewusstseins des Einzelnen – dem Menschen systematisch Selbstfähigkeit und Selbstvertrauen ab und gewinnt damit eine Affinität zur psychischen Qual und Folter, die er sich schließlich am effektivsten selbst zufügt. Sie wirkt mörderisch und selbstmörderisch und führt in äußerste Isolation.

Diese Ausbeutung äußert sich in einer komplexen so besonderen wie allgemeinen sozialen Krankheit, in Depression, Suicide, Burn-out und sozialen Ängsten, in psychischen oder psychosomatischen Krankheiten, in Armut und Abschluss wie Ausschluss, in einem privaten bis öffentlichen bis gesellschaftlichen Kontinuum. Sie gipfelt in einer Vorstellung störungsfrei funktionierender „Normalität". Sie drückt sich – zum einen – insbesondere in dem aus, was in der modernen Gesellschaften zur „Krankheit" erklärt wird, und in dem, worunter ihre Mitglieder leiden bzw. was diese krankt macht. Psychische Störungen sind zu einem Massenphänomen geworden. Das Selbst der Menschen, das sich doch so sehr fügen, „positiv gestimmt" und „gut drauf" sein soll, schafft es nicht und verweigert sich. Besonders nehmen die psychischen Erkrankungen derer zu, die die am meisten ahnungslos Leidtragenden der gesellschaftlichen Veränderungen sind, Kinder, Rechtlose, Diskriminierte, soziale Verlierer, Ältere. Die Gesell-

schaft, Gesellschaften und Geselligkeiten überhaupt verarmen sozial. Trotz stei-
gender Gesundheitskosten wächst die Zahl der Kranken, die der Drückebergerei
verdächtigt und unter Druck gesetzt werden. Zugleich maßen sich die von sich
überzeugten „Gesunden" an, zwischen sich und den Kranken zu selektieren und
die Erkrankten wie Erkrankungen zu definieren, solange sie nicht selbst davon
erfasst sind. Das Gesundheitsverständnis wird auf den Kopf gestellt – was einmal sein könnte und in jedem Fall irgendwann sein wird, das Altern und Vergehen, wird von Geburt an unter Verdacht gestellt und verfolgt. Krankheiten werden per Definition gemacht aufgrund unerwünschten Aussehens, Verhaltens oder
unerwünschter Erwartungen an die Gesellschaft, „Abweichendes" wird als be-
handlungsbedürftig hingestellt. Sozialer Stress ist allgegenwärtig und groß. Am
Ende wird Krankheit individualisiert und der Kampf um Gesundheit im eigenen
Körperselbst ausgetragen, während er nur sozial zu gewinnen ist. Soziale Verar-
mung ist – zum anderen – zu einem komplexen und entwicklungsgeschichtlichen
Problem geworden, dass am unteren Ende eine neue „Unterschicht", eine Schicht
Überflüssiger und Nutzloser geboren hat und bei jenen, die (noch) über Lebenskraft verfügen und sich ihrer Zukunft beraubt sehen, in Gewalt sich wenden kann,
was sie erst recht aus der Sicht der Gesellschaft zum kontrollbedürftigen, im Zweifel einzusperrenden Problem macht. Während die Schwächeren sich selbst erledigen, wird bei der Stärkeren nachgeholfen. Der größte Schmerz der Gesellschaft
liegt hier in der geleugneten und abgedrängten Zone, seine Ursache in Konstruktion und dem Umgang mit dem Ganzen. Alle Adern dieser Schmerzkrankheiten
der Gesellschaft sind mit der öffentlichen Armut der Gesellschaft verbunden, deren soziale Räume verfallen.

Eine Globalisierung allein über das Geld als Selbstzweck an sich verzehrt, wo
sie sich ihren Weg bahnt, alles, was sie auf diesem Weg vorfindet – die in langen
Zeiten gefundenen Verkehrsregeln, durch Arbeit geschaffene Werte, soziale Organisationen, Staaten und noch ihr Gegenteil, ihre Opponenten und alternativen
sozialen Gegeneinheiten. Über die Beschleunigung und sinnlose Vervielfältigung
des Alten hinweg verhindert sie Entwicklung und Produktivität von Gesellschaft
und produziert menschliche Armut in jeder Hinsicht, materiell und quantitativ, ideell und qualitativ, physisch und psychisch, sozial und politisch, individuell und gesellschaftlich – in der ungebremsten Logik bis zum letzten Menschen
und zum Ende der Welt. Diese Art der Globalisierung bindet zugleich ihre Opfer
ein, bewegt sie zur Zustimmung und zum Mitmachen und macht sie zu verantwortlichen Teilhabern ihres gigantischen Verzehrs aller menschlichen Geschichte.
Eine raffiniertere soziale Ordnung hat es wohl noch nicht gegeben. So kommt
es im Ergebnis dieser Geldwirtschaft zur Produktion von Nichts der Verbrauch
von Allem, ein Spagat, der quasi mitten in sich selbst reißen und zusammenfallen
muss und deshalb Kollaps und Implosion evoziert, um schließlich ein großes Va-

kuum zu hinterlassen. Die neue soziale Frage setzt sich aus der inhaltlichen Entleerung und Wertlosigkeit von allen und allem und jedem zusammen, dem Verbrauch des Menschen. Der Mangel wird von seinen Verursacher längst bemerkt.
Die Klage über soziale Kälte wird allenthalben geführt, noch dabei neue Kälte ver-
breitend. Soziale Ungerechtigkeit wird von jeder Mann und Frau konstatiert, um
die eigenen Ansprüche gegen andere durchzusetzen. Management ersetzt im Unternehmen (bis hin zum Unternehmer seiner selbst) soziale Organismen, Gesellschaft, Staat, Soziales, einst verhandeltes Allgemeinwohl, Geschichte – durch eine
zunehmend aufwendigere, schwierigere und kompliziertere Strategie der Äußerlichkeit zur Profitsicherung im Gewande der Märchenerzählerei. Es ersetzt und
besetzt menschliche Imagination und bedeutet die Kontrolle menschlicher Vorstellungskraft, Lebensentwürfe und Visionen, ja des Lebendigen selbst. Es schaltet
die Welt gleich und wird zur Flucht aus der Wirklichkeit, welche mit der menschlichen Fähigkeit und der Humanität als solcher zu verschwinden scheint. Das Ergebnis ist eine Welt im Wahn.

Gegen einen allgemein gewordenen Wahn und ein allgemeines Nichts lässt
sich nicht viel unternehmen, aus ihnen lässt sich nicht mehr viel herausschlagen
noch ließen sie sich einfangen, es lässt sich ihnen nur der Boden entziehen, was
sie in diesem Fall schon selbst machen. Hier liegt der Grund für den eigentlichen
Ausfall aller Opposition und die Rat- und Hilflosigkeit, wie sie die Gegenwart
westlicher Gesellschaften beherrschen. Die Welt lässt sich nur neu bauen. Eine Alternative fände sich nur in einer integrativen, umfassenderen und tieferen über-
legenen Ordnung, einer tatsächlich neuen Lösung für die Probleme der Gegenwart und Zukunft.

Das dritte Problem, das die neue soziale Frage ausmacht, liegt in der tiefgreifenden Strukturveränderung der modernen Gesellschaft, die sich allgemein über
das *Strukturmerkmal des Einzelnen, der Macht und des Speziellen* – speziell auf die
Macht des Einzelnen hin – organisiert, das aus sich keinen Zusammenhang mehr
(er)kennt und finden kann.

Die Gesellschaft ist mit den wirtschaftlichen und sozialen Veränderungen in
einer strukturellen Veränderung. Im Abschied von traditionellen Bünden und
Bündischem überhaupt orientiert sie sich nunmehr strukturell auf das Einzelne.
Sie ist durchzogen vom jeweils in sich stromlinienförmigen Einzelinteresse. Die
traditionellen hierarchischen Bünde überhaupt kranken daran grundlegend und
reiben sich auf. Neue Netzwerke mit einem grundlegend anderen Organisationsmuster ersetzen sie oder fangen sie auf, ohne je herkömmliche Festigkeit und
Dauer, Handlungsweite und Zielgerade wiedererlangen zu können. Sie bleiben
punktuell und flüchtig im Kommen, Treffen und Gehen, ihre Einzelteile ziellos
in Verbindung entlang der jeweiligen Nützlichkeit unter dem Fixpunkt der Geldmacht auf dem Markt und nach dem Konkurrenzprinzip. Diese Strukturverände-

rung bedingt die Bezugslosigkeit der Einzelnen, der einheitsstiftenden Gruppen bzw. der einzelnen Soziallagen. Letztere teilen nichts miteinander, außer das bloße Menschsein, das den Einzelnen zu allgemein und fern scheint. Fürsichsein und Individualisierung ersetzen einst sinnstiftende Zusammenhänge und Solidaritäten. Insbesondere fehlt die Erfahrung von Gemeinsamkeit in der existenzsichernden und somit grundlegenden Arbeit, die in der Gegenwart „ergebnisorientiert" jede und jeden auf ein Leben in einem kleinen sicheren Kreis beschränkt, dieser so unsichtbar wie seine Umgebung, die zudem nur dasselbe bereit hält. Das Individuum unter diesen strukturellen Prämissen läuft bald mit dem Kopf gegen die Wand oder es hängt in der Luft, weil der Kontext für eine Bezugnahme fehlt bzw. dieser sich unsichtbar und das Individuum blind macht. Moralische Appelle sind demgegenüber wirkungslos.

Nach der inhaltlichen Entleerung und der strukturellen Isolation des Einzelnen bzw. des jeweiligen Teils basiert Gesellschaft in ihrer Funktionsweise nur noch auf Macht als solcher und den zu ihr gehörenden Machtmechanismen. Alle wollen behalten, was sie haben und mehr davon, als Mittel zum Selbstzweck der eigenen Machterhaltung, im Zweifel jenseits irgendwelchen Bedarfs. Diese Orientierung auf Macht wird zu einer Transformation von Gesellschaften der rückwärtsgewandten Art. Die hohe Beweglichkeit und Veränderlichkeit ist ihr quasi eine Tarnung, während alles Gezerre im Banne einer Aushöhlung steht. Diese Gesellschaft wird unhaltbar, weil ausgedünnt und ohne Nahrung, kontraproduktiv zu den Anforderungen der Gegenwart.

Die neue soziale Frage potenziert sich qualitativ in der Geschwindigkeit und der Tiefe der Problementwicklung des sozialen Auf- oder Abwärts durch die Multiplikation sozialer Faktoren positiver oder negativer Art. Jeder sucht in Quantitäten die positiven zu mehren und die negativen zu mindern und entgeht doch der Notwendigkeit zu neuen Qualitäten. Die Position in Erwerbsarbeit und Kapital, in Wirtschaftszweig, in Erdteil, in Alter, Geschlecht, Herkunft, Familienstand, Bildung, genetischer Ausstattung, Gesundheit – vor dem Hintergrund einer „ungelösten" Arbeitsproblematik überhaupt – impliziert eine immanente und innere Potenzierung der sozialen Frage statt deren Verschwinden. Sie macht soziale Spaltung so endlos wie fließend, so geschlossen wie scharf teilend, und schafft dabei neue Qualitäten von oben und bis unten, bis hin zu Ausgeschlossenen. Man kann so gelegentlich hochfliegen wie meist und grundlegend schutzlos die Rutschbahn nach unten entlangsausen – im Gegenteil zum Bild der nur aufwärtsfahrenden „Fahrstuhlgesellschaft", die man hierzulande bislang zu haben glaubte. Arm und Reich treffen sich dabei scheinbar zusammenhanglos wie gleich nebeneinander wieder. Sie verkörpern die beiden „Versprechen" der Gesellschaft, beide so selbstgemacht wie selbstverschuldet, und das Volk liebt schon aus reiner Selbstliebe die Gewinner – je unverschämter desto mehr.

Es sind nicht mehr Klassen, die noch, wenn auch hierarchische, Bezugnahme voraussetzen, die die Gesellschaft sozial bestimmen. Die Gesellschaft ist vielmehr anarchisch und klassenlos und doch immer hierarchisierter geworden, mindestens situativ. Sie nimmt gerade deshalb keine Rücksicht auf das Individuum und selektiert Unfähige, Unwillige, Unbrauchbare wie das Unfähige, Unwillige, Unbrauchbare in ihm, wie sie zulässt, dass eine im doppelten Sinn flüchtige Elite sich abgekoppelt. Diese Gesellschaft gebiert zwei spezielle sich wechselseitig bedingende Phänomene: eine extreme Abhängigkeit der Einzelnen wie ihre Entkoppelung zugleich. Das eine Ende bilden die Überflüssigen, das andere die Losgelösten. Es ist ein System, das nach zwei Seiten herausschmeißt und sich entleert. Es verkörpert dabei immer noch allgemeine Abhängigkeit und allgemeine Abhängigkeitsverhältnisse mit zwei extremen Polen quasi in seinem eigenen Außerhalb und doch zu ihm gehörig: einem oben (im Äther) und einem unten (unterhalb der Erde). Diese allgemeine Abhängigkeit besteht paradoxerweise ohne jede Berührung seiner Teile miteinander. Wo allgemein der Geldmarkt herrscht, können sich, die ihn optimal bedienen können, ausklinken, die ihn suboptimal bedienen können, sind vollkommen uninteressant. Mit diesem System schafft sich die Gesellschaft mehr noch als die Freiheit in den Wolken ein Loch auf ihrem eigenen Grund, durch das ein Bodensatz hoffnungslos „Armer" unter die Erde spurlos entschwindet, eine neue Unterschicht in der Unterwelt ihrer selbst. Das Loch wird zu ihrem Alptraum. Die „Mitte" zwischen Himmel und Erde reckt und streckt sich, wird gequetscht, ausgedünnt, gezerrt, gelähmt, gerissen, bis es zum Kollaps kommt.

Diese soziale Spaltung, gleitend und unscheinbar und zwingend, die zu einer Art sozialer Abschiebung anderer und von anderem geworden ist, ist so selbstgemacht wie sie eine systemische Erscheinung ist, die sich immer wieder selbst erneuert. Die Ausschlüsse haben strukturelle, systemische und grundlegende Ursachen. Die Ausschlussmechanismen sind außerordentlich ernst, anscheinend unvermeidlich und in ihrer Unsichtbarkeit eine Schuldzuweisung an Einzelne. Sie führen auch hier zu einer Selbstschwächung mit allen Rückwirkungen aufs Ganze. Die sozialen Probleme und Ausschlüsse sind ins Innere der Individuen verlagert. Die anderen bilden dabei längst eine Mehrheit gegenüber den einen, die allerdings auch alle anders sind oder andere geworden sind.

Eine neue Integration der Teile zu einem Ganzen kann nur über neue Qualitäten und Freiheiten im Innenraum der globalen Welt gelingen.

2   Merkmale der neuen sozialen Frage

Was bringen diese Veränderungen mit sich? Was ist das Neue, Andere, Besondere, Problematische, Herausfordernde oder gar Umwälzende? Welche Merkmale prägen die Erfahrungen von Mensch und Gesellschaft mit der neuen sozialen Frage?

Die Irreversibilität der Veränderungen verunmöglicht, einfach einen Schritt rückwärts zu machen oder mit einigen erneuten Korrekturen zurecht zu kommen. Die sozialen Veränderungen sind über den Globus verteilt und die Globalisierung der Märkte bezieht sich auf jeden menschlichen Austausch. Sie sind zu übergreifend und mächtig, als dass gegen sie von einem Ort aus und wahrscheinlich überhaupt *gegen* sie anzukommen wäre. Es ist nur möglich, über sie hinauskommen und eine Transformation einzuleiten, von der man sich nicht leicht eine Vorstellung machen kann.

Die Regellosigkeit der Veränderungen lässt als einzige Regel, dass Regeln fallen (werden) und neue nötig sind. Die globale Integration, Abhängigkeit, auch Verschmelzung wächst unaufhaltsam. Was herauskommen wird, lässt sich nicht vorhersehen. Setzt sich die Globalisierung unter den obwaltenden Mechanismen fort, werden ihre Widersprüche zwischen Einem und dem Ganzen voraussichtlich eskalieren, zu Schwächeanfällen führen oder explosiven Ausbrüchen. Eine Alternative grundlegender Art existiert zumindest gegenwärtig nicht. Die meisten Reaktionen auf sie sind situativ, ohne inhaltsorientierte strategische Qualität. Sie bleiben blind, sodass Eingriffe oft wie Verschlimmerungen wirken.

Die große Unsicherheit, die die Veränderung für alle und überall mit sich bringt, steht im deutlichen Gegensatz zum hierzulande existierenden Modell der sozialen Sicherheit. Mit ihr steht viel auf dem Spiel. Sie lässt nur den Ausweg eines tastenden Vorgehens bei einer gleichzeitigen gründlichen Analyse und Bearbeitung der Geschehnisse und einer nachhaltigen Reflexion der veränderten Welt. Für solche Analyse und Reflexion scheint die Zeit und die Grundlage zu fehlen, da (verleugnete) Angst und Nöte das Feld beherrschen.

Das endlos Spaltende der Veränderung, die darin liegende permanente Abwertung des anderen und Ableitung der Probleme ins Innere, ihr selbstzerstörerischer Mechanismus, der wirkt, aber seine Ursache verdunkelt, ist so wenig mit Appellen und Moralgeboten aufzuhalten, wie man sich deren gewaltsame Eindämmung als letzten „Halt" ausdenken möchte. So besteht anscheinend nur die Wahl zwischen Pest oder Cholera.

Die allgegenwärtige soziale Identifikation nicht über Vermögen und Können, Leistung, Tun und Handlung, sondern über aufwendig hergestellte, künstliche, interessensgeleitete, von der Macht her bestimmte Images, komplexe (Marken-)Stories und in Power Points zugespitzte Bilder sind äußere fremdbestimmte soziale Zuschreibungen und soziale Normierungen, die die Vorstellungswelten besetzen und die Hirne prägen. Inszenierte Scheinwelten, mit sofortiger weltweiter Verbreitung, ohne Bezug zur Sache und Prüfmechanismus für ihren Realitätsgehalt, die nur noch Werbung für ihre Macher oder Auftraggeber sind, einseitig serviert, lassen jede echte Sprache ersticken und machen jede soziale Bezugnahme zu einer kontrollierten, betrügerischen, irrealen. Doch ohne offene Sprache und damit soziale Bezugnahme ist eine Änderung nicht möglich.

Die Abstraktion der Steuerung der modernen Gesellschaft und deren Verselbständigung macht, trotz ihrer vollkommenen Machtgetränktheit, alle zum Teil des Problems, auch alle anscheinend gleichermaßen zu Opfern und Tätern. Sie macht Machtstrukturen und -mechanismen unsichtbar und lässt diese ungreifbar sein. Sie verdunkelt das zentrale Problem der Macht.

Der Überfluss der reichen Länder wird zum Mangel und macht ohnmächtig, lässt den Mensch auf andere Weise ersticken oder verhungern. Die Komplexität des Sozialen ist mit einzelnen Maßnahmen nicht zu fassen und wird von ihnen verfehlt, während andererseits das Ganze nicht zu fassen ist. Zusammengenommen offenbart sich ein riesiges Machtproblem anscheinend ohne Mächtige, eine objektive Gewalt, gegen die kein Mittel vorhanden ist. Jeder Griff ist wie ein Griff ins Leere und legt Ausweglosigkeit nahe, wie bei einer tödlichen Krankheit. Es scheint eine Unmöglichkeit, noch etwas zu tun, jede Tat und Handlung eine Problemverschärfung, das Innehalten wird erzwungen. Die entstehende Angst zu einem Mittel der Aufklärung zu machen, darin könnte die erste Aufgabe liegen.

Die zu beobachtenden Merkmale der Veränderungen und der Erfahrungen von Mensch und Gesellschaft mit deren Veränderung sind gravierend. Zuvorderst fallen der (soziale) Realitätsverlust auf, der Verlust an Wahrheit und Wahrhaftigkeit und die Handlungsunfähigkeit gegenüber dem sozialen Leiden. Dahinter zeigt sich trotz formeller Demokratie eine ungekannte Unfreiheit und Gefangenschaft der Einzelnen, ob im Alleinsein und in der Beziehungslosigkeit; ob in der Geldlosigkeit; ob in der Abhängigkeit von Bünden, die in der Hand der ersten Führer liegen oder in denen alle(s) miteinander verschmolzen ist; ob in der Intransparenz gesellschaftlicher Vorgänge oder im organisierten Betrug; ob in der gleichgeschalteten Massengesellschaft oder durch eine „Sachzwang"-orientierte oder neupersonale Autoritätsgläubigkeit. Sie zeigt sich aber auch im allgemeinen Abhängigkeitsverhältnis voneinander, wo das übermächtige Geld sich und damit das Politische in der Ökonomie setzt, alle im Guten wie Schlechten miteinander verschweißt und nur die wechselseitige Schuldzuweisung je nach Lage und Gelegenheit bleibt. Mal sind es unrasierte Erwerbslose oder Mallorca-Rentner, mal Manager, Heuschrecken oder Banker. Gut und böse können täglich wechseln, heute von dem morgen von jenem angeklagt. Sie zeigt sich in der Vergesellschaftung des Individuums in der Form seiner nichtigen Gleichmacherei. Es wird die nun vollständige Externalisierung des Sozialen statt seiner Integration sichtbar, umso mehr, je mehr im Hintergrund auch noch die bisherige Kompensation des Sozialen durch die kostenlose Arbeit der Frau und den strukturell unterbemittelten Sozialstaat entfällt. Wo das Politische privatisiert und das Private politisiert ist, verschwindet der Mensch.

So fallen soziale und politische und ökonomische Fragen ineins und sie sind zugleich wieder zu einer existentiellen Frage geworden. Diese konfrontieren uns mit der Selbstbezüglichkeit des Menschen in seiner Einsamkeit und Schutzlosigkeit wie in der Monsterhaftigkeit des modernen Individuums. Der Mensch wird erneut in alle existentiellen Risiken entlassen. Die Zeichen der Zeit stehen auf sozialem Krieg und einer Archaisierung der Lebensverhältnisse, die den modernen allgemeinen Horror und Terror ausmachen. Es ist eine (Art der) Selbstabschaffung des Menschen, des Menschseins und der Humanität, der alltägliche soziale Tod oder die moderne Art, Menschen beiseite zu schaffen, nicht mehr mit der Waffe, sondern mit dem Geld. Es ist eine Gefangennahme, die selbstgemacht und selbstverordnet ist, die, wenn sie nicht fristverlängernd fortdauert, nur in einer Implosion enden kann. Es liegt ein leises schweres Grauen über uns – aus der Geschichte und der Gegenwart, die die Vergangenheit, denkt man an die Metzeleien in Ruanda oder andere Grauen in der Welt von heute, anscheinend manchmal noch zu übertreffen trachtet.

So zwingt sich das Existentielle wieder in die Politik als kollektivem Handlungsakt und zwingt diese zu neuer Ernsthaftigkeit: sie muss die Autoaggression der Menschen und Gesellschaft überwinden. Die Grenze, an der sich nicht mehr wie bislang weitermachen lässt, liegt nur noch in der Logik Geld selbst und mit der Wirtschaftskrise scheint sie erreicht. Der Schwindel kracht zusammen, das Krachen wird noch anhalten.

Das Umwälzende und Herausfordernde der Veränderungen in der Welt liegt nicht nur darin, dass es keinen Weg zurück mehr gibt, sondern dass kein bisher im 19. und 20. Jahrhundert im großen Stil gedachtes politisches Modell für eine solche Lage gedacht wurde. Menschliches Lernen, menschliche Tugenden und Handlungen sind auf neue Weise herausgefordert. Nach einer globalen Zeitenwende soziale Emanzipation und politisches Vermögen noch einmal von vorn und anders entwerfen zu können, das wäre erleichternd.

3   Was bleibt von der Arbeit?

Wenn Arbeit sich mit so vielen gesellschaftlichen Auswirkungen so sehr verändert hat, was bleibt danach von ihr? Bleibt sie Grundlage der Existenz? Welche Arbeit? Welche Arbeit von wem für wen? Zur Klärung dessen sei die Lage und das Bild der Arbeit in der Gegenwart vor Augen geführt.

Lässt man Randerscheinungen außer Betracht, wie etwa jene Menschen, die von existenzsichernder Arbeit und Erwerbstätigkeit jeder Art freigestellt sind, weil sie auf eigene Vermögenswerte zurückgreifen können, oder jene, die sich mit dem durchschlagen, was die Gelegenheit bietet, lassen sich gegenwärtig drei Erscheinungsweisen von „Arbeit" ausmachen.

Zunächst gibt es die verbliebene Gruppe der am ehesten traditionell assoziierten *„Berufstätigen"*, die direkt Geld – (guten) Lohn oder (gutes) Einkommen – für ihre Arbeitstätigkeit beziehen. Betrachtet man sie in einer hierarchischen Reihenfolge nach ihrer gegenwärtigen Bedeutung, stünde an ihrer Spitze eine Elite, die sich aus den reichsten Stars, den reichsten Männern (die wenigen Frauen dabei stets an zweiter Stelle) der Wirtschaft, den Spitzen der Großkonzerne und Banken, die ihrerseits auch zu Stars geworden sind, zusammensetzt. Ihnen obliegt die mentale Führungsrolle, sie sind Träger der Ideologien der Gegenwart, die sie zu verkörpern und zu verlebendigen haben. In hoher Kunst der Selbstvermarktung, Darstellung und Verführung obliegt es ihnen, die gewünschten Images für ihre „Sache", ihre Interessen, ihre Waren quasi durch Übertragung ihrer Imagination auf ihre Konsumenten abzugeben, angeleitet dabei durch die Heerscharen der Produzenten solcher Aufführungen. Ihnen folgten – in der Gegenwart in dienender Funktion zur Wirtschaft – die Spitzen der Politik. Sie ähneln unabhängig von den Staatsformen ihrer Länder den Fürsten und Königen von einst, nur sind sie etwas poppiger vom Typ. Ihre Aufgabe liegt in der Vermittlung des Wollens der Eliten gegenüber dem Volk. Sie müssen dazu dem Bauch des Volkes etwas näher sein als die modernen Aristokraten. Beide können ein sehr wechselhaftes Schicksal haben. Sie wirken in einer sich selbst und sich wechselseitig steigernden Weise und noch ihre Ex-Funktionäre können bei Geschick als Weltenretter sowohl ihren Reichtum als auch ihre Macht steigern.

An dieses zusammengehörige Segment schließt sich ein riesiger Dienstleistungssektor an, der seinerseits eine dienende Rolle gegenüber der Spitze einnimmt und von ihr materiell und politisch, mental und ideologisch jeweils mehr oder weniger abhängig ist. Er setzt sich aus Finanzindustrie, Bildungssystem, Gesundheitsbranche, Beratungswesen, Wissenschaft, Medien, Kultur, Politik und Staat ab der zweiten Reihe zusammen. Seine Aufgabe ist Verbreitung, Vertrieb, Ausdifferenzierung, Reparatur, Pflege des Gutes der Elite. Die Branche ist groß und wuchernd mit und für viel Geld, nicht nur im privaten, sondern auch im öffentlichen Feld.

Es schließen sich kleinere, weniger mächtige, aber effizientere und produktivere Bereiche an – wie der industrielle (Facharbeiter-)Sektor, die Landwirtschaft, der Mittelstand der Selbständigen, kleine und mittlere Unternehmen, Kleinarbeiter der unterschiedlichsten Art. Diese Bereiche schrumpften zuletzt, sie sind, wenn auch gefährdet, noch verwurzelt in den reellen Dingen des Lebens, ihr Tätigkeiten sind oft auf Erhalt bzw. Wiederherstellung des eben Verbrauchten gerichtet. Sie stehen selten in Konkurrenz zu den Eliten, ergänzen sie jedoch teilweise oder treten Neuerungen an sie ab.

Schließlich gibt es eine kleine Gruppe – die in manchen Großstädten jedoch bereits erhebliche Prozente erreicht haben – frei produktiv und kreativ tätiger Menschen in prekären und manchmal äußerst prekären materiellen Verhältnissen. Zu dieser Gruppe sind auch jene Forscher und Wissenschaftler zu zählen, die materiell deutlich besser gestellt in den Nischen der Universitäten oder in privaten Forschungseinrichtungen Freiheit für ihre Tätigkeit genießen.

Je weiter oben in dieser Hierarchie, desto irrealer und aufgeblähter scheinen diese Tätigkeiten, je weiter unten noch desto produktiver, aber auch sparsamer und bedrohter. Es sind nicht mehr die Heerscharen qualifizierter Lohnabhängiger unter der Führung ihrer Unternehmen oder die Beschäftigten des öffentlichen Dienstes unter Verantwortung des Staates, die das Bild prägen, ohne dass diese deshalb gänzlich verschwunden wären, auch wenn diese noch immer zahlreich sind. Es ist zusammengenommen, trotz der Fragilitäten, die es auch hier gibt, eine männlich dominierte Oberschicht der Gesellschaft, deren Produktivität relativ stark verloren hat und die weithin schon von der Substanz lebt.

Es fallen ferner die vielen *neuen meist kleinen Formen* der Arbeit auf. Arbeit ist sowohl befristeter als auch länger oder kürzer als auch wechselnder und variabler und komplexer. Es gibt viele neue Formen überhaupt, wie geringfügige Arbeit, Mini-Jobs, Mehrfachjobs, Ich-AGs, Teilzeitarbeit, insbesondere Teilzeitarbeit von Frauen mit der Extrazulage der „weiblichen" Sozialarbeit, häusliche Zusatzarbeit der Pflege Alter, kleine heimische Landwirtschaft, Zusatzverdienste verschiedener Art, Schwarzarbeit, Selbstarbeit, Kurzarbeit, Zeitarbeit, Ehrenamtsarbeit, Jugend-Job-Praktikum-Einstieg-Arbeit, lukrative Nach-Rente-Arbeit der oberen Hierarchien oder weniger lukrativ Gelegenheitsarbeit weniger begüterter Rentner.

Diese veränderten Formen der Arbeit sind Ausweitung und Eingrenzung von Arbeit zugleich, die die Arbeitenden sehr unterschiedlich betreffen und sich entlang einer sozialen Hierarchie bewegen. Hierbei bestimmt meist nicht Werdegang oder Qualifikation oder Leistung oder der Gehalt der Tätigkeit o.ä. eine Rolle, sondern einerseits die jeweilige sofortige Verwertbarkeit der Arbeit auf dem Geldmarkt und andererseits die zwingende Notwendigkeit, Geld für die eigene Existenz zu verdienen. Diese neuen kleinen variablen Formen von Arbeit können auch als neue Form dauerhafter individualisierter niedrig dotierter Kurzarbeit auf Abruf angesehen werden. Ihr Umfang hat erheblich zugenommen. Die wachsende Erwerbstätigkeit der Frauen ist weitestgehend in diesem Bereich angesiedelt. Der Bereich repräsentiert, wirft man einen neuen Blick auf ihn, mittlerweile eine weiblich dominierte unstete mittlere Schicht der Gesellschaft, die

heute die repetitive, wenig produktive, schlecht bezahlte „Hausarbeit" der Gesellschaft verrichtet. Auch hier stellt sich kein Bild vertrauter lohnabhängiger Massen mehr ein.

Schließlich fallen Menschen *ohne Erwerbsbezug*, Nicht-Erwerbstätige, vermeintlich oder tatsächlich Nicht-Arbeitende und mehr noch Anders-Arbeitende
ins Gewicht. Sie erhalten für ihre Tätigkeiten kein Geld, weil diese nicht als Arbeit
verstanden oder anerkannt werden. Sie stehen in keinem Arbeit-Kapital-Verhält-
nis und verfügen über keine eigenständige materielle Existenzbasis bzw. soziale
Sicherung. Zum Teil sind sie auch nicht durch die existierenden Sozialsysteme mit
abhängigen Sozialrechten versehen. In ihrem Nicht-Erwerb finden ihre Tätigkeiten keine Beachtung, was nicht heißt, dass sie keine Arbeiten verrichten. Die Zahl
dieser Menschen wächst und macht schon mehr als die Hälfte der (Gesamt-)Be-
völkerung aus, deren Lebensniveau zeitgleich sinkt. Diese Nicht-Erwerbstätigen
sind aus dem alles entscheidenden unmittelbaren Geldzirkel ausgeschlossen. Sie
sind gesellschaftlich keine relevante Größe und haben keine Macht, es sei denn
gelegentlich in ihrer Rolle als Wählende, wenn sie denn zu Wahlen gehen, oder
als reine (Stimmungs-)Masse. Sie werden als Fürsorge- und Angstobjekt betrachtet, da man im Zweifel für sie aufkommen muss. Zwischen Abwertung und Miss-
trauen, zwischen Ermahnung und Tüchtigkeitstraining hin- und hergerissen, werden ihre Lebenslagen doch massiv aus dem Bewusstsein verdrängt, es sei denn
man kann zum eigenen Vorteil mit ihnen spielen.

Zu den tatsächlich Nicht-Arbeitenden gehören die meisten Kinder und viele
alte Menschen, die ausschließlich von abgeleiteten Revenuen leben. Doch schon
jene, die die Sozialsysteme wie Hartz IV beanspruchen, sind nicht untätig. Sie
müssen allein zur Aufrechterhaltung ihres Status als Sozialleistungsempfän-
ger tätig sein, sich möglichst verbessern und weiterbilden. Sie haben mindestens
Selbstarbeit zu leisten, die in der modernen Gesellschaft, allemal bei geringen finanziellen Ressourcen aufwendig geworden ist, sei es in der Alltagsorga-
nisation, der Gesundheitsvorsorge oder in der sich nicht über den Erwerb oder
Organisationszugehörigkeiten einstellenden sozialen Netz-Arbeit. Oft verrichten sie Subsistenzarbeiten auch für ihre soziale Umgebung. Überhaupt sind viele
dieser Menschen mit einer Vielfalt neuer Sorgearbeiten für sich oder andere beschäftigt.

Bei diesen Nicht-Erwerbstätigen sind die Arbeitenden in der traditionellen
Haus- und Familienarbeit noch nicht berücksichtigt. Es sind unverändert überwiegend Frauen, die diese Arbeit am Mensch verrichten, sei es bei Kindern, Kranken, Alten, bei Partnern und anderen Nahestehenden. Die langsam etwas an-
wachsende Zahl aktiver Väter hat an der geschlechtlichen Arbeitsteilung noch
nichts Wesentliches geändert. Es sind nicht nur zum Teil sehr aufwendige und an-
spruchsvolle Arbeiten, deren Umfang und Bedeutung noch gewachsen ist, son-

dern ihnen kommt eine zunehmend wichtige gesellschaftliche Rolle zu. Sie sind zu einer wesentlichen Ressource der bezahlten Arbeitsmärkte geworden.

Diese Existenzsorgenden ohne Erwerbsbezug können in neuer Betrachtungsweise auch als breite untere Schicht der Gesellschaft betrachtet werden. Sowohl Kinder wie Alte bilden dabei für sich eigenständige Größen, die mit sich hinreichend zu tun haben und längst für die Gesellschaft zu je eigenen sozialen Herausforderungen geworden sind. Zusammen bilden diese Menschen ohne Erwerbsbezug eine Mehrheit als Gruppe. Es ist eine Gruppe, die das Leben der Gesellschaft aufrecht erhält.

Eingerahmt wird dieses soziale Gefüge von den nach außerhalb ausgewanderten Superreichen und den nach unterhalb abgeschobenen Überflüssigen.

Charakteristika der Arbeit werden erkennbar. In der Summe betrachtet fällt zuvorderst die Auflösung des Arbeitsbegriffs zwischen Arbeit und Nicht-Arbeit, zwischen Erwerb und Beruf ins Auge. Da beinahe jede Tätigkeit direkt oder indirekt an Gelderwerb gebunden ist – es sei denn mit Ausnahme der Kinder und Alten, von denen jedoch von klein auf Leistung für spätere Chancen bzw. Leistung für Gesundheit gefordert ist – wird in der Tendenz alles Arbeit für Geld. Und doch bleibt Arbeit ungreifbar – wenig scheint wirklich Arbeit im Sinne einer ernst- und sinnhaften, produktiven Arbeit, die zugleich Existenz sichert. Insgesamt handelt es sich zugleich um eine Abstiegs- und Schwindbewegung von Arbeit, wobei Arbeit paradoxerweise gleichwohl nie zu enden scheint und den Menschen aufzufressen droht. Es schwindet die Erwerbsarbeit, sie wird ferner mehr und mehr unbeständig, der Nichterwerb quillt auf und rutscht doch weg, die Übergänge im Ganzen sind fließend. Für eine Mehrheit wird (Erwerbs-)Arbeit per se unsicher, rar und brüchig. Sie ist anscheinend nicht mehr Fron, Pflicht, Regel, Selbstverwirklichung, Recht, Existenzsicherung, freie Berufswahl o. a., sondern ein Mangel im Überfluss an materiellem Konsum und anderer nicht bezahlter Arbeit oder mörderisches Privileg. Zu einem Privileg ist der *Zugang* zu ihr *als solcher* überhaupt geworden, eingegrenzt grob gesagt auf ein Alter von 30–50 Jahren, einer Zeitspanne, die ein Viertel oder ein Fünftel der Lebenszeit des modernen Menschen ausmacht, und eine bestimmte obere Schicht, ein Drittel bis maximal eine Hälfte der Gesellschaft betreffend. Es ist ein Privileg, das in dem Moment, in dem man es erobert hat, sich schnell zu einer Last oder einer (Selbst-)Auspressung wenden kann – die einzig erreichbare Position von Festigkeit. Arbeit ist im Übrigen zu einer höchst wechselhaften Erscheinung geworden – nicht festgelegt in Sozialposition, in Umfang, in fachspezifischer Qualifikation, nicht als (Lebens-)Beruf, sondern jederzeit multibel und ständig umkämpft, im Zweifel so ausufernd wie fragil. Familien und soziale Beziehungen sind zu verlängerten unbezahlten Arbeitsstätten geworden, sei es als Produktionsort direkten Sozialkapitals, sei es als Sozial-Tankstellen. Die Trennung zwischen Privatleben und Berufsleben bzw.

Öffentlichkeit ist aufgehoben, Familien sind Notunterkünfte oder Reichtum, die Übergänge fließend. Dabei haben sich neue soziale Mehrheiten und Minderheiten herausgebildet und diese sind in neuer Weise durchmischt. Die Norm der Erwerbsarbeit ist noch Norm, aber sie repräsentiert keine soziale Mehrheit mehr, sondern eine obere Gesellschaftsschicht. Die Minderheiten sind Mehrheit geworden – die von einer Minderheit indirekt abhängig sind. Die größere Mehrheit befindet sich längst außerhalb des traditionellen, aber unverändert vorherrschenden Systems der Arbeit und Sozialsicherung. Die sozial wirklich Bedürftigen sind heimatlos, da niemand auf sie angewiesen ist. Existenzarbeit findet in äußerster Knappheit oder gar nicht mehr statt, während öffentliche Leistungen weder im erforderlichen Ausmaß noch in entsprechender Qualität vorhanden sind. Dagegen hat nicht nur die Aufwendigkeit modernen Lebens, sondern ebenso die umfangreiche Privatisierung von ehemals erwerbstätiger Arbeit die Selbstarbeit, die der Einzelne nun aus eigener Ressource zu erbringen hat, außerordentlich anwachsen und Freizeit auffressen lassen. Verwaltung, Entwicklung, Bildung des eigenen Lebens, seine Einbettung in und sein Rückbezug zu „(Teil-)Systemen" ist zu einem eigenen Geschäft geworden, ohne dabei durch lebendiges Leben zu entschädigen. Lediglich einer Handvoll „Freier" bzw. „Künstler" arbeiten produktiv-kreativ, aber draußen und außerhalb der Geldzirkulation, der miteinander verwobenen Erwerbs-, Nicht-Erwerbsarbeit und Anders-Arbeit. Sie verrichten ihr Werk in den Nischen der Gesellschaft und versuchen an diese anzudocken oder sie gehen früher oder später unter.

So wird deutlich, wie sehr sich der Gesamtarbeitskörper der Gesellschaft und seine Produktivität verändert hat – die Quelle des Wachstums von Entwicklung versiegt. Die Einsparung an Mensch zugunsten der Technik ist kontraproduktiv geworden, die Ressource Mensch verliert an innerer Kraft und Fähigkeit, die Unproduktivität der Arbeit wächst, während der Aufwand des Menschen für sich selbst in jeder Hinsicht ausufert. Die eigentliche Entwicklung des Mensch und seiner höchsteigenen produktiven Kräfte wird verfehlt.

Führungsarbeit besteht nicht in Fähigkeit und Führung, sondern in Image und Verführung. Sie braucht einen gigantischen dienenden Hofstaat um sich – Netzarbeit, Bürokratie, logistische und mentale Steuerung, Kommunikation, Werbung, Befragung, Beratung, Berieselung, Populärkultur und Finanzgeschäfte. Die konkrete Arbeit – ob Kopf-, Hand- oder Maschinenarbeit – schwindet zu einem (Geheim-)Zirkelwesen. Große Massen bleiben im Kern unbeschäftigt und müssen in Betrieb gehalten werden.

Ein kleiner harter Kern – mal versteckte und beschnittene Kopfarbeit, mal ausgestellte, ausschweifende Repräsentationsarbeit – trocknet aus. Um ihn gibt es eine gefräßige Menge, die von zu viel Gewicht fahl wird und auf frisch gefärbt oder künstlich verschlankt werden muss, aber weiter vom Kern profitieren will.

Unterhalb findet Leben pur als bloße Existenz und Einsatz von bloßer Existenz zum Erhalt derselben statt.

Es gibt keine große Arbeiterklasse, kein „revolutionäres" oder auch nur kollektiv mächtiges Subjekt mehr, auf das die Linke setzt(e), auch nicht als Masse von Vielfalt. Doch es gibt eine als allgemeines Vorbild gesetzte und genommene schwergewichtige herrschende Celebrity-Elite-Schicht, die Könige (und Königinnen im Minderfall) der Luft und des Tages – und trotzdem der einzig flüchtige Fixpunkt. Als aufgeklärte Kraft kann nur der kleine harte Kern der Kopfarbeiter gelten, sofern sie die Unabhängigkeit des Denkens noch nicht aufgegeben haben. Sie stehen unter großem (Rechtfertigungs-)Druck, haben sie nicht gerade den Nobelpreis zu angehefteten Ehren ihrer Gesellschaftseliten erhalten. Umstellt sind sie von einer tief verunsicherten, verängstigten und hilflosen, deshalb leicht um ihre Positionen fürchtenden, hungrigen, je nachdem affirmativen oder ressentimentbehafteten Mitte, gemeinsam heruntergezogen von einer tatsächlichen beträchtlichen Unterschicht. Letzterer ist nicht zu helfen mit einer Abschiebung per Geldzuweisung, sondern nur mit Entwicklungsperspektiven für neue Arbeit.

Dieser neue Gesamtarbeitskörper ist ständig in Bewegung, in einem inneren „Kampf", ein Dampfkessel, angetrieben von den Einzelnen auf Basis einer Einzelinteressensstruktur, sodass sich auch kein gemeinsames Ganzes herausbilden kann, nicht aus sich selbst heraus und nicht einmal auf einer neuen Basis eben für die und das Einzelne, wie es nötig wäre. Dieses Modell der Arbeit ist ein ver- und ausgehendes, ein systemisch sich entleerendes, sprengendes und entladendes, das sich selbst ad absurdum führt und sozial auflöst.

Aus einem festem Haus mit klaren Zimmer, in denen normierte, qualifizierte Tätigkeiten mit entsprechenden Aufenthalts- und Begehungsregeln verrichtet wurden, in dem Über- und Unterordnung herrschte, dafür sozialer Ausgleich gezahlt wurde, der in der allgemeinen Abbruchs- und Abstiegsbewegung beschnitten wurde, sind die Bewohner des Hauses in einer sozialen Anarchie, wenn nicht in einem sozialen Krieg der Einzelnen um Arbeit, auf der mehr oder weniger freier Wildbahn entlassen, wo sie auf alle stoßen, die noch nie Bewohner des Hauses sein durften oder konnten. Ohne neues Selbstverständnis erleben sie sich wechselweise als völlig ausgeliefert oder sich mit aller Gewalt selbst ganz setzend, ausgestattet nur mit der Option, entweder Täter oder Opfer zu sein. Sie sehen sich vor komplexe und doch diffuse Tätigkeiten und Seinsweisen ohne Boden und Rahmen, ohne tragfähige Netze, Beziehungen und Zusammenhänge gestellt und finden sich im „Äther" wieder, nach allen Seiten und rundum ins Nirwana auslaufend, „oben" dabei vermeintlich „autonom" und exterritorial entschwebend, „unten" von der Erdanziehungskraft unter die Erde gezogen. Der Globus hat sich anscheinend in einen aggressiv wütenden Vulkan verwandelt und spült sich aus nach innen und außen. Die Menschheit produziert sich soziale Unsicherheit, Angst und Unproduktivität. Der Weltzustand an sich scheint bedrohlich und Auswege scheinen nicht in Sicht. Dieser Zustand ruft, so ist zu befürchten, geradezu nach Sündenböcken und Gewalt.

Es schiebt sich *allgemein* Neues über das Alte. Die gesellschaftlichen Bilder sind veraltet. Die Veränderung ist nicht von oben einzufangen. Der selbstzerstörerische Prozess kann nur von unten her gestoppt werden, um im gleichen Moment eine Alternative aufzubauen. Die schon gebildeten freischwebenden Netzwerke können ein Auffangbecken sein, welches aber einen Halt finden muss. Dieser liegt zuvorderst in neuen gesellschaftlichen Denkweisen und neuen sozialen Kontexten. Sie müssen sinnstiftend sein, Boden, Außengrenzen, Kontinuen komplexer und vielfältiger Art haben und umreißen so völlig andere Prioritäten als gewohnt. *Die soziale Frage ist nicht mehr als geteilte zu lösen.*

Die neue soziale Frage ist so im Engeren und Weiteren eine Frage nach neuer Arbeit, die für jede/n in sich und insgesamt eine andere sinn- und wertvolle und existenzsichernde werden muss. Zuallererst braucht Arbeit Ziel und Inhalt und Sinn im Ganzen, eine große Befreiung und Freisetzung von neuer Produktivität.

4 Vergesellschaftung und Externalisierung, allgemeine Ausbeutung und allgemeine Herrschaft

Die moderne Gesellschaft hat ein neues Maß an Vergesellschaftung des Menschen erreicht, das mit Individualisierung, Demokratie und Markt – und schließlich dem Versagen von Konkurrenz als echten Wettbewerb – den herkömmlichen Unterschied zwischen Privatem und Öffentlichem auflöst und kein Außen mehr zulässt. Vergesellschaftung ist „total" geworden, was nicht nur für den Einzelnen, sondern auch für Teile des Ganzen gilt, wie es für die Wirtschaft oder den Staat zutrifft und von diesen selbst betrieben worden ist. Die Gesellschaft, so wie sie machtpolitisch organisiert ist, aber schaltet aus und räumt aus dem Weg, weil sie in Archaisierung, sozialem Krieg und Beziehungslosigkeit verfasst ist bzw. sich in diese Verfassung gebracht hat. Es ist ein Gegensatz, der existentiell ist und mitten drinnen im Ganzen haust. Das Ergebnis – vom unsichtbaren Geist, der Logik und Struktur des Geldhandels ausgehend – ist eine Macht, die physische Gewalt schon ausgeschlossen hat, weil sie viel mächtiger ist als diese. Sie ist sowohl Sublimierung wie Subtilisierung von Gewalt von ungekanntem Ausmaß. Von ihr aus wirkt der Zwang zur Selbstveränderung zum „neuen Menschen", der in allen Lebenslagen Unternehmer in eigener Sache zu sein hat, der Zwang, nach dem eigenen, naturgemäß immer egoistischen Profit zu handeln. Dieser Zwang ist nicht nur unmenschlich, er ist menschenunmöglich, selbstmörderisch und mörderisch, weil andere auszustechen sind, bis man selbst ausgestochen wird. Er macht alle zu

Verlierern, Versagern, „Unmenschen" – bei allergrößtem Aufwand – und zu Beherrschbaren einer unendlichen Logik des Geldes bei tatsächlicher Begrenzung alles Irdischen. Er verwirft alle Kultur, macht den sozialen Krieg allgemein und wird zur Autoaggression als Seuche. Er folgt – im Namen eines sowohl determinierten als auch perfekt gemachten Menschen – einer Menschenvernichtungslogik, die etwas ganz anderes ist als die Akzeptanz des Todes, der am Ende des Lebens steht. Die Kapitalisierung des Menschen ist der Tod des lebendigen Menschen und seine Abschaffung. Sie ist keineswegs Folge nur der Ökonomisierung und Globalisierung der Gesellschaften, sondern vor allem Folge einer Politik, die der Logik des Geldes folgt und vom je Stärksten aus gestaltet wird. So unschuldig sie sich gibt, produziert sie das unsoziale – und darin immer politische – Verhalten aller geradezu. Sie produziert den Terror und Horror der Umwandlung der Gesellschaft selbst. Im Zusammenfall von Geld und Politik liegt das von Menschen Betriebene und das Objektive des Vorgangs, das ebenfalls zusammenfällt (im doppelten Sinn des Wortes) und dem die Menschen sich zu ergeben scheinen.

Die im bloßen Geldbezug liegende Externalisierung des Menschen und der Menschlichkeit aus Gesellschaft, Arbeit, Kultur, Zusammenleben und sozialen Beziehungen, die mit der Verlagerung der sozialen Probleme ins Innere des Menschen in einen so aussichtslosen wie (selbst)zerstörerischen Kampf führt, steht für eine existentielle Krise der Gesellschaft. Sie steht für einen fundamentalen Wandel und eine Veränderung von Mensch, Menschenbild und Gesellschaft. Der Mensch wandelt sich und entwickelt sich und die Welt dabei für neue Zeit. Der Ausgang bleibt offen. Der Mensch hat sich abhängig gemacht von Systemen, die für ihn nicht mehr kontrollierbar, zugleich aber hoch störanfällig geworden sind. Er ist beherrscht von der Angst, dass sie nicht mehr funktionieren. Er muss sich auf seine eigenen Kräfte besinnen, will er nicht untergehen. Das gewichtige und globale Problem der Gegenwart liegt nicht in den sogenannten materiellen oder sozial(politisch)en Verteilungsfragen. Diese sind weithin lösbar. Das Problem liegt darin, dass der Erfolg gemessen in größenwahnsinnigen Anhäufung des Geldes in unendlicher Zahl, letzten Endes auf Täuschung, Betrug und Diebstahl basierend, an die Stelle grundlegender Menschenrechte, an die Stelle der Anerkennung für Werke, für konstruktives Wirken und produktives Arbeiten, der Entgeltung für wahre Leistung und an die Stelle der Achtung für das Leben gesetzt wurde. Ein so gebautes System von Gesellschaft funktioniert nicht in Identität und Übereinstimmung, sondern über nur im Bruch der Beteiligten mit sich selbst. Das „Böse" dieses Systems liegt in der Unberührbarkeit von jeder Empfindung des Menschen für sich und andere. Der Mensch ist nie bei sich, immer im Bruch zu sich selbst und damit zu anderen. Das Defizit ist sein Movens geworden, die unentwegte Peitsche hinter sich. Der Mensch selbst wird zum Fehler, er ist der Fehler geworden, das ganze Defizit. Er trägt den existentiellen Kampf gegen sich selbst und seine eigene Existenz aus. Beim Materialismus pur bleibt der Mensch außen vor. Gegen diesen Materialismus antreten zu wollen, ist ein aussichtsloser Kampf, der der Natur der Sache nach nicht zu gewinnen ist.

Die soziale Umwandlung der Gesellschaft führt den Mensch in ein direktes Verhältnis zum Geld, in unvermittelte Konfrontation mit der harten Faktizität des Geldes und seiner absoluten Dominanz, mit der es sich als Maßstab vor allem, nein, sich selbst als höchsten Wert losgelöst von allem gesetzt hat. Das Geld hat seine Mittelsfunktion verloren, alle Vermittlungen und Zwischenglieder zwischen Menschen, zwischen Mensch und Gesellschaft und Welt, über jedes Dritte überhaupt, sind gekappt. Das Geld erlaubt Beziehungen nur über sich unter sich. Seine scharf-glatt-glänzende Gewalt hat etwas zutiefst Irritierendes, nicht nur weil sein Ausgangspunkt immer nur die Wirklichkeit und die menschliche Wertsetzung in ihr ist und sei diese noch so enteignet. Hier steht kein Gegensatz zwischen Kapital und Arbeit mehr im Vordergrund, wo die Arbeit mit ihrer Entwertung schon längst von der Bildfläche entschwunden ist. Hier steht die Geldgesellschaft in Gegensatz zum Mensch. Hier hat mit der Herrschaft des Geldes die Entmachtung des Menschen überhaupt stattgefunden. Das Geld selbst provoziert die Entscheidung zwischen Untergang und Selbstbehauptung des Menschen als Mensch. Angesichts des offenkundigen Mehr an Fähigkeiten des Menschen gegenüber dem Geld ist es eine eigentlich unglaubliche Entscheidungsnotwendigkeit, hätte der Mensch das Geld nicht zu einem den Menschen jagenden Phantom gemacht. Das zu erkennen – damit auch sich selbst – und diese Erkenntnis wirken lassen, danach hungern die Menschen in den reichen Ländern am meisten. Es liegt am Menschen, seine Werte bei Bedarf auch anders zu setzen.

Mit der sozialen Umwandlung stellt sich eine und wird eine von Macht verstellte Ordnung hergestellt, die die Freiheit, Selbstbestimmung und Demokratie verkehrt, und schließlich die politische Ordnung der Bundesrepublik aushöhlt. Wo nichts Neues hergestellt wird, bleiben nur die alten, doch sich entleerenden Mächte, Machtstrukturen und -mechanismen, Macht pur, um sich unentwegt zu potenzieren – noch die kleinsten Dosen in Multiplikationen steigernd mit dem Hang zum Totalen. Aus diesem Mechanismus erklärt sich auch der Konservatismus der Gesellschaft, der sich ständig selbst fördert. Der Mechanismus reicht noch weiter. Es wird mehr und mehr ein Ordnungssystem, das von schwindenden Sicherheiten gezeichnet ist, das Gier nach der eins gewordenen Geld-Macht-Sicherheit nahelegt, wenn nicht erzwingt. Die Folge liegt in allgemeiner Ausbeutung und allgemeiner Herrschaft. Diese wandelt sich in ihrer Paradoxie zu einer wechselseitigen Abhängigkeit durch Penetration und Selbstkolonisierung. In Ergebnis dieses Umwandlungsprozesses von einer Ordnung in eine andere werden neue Sklaven hergestellt, aller Orten und selbstgemacht. Elementare Grundrechte – wie etwa ein Recht auf Arbeit, freie Berufswahl, Sozialvertragsansprüche,

Informationsfreiheit u. a. – existieren praktisch zunehmend weniger, werden gar zu Gnadenakten. Die Herren sind die Abstraktionen in den Händen der Definitionsmacht der jeweiligen Sieger, an denen sich Gesellschaft orientiert und die das Denken umfassen, dem sich die Gesellschaft ausgeliefert hat. So wird der moderne Mensch ein Sklave neuer Art, ob als ausgeliefert Überflüssiger oder ausgeliefert Schaffender, während die Welt in Geld ertrinkt (oder seit dem Börsencrash 2008 ertränkt worden ist.)

Die Abstraktionen sind die „Herren" und sie sind zugleich auch das Kollektive, von allen Gemachte, Allgemeingewordene. Sie sind auf ihre Weise schlimmer, gefährlicher, gewaltiger als jede konkrete Herrschaft, weil sie allgemeiner, ferner, undurchschaubarer sind und man sich ihnen schwerer widersetzen kann. Diese Abstraktionen liegen in Geld, Technik, Systemen. An ihrer Spitze steht die ethisch ideologische Konklusion, die Setzung des Geldes als Wert an sich und den dazugehörigen Leitbildern, die sich im Gewinnen und Siegen sammeln. Auf den Gipfel getrieben werden sie durch die ewig teilende und selektierende Politik der Macht, ohne darin die Sozialität ihrer Macher und Macherinnen vorzusehen. Machtfixiertheit, eine Ideenwelt ohne Störung, Barrieren und Kritik, ist die letzte Ursache für den Wechsel in eine Totale, die uns überkommt, und verantwortlich für den Systemwechsel mitten innerhalb des Systems. Die Wirkung liegt im Verlust der Humanität. Sie liegt in Sklaventum, Selbstzensur und Implosion. Doch der „Kapitalismus" ist nur eine Abstraktion allen Tausches und aller Tauschmittel, auf die Menschen angewiesen sind und aus denen ihre Entwicklung resultiert. Ohne die Mitte des Menschen gibt es einen Kapitalismus nicht. Ohne kreativen, produktiven Mensch gibt es gar kein Kapital, nicht einmal soziales. Der Mensch schafft sich seine Mittel zum Leben als Lebensmittel, Tauschmittel und Entwicklungsmittel für alles, was er oder sie braucht. Geld wäre als echtes freies Tauschmittel statt als Herrschaftsverhältnis instandzusetzen. Allgemeine Beteiligung an ihm ist die Lösung für den Kapitalismus selbst. Darin liegt die Bedeutung des Sozialen, Humanen, Kollektiven, der Gesellschaft, Geselligkeit, Gesellschaftlichkeit für die moderne Gesellschaft, das nun Eingang in die Abstraktionen zu finden hätte.

Die soziale Umwandlung wird zu einer fundamental politischen Umwandlung. „By the way" wird das Loch auf dem Grund der Gesellschaft gebohrt und leise zäh ausgeweitet, durch das die lebendig Überflüssigen unter die Erde gelangen. Eine in sich allgemein abhängige Gesellschaft, in der ihre Teile ihre Freiheit gegeneinander herauszerren wollen, schleudert sich selbst beschleunigend an ihren Extremitäten heraus und über sich hinaus oder unter sich hindurch, drückt unter die Erde und befördert in den Himmel, ohne jede Berührung untereinander. Wiederum sind es mitten drin Politik und Staat, die dies antreiben. Sie bestrafen die Armen, integrieren sozial bürokratisch über Zwang und Zurichtung, fordern die, die noch können, nehmen für oben, befördern und befeuern Reiche. Die Ungleichheit ist im Detail immer nur subtil gradueller Art, das Maß zeigt sich erst in den zerreißenden, entkoppelnden Extremen. Doch es gibt keine Klassengegner, heute ist es der und morgen sind es die. Der Mensch hat kein Fundament mehr in dieser Welt, er ist nicht mehr in ihr und seiner Gesellschaft verwurzelt. Sein Menschsein kann er nur im „Außerhalb" leben – und dieses ist anscheinend nicht nur verschwindend gering und klein, sondern irrelevant für die Welt.

Die grundlegenden Lebensbedingungen haben sich so prinzipiell für jede und jeden verändert. Die neuen Tendenzen und Probleme gelten zuletzt für *alle*, egal, über wieviel der traditionellen Besitztümer und Ver- und Absicherungen sie noch verfügen. Damit ist nicht schon gleich verschwunden, was sich Reiche oder wie auch immer gegenüber Mehrheiten Privilegierte an Gütern und Reserven zulegen konnten. Auch ist nicht der ganze Sozialstaat à la BRD schon aufgelöst. Dennoch haben sich *fundamentale* Veränderungen auch in den reichen Ländern vollzogen: *Überflüssige* haben ihren Einzug gehalten (jede/r kann dazu werden), *Vereinzelung* kennzeichnet die Allgemeinheit (als einzig Allgemeines), der *Bezugspunkt* der Gesellschaft ist *das Geld* und nicht der Mensch, die Gattung Mensch und die Arbeit. Der unausgesprochene oder ausgesprochene Gesellschaftsvertrag ist aufgekündigt. Die historisch mit der Moderne gewonnene Freiheit durch bessere Lebensverhältnisse und Lebensverlängerung ist auf neue Art gefährdet. Auf verkehrte Weise zeigen die Umwälzungen, wie sehr das Gesamtkapital bereits von der sozialen Frage durchdrungen ist. Nachdem sich die ökonomische Bedeutung der Globalisierung der Märkte unter der Bedingung der Politik der Macht in der Ökonomisierung aller sozialen Beziehungen offenbart, findet ihre politische Bedeutung nun Ausdruck in Anarchie und Penetration, in neuartiger *Abhängigkeit, Verwundbarkeit und Ohnmacht* von Mensch und Gesellschaft.

5   Existentielles – Heraustreten in die Freiheit

Die Krise unserer Zeit ist (zusammengefasst) keine Krise irgendeinen Teils der Gesellschaft und sie ist keine äußere Krise. Sie ist eine zutiefst innere Sozialkrise, eine Krise des Mensch und (unseren) Menschen- und Gesellschaftsverständnis. Wenn mit dieser *Krise etwas Existentielles* geschieht, so ist dies bedrohlich für die Menschen, aber über den Ausgang der Krise, gar ein böses Ende ist damit nicht schon entschieden. Doch die Krise offenbart etwas, das bislang nicht so offen zutage lag. Sie macht neue Erkenntnisse möglich. Wo der Mensch (sich) nichts wert ist, wollen Menschen für „Soziales" nicht nur nichts geben, erst recht nichts oder möglichst wenig in barer Münze bezahlen, sondern dort wird „Menschliches" als wertlos oder wie eine unausrottbare Naturtatsache behandelt und ist die Sozialkrise in Hausarbeit selbst eingemacht. Der Begriff „Sozialkapital", mit dem die

Wirtschaft den Mensch in seinen ganzen Möglichkeiten doch zuletzt zu entdecken schien, zeigt, wie das verwertbar Menschliche noch wieder neu vom „Rest" des Menschen abgetrennt und dieser Rest nach der Benutzung des Mensch separiert wird. Wo das Geld selbst (sich) der Maßstab ist, obwohl es selbst gar nichts ist, (es nicht mal mehr in Goldreserve, sondern bald nur noch als virtueller Wert existiert), wird alles zu Geld gemacht, verbraucht und vernichtet. Geld soll Existenz sichern und wird Gefangennahme und Gefangenschaft, die alles legitimiert. Sein Wert entspricht keinem realen Wert, geschweige denn, dass (neue) Werte geschaffen werden. Die Tatsache Geld ist das Werturteil an sich. Die Zukunft wird abgeschnitten. Alles wird falsch herum gemacht, es wird eine verkehrte Welt geschaffen. Es wird eine Existenzweise, die den Mensch ausgeschaltet hat. Der Mensch, der ihr folgt, schaltet sich aus. Werte jenseits des mächtigeren Alls können nur Menschen schaffen und deren Bewertung kann nur von ihnen aus erfolgen. Ein solches Geldgesellschaftsmodell funktioniert, solange es keine Alternative zu ihm gibt oder zu geben scheint bzw. solange die vermeintlichen Alternativen in demselben, nur eventuell gegenüberliegenden Muster verbleiben. Solange bewahrt das Geld und seine „Gestaltungsmacht" vor dem großen „Knall", wirkt es sedatierend wie ein einziges großes Psychopharmaka gegen den Wahn. Doch es ist keine Therapie, es macht abhängig und verschlimmert das Ausgangsproblem – solange es nicht zur vollständigen Implosion, d. h. zum Tod, kommt.

Trotzdem geht die Welt weiter. Es ist nur das dominante Modell, das allgewaltig geworden zu sein scheint, von dem man nicht weiß, wann es an seine Grenzen gestoßen sein wird. Darunter liegen die Risse und Brüche und Unterwelten. Leben entsteht (jeden Tag) neu. Es bleibt zu hoffen, dass es Menschen gibt, die mehr verändern wollen, als das Spiel neu zu beginnen. Das Problem liegt dabei „im Kopf" – in der Geschlossenheit des so eindimensional ans Geld gebundenen westlichen Lebensmodells, das mit der modernsten Moderne nun sich seinerseits blitzschnell und umfassend als rückständig erledigt. Rettung finge an mit Sehen, Hören und Spüren, Fühlen und Wahrnehmen, mit einem neuen Geist, einer Bewusstseinsveränderung, einem neuem Denken. Der Weg aus der Sackgasse beginnt in einer ganz elementaren Selbstbehauptung des Menschen und seinem *Heraustreten in die Freiheit.* Doch was ist es, das Menschen dazu bewegen könnte, könnte es doch nur ein absolut freiwilliger Akt sein? Was sollte so zwingend überzeugend sein, sich so bewegen zu lassen, ein solches Wagnis einzugehen und so viel zu verändern? Läge es in der Leere, dem großen Nichts, im völligen Abkoppeln von Inhalten als die westliche Art des Glaubensstreits, der Glaubenslosigkeit als Grund des sozialen Krieges? Läge es in der Aberkennung der Existenz des Menschen und der Menschlichkeit des anderen wie des Menschen überhaupt? Oder läge es im menschlichen Rest, der nicht abzukaufen oder zu verkaufen ist, weil er nur noch Elend und Schmerz ist? Ist Leiden der neue Anfang? Ist Anerkennung des Leidens

das, was Humanität ausmacht? Liegt hier die Grenze? Ist absolute Unerträglichkeit der Grund, etwas zu ändern? Gegen Leere und Nichts lässt sich nicht kämpfen. Sie wären nur zu füllen, wenn der Mensch sich aufrichtet. Mit der Abkoppelung von Gesellschaft und Mensch von Inhalt und Wert und Geist und Sozialem
und Herz, koppeln sich Mensch und Gesellschaft von Erkenntnis ab, koppeln sie
sich voneinander ab, von ihrer Zukunft und ihrem Nachwuchs – oder umgekehrt.
Ein Ausweg findet sich im fundamentalen Widerspruch gegen die Unmenschlichkeit unserer Zeit.

Die neue soziale Frage bewegt sich deshalb weg von den sogenannten Klassen-
fragen hin zur Frage nach dem Loch in der Gesellschaft, das allen ihren Mitglie-
dern als Falle droht, und hin zur Frage nach den neuen Mehrheiten der einzelnen
(bislang) Nicht-Normierten, zu denen mehr und mehr auch die alten normier-
ten Mehrheiten, die zur Minderheit wurden, werden. Diese beiden Seiten ein und
desselben Phänomens machen eine neue Lösung aufs Ganze – eine umfassende
Großlösung mit innerer Kleinlösung – nötig, einen Gesellschaftsvertrag anderer
Art und anderen Inhalts, nicht länger einen Kompromiss zwischen Klassen, sondern die Entlassung des Individuums in die Selbständigkeit auf Basis individueller Selbstbestimmung und Grundrechte und anderer kollektiver Rahmenbedingungen, anderer Kollektivität und andersartiger Gesellschaft überhaupt. Es ist
eine *Konstellation eines Neuanfangs*. Mit ihr hat auch jede Alternative zum Bisherigen ein neues Gesicht – als etwas Drittes und Unbekanntes. Die jetzige Ordnung geht von allein zu Ende, wenn man sie lässt. Die Alternative heißt, mit jedem
Tag die Alternative zu schaffen und zu entwickeln, sie zu werden und zu sein, eine
konstruktive Lebensart. Ohne Zuwendung zu und durch seinesgleichen kann der
Mensch nicht leben. Darin liegt die Bedeutung des Sozialen. Humanität kann neu
gewinnen, wer sich dem menschlichen Ausgesetztsein radikal aussetzt und selbstbestimmt nach dem Sozialen, dem Anderen greift, und für den die Entscheidung
für etwas wieder in ihrer Konsequenz spürbar wird. Die Krise der Wirtschaft ist
eine Gesellschaftskrise, eine Politikkrise und eine Systemkrise. Mit ihr zieht Existentielles wieder in die Politik ein und fordert die Politik zu einem anderen Entwurf ihrer selbst heraus, einem großen gemeinschaftsstiftenden und befreienden
Ereignis.

6 Was für eine Gesellschaft ist das?

Die neue soziale Frage bündelt die Frage nach Freiheit und Demokratie und sie ist
eine für die Gegenwart bedeutende Frage. Sie hat die Gesellschaft verändert, in ihr
drückt sich eine Veränderung der Gesellschaft aus und sie stellt die Gesellschaft
vor neue Herausforderungen. Die bekannten analytischen Begriffe von der Klas-

sengesellschaft, der nivellierten Mittelstandsgesellschaft oder einer irgendwie gearteten Schichtgesellschaft greifen nicht mehr richtig. Wie aber wäre die Gegenwartsgesellschaft zu charakterisieren?

Zieht man Konklusionen aus dem bislang Dargelegten, so kann man die Gesellschaft von heute in ihren Paradoxien und Gegensätzen darstellen und sie als eine *Freie-Sklaven-Gesellschaft, die so abstrakt wie selbstbestimmt auf einer Geldhierarchie basiert,* bezeichnen. Sie ist so frei und fest im Kosmos des Geldes gebunden, dass sie ihre Teile aus sich herausschleudert oder sich kollabieren lässt. Sie ist eine unproduktive, asoziale, anarchistische (Sozialkriegs-)Gefangenen-Gesellschaft, die so sehr in sich gefesselt ist, wie sie ständig durchgeschüttelt wird.

Dem Augenschein des krassen Gegensatzes nach lässt sie zunächst nur den Schluss zu, zwar nicht die altbekannte nationale Struktur zu haben, gleichwohl mehr und schlimmer und übernationaler und globaler denn je eine Klassengesellschaft zu sein. Auch national lassen sich Eliten, eine gesellschaftliche Mitte und eine „Unterschicht" so wenig wie der wachsende Abstand zwischen oben und unten und die zunehmende Pyramidenbildung bestreiten. Nahezu banal ist es schon, dass jede und jeder bestimmte soziale Voraussetzungen mitbringt, doch zugleich gegebenenfalls weniger denn je darin stecken bleibt. Vielmehr führt angesichts der Multiplikation neuer sozialen Faktoren bei der sozialen Standortbestimmung – je nach gerade gegebener Marktlage und die Bereitschaft vorausgesetzt, sich ganz zu verkaufen – in einem Fall zu unerwartet schnellen Aufstiegen wie im anderen Fall zu sozialen Abstiegen und das möglicherweise aufgrund der gleichen Faktoren. Dabei bleibt die Zahl der Aufsteiger freilich immer geringer als die der Absteiger. Es scheint sich um eine *Schleudergesellschaft* zu handeln, die am Ende den letzten Tropfen Flüssigkeit in den Abfluss befördert hat und nichts von Dauer sein lässt. Ihr Merkmal liegt in den zwei Exklusionen, die sie hervorbringt. Die eine Exklusion ist „exklusiv", es sind die neuen Exzellenzen, die andere ist „ausschließend", es sind die neuen Aussätzigen. Mit ihnen ist das Phänomens des *Lochs* auf dem Boden der Gesellschaft einerseits und das Phänomen des *Lebens außerhalb im All* andererseits verbunden. In ihnen liegen die zu lösenden gesellschaftlichen Aufgaben. Beide Phänomene sind etwas sich Loslösendes, Verschwindendes, Davonlaufendes, Aushöhlendes, Entfernendes. So treffen nicht nur die analytischen Begriffe von der Mittelschichts- oder Schichtgesellschaft nicht mehr zu, sondern auch die Kategorie des Gegensatzes zwischen zwei Klassen nicht. Das Sklaventum liegt hier im zwanghaften Bedienen des und in dem Ausgeliefertsein an diesen Marktmechanismus – der keinen Halt hat, nicht mal den des Gegners. Den Halt im Markt neu zu bestimmen, darin läge deshalb im Kern die neue Herausforderung an die veränderte Gesellschaft.

Der neue Gegensatz zwischen Reich und Arm könnte aber auch eine *neue und neuartige* Klassengesellschaft anzeigen, ist der Grad an Freiheit und Sklaventum und daraus folgend an Besitz und Macht doch höchst unterschiedlich. Man könnte die *abgekoppelte Elite als eine globale Klasse* ansehen, die das *Leben* der anderen ausbeutet – via Macht und Definitionsmacht der führenden, ersten Personen als größte, aber keineswegs alleinige Profiteure der Abstraktionen, die sie bedienen, von jeglichem Regelwerk ungebremst und gegebenenfalls sehr schnell wechselnd. Ihre Position ist allein vom größten Geld abgeleitet, dessen Risiko kaum minder ist und die Position des Verlierers deshalb in der Nähe bleibt. Im Übrigen machen sich diese Eliten keine Finger schmutzig, haben sie keine Berührung, sind systemisch verantwortungslos. In der grundsätzlichen Unberechenbarkeit und Wechselhaftigkeit wie der systematischen Verantwortungslosigkeit läge der Charakter dieser neuartigen Klassengesellschaft. Ausbeutung ist in ihr Ausbeutung des ganzen Menschen. Sie ist das Maß an Verselbständigung der Prozesse der Wertbestimmung auf dem Markt, von dem die Sieger profitieren.

Die *Struktur* dieser Gesellschaft ist aber nicht der Gegensatz großer sozialer Einheiten, sondern das Einzelinteresse, eine Struktur, die Beteiligung schafft und alle in ihrer Abhängigkeit zu Geld und einer Zahl zu Beteiligten macht und sie zugleich in einen Sozialkrieg untereinander verstrickt. Es herrscht keine Diktatur, aber alle leben in heimlicher Angst und Unsicherheit und zwar ob ihrer (Vogel-) Freiheit. Jeder ist abhängig geworden von der Kontrolle der Logiken und Funktionsweisen der Abstraktionen, unter denen die moderne Gesellschaft steht – abstrakte Herrschaft im allgemeinen Interesse. Jenseits von Reich und Arm sind unter ihr alle Unterschiede tendenziell aufgehoben – jeder und jede kann es, in der Tat – *eine einzeln gleichgeschaltete, gleichgültige, aber prinzipiell gegeneinander gerichtete Welt.* Das Problem ist systemisch. Die Finanzkrise zeigt die ganze Loslösung des Geldes von allem. Die Regierungen nehmen unendliche Schulden zur Rettung auf, was ohne politische Alternativen voraussichtlich am Ende alles nur schlimmer machen wird. Der Markt braucht eine vom Grund her andere Logik – jeder Mensch, jede Gesellschaft ist teuer, sie müssen hergestellt werden, es sind soziale Kosten, die von ihren Verbrauchern aufgebracht werden müssen.

Diese Gesellschaft setzt ihre Mitglieder und sich hohen Gefahren aus. Das Kritische an ihr ist zunächst und vor allem ihre *Unmenschlichkeit,* ihre *Unfreiheit,* ihr *Determinismus.* Dies trifft sich schon mit jenen eindimensionalen Richtungen der Bio-Wissenschaften und deren Hirndeterminismus, die als jüngste Leitwissenschaft neue allgemeine Geltung beanspruchen. Diese kritischen Eigenschaften der Gesellschaft spiegeln die tatsächliche Vergesellschaftung des Menschen, die sie in der Gegenwart als Verkapitalisierung und Verstaatlichung zugleich erfahren. Diese Gesellschaft möchte aller Freiheitsbehauptung zum Trotz alles gleich festschreiben, sie ist politisch korrekt, mechanistisch, bürokratisch, gefesselt, sich überwachend, misstrauend, missgönnend, eine machtfixierte, müde, tote Gesellschaft. Weil sie etwas Produktives, Neues, Kreatives nicht mehr zulässt, provoziert sie ein Feiern neuer Gewalt als einzige Möglichkeit, die Verhältnisse in Bewegung zu bringen, anstatt eine friedliche Entwicklung zu garantieren. Da das Anonyme und Abstrakte der Vorgänge ihr Merkmal ist, tritt ihre strukturelle Ver*antwort*ungslosigkeit als ganz neutrale Angelegenheit auf. Die in ihr angelegte Selbstunterwerfung führt in eine *Selbstaufgabe*. Hinter der in ihr herrschenden allgemeinen Abhängigkeit bauen sich Sprengladungen auf. Sie wird zum Gipfel einer *Freund-Feind-Gesellschaft,* die beide einander tatsächlich wirklich gleichmacht, schließlich auch „Reich" und „Arm", sich darin schließt und allenthalben fesselt. Der Kapitalismus – nun verallgemeinert und selbstbestimmt – führt zurück „hinter" die Geschichte. Deshalb auch beherrscht die Leere die Politik der Macht, die leere Macht das Land.

Das Ergebnis ist der Sozialkrieg, die Autoaggression, das geschlossene System mit dem Fixpunkt Geld, das nicht ernährt, die allgemeine Ausbeutung, allgemeine Herrschaft, allgemeine Abhängigkeit, die Allgemeinheit der Opfer, die Allgemeinheit der Täter – keine Unterschiede, alles ohne Unterschiede, krasse Unterschiede. Jeder gegen jemand, keiner miteinander, alle aneinander vorbei, heute so und morgen anders, niemand für etwas – so könnte die Systemformel lauten.

Die Abstraktion des Systems bedeutet eine Neutralisierung und Objektivierung. Jede/r profitiert, wo er/sie kann, es ist die Normalität, ihr folgen mehr oder weniger alle, in der Annahme von ihrer Verantwortung, ohne groß anders zu können – nur um dann Verlierer zu werden, während noch die Sieger unentwegt das gute Ziel beweisen. Zum Siegen angetreten, verlieren wir. Denn dabei wird *das Leben* der Menschen aufs Spiel gesetzt. Überall so oder so. Es ist der Extremismus, den diese Abstraktionen produzieren, der das besondere Problem ausmacht. Er wird zu einer menschenverachtenden Ideologie der neuen Art. Der Extremismus liegt noch darin, dass eine allgemeine systemische Abhängigkeit mit ihm einhergeht – und, obwohl der oder die Einzelne unterschiedlich stark bis letztlich in verschwindend kleiner Weise am Ganzen beteiligt und so verantwortlich ist, „wir" alle „die Kuh vom Eis holen" müssen, als sei es unsere – und nicht die unserer „Feinde" oder der „anderen" eben. Das bedeutete, in der Krise nun freiwillig Verlierer zu sein. Es wäre Teil der Umwandlung zu einem neuen Verständnis des Menschen von sich und des Gewinns neuer Handlungsfähigkeit, jedenfalls als Potential, die Vergesellschaftung anzunehmen und auf neue produktivere Weise zu vergesellschaften, dass wir wieder Individuen sein können. Die größte Herausforderung besteht darin, auf dem Grund neue Regeln zu finden, die die Menschen direkt betreffen und ihnen ihre Eigenständigkeit in der modernen Gesellschaft garantiert. Abstraktion, Neutralisierung und Objektivierung verkörpern auch einen historischen Fortschritt, der die Gesellschaft und ihre Mitglieder fähig macht, dem System eine andere *Grund*orientierung zu geben und zu implantieren.

Die neue soziale Frage fordert zur kollektiven Freisetzung des Menschen heraus. In ihr läge die nun nötige *Integration des Sozialen*. Die neue soziale Frage lautet deshalb ganz elementar: wie leben? wie gewinnen Menschen ihr Leben wieder? was macht die Gesellschaft lebendig und vital? Die sozialen Verwerfungen sind so (selbst-)mörderisch, wie es möglich ist, neu anzufangen. Gerade über das harte Faktum des Geldes lässt sich ein Weg zurück zur Realität finden, in die Unsicherheit des Lebens und in die Handlungsfähigkeit, dieser Unsicherheit zu trotzen.

7 Konsequenzen

Die neue soziale Frage ist nicht mehr als Teilfrage zu lösen – indem die Gesellschaft für Bedürftige etwas abgibt, um es diesen hinzuzufügen, während im Übrigen alles beim Alten bleibt. Die Gesellschaft selbst muss in neuer Weise in einem qualitativen Sinn sozial werden, um soziales Leben in ihr zu ermöglichen. Das Soziale in ihr ist kein vom Rest zu trennendes Gut, sondern immer schon überall drin – der Unterschied liegt in der Frage der Qualität, die Quantität bereits in sich aufgenommen hat und den Grad an Differenziertheit wie Komplexität ausdrückt, die innere Widersprüche vereinen können. Die neue Qualität des Sozialen muss in ihrer einheitsbildenden Kraft und sozialen Einheitsbildung liegen. Das Soziale wird dann in Jedem und Allen und dem Ganzen auf seine je eigene Weise verkörpert sein können, individuell wie allgemein sein können, und auf alles ausstrahlen, ohne das alles sozial ist, weil es vieles andere auch und außerdem ist und sein kann. Ein solches Soziales beinhaltet die Zuwendung und die Beziehung zueinander, ohne über seine Teile dominieren zu können oder sie homogenisieren zu wollen.

Die existentielle Krise des Mensch und seiner Menschlichkeit ist die größte Frage und der Mensch zugleich die Ressource von Produktivität und Entwicklung angesichts großer gesellschaftlicher und politischer Herausforderungen. Sie ist etwas Kollektives schon als Krise und erst recht etwas Kollektives, was ihre Lösung betrifft. Das Neue sozial denken, das Soziale neu denken, so könnte die „Formel" dafür lauten.

Der Schmerz, der in den letzten Jahren viele Menschen und die Gesellschaft durchzieht, ist ein Synonym für die Abhängigkeit des Menschen von anderen Menschen, aus dem das unmittelbare Bedürfnis nach körperlicher und seelischer und geistiger Unversehrtheit resultiert. Er ist auch ein Synonym dafür, dass Mensch und Gesellschaft die Herrschaft über sich selbst verloren haben. Soziale Fragen lassen sich nie konservativ lösen, sie wachsen immer nach. Täte man dies, so unterdrückte man Leben. Wie Kinder, wenn sie geboren werden, begrüßt werden, wie immer sie sich entwickeln werden, wären auch soziale Fragen zu begrüßen, das Neue hereinzulassen. Das Soziale steht hier im Zusammenhang zum Sprechen als Begegnung und Austausch und als sozialem Schöpfungsakt und somit für ein Ende der Dominanz. Es selbst wäre das Leben, eine Feier des Lebens – hier als politischem Gründungsakt. Es geht um mehr als Verteilung, um mehr als Solidarität und gerechte Gewinnbeteiligung, es geht mehr noch um die Struktur von Machtverhältnissen. Die Verletzbarkeit des Menschen, der schwächste Punkt, nicht nur der schwächste Mensch, ist der Ausgangspunkt, um nicht nur dessen Mächtigkeit, sondern ebenso die Vorsicht und Vorausschau einzubauen. Wenn eine Gesellschaft die Schmerzensschreie in ihr hört, so werden es diese Rufe sein, die sie retten wird. Wenn die neue soziale Frage von Anfang an als eine ganze menschliche Frage verstanden wird, in der Freiheit, soziale Sicherheit und Demokratie ineins gehen, so bedarf es dazu eines Rechts-, Integrations- und Beziehungsprojekts, das so nachhaltig ist, dass Gesellschaft als Bedingung von allem sich immer wieder regenerieren kann. Das Soziale wird dann etwas mindestens Dreidimensionales. Es setzt sich zusammen aus einem tragenden materiellen Fundament für jedes Individuum, einem allgemeinen Boden, Rahmen und Verkehrsregeln, einem Kollektivum, für dessen Verbrauch eine Jede und ein Jeder bzw. jedes Teil zahlen muss; es besteht in einem Kontext als Bezugssystem, das Beziehungsmöglichkeit und -fähigkeit herstellt; und aufgehoben in beidem besteht es in der permanenten Herstellung eines komplexen, ganzen Sozialen aus Worten und Aussagen, die selbst erste Taten sind und zu weiterer tatsächlichen Taten werden. Jenseits dessen finden sich die praktischen Lösungen sozialer Probleme auf dem Weg, während der sich über diese Elemente herstellenden Prozesse, im Laufe von Entwicklungen.

Die moderne Gesellschaft hat die Bedeutung der Wissenschaft, der Technik, der Ökonomie, der Macht anerkannt. Es war ihre historische Errungenschaft, die Bedeutung der Arbeit anzuerkennen und der Emanzipation der Arbeit ihren Raum zu geben, was gerade wieder fallen gelassen zu werden droht. Die moderne Gesellschaft anerkennt zuletzt die Bedeutung der Kultur, die sie beinahe an die Stelle von Arbeit zu setzen versucht, obwohl auch sie aus Arbeit resultiert oder Arbeit ist. Sie hat jedoch die Bedeutung des Mensch selbst nicht anerkannt, nicht im Rückkehrschluss auf alle diese Elemente und im Vorwegschluss auch nicht all jene „andere", historisch unbezahlte Arbeit, die am Mensch selbst hängt – die Arbeit am Mensch höchstpersönlich, die zu einer Schlüsselfrage für die Zukunft wird. Das Soziale hat sie so externalisiert und kompensiert durch Ausbeutung anderer Völker, dem „Sozialausgleich" in falscher Grundrechenart, durch die kostenlose oder billig entgoltene „Haus- und Familienarbeit" der Frauen, dem ergänzenden Sozialausgleich der ersten Art, und den Sozialstaat, dem Sozialausgleich der zweiten Art, und zuletzt erweitert durch einen Dienstleistungssektor für die Vermögenden. Nun geht die Rechnung nicht mehr auf, das Soziale „schlägt im großen Crash zurück". Nun wäre dieses Soziale im Versuch grundlegender Veränderung so zu integrieren und internalisieren, dass statt Spaltung systemische Aufnahme des Sozialen immer wieder möglich wird. Menschenrechte könnten hier wieder zu einem revolutionären Projekt werden.

Wenn das Politische nun in der Wirtschaft selbst und jeder Wert- und Preissetzung liegt und dem nicht mehr grundlegend zu entrinnen ist, wäre deshalb die Wertsetzung pro Mensch über Geld zu vollziehen, wenn das soziale Problem identifiziert und gelöst werden soll. Dazu stehen drei neue Ansätze zu Verfügung, eine grundlegende gesellschaftliche Investition in die Ressource Mensch, die Schaffung eines Rechts auf Eigentum für jede und jeden Bürger/in und die Festlegung einer Entgeltung für alle Arbeit am Mensch, die gesellschaftlich notwendig ist und deshalb auch allgemein öffentlich zugänglich sein muss.

Die Lösung der neuen sozialen Frage liegt demnach vor allem auch in der Schaffung neuer Arbeit – jener Arbeit, die die Pflege des Menschen als Individuum und die Pflege des Menschlichen selbst ausmacht. Die Individuen können damit beginnen, es läge darin ein unermessliches Widerstandspotential für das 21. Jahrhundert. Versucht das Individuum, der Mensch, sein Selbst zu bewahren, ganz zu bleiben, seine Integrität zu erhalten, wegzugehen aus krankmachenden Verhältnissen, selber mit dem eigenen Können und Vermögen neu anzufangen und einen (Gegen-)Wert für seine Leistungen zu verlangen, so bündelten sich bald die sozialen Probleme von heute. Es träte der Zusammenhang zwischen verlorenen Männern, zwischen Beruf und Familie gehetzten Frauen, pflegebedürftigen alten Menschen, neuen demographischen Anforderungen aufgrund steigenden Lebensalters, der Kinder und Jugend, modernen Massenkrankheiten, Ökologie und Demokratie, der Ungleichheit der Frau im Wirtschaftlichen, der Freiheit etc. in Erscheinung. So würde eine große Befreiung der Arbeit möglich. Sie würde freier, selbstbestimmter, produktiver, selbständiger, kooperativer, zur Freude an und für Entwicklung.

Wo die allumfassende Migration nicht nur als Notgeburt, sondern auch als eine Flucht- und Verweigerungsbewegung, als Rettungs- und Selbstbehauptungsversuch verstanden wird, wird die darüber entstehende neue und andersartige, differenzierte, komplexe, bewegliche und ganzheitliche Vernetzung auch als ein Selbstheilungsversuch erkennbar, der Diktate aufgrund von Machtstrukturen überwindet. Dieser Versuch verweist seinerseits darauf, dass in einer individualisierten und globalisierten Welt andere Regelungen erforderlich sind, als sie in hierarchisierten, homogenisierten Bünden in national, zentral-autoritär-paternalistisch-fürsorgenden Staaten und in traditionellen Hierarchien überhaupt gelten. Neue demokratische Einheitsbildung wäre zu finden, die den Einzelnen ganz und offen im Kontext sein lässt und ihm Verbindung und Zusammenhang zwischen sich und anderen und mit vielen anderen erlaubt, ohne dass das Ganze, gar unter einem Befehls-Führenden, das Einzelne beherrschen kann.

Die mit der Globalisierung zunächst entscheidende Veränderung wäre die Bezugnahme über das Geld, bei der die Wertsetzung wieder von den Menschen ausgeht, der Konstituierung eines allgemeinen Rechts auf Eigentum von Anfang an (nicht mehr über Arbeit, sondern) ohne Gegenleistung aufgrund von nichts als der menschlichen Existenz überhaupt und Bedingung, in einer Welt des Marktes zu sein. Von da an kann Geld für alle zu einem freien Tauschmittel und zu einem Mittel zur Wertsetzung durch den Mensch rehabilitiert und regeneriert werden.

Der Ausweg aus den Problemen und Krisen der Gegenwart liegt auf der Hand: Das Gute am Unternehmertum liegt im Zwang zum Handeln, mit dem das Thema der Handlungsfähigkeit der Subjekte wieder auf die Tagesordnung gesetzt wird. Wo Geld als universelles *Tausch*mittel für produktive Arbeit, in der der Mensch nicht getrennt wird von der Arbeit an der Technik, der Institution, dem Geld oder der Macht, wird diese Arbeit selbst zum Zusammenleben auch. Wenn der Kapitalismus der Gleichmacher einer in sich farbigen Menschen-Welt ist, dann lässt sich auch die Bereitschaft zu einer geteilter universellen Welt und zum Weltbürgertum wecken. Mit dieser Bereitschaft lassen sich menschliche Tugenden und Fähigkeiten wie Mitgefühl, Verantwortung, Fürsorge wachrufen, fördern und entwickeln. Die Konsequenz aus der neuen sozialen Frage wäre dann, dass Menschen sich als Schaffende ihres Lebens verstehen.

Freiheit kommt mit Regularien, die kollektivfähig und individuell offen sind, in denen Macht auf größtmögliche Weise geteilt wird und elementare Grundrechte faktisch einklagbar sind. Sie kommt mit einer Gesellschaft, die sich an neuen Abstraktionen orientiert, nämlich dem Leben statt dem Tod und damit dem Mensch und dem Sozialen als dessen Fixpunkt. Sie kommt, indem die Gesellschaft das Loch auf ihrem Grund schließt und keinen Auszuschließenden, keinen Außenseiter, keinen Nicht-Normalen kennt. Sie kommt, indem die Gesellschaft sich erklärt, in der Not niemand allein zu lassen und allgemeine Not zu teilen. Sie kommt mit einem Neuanfang für humane Politik.

Es ist kein Zufall, dass beinahe im Dreiklang das Story-Telling und das auf Eins fokussierte Bild von Welt und die Religion auftauchen und hochkommen. In einer Welt der tiefsten Veränderungen sehen sich die Menschen ins Elementare zurückversetzt. Dort suchen sie nach Orientierungen, in den archaischen Geschichten finden sie sie. Sie ziehen sich notgedrungen am eigenen Schopf aus dem Sumpf. Am Anfang war das Wort (und die Offenbarung) – wenn alles andere in den Händen zerronnen war.

VI Allgemeine Theorie

Krise – Wirtschaftskrise, Globalisierung, Gesellschaftskrise. Krise der Politik. Neue Mitte und Neue Mitten. Neue soziale Frage. Wie lässt sich im Schauen auf sie die Gegenwart in ihren allgemeinen und zentralen Erscheinungsformen erkennen, wie zeigt sie sich und was zeigt sie uns, wie lässt sie sich auf den Begriff bringen? Mit was haben wir es zu tun? Was ist es, mit dem wir es zu tun haben? Welche Art von Gesellschaft offenbart sich darin? Welche politische Ordnung der Dinge stellt sich ein? Es scheint, es bleibt kein Stein auf dem anderen.

1 Totalität – Alleinsein – Gewalt

1.1 Das Geld

Die Gegenwart und die sich in ihr zeigende Gesellschaft der Gegenwart stehen unter dem Zeichen der Herrschaft des Geldes. Das Geld – Ware und Verbrauch – drückt der Wirklichkeit seinen Stempel auf. Es verkörpert *eine* Abstraktion höchsten Grades, *eine* Zahl, die Eins und das, die, der Erste. Es ist wurzellos wie ein Gott. Es herrscht ohne Herrschaft, ein kaltes Machtsystem, ein gleichgültiger Gott. Das Geld, das an sich nichts ist, setzt sich als Maßstab und verbraucht alles. Seine Struktur gibt zwingend vor, sich zu mehren. Geld wird zu Geld gemacht, bis Schulden zu Geld gemacht werden. Es ist wie die biblische Brotvermehrung sich selbst vermehrend. Konsum ist sein Motor, der Verzehr von allem und Jedem im Jetzt, von Geschichte und Gegenwart bis hin zum Kredit auf den Verbrauch von Zukunft. Die Ökonomisierung jeglichen sozialen Austausches auf der Welt, die das Geld als einziges Wert-Abstraktum setzt und übrig lässt, endet im Ende menschlicher Erfahrung – und beginnt neu in der Separierung und Einkerkerung alles Toxischen und Bösen in Bad Banks, in neuer Teufelsaustreibung.

Das Geld hat phänomenale Eigenschaften. Es vereinnahmt alles und jeden, alle und jedes, um dieses Alles und Jedes durch konkurrierendes und neidisches Vergleichen kleinzuteilen und seine einstigen Sinnzusammenhänge und Kontexte aufzulösen oder zu zerstören. Es lässt aufsteigen, was unten war, absahnen, die gerade oben sind, herausfallen, die drin waren, hereinkommen, die draußen standen, und hinterrücks jeweils so ungleich profitieren, dass allseitige Ausbeutung vollkommen normal ist und das Gesamtniveau vor einer Fassade so steil aufsteigender wie schnell sinkender Sterne senkt. Nach der Demokratie macht es den Markt ungültig. Das Geld unterhöhlt alles Gesetz und lässt nur seines gelten. Überall steckt der oder das Stärkere gegenüber dem Schwächeren ein. So wirkt das Prinzip des „Teilens" über das Geld. Es geschieht in der Wirtschaft, der Technik, der Wissenschaft, der technokratischen Politik, der Politik-Mann-Maschine, der Arbeit u. a. m., die alle ihre Summe in einem eindimensionalen Ökonomismus finden, in dem der Mensch ebenfalls messungstechnisch geteilt und zur Rechnungsgröße gemacht wird, um mit seinem Schicksal allein gelassen zu werden. Die Einheit der Welt liegt im Maß des Geldes, je mehr, desto effizienter und billiger. Alles andere wird herauskatapultiert.

Der Markt des Geldes ist unerbittlicher Gleichmacher von Ungleichem. Er macht alles gleich zugunsten der Gewinner. Seine schließliche Demokratisierung liegt nur auf einer Ebene, in der Armut, seinem Ende, weil er mit seiner Gleichmacherei alle Werte verbraucht hat. Im größten Reichtum wächst der größte Hunger. Das Geld „entfesselt Werte", es bestimmt selbstherrlich, was etwas wert ist und schafft eben damit Werte ab. Der Mensch ist ausgeschaltet als Schaffer und Beurteiler der Werte, bis am Ende alle Menschen Bank werden und in Schuldhaft genommen werden. Die Schlechten unter ihnen werden nach dem Modell der Bad Bank separiert und eingesperrt, auf das Brot und Spiele, Ausbeutung und Exklusion erneut beginnen können.

Der Markt des Geldes ist als einziger Markt mit allen Märkten und damit mit allem Menschenwerk überhaupt verbunden. So wird das Geld zum Hauptbezugspunkt der Gesellschaft. Der Wert einer Ware, einer Arbeit, eines menschlichen Verhaltens zählt nicht, wo alles mit dem einen gefesselt wird. Das Geld als eine demokratische und freiheitliche Errungenschaft wird in der Grenze des Profits, der Ausbeutung, der Selbstbezüglichkeit des Geldes und dessen, der es erwerben will, zu seiner eigenen Grenze. Nichts anderes als es selbst hält es mehr auf. Geld ist heute die Macht, gegen die man nicht gewinnen kann, ohne zusammenzubrechen. Es lässt nur die Wahl, in seinem Wertsystem mitzuspielen oder aus ihm auszusteigen und nackt dazustehen. Es ist eine Macht, mit der man nicht einmal verhandeln kann. Das Geld ist eine *Grenze*, die letzte Grenze in einer Welt der Globalisierung, die Grenze in einer Welt, in der alles nur Frage des Preises ist. Daraus resultiert eine Qualität von Verbrechen, die wir in ihren Dimensionen noch nicht eigentlich verstehen können. Es ist, als träte man in der Welt des Machens und Funktionierens und des Erfolgs erneut dem reinen Schicksal gegenüber. Als einziges bleibt vielleicht der Verzicht, womöglich nur auf Zeit, bis man wieder an die Grenze stößt, hinter der nur noch der Tod wartet. Die Kälte des Geldes bringt klirrende Klarheit.

Wenn das Geld eine Abstraktion höchstens Grades ist, so sind Abstraktionen aber doch nichts als das Kollektive, von uns allen Gemachte, so sehr wir ihm als Kollektivem ausgeliefert sind. Das Geld als Abstraktum ist nur eine Kehrseite oder ein Gesicht des Sozialen, Humanen, Gesellschaftlichen, das Gesicht, das alle anderen in den Schatten stellen will. Sein Diktat stellt sich als etwas Totes *zwischen* die Menschen, auf das sie sich nicht mehr erfahren können. Seine Diktatur ist besser und schlechter als eine unmittelbar politische Diktatur, weil sie mit dem Wettbewerb noch die Lücke für den Fortbetrieb des Reigens lässt, während sie zugleich aber nicht endet, außer bei sich selbst. Seine Unterdrückung der Freiheit und Kreativität ist subtiler und perfekter als alles Bisherige und dadurch vielleicht noch erfolgreicher als die Diktaturen der Vergangenheit. Mit dem Geld-Gold-Gott haben die Menschen freiwillig und selbstbestimmt Selbstbestimmung und Emanzipation aufgegeben, eine Erlösung von allen menschlichen Mühen und ein Fortschritt ganz eigener Art. Nun sind sie vom Gott-Phallus-Geld penetriert. Sein Allmachtswahn erfüllt sich und kann in sich zuammenfallen. Das Kennzeichen der Gegenwart ist die *allgemeine Ausbeutung* und die ungleiche (Geld)*Macht* und dieses Kennzeichen ist auch ihr schreiendes Problem. Das Problem ist nicht „die Wirtschaft", nicht „der Markt", nicht „der Kapitalismus", die Zeichen, Floskeln, (Anti-)Werbung sind, wie beinahe jede öffentliche Sprache es geworden ist. Wenn das Geld als sich setzendes Faktum selbst zum alleinigen Zuweiser von Gut und Schlecht, Schwarz und Weiß, Himmel und Hölle geworden ist, ist Ausbeutung allgemein geworden, stößt das Geld an seine Grenze und dort weiß es nicht mehr weiter. Der Mensch kriegt seine Frage vom Geld an sich zurückgewiesen. Er ist zwingend neu gefordert.

1.2 Total

Die Ordnung des Geldes ist auf eine nachtotalitäre Weise total. Seine Totalität liegt darin, dass das Geld einerseits, während es fortwährend alles und jedes bis zum Verschwinden zerteilt, spaltet und abtrennt, Trennungen und Grenzziehungen – sei es zwischen Ländern, Professionen, Öffentlichkeit und Privatheit, Arbeit und Leben, Familie und Firma etc. – nicht mehr kennt und nicht mehr möglich macht, und es andererseits alles in Eines verschmolzen wird. Vor allem verschmilzt es nicht nur Ökonomie, Politik und Staatsordnung(en) miteinander, sondern zu-

erst und gerade auch alles Soziale mit sich, ohne etwas Zusammenhang-Stiften-
des oder Ganzheitliches schaffen zu können, es sei denn eine Homogenisierung
und Zwangsvergemeinschaftung aller Menschen und alles Menschlichen. Die
Ordnung des Geldes ist schlussendlich von perfekter Geschlossenheit des Ganzen. Seine zahllosen Machtbarkeitsimperative sind ihrem Wesen nach, selbst wo
sie unverfänglich nur dem Prinzip von Angebot und Nachfrage zu folgen scheinen, total. In der Ordnung des Geldes sind Ursache und Wirkung nicht mehr zu
unterscheiden, Verdienst nicht mehr vom Verdienst, Vergangenheit nicht mehr
von Gegenwart, in ihr agieren alle, bevor etwas geschieht, seine Leitparadigmen
sind Prävention und Kontrolle, eine perverse Vorwegnahme von Zukunft. Es ist
eine Ordnung, die sich quasi nach hinten und nach vorne und sowieso vieldimen-
sional nach allen Seiten ausdehnt und nichts unbesetzt lässt und ewig sein will. Es
ist die Verwirklichung eines schlechten (Alp)Traumes von der Einswerdung der
Menschheit. Die Ordnung des Geldes lebt geradezu von dem Faszinosum des Totalen und damit von der Leugnung des Todes, der – wie die Geburt – nur in Gemeinschaft, durch den Tod oder die Geburt anderer, erfahrbar ist. Verdrängt wird
damit zugleich die Tatsache, dass man Mensch nur durch Mit-Sein als Mitgift des
Seins sein kann und Individuum nur mit anderen werden kann. Von der Grenze
der Ordnung des Geldes freilich zeugte schon der 11. September – der Tag, an dem
der offene Bürgerkrieg innerhalb des Monotheismus des Geldes begann.

Vor der Ordnung des Geldes findet sich eine Gesellschaft wieder, die „im Kopf
zu" ist. Sie duldet nichts Abweichendes, als kenne die Welt nur einen Regisseur,
eine Sichtweise, eine Norm, einen Wert und einen Glauben und von diesen nur
atemberaubend artifizielle Vorstellungen, Bilder und Aufnahmen, ohne menschliche Überreste. Diese im Kopf geschlossene Gesellschaft folgt ihren eigenen To-
talitäten, wenn sie (etwa wie in Frankreich) Urteile zum Verbot einer Ganzkörperverschleierung einer Frau fällt, weil diese Ganzkörperverschleierung einer
einzigen Frau sich als totalitäres Vorhaben gegen die Demokratie als solche richte
und verfolgt werden müsse. Für einen Westen, der frei sein will, ist dies eine gro-
teske Verkehrung der Verhältnisse. Die von der im Kopf geschlossenen Gesellschaft ausgehende Manipulation ist mental-psychisch, selbstgemacht und ganz
aufgeklärt modern. Das Tabuisierte wird zum tatsächlich beinahe Unausssprech-
lichen, allenfalls hinter vorgehaltener Hand Flüsterbaren, zu einem Nicht-sagen-
können-dürfen ob eines unglaublichen und buchstäblichen Ausgrenzungsdrucks,
eines ungesagten, aber umso lauteren Sprechverbots. Diese Zensur ist Selbstzensur, Selbstbeschränkung und Selbstgefangennahme. Die sich herauskristallisie-
rende Ordnung ist ob ihrer Leere und dem darin aufscheinenden vermeintlichen
Freiraum bestechend und in ihrer eigenen hohen perfekten Qualität gefangenneh-
mend, sich selbst vermehrend wie die zugrundeliegende Ordnung des Geldes. Nur
die unsichtbar gewordenen menschlichen Opfer sind hoch.

In der Fixierung auf die Geld-Ökonomie liegt kein Fortschritt mehr, sie ist schon Vergangenheit, ein Rückschritt. Von dort allein kommt es nicht zu einer wie auch immer gearteten neuen Qualität, die nie nur eine Frage der Elite ist, wie sie derzeit ersatzweise herangezogen wird und nur eine weitere Variante der Ausbeutung darstellt. Sie ist noch mehr und etwas anderes noch als Vergangenheit und Rückschritt. Sie rückt die Welt in etwas Außerirdisches, etwas in neuer Weise Totales, das aus dem Innern des Geldprinzips demokratische, wie undemokratische, wie sogar jede Teilungen aufhebt und durch *Exklusion* ersetzt. Exkludiert wird, was auf der Erde zurückbleibt als verlorener Abfall und Müll. Die Herrschaft von nur Einem, dem Geld, wird zum Horror. Es ist eine ideologisch abstrakte Herrschaft, die nirgends mehr Herrschende sehen lässt, außer Kapitalgewinne, die uns zu Sklaven machen. Das Totale dieser Herrschaft liegt darin, dass sie gar keine Adresse mehr hat und keine Zuordnung kennt. Profit und Manipulation sind unzertrennlich geworden. Sie heben die Wahrheit auf, diese gibt es schlicht nicht mehr, die Lüge ist allumfassend und man kann ihr nicht entrinnen. Unser Leben wird mit Fiktionen gemacht. In Licht dessen ist die Realität aufgehoben, weil wir an diese gar nicht mehr herankommen. Die Realität verschwindet im Nirvana. Das ist unsere rauschhafte, wahnsinnige, verheißungsvolle Totalität des Geldes, die so begehrenswert erscheint. Es ist wie die Aussiedlung menschlichen Lebens ins Jenseits oder in den All. Unter der Herrschaft des Geldes gibt es keine private Begegnung mehr, die nicht politisch ist. Es gibt keine Rückbindung des Individuums an irgendetwas außer Geld, das zu allem und jedem gut ist. Damit eliminiert das Geld alle Fragen nach „gut" und „schlecht", nach Bewertung und Beurteilung überhaupt, nach Wertfragen jeder Art. Es eliminiert zugleich Gesellschaft und suggeriert grenzenlose Freiheit – als erfüllte es alle Utopien der Menschheit gleichzeitig.

Dabei ist nichts komplexer als die Wirtschaft selbst, wie ihre eigenen ewigen Metaphern erzählen. Die Ökonomie, schon das ein totaler Anspruch, kann niemals eine Gesellschaft begründen. Aus ihr kann keine Menschenphilosophie hervorgehen, keine Gesellschaftstheorie, keine Wissenschaft vom Menschen und kein Gesellschaftskonzept, wie Kapitalisten wie Antikapitalisten meinen, auch wenn Mensch und Gesellschaft und Politik in jeder Ökonomie enthalten sind.

Das Totale der Geldökonomie bündelt sich in der Endlichkeit des Musters, nach dem die Welt von heute funktioniert. Es zeigt sich darin, wie es unter ihren Abstraktionen keine Adresse der Verantwortung mehr gibt. Das Muster des Geldes und Geldvermehrung schaltet die Wirklichkeitswahrnehmung aus. Unter der Herrschaft des Geldes löst sich die Selbstbeschreibung und das Selbstverstehen der Menschen in ihrer Zeit auf, ohne dass etwas Neues entstünde. Unter dem Gesetz des Geldes gibt es kein Anderswo mehr. Darin kündigt sich eine „Revolution" ganz eigener Art an.

1.3   Negation

Zur Macht, zur Allmacht, zum Totalen des Geldes gehört seine eigenartige Macht, sie findet möglicherweise darin sogar ihren wichtigsten Ausdruck darin, *Negation* in der Gesellschaft als Frage des Marktes statt des Inhalts zu nehmen und hiermit die Negation selbst aufzuheben und damit auch jede Entwicklung. Sie kennt nur Quantität, die mit ihrer Größe Qualität verliert und früher oder später unhaltbar wird. Es ist eine Macht, die auf diese vertrackte Weise zu einer Selbstaufgabe, Selbstauflösung, Implosion von Gesellschaft wird. Das Besondere des Geld-Kapitalismus liegt darin, dass er jeden wie auch immer gearteten Widerspruch durch Vermarktung schluckt, ohne jemals eine Auseinandersetzung einzugehen und wirklich zu lernen. Damit nimmt er sich, spätestens mit dem Anspruch ein Gesellschaftsmodell zu sein, trotz aller „Controllings", die denen der Planwirtschaft entsprechen, die Entwicklungsfähigkeit.

Wo Negation in einer Gesellschaft als eine Frage des Marktes behandelt wird, wird sie von vornherein gelöscht, zum Verschwinden in den Äther geschoben, ungeschehen gemacht und Zukunft verhindert. Die Negation der Negation hebt diese ihrerseits wieder auf, mehr noch, sie verstärkt diese Negation. Auf diese Weise bindet die Macht des Geldes auch seine heftigsten Kritiker in sein Gesetz ein, macht sie untertan. Die Feindlichkeit gegen den Kapitalismus bestärkt nur die Lebensfeindlichkeit des Kapitalismus bzw. des Gesetzes des Geldes. Sie macht es noch schlimmer. „Kapitalismus" und „Antikapitalismus", Proteste gegen G8 Gipfel und G8 Gipfel, Kapital und Arbeit in der Finanzkrise, „Sozialismus" und „Kapitalismus"– das macht kaum einen Unterschied mehr, sie sind in der Vermarktung Teil einer Performance und Teil ein und desselben Spiels geworden und sie sichern sich gegenseitig. Die Begriffe kennzeichnen wenig mehr als Schlageworte von Lobby-Zusammenschlüssen zwecks Erwerb von Marktmacht, sie sind entleert und aussagelos, außer dass die eine Partei das („fehlende") Geld stets von der anderen Partei fordert. Sie sind siamesische Zwillinge geworden und werfen sich je nach Interessenlage die Schlagebegriffe mal so herum oder andersherum um die Ohren. Kapitalisten sind Sozialisten, Sozialisten sind Kapitalisten geworden, beide leben aus den gleichen Quellen. In den Debatten um die politische Gegenwart klingt es hohl, ratlos, leer, uralt und absolut stumpf. Mit Befreiung hat nicht das eine noch das andere mehr zu tun. Kapitalismus und Sozialismus holen sich wechselseitig ein und greifen auf die gleichen Mittel zurück. Ihre Ideologien sind sich gleich geworden. In einem Markt-Radikalismus kommen sie am Ende zur Deckung. So bleibt demjenigen, der noch kritisch ist, nur, „konservativ" zu sein, wobei eben das Konservative nicht zu halten ist. Es wird früher oder später weggefegt oder zerfällt.

Eine Welt geht zu Ende. Die grenzenlose Reichweite und Offenheit des Geldes killt jede Kritik auf absolut lautlose Weise. Der Kritiker und die Kritikerin werden nicht mehr eingekerkert, sondern sehen sich weit moderneren Methoden gegenüber, sie werden hereingeholt, um sogleich wieder ausgespült zu werden. Sie gehen an sich selbst zugrunde, werden verrückt, hungern aus – sie werden dazu veranlasst als Verweigerer des Mitspielens. Der Geld-Markt macht jede Kritik zur Ware, die gleich wieder verkauft wird, aber es nie ernst meint. Das Ergebnis entspricht auch hier der Tonnenideologie des Geldes, wenn es erst zur organisierten Dummheit und schließlich auch zur Machtlosigkeit geführt hat. Die „Entpolitisierung", die nach ihrem Eintritt schwer beklagt wird, ist über dieses Muster selbst produziert. Aus diesem Zusammenhang entstehen eine politische Lähmung und ein Stillstand, die kafkaeske, ja tödliche Ausmaße annehmen. Die Macht des Geldes ist so durchsichtig, dass man sie nicht sehen kann. Und sie lässt kein Hindernis vor sich, dass man sich daran stoßen kann. Sie bringt die Menschen wirklich in ein Dilemma.

Die Negation einer Ordnung oder ein Konzept der Kritik tragen nicht mehr, wo Inhalt keinen Adressaten mehr hat und gleichgültig, beliebig, belanglos geworden ist. Kritik, die die Wirklichkeit treffen will, die wirklich und wirksam sein will, setzt eine echte und neue Kreation voraus. Sie muss zur Position und Konstruktion werden, der eine eigens aufbauende Handlung folgt.

Der Geld-Kapitalismus, die Herrschaft des Geldes, will weder negiert noch gerettet werden. Er will und kann lediglich überwunden werden durch eine neue Verallgemeinerung von Politik vom Privaten ins Öffentliche in Inhalt und Form, um die menschlichen Minima zu identifizieren und zu garantieren, unabhängig von ihrem Nutzen oder Nicht-Nutzen, um das Nicht-Funktionalisierbare zum Gegenstand der Politik zu machen. Dies ist nur aus einer Entwicklung heraus möglich, durch qualitative Veränderungen und einen wirklichen neuen Fortschritt.

1.4 Alleinsein

Die total um sich greifende Herrschaft des Geldes führt die Menschen in die Wüste in die Einsamkeit. Es gibt keinen verlasseneren Ort als den des Geldes. Das Alleinsein wird zur grundlegenden existentiellen Situation in der Welt. Durch Ökonomisierung aller Beziehungen abgeschnitten von sozialer Verbindung wird der Mensch zum Gefangenen des Systems der kapitalistischen Geld-Wirtschaft. Er geht in die selbstgestellte Falle, die zu sehen er sich selbst verbaut hat. Denn der moderne Mensch ist dabei eingehüllt, umlagert und einmal mehr abgeschnitten durch eine ununterbrochene „Kommunikation", die zugleich öffentliche Kontrolle ist, dass er nicht ausbreche aus seinem Gefängnis. So sehr es ein äußerliches Alleinsein einerseits gar nicht mehr zu geben scheint – ständig umgeben vom Rummel, der durch eine Technik vermittelt ist, die so sehr intimisiert wie zugleich auch alles Intime öffentlich macht, als sei die Technik, der Computer, das Handy, der Blackberry, bereits ein Körperteil unserer selbst, das umgelegte Netz, das uns noch hält – so gibt es andererseits eine gnadenlose Einsamkeit eben darin, sozial abgeschnitten durch die Technik, das Geld, die Systeme, die Abstraktionen. Wie das eine terrorisiert und fügsam macht, macht das andere Angst vor Alleinsein, Getrenntsein, Geteiltsein. Schlimmer noch: unter dem Geld ist der Einzelne jederzeit hier und woanders, er macht das und tausend anderes gleichzeitig auch, er ist also nie (ganz) da und macht nichts (wirklich) – immer aber erlebt er eigenes Ungenügen und Verlorensein, ist er am Ende gar nicht existent. Es ist eben jener Zustand, in den der Mensch unter fortdauernder Einsamkeit gerät.

Das ganze Leben wird zu einem Training, zu einer Dressur, zu einer Selbstveränderung als Zwang von ungeheurer Härte, die einer Illusion der Kontrolle unseres Soseins folgen, das von ganz anderen Kräften gesteuert wird, am wenigsten von den Individuen selbst, obwohl es an deren Zustimmung nicht fehlt. Wo dabei die vergleichenden Kräfte des Geldes walten, die uns unsere perfekte Steuerbarkeit suggerieren, die vom Geld auszugehen scheint, werden die Anderen und das Andere stets nur mit dem Blick des eigenen betrachtet, um sogleich abgeurteilt zu werden. So verbaut sich der Mensch die Möglichkeit, sich im anderen spiegeln und wiederfinden finden zu können und zudem jemals das Neue, noch Unbekannte entdecken und erreichen zu können. Pure Selbstdurchsetzung wird zur Grenzerfahrung, bei der man sich verliert. Der Mensch schraubt sich immer tiefer in die Einsamkeit. Allein aber ist niemand überlebensfähig.

Das Muster des Geldes versetzt uns für ewig ins Hamsterrad. Die abgeschnittene Subjektivität ist das Gefängnis des Geldes, das den Mensch von innen kolonisiert. Seine Folge ist die Einsamkeit, Schutzlosigkeit und Selbstbezüglichkeit des Individuums – wie sein Leiden darin. Die Unmenschlichkeit unserer Zeit liegt in der Nichtwahrnehmung des Menschen, als hätten Menschen keine reale Existenz, mit Folge der Angst, Depression und Verzweiflung.

1.5   Töten

Das Gesetz des Geldes ist tödlich. Es tötet den Geist, die Seele, das Denken. Es nimmt den Menschen damit ihre Lebenskraft. Wo Geist, Seele und Denken sterben, folgt früher oder später auch der reale Tod. Diese Nichtigmachung und Vernichtung wohnt allem Totalen und jedem Terror inne.

Das Wegnehmen, Auslöschen und Töten von Vorstellung, Idee, Imagination, Vision und Utopie, die ihre unmittelbare Nützlichkeit nicht immer schon unter Beweis stellen, führt in eine gleichgeschaltete Welt auf dem Markt des Geldes, der sich zur Kirche einer weltlichen Offenbarungs- und Glaubensideologie der ernstesten Art macht. Dieser Glauben kennt nicht einmal den Zweifel, er will verinnerlichter als alle Religion sein, ohne irgendeine inhaltliche Praxis zu kennen. Er instrumentalisiert allen Geist und lässt seinen eigenen wahren Charakter hinter purer Äußerlichkeit verschwinden, auf dass sein Inhalt – die Macht und die Leere – sich allumfassend ausbreiten können. Und doch schafft er nichts – nur endlose Sinnlosigkeit, ein einziges Loch und ein riesiges Vakuum, in das wir am Ende alle fallen. Der Geist verarmt, verkitschte Gefühle als Surrogat für Leben gibt es im Ausverkauf, wo das Geld als härteste aller Materien alle Welt betäubt hat.

Wo es keine Inhalte gibt, gibt es keine Aufklärung und kein Denken, keine Argumente und keine Alternativen. Dort gibt es keine Wahl und schließlich keine Kreativität mehr. Dort sterben stellvertretend unabhängige Intellektuelle oder Künstler oder einfach das Individuum auf quasi natürliche Weise aus, sie werden ausgeätzt, sie gelten, wenn nicht als völlig uninteressant, als feindlich Gesinnte, Störer und Schmarotzer, die sich nicht „dem realen Leben", d. h. ihrer Auswahl über den Markt, stellen wollen. Dort fallen auch alle Barrieren gegen die Macht. So wundert es nicht, dass, wie beklagt, außer den jeweiligen Hof-Angestellten keine Stimmen von Intellektuellen mehr zu hören sind. Wo Geistiges dem ökonomischen Wettbewerb unterworfen und gut ist, was im Internet die meisten Klicks hat, die sich scheinbar wundersam wie das Geld selbst vermehren, wird die Demokratie zur Diktatur der einträglichsten Massenware, die neben sich nur Armut lässt. Ein Individuum, das die Dinge und Erscheinungen der Welt zum Problem macht und dabei das Komplizierte und Komplexe aufdeckt, stört die Gemeinschaft, die im Namen von Team, Kooperation, Interaktion, Kommunikation und Sozialengagement, gar auch noch Solidarität doch den ewigen Störfaktor Gesellschaft entsorgen soll.

An die Stelle von Geist, Seele und Denken treten die Geschichten und Philosophien eines Unternehmens, einer Partei, eines Politikers, eines Stars, einer Person, die das Instrument der Kontrolle und Machtausübung sind. Auch hier findet der Wandel statt, den das Geld angestoßen hat. Viele rühren einen Brei aus den Beständen der Vergangenheit, der Gegenwart und dem Diebstahl bei den Ausgebeuteten für die größtmögliche Masse zusammen, keiner weiß mehr, was woher kommt, Zuschreibung, Autor, Quelle, Überprüfbarkeit und Verantwortung entfallen. Bewusstsein wird unsichtbar zermahlen, Wahrheit nicht mehr identifizierbar, Information und Gerücht werden eins. Gestärkt wird immer nur der Erste. Man wird daran irre, aber Irrtümer können nicht erkannt werden.

Kontrolle in der Verschmelzung mit Massendemokratie lassen die Demokratie an sich selbst sterben, ohne dass irgendeine Verfassung geändert oder die Institutionen der Demokratie abgeräumt werden müssten. Die Demokratie stirbt still an sich selbst. Kritik kann nicht mehr in die Macht eindringen und damit hat die Macht verloren, gerade wenn sie sich besonders sicher glaubt.

Unter dem Gesetz des Geldes werden die existentiellen Bedürfnisse des Menschen, die Liebe und der Tod, begraben und der Mensch entmachtet. Er ist für nichts mehr zuständig, wird für sein ganzes Leben entmündigt, auf sehr komfortable Weise. Mit dem Geld hat der Mensch tatsächlich sein Schicksal in die Hand genommen, um sich blind diesem neu zu unterwerfen. Jetzt ist er unschöpferisch, aber immer aktiv; schmerzfrei, aber zugedröhnt und wahrnehmungsunfähig. Aber ist es nicht so, dass dem Menschen für gar keinen Glauben jemals das Leben, auch nicht bei lebendigem Leib, genommen werden darf?! Wenn der Glaube als Gesellschaftsmodell auftritt und die Gesellschaft das Geld ist, was ist dann? Hier endet die Freiheit des Kapitalismus, der gar keinen Wert kennt.

1.6 Gewalt

Das Gesetz des Geldes ist auf seine Weise gewalttätig, vergewaltigend, psychisch zerstörerisch, denn es „bricht" den Willen anderer, nur dass es geschieht, indem es den Mensch innerlich schwächt, auflöst und aufs Äußerste ziseliert zerteilt. Geld ist die gewaltlose Gewalt, die perfekte unsichtbare Gewalt, die geschmeidige innere Gewalt – und in ihrer globalen Dominanz und Modernität historisch neu. Sie geht vom Defizit Mensch aus, sie jagt ihn, peitscht ihn, macht ihm Angst und Schrecken. Sie vertraut ihm niemals, sie benutzt seine Bedürfnisse, Begierden und Sehnsüchte, sie straft ab. Sie zieht niemals „positiv" an, sie macht den Mensch zu einem einzigen Defizit und ewigen Versager. Das ist die Grundlage des heutigen Fortschritts im westlichen Modell. Selbstbestimmung gibt es nur für Eliten, jenen, die wissen, dass es mit der Gewalt des Geldes als Stärkung im Rücken besser funktioniert, ihr eigenes „Defizit" vor den anderen und mit den Überbleibseln der Fallenden zu füllen. Die meisten Menschen haben wenig wirkliche Wahl. Über die Masse verfügen höhere Instanzen, die sagen, wo es lang geht. Für die Anleitung ist die moderne, pragmatische, bilderfixierte, personenversessene, populistische Politik zuständig, die die Wähler, Menschen und Bürger für dumm verkauft, um die eigene Macht und Staatsgewalt zu sichern, eine Umkehrung der Gebote der Demokratie und politischen Ordnung.

Der besondere Charakter dieser Gewalt, ihre anscheinend unentrinnbare Macht liegt in ihrer Schnelligkeit, die viel schneller ist als der schnellste Mensch, schneller auch als die exklusivsten Eliten. Sie liegt in ihrem Gleitenden, in ihrem Schnittigen, in ihrem Schneidigen, in ihrer Schärfe und ihrem Abschneidenden. Der Mensch kommt nicht mit ihr mit, ihr nicht nach, bis sie wieder vor ihm stehen wird, er aber immer noch nicht von ihr wissen soll. Das Geld will seine Umwandlung zum neuen Menschen. Der funktionierende Mensch wird dabei zugleich zum seiner selbst immer unsichereren Mensch. Das garantiert so sehr seine künftige Funktionalisierbarkeit wie es zur lebensgefährlichen Fehlerquelle für das Geld wird. Doch die „Revolution" findet statt. Sie ist gewalttätig wie alle anderen Revolutionen auch und wie diese wird sie keine Lösung bringen, obwohl sie zu „lernen" versuchte, indem sie bisherige Revolutionen übertreffen wollte. Es ist eine Revolution, die tatsächlich für einen Qualitäts-Unterschied bürgt, sie schafft eine Allgegenwärtigkeit innerer Gewalt. Diese Gewalt kann man nicht sehen, nur schwer noch denken, aber fühlen, sie ist eiskalt und gleitend, lautlos – und messbar am verdrängten, verleugneten, tabuisierten Leiden der Menschen. In China wird Shopping wie „shipping" ausgesprochen und „shipping" heißt auf Chinesisch „blutiger Kampf". Menschen verbluten und bluten aus, sie haben innere Blutungen, Seelenverletzungen, die tödlich sind – symbolisch oder tatsächlich. Ihr eigenes Lebensrecht und ihr Wille ist durch Überwältigung entwunden worden. Es ist wie aus grauer Vorvergangenheit ein neuartiges Grauen und eine neuartige Grausamkeit entstanden. Die, die heute schon mit Terror, Amok und Gewalt antworten, verhalten sich im Sinne des Gesetzes des Geldes rational, sie sind sein Echo, die Antwort der Verlierer, die ihrerseits Allmacht wollen.

Das Geld ist unendlich endlich. Die Erfahrung verändert die Erfahrung von Reichtum und Armut. Diese Erfahrung wird vielleicht eine sein, die die Besitzverhältnisse tatsächlich in Bewegung versetzt.

2 Politikwechsel – Politik, Macht, Allmacht

Dass sich die Totalität des Geldes durchsetzen konnte, geht nicht auf das Geld selbst oder *die* Wirtschaft zurück. Die Veränderung ist eine politische Veränderung, die vom Zentrum der Gesellschaft ausgeht und dort ihren Kern und ihre Hauptursache findet. Der Wechsel ist ein Wechsel in der Politik selbst. Auch diese Verwandlung ist eine innere und geheime, die, ist sie erst vollbracht, von den Personen der Politik öffentlich ausgestellt wird.

Das in die fernste Abstraktion abgewanderte Prinzip des Geldes, seine ihm innewohnende Ausdehnungsgewalt, steckt alle an. Den größten Sog entfaltet es jedoch für die Politik, die von ihrer Natur aus alle Macht aufsaugen will, um ihre Herrschaft zu sichern. Es ist die Politik, die verantwortlich ist für den Sieg des Geldes und seine Allmacht, sie hat es möglich gemacht, sie hat ihn selbst herbeigeführt, sie ist die Krone des Ganzen.

2.1 Durch Teilhabe zum Ganzen

Die Dynamik des Geldes ist nicht ohne die der Politik vorstellbar, lesbar, verstehbar. Es gäbe sie nicht ohne die Politik. Die Politik hat sich mit dem Geld um der
„Teilhabe" willen verschmolzen. Sie ist freiwillig Teil des Geldes geworden. Sie hat
sein Strukturprinzip übernommen, anstatt ihren einstigen und überhaupt irgendeinen Unterschied geltend zu machen, für die Gewährleistung des Ganzen, mindestens die Gewährleistung des Ganzen der Verfassung zuständig zu sein. Diesen
Unterschied hat sie zunichte gemacht, um sich mit dem Geld als Ganzem zu ver-
gemeinschaften. Das Geld ist zum Ganzen erst durch die Politik geworden, nichts
von seiner Wirkung wäre ohne Politik der Fusion gegeben. Das Geld trug den
Sieg davon, nicht weil es an sich allmächtig wäre, nicht weil die größten Konzerne dominierten, nicht weil das Geld die Politik in wirtschaftliche Unternehmen umfunktioniert hätte, nicht weil die Wirtschaft der Politik drohte, nicht weil
die Wirtschaft sich Gesellschaftspolitik anmaßte, gar sich mit Gesellschaft einfach
gleichsetzte – obwohl all dies auch geschah. Der Wechsel erfolgte im Zentrum
der Politik selbst und er war ein grundlegender Politikwechsel, eine Umstülpung
von einer inhaltlich begründeten und legitimierten zu einer rein machtpolitischen
Politik, die mit dem Geld dem Ganzen des Geldes und seinem Prinzip Allmacht
huldigt, ist diese doch homogener und einfältiger, eindimensionaler und einheit-
licher, größer und somit mächtiger noch als politische Macht, die begrenzt bleibt,
in der Demokratie allemal, aber sogar in einer Diktatur, die sich halten muss vor
dem Volk, auf das es unter dem Geld nicht einmal mehr wirklich ankommt. Mit
diesem Politikwechsel hat die Politik die Gesellschaft verraten, die hinter dem
Geld stehende Komplexität des Sozialen, dessen Teil das Wirtschaften ist. Politik
ist ihrem Wesen nach gebunden an die Beziehungen zwischen Menschen, Mensch
und Gesellschaft, an das Soziale, ihrem Charakter nach jedoch nicht an ein einziges abstraktes Prinzip – nicht einmal, wo es „nur" um Macht geht, denn auch
sie ist eine „Beziehungsfrage" – dann macht sie sich selbst nicht nur zum Teil des
Totalen des Geldes, sie macht erst das Totale des Geldes. Macht ist auch als Herrschaftspolitik immer eine Macht *für etwas*.
   Politik oder Macht ist die formende Kraft, die die Gesellschaft bestimmt, die
sich in der heutigen privatisierten Form der Politik, der öffentlichen Privatpolitik,
in ihr ausbreitet wie eine Chemie, die jede Zelle eines Organismus erreicht, die
das Geld bestätigt und bedient hat – und im Resultat die freie Sklavengesellschaft
selbst vorgegeben und geschaffen hat. In dem Moment, wo die Demokratisierung
der Gesellschaft auch jene bis dahin politisch tabuisierten „Privat"bereiche der
Gesellschaft erreichte und wirklich basal zu werden drohte, antwortete die etablierte Politik mit der Privatisierung der Politik, um die Verhältnisse wieder um-
zukehren. Der Sündenbock der Wirtschaft kam ihr gerade recht, um das Volk

besser hinter sich scharen zu können, was sie nicht im Geringsten an der gemeinsamen Sache mit der Wirtschaft hinderte.

2.2 Kapitalbildung für das Ich

Mit diesem Politikwechsel ist die Politik als Kollektivum in ein Ich und ein Kapital,
eine Kapitalisierung des Ichs oder anders gesagt die umfassende Kapitalbildung
für das Ich und viele dieser Art zerfallen. Sie wurde zur Ich-AG, die strebt, alles zu
nehmen, was sie kriegen kann. Dazu gehören selbstredend auch Bünde und Seilschaften, solange und sofern sie vorteilhaft sind. Entscheidend ist das Quantum
an *leerer* Macht. Es ist eine Politik in der ersten Person, die Privatisierung der Politik, alle Politik eines Politikers erschließt sich aus seiner Person. Das Private ist
in seiner Gestalt immer politisch bestimmt, Politik aber ist per se nichts Privates.
Wird sie als Privateigentum gehandelt, liegt darin ein grundlegender Vorstoß zur
Machtanmaßung. Wird das Prinzip des Geldes in die Politik eingesetzt, kommt es
zum Verrat und Selbstverrat der Politik, während die viel bescholtene Wirtschaft
zunächst nur ihren systemgemäßen Job machte. Das grundlegende Fehlen liegt
bei der Politik.

In der Politik geht es keineswegs immer schon um bloße Macht, wonach
sich nichts Besonderes abgespielt hätte. Ihr Gegenstand ist eine gesellschaftliche
Machtordnung, wie immer sich diese darstellt. In den westlichen Gesellschaften
ist der demokratische Staat souverän, es sind nicht Personen als einzelne Bürger.
Die Verfolgung eigener Interessen ist jedoch mit dem Politikwechsel im Zentrum
des Systems zum Politik-System überhaupt geworden. Der Inhalt der Politik ist
entscheidend geblieben – er hat sich nur fundamental geändert. Privatpolitische
Machtanmaßung wie entsozialisierende inhaltliche Entmachtung und Selbstentmachtung der Politik erfolgten in einem kollektiven Vorgang. Sie haben die Politik vollkommen innerhalb der Verfassung in eine Umwandlung geführt, deren
Charakter in seinen Wirkungen und Folgen sich noch nicht wirklich entschlüsselt hat. Doch offensichtlich ist, dass sich politische und ökonomische Dynamik
in neuer Weise miteinander verschmolzen haben. Nichts ist in der heutigen Gesellschaft kollektiver und gemeinschaftlicher miteinander verbunden als das Geld,
die Politik und das Ich.

Die Botschaften der Bilder der Politik, die Bilderpolitik sprechen für sich. Anscheinend „nur" Unterhaltung und Show zeigen sie einen Kampf, der ernster und
blutiger ist als sein Vorbild, der Sport. Sie machen den Bürger zum Konsumenten, der sich eine Ware im Geschäft der Politik kauft und diese damit bestätigt. Die
Ware ist zugleich ihr „Inhalt", je eingängiger diese, desto geeigneter. Auf sie setzt
die politische Werbung auf, deren selbstgewiss auf Selbstvermehrung gerichtete

Stoßrichtung immer von Anfang an klar ist. Es ist in jeder Hinsicht eine Politik der Okkupation. Die allgegenwärtigen Bilder der Politik sind und schaffen selbst die reine Machtpräsenz. Ihren Inhalt kann man sehen. Sie zeigen die Machtverhältnisse. Die Bilder der Medien repräsentieren nicht „die" somit schuldigen „Medien". Es sind die von Mächtigen für Mächtige gemachten Bilder, die Macht machen – Selbstdarstellung, Dauerpräsenz, Macht. So wie der gemachte Menschen mit seinem Machen seine Macht macht.

2.3 Machtversessenheit und Grundlosigkeit

Die Entleerung der Politik im Übrigen ist die Voraussetzung der Bilderpolitik. Fällt der Bezug zu Inhalt, Denken, Erkenntnis, Wahrheit und Mensch zugunsten des Bezugs zum Geld aus, verliert die Demokratie ihre Voraussetzungen. Politik endet in Machtanhäufung, in Zahlen-Geldsammlungen, in Massendenken, im Machen, Organisieren, Funktionieren. Sie wird auf ihre Weise früher oder später zu etwas Totalem. Das Ausmaß dessen, in der solche Politik unsere Welt beherrscht, ist neu. Ohne Inhalt, Wert, Veränderung, Sinn und Gehalt, uninspiriert, geist- und visionslos, ist diese Politik lebenslos. Über sie kann kein demokratischer Prozess stattfinden, keine Auseinandersetzung und Prüfung. Eine orientierungslose Politik macht ersatzweise den stimmungsgeladenen Wähler zum Orientierungspunkt, den sie zuvor in Geistlosigkeit versetzt hat. So breiten sich schließlich ohne Ende Unsicherheit, Wirrheit, Irrsinn und Angst, Panik, Gewalt und Verschwörung des Schweigens aus, sie werden sich selbstvermehrender Teil der Herrschaftsstrategie. Von der Politik bleiben Machthaber als Pappfiguren mit Einflüsterern drumherum – verantwortlich ist am Ende niemand, es mündet in Freisprechung von allem. So greift man überall ins Leere oder gleich in die Schmutz und läuft davon. Auch das ist, wie in der Ökonomie, Teil der Okkupation. Die Politik hat sich in einem letztlich dummen Realpragmatismus gefangen. Sie ist zu einer abstoßenden Kampfart um Interessen an Macht und Ökonomie geworden, die ihre Macht nur noch aus ihrer Dunkelheit und Abscheulichkeit – und der Abwendung der Wähler von ihr – bezieht.

Intellektuellenfeindlichkeit, Inhaltsleere und Unoffenheit im Gewande von Öffentlichkeit wohnen dieser Politik im Grunde inne. Sie gilt für alle Varianten und Modelle dieser Politik des Parteienkartells von rechts bis links. Die etablierte Partei-Politik hat sich über diesen grundlegenden Politikwechsel als Gegenprogramm wie als Reformprogramm so erschöpft wie jede politische Veränderungsabsicht überhaupt. Es gibt nur *eine* Politik, die sich selbst rastlos noch restlos zum Verschwinden bringt. Ohne Inhalt, Gedanke und Tat kommt Politik nicht aus. In der Konsequenz einer leeren Politik liegt die Machtversessenheit. Diese ist das

Problem der Politik. Das Problem liegt nicht im Mangel an moralischen Ressourcen, die die Politik bzw. Demokratie nicht selbst herstellen kann und für die wieder die Religion einspringen soll, was auf eine Instrumentalisierung von Gesellschaft mehr hinausläuft. Leere Politik hat ihre moralischen Grundlagen um der
Macht willen selbst aufgegeben. Politik als Machtausübung wird nicht hinterfragt,
selbst wenn diese Macht mit anderen Parteien geteilt wird, die sich aber letztlich schnell einig sind, sofern ihre Klientel befriedigt worden sind. Auch Verfahren und bloßes Sprechen reichen nicht aus, Diskurse gibt es im Überfluss. Beides
kann sich leicht gegen andere und gegen den Mensch generell richten. Wie die
Einen die Anderen betrachten – ob die einen wie die anderen gelten, ob den einen
die anderen Gegner, gar Feind sind – hierin bestimmt sich die inhaltliche Grund-
substanz der Politik von ihrem allererersten Moment an. Daraus resultiert die Antwort auf die Frage, wie mit welchem Blick und worüber zu sprechen wäre. Die Politik findet ihren Grund und ihre moralische Ressource erst im gleichen Recht für
all die anderen, wer immer das sei, auch jenseits des Gesetzes immer wieder neu,
um das Gesetz zu erweitern. Denn je weniger das Gesetz andere als die einen vorsieht, desto mehr entziehen sich die anderen und bedienen sich im Zweifel wie die
einen nur auf umgekehrte Weise des Gesetzes – wie es sich in der Abwendung von
der Demokratie vieler Menschen und der gleichzeitigen Ausreizung aller Vorteile
zeigt. Politik kann das Konkurrenzprinzip, gar das Kriegssystem nicht übernch-
men, ohne sich aufzugeben. Denn in der Gesellschaft sind die einen von den anderen abhängig und die anderen werden nur, wenn die einen sie aufnehmen. Das
ist das Verhältnis von Leben und Tod in der Politik, das Verhältnis von Geburt
und Sterben. Der Bezugspunkt von beiden ist Macht und Ohnmacht. Hier ruht
das Soziale. Der Bedeutungsverlust der Politik hat in ihrer eigenen Grundlosig-
keit seine Ursache.

Auf dieser Basis verselbständigt sich die vom Eigeninteresse angetriebene
Eigendynamik des Systems der Politik und ihrer Mittel zu einer sich selbst aufbauenden und ausdehnenden Machtausübung. Die Politik sucht nach Besitzstandswahrung in allem und nach Macht und Kontrolle des Bestehenden. Sie funktioniert auf der Basis von Freund-Feind-Verhältnissen allüberall, sie ist strukturell
dualistisch, populistisch, opportunistisch. Sie schwankt zwischen Allmacht und
Unterwerfung, ihre übergreifenden Leitgedanken liegen in der Forderung gegenüber dem Bürger ebenfalls nach Allmacht und Unterwerfung. Sie arbeitet mit
Angst und Gewalt, mit Kontrolle und Prävention, sie setzt auf Penetration. Diesen Ordnungsmustern wohnt selbst die Tendenz zur Ausweitung nach innen und
außen inne. Sie stützen sich auf das staatliche Gewaltmonopol als Bindemittel der
modernen Gesellschaft, das latente Angst zum Medium des Gemeinwesens hat.
Die Vereinnahmung der Politik für die Selbstvermehrung des privaten Kapitals
der Politiker wie der vielen Ichs wie des Geldes generell greift auf die Struktur des

Staates überhaupt zurück. Politik als Macht ist Organisation und diese ist Systemvollstreckung, so erklärt sich die Politik heute selbst. Sie macht sich zum Vollstrecker von Systemmacht und Organisationslogiken, die zum Fürchten sind.

2.4   Zerstörungsmaschinerie

Der Politikwechsel aus dem Zentrum der Politik reicht in eine noch tiefer liegende Dimension. Die Abkoppelung von Inhalten der Politik, ihre Entleerung
und Beliebigkeit wirken wie ein politisches Ätzgift in die Politik selbst und in die
Gesellschaft hinein. Die entleerte Politik produziert Macht durch Zerstörung. Indem sie zerstört, Inhalte nur als zudem stigmatisierende oder werbetreibende Etiketten benutzt und Menschen instrumentalisiert, mehrt sie ihre Macht. Die Entleerung der Politik stellt sich dabei als quasi umgekehrte westliche Variante eines
aggressiven Glaubensstreits dar, den die Politik gern anderen Regionen der Welt
unterstellt. Die Abwesenheit von Inhalt in der Politik wird, wo es der Macht dient,
mit Frauen bedeckt, deren bloßes Auftreten gar schon als Feminismus ausgegeben wird. Dabei werden dualistische, polare Geschlechter-Bilder bedient, die bevorzugt allein biologisch gedacht werden, immer sich selbst bestätigend, die als
solche schon in doppelter Weise antifeministisch sind und obendrein den Vor-
zug der allgemeinen Bestätigung von Dualismen haben. So verbündet sich inhaltsleere Politik mit „Weichheit", „Weiblichkeit" und „Mütterlichkeit" traditio-
nellster Art – um mit ihrem Mittel Pseudo-Gefühligkeit, vermeintliche Fürsorge,
Moderation, schöne Darstellung als Surrogat und Fangmittel einzuführen. Tatsächlich findet währenddessen über die Körper der neuen Könige ein neuer Krieg
der Politik, einschließlich der Geschlechter, statt, in dem das jeweilige Ich um
die Verschmelzung mit dem größtmöglichen Kapital, auch mit den neuen Gat-
tinnen und Gatten an der Seite, kämpft. Der Politikwechsel endet in einer Verabschiedung aus der Politik – nach vollbrachter Zerstörung ist sie wirkungslos, den
neuen Königen reicht der schöne repräsentative Schein. Er ist längst Teil des Gesetzes des Geldes. Es ist diese besondere Art von Zerstörung, die auf das Konto
der Politik gehen, die alles ineins setzte vom Geld aus. Politik ist das, was die Gesellschaft zusammenhält – heute auf eine sehr bestimmte Weise: in ihrer Wirkung
liegt eine so sehr entfliehende wie implodierende Gesellschaft. Solange die Politik an Macht und nicht an Inhalten – den Abstraktionen der Notwendigkeiten
der menschlichen Existenz – orientiert ist, solange Gedanke und Tat ausbleiben,
ist sie allenfalls der treffendste Ausdruck ihrer Zeit und geht es immer bereits
um einen Verfall und Verlust an Gesellschaft. Die Politik als Zerstörungsmaschinerie geht auf in der Wirkung der Zerteilung durch Geld. Sie hat sich mit ihm
eins gemacht.

Das Gesetz des Geldes ist allgemein geworden, in der Politik, durch die Politik. Es vereinnahmt alles, es verbraucht alles, es lässt nur die Machtorientierung als solches übrig. Ungleichheit der Macht und Allmachtswahn, nicht der Markt und nicht der Wettbewerb, sind das Hauptproblem der Zeit. Der auf dem Markt beworbene und gehandelte Inhalt, die Macht allein, die ohne Mitgefühl ist und Mitleid nicht kennt, ist die Kraft der Zerstörung von Menschlichkeit, Gemeinwohl und Gesellschaft. Sie ist egomanisch und niemals gesellschaftsfähig. Die Politik baute den Mythos der Machtlosigkeit der Politik auf, um in dessen Namen illegitime Macht anzusammeln und dem Mythos der Macht und Allmacht zu huldigen. Das Ergebnis führt uns paradoxerweise die Nichtigkeit der Macht vor Augen: sie vermag nichts mehr auszurichten und zu richten. Solange sie das verbergen kann, bleibt die Macht der Macht trotzdem: sie hält die Menschen in Unterwerfung, in Lähmung, in einem Starren wie das Kaninchen auf die Schlange. Sie stürzt die Politik in eine tiefe Krise. Die Krise betrifft ihren Stoff als solches, das Kollektive, allen Gemeinsame. Gerade die Politik müsste sich um das Allerinnerste des und der Menschen und Gesellschaft kümmern und sie verrät mit Unterwerfung und Selbstunterwerfung derzeit am allerschmerzlichsten. Sie dankt damit ab. Der Vorgang ist selbst Ausdruck des Wandels in der Welt – nach der Inversion des Geldes ins Innere des Menschen, beginnt der Ausverkauf dieses Inneren. Es ist nichts mehr wert. Zurück bleibt der leere Mensch, innerlich tot. Die Abkehr vieler Menschen von der Politik, die als unpolitisch nicht verstanden werden kann, mag sich noch mal als lebensrettend erweisen. Es kann etwas Neues entstehen. Vielleicht holen sich manche aus der Gesellschaft ihre Beziehungsfähigkeit und neue Politik schon zurück.

Die Verbrauchtheit der Politik, nach ihrer Säkularisierung, nach den großen Gesellschaftsideologien des 19. und 20. Jahrhunderts, die Sicht auf eine Gesellschaft, die, getränkt von der Politik der Macht, in ihrem Kern faul ist, die Ernüchterung über das Vermögen des Menschen – sie führen zu einer umstürzenden Demythologisierung der Politik. Die zukünftige Gestalt der Politik ist danach eine terra inkognita.

3   Alles in eins – Krieg – gegen sich selbst

Alles in eins zu setzen, hat Konsequenzen besonderer Art. Aus dem Versuch purer Größe der Zahl, der Mathematik, der Mehrung, erwächst, verlängert ins Ewige, eine Vernichtungslogik, ein Krieg gegen das eigene Selbst, der dieses in die eigene Implosion und Verschlingung treibt. Er führt in einer Krise der grundlegenden Art, einer existentiellen Erschütterung, die auf leisen Sohlen kommt.

3.1   Vernichtungslogik und Kriegerisches

Die Logik des Geldes hat einen Zwang zur Selbstveränderung von ungeheurer Härte erzeugt und niemand wirklich eine Wahl und einen Raum für Entwicklung gelassen. Unternehmer in eigener Sache zu werden, wird, wo diesem Befehl alle folgen sollen, zu einem menschenunmöglichen und selbstmörderischen Unternehmen, das früher oder später alle zu Verlierern macht. Es wird zu einem sozialen Krieg gegen sich und andere, weil es jeden Teilnehmer vor ständig miteinander unvereinbare Normen stellt: Alles in eines zu setzen und alles zugleich jetzt zu vollbringen, wird zum Krieg gegen sich selbst und die eigene Gattung, zu einer Autoaggression als kollektiver Krankheit und Seuche. Es gipfelt in einer Vernichtungs- und Menschenvernichtungslogik, wo fortwährend unentwegt von vorn der neue Mensch, der perfekte Mensch, der neue Unternehmer gefordert wird. Die Kapitalisierung des Menschen ist der soziale Tod des Menschen, sie läuft auf seine Abschaffung hinaus. Unter dieser Logik begibt sich die Menschheit in eine Selbstzerstörung der Menschen. Und wenn sie dabei auch die Erde ausplündert, so wird es doch diese sein, die länger durchhält. Wo unentwegt leergeräumt wird und sich nur die Leere fortsetzt, findet die politische Selbstabschaffung des Menschen statt. Mit der Externalisierung von Mensch und Menschlichkeit aus dem gesellschaftlichen Prozess bereitet die Geld-Gesellschaft ihr eigenes Ende vor.

Die Einübung in den Kampf beginnt in der Schule. Sie bringt Kindern ihre Anwesenheitspflicht bei, sie unterwirft sie der ersten Exklusionsmaschine und sie wird zum Ort der Zuschreibungen und Rollenzuweisungen. Sie wird zur Stätte der Erfahrung von Kampf im Zentrum des Lebens. Brutale Jugendgewalt wird zur grundlosen Jagd Unschuldiger, um selbst als Könner dazustehen. Sie hält der Gesellschaft der Gegenwart den Spiegel vor. Dass im Zweifel jeder jeden umlegt, ist die Welt, die Kinder und Jugendliche zu sehen kriegen. Der Blick muss nicht bis nach Ruanda reichen, um zu erkennen, wie die sozial Abgehängten sich selbst untereinander abschlachten und sich nach dem sozialen Tod einander den Rest geben. Am unteren Ende der Gewalt wird der eine Weltzusammenhang heute sichtbar, der am anderen Ende Banker zum Zwecke ihres Überlebenstraining sich durch den Schlamm jagen lässt, um sie den Sozialkrieg bestehen zu lassen. Das Sozialkriegerische, so sehr es sich vom wirklichen Krieg unterscheidet, wie es ihn zugleich aber auch überflüssig zu machen scheint, ist der Ökonomisierung eingeschrieben wie der Politik heute, die als Kampfsport zum Anschauen auftritt, mit dem zudem die verschiedenen sozialen Gruppen in der Gesellschaft gegeneinander ausgespielt oder aufgehetzt werden. Es findet sich freilich auch im unsozialen Alltagsverhalten der Menschen sowohl in der Folge als auch im Vorlauf dessen.

Der wirkliche Krieg ist damit nicht aus-, sondern eingeschlossen, auch wenn er sich bislang nicht in den westlichen Ländern selbst abspielt, sondern dort, wo diese sich in ihrer Lebensweise von Aggressoren bedroht sehen. Zugleich ist der Irrsinn des Krieges das größte Problem, das auf seine Beteiligten stets verheerend zurückwirkt, ganz besonders erfahrbar unter der Bedingung der Globalisierung. Welcher Krieg wurde zuletzt gewonnen? So versucht man es mit komplexen, das Militärische einschließenden Mitteln und Methoden, die ein neues Problem schaffen, nämlich Krieg und Nichtkrieg ununterscheidbar und das Kriegerische damit allgegenwärtig zu machen. Krieg und Nichtkrieg spielen sich nicht mehr in den klassischen Konstellationen ab, sie entbehren der Definition, sie führen in die Unklarheit und in den Sumpf, ins Verhängnis. Der 11. September 2001 und seine Folgen illustrieren es. Zivilität wird ausgehöhlt, sie verkehrt sich, unbemerkter denn je, schon in dem Moment ins Gegenteil, wo der Nichtkrieg-Krieg auf der Überlegenheit moderner ökonomischer, politischer, psychologischer, medialer, strategischer, ideologischer u. a. Machtmittel basiert und diese inversiv wirken. In den Einsatz dieser Machtmittel und mit diesen werden sehr viele zunächst Unbeteiligte eingebunden, bis hin zur Zivilgesellschaft aller beteiligten Länder. Diese Mittel haben die Eigenschaft, sich im Laufe der Zeit in ihrer Wirkung so implosiv wie explosiv nach innen wie nach außen auszubreiten. Es ist eine Überlegenheit, mit der die Verantwortlichen in ihrem Tun alles benutzten, aber zu nichts mehr stehen. Auf ihrem Grunde wurde als Krieg anerkannt und behauptet, was als Terror begann. Es wurde zum Feind erklärt, was Herausforderung hätte sein können – bereits hier liegen der Anfangsfehler und der erste Verstoß gegen die Zivilität. So wurde die Kriegserklärung gegen den Terror als solche ein basaler Fehler. In diesem Nichtkrieg-Krieg wird „unten" Mann gegen Mann gekämpft und „oben" komplex. Hier sind alle vorhandenen Mittel miteinander verschmolzen und verzahnt. Die Komplexität und die Einheit der Mittel schafft die Überlegenheit. Diese Überlegenheit lässt die Verlierer die „Selbstverlierer" sein, das kennzeichnet ihre wirkliche Unterlegenheit. Sie erfahren sich als „selbst schuld" und anerkennen es auch so, obwohl es ein Machtspiel ist, eine Herrschaft über den Kopf, eine Frage der Definitionsmacht, eine Glaubenssache. Die Terroristen versuchen von Anfang an, in der Komplexität ihres Vorgehens trotz bescheidender Mittel nicht nachzustehen – sie haben nur als Angreifende einen Vorsprung und eben darin, dass sie Terror überhaupt als Mittel wählen. Es ist ein Mittel, dass quasi in der Luft liegt und im Alltag der Welt unter dem Gesetz des Geldes wurzelt und daraus seine Kraft bezieht. Der geregelte Krieg versuchte, den Terror aus dem Kriegsgeschehen auszuschließen und die Mittel des Krieges zu begrenzen. Unter den Bedingungen der Globalisierung tragen die alten Regeln nicht mehr, da sie zu viele ausschließen und zu bloßen ohnmächtigen Opfern machen und das Tor zur „negativen" Einbeziehung aller geradezu öffnen. Die Vorboten des Terrors sind schon lange in der Welt.

Der Nicht-Krieg-doch-Krieg-Bürgerkrieg-Politik(krieg), den wir heute haben, ist das Produkt dieser Entwicklung. Es zeigt das Ende des Konfliktlösungsmodells der (alten) Gewalt und Feinderklärungen an. Die Externalisierung der Probleme von irgendeiner Macht auf eine andere, von irgendeinem Land in ein anderes, von irgendeiner Gruppe auf eine andere, von irgendwem auf einen Sündenbock ist nicht mehr möglich, weil kontraproduktiv. Wir erleben derzeit, wie die Gewalt in der Folge des Gesetz des Geldes und seiner angestellten Manager der Gesellschaft ebenso wie die Gewalt, die sich als Resultat dessen wiederrum in den sozialen Problemen der Weltgesellschaft ausdrückt, quasi urwüchsig kleinbuchstabiert und nach unten verlagert wird, um in einem alltäglichen Bürgerkrieg zu münden. Dieser Bürgerkrieg scheint angesichts der Probleme, um die es geht, wie ein absurdes und groteskes Phänomen, er ist aber doch sehr real.

3.2   Implosion und Selbstverschlingung

Das Totale des Gesetzes des Geldes geht untrennbar mit einer gefräßig implosiven Kraft einher. Wo es auf dem Globus außer externalisierter, weil hinderlicher Menschlichkeit und Menschen, nichts Externes mehr gibt, auf das sich das sich selbst mehrende Geld ausbreiten könnte, richtet sich seine Kraft unsichtbar und sukzessive als ein Verlust von Kraft, als ein In-sich-zusammenfallen, nach innen in die von ihm eroberten und beackerten Welten. Die Implosion ereignet sich, wo nichts Fremdes mehr geblieben ist und sich die Eliten so allen Hindernissen gegenüber abgedichtet haben, dass sie alle Ausgeburten des Marktes für „exzellent" halten und diese im Übrigen zu kontrollieren können glauben, und wo zugleich eben deshalb in der Gesellschaft keine Kreativität mehr stattfinden und zum Zug kommen kann – es sei denn mit Gewalt und sodann gewiss nicht mit gutem Ergebnis. Hier sind nicht die Einzelteile des gesellschaftlichen Geschehens jedweder Art das Problem, sondern ihr Kontext und ihre Zugehörigkeiten stimmen nicht mehr oder sind entfallen. Es gibt keinen Halt und Zusammenhalt für das, was nicht mehr zusammenpasst und zerfällt. Wenn die Hauptaufgabe des Wettbewerbs sein soll zu zeigen, welche Wege falsch sind, so führten sich die gegenwärtigen Systeme der Weltmärkte selbst ad absurdum und über sich hinaus. Die Opfer übersteigen längst die Gewinne – einschließlich der vielen geopferten Manager. Keine Kontrolle kann einholen, was sich gerade frei entfalten soll, um sein zu können, was es ist. Hier, auf dem Feld der Freiheit des Westens par exellence, erfährt die Erschütterung der Freiheit, wie sie auf vielen Feldern der Gesellschaft zu erleben ist, ihren klarsten Ausdruck. Sie fällt in sich selbst zusammen. Dies gilt umso mehr, als die Vermarktung jeder Negation der Herrschaft des Geldes und seines Marktes produktive Schärfung des Eigenen im Gegensatz zum Gegnerischen aufgegeben hat und so der Selbstauflösung, der Implosion, dem Zerlaufen weicht, um früher oder später in etwas Anderem aufzugehen.

Am Ende ist alles gleich – im Verschwinden. Das Geld verschlingt alle Werte. Es kehrt die Ordnung der Welt um und entlässt den Menschen. Die neue Ordnung lässt allein das Geld übrig und macht so schließlich die Gewinner seines Gesetzes zu Externen, die auf die zuvor Externalisierten angewiesen sein werden. Je mehr in den Kreislauf des Marktes aufgenommen wurde, um so mehr wurde am anderen Ende hinausgeworfen. Die Marktgläubigkeit wird marktwidrig. Nach der Demokratie scheitert der Markt. Es ist auch eine Selbstverschlingung der großen Errungenschaft der Aufklärung und Emanzipation. Allerdings war diese Aufklärung bereits steckengeblieben, wo sie auf dem Ausschluss der Frau und allem anderen Anderen basierte und ihre quantitativen wie qualitativen Möglichkeiten weit unterschritten wurden.

Die Finanzkrise seit dem Herbst 2008 demonstriert, wie der Gegenwartskapitalismus sich loswerden will, er offenbart seine Selbstverschlingung und wie er im Moment seines Absaufens hilflos – *endogen von den Kräften aus dem Innern her* – nach einer neuen Lösung, nach einem neuen Modell schreit, das in keiner Rückkehr zu irgendeiner Vergangenheit und ihren kapitalistischen oder sozialistischen Modellen der verschiedensten Art liegt. Es ist das Kapital selbst, das die Ressource Mensch entdeckt. Der Kapitalismus will nicht gerettet werden, seine eigene Bewegung zeigt ihn als unentrinnlich abtauchenden, er will durch eine neue Kraft verwandelt und überwunden werden, seine alte Gestalt abwerfen, um eine neue zu gewinnen.

Die Verwüstungen des Geldes, des Gegenwartskapitalismus, die Folgen der Unterwerfung unter nur eine Abstraktion, sind indirekt und allumfassend, selbstzerstörerisch und selbstverschlingend. Was aber bedeutet es, wenn ein System kollabiert, aber keiner da ist, es zu übernehmen? Verschwindet es von allein? Wie füllt sich das Vakuum? Wer übernimmt das Ruder? Welche Herrschaft schafft wieder Ordnung? Zunächst dominieren die Lähmung, die Ohnmacht, das Sterben.

3.3   Existentieller Einschnitt

Die Krise ist keine Wirtschaftskrise nur, sie ist eine Gesellschaftskrise, sie ist eine Politikkrise. Sie ist etwas, bei dem nichts so bleibt, wie es war. Sie ist eine tiefe existentielle Erschütterung von epochalem Ausmaß. Die Gesellschaftskrise ist eine Folge von Selbstzensur, Selbstunterdrückung, Selbstabschaffung, keine äußere Macht hat sie bewirkt, sie ist von innen entstanden. Inhaltslosigkeit ist der Kollaps unserer Gesellschaft. Ihre Wirkungen sind auf ganz eigene Weise umwälzend – das Umwälzende tritt als Passivität auf, als eine eigene Grenzerfahrung, es lässt uns ins Rückwärts plumpsen. Eine Macht ohne Kunst scheitert. Einer Gesellschaft geht es nicht gut, wenn sie keine Inhalte mehr hat. Eine Pluralität von mehr oder weniger dünnen Einzelinhalten reicht nicht, um Gesellschaften aufblühen zu lassen. Es geht – damit Gesellschaften werden und stattfinden kann – um das Verbindende und die Auseinandersetzung darüber, welches dies sein soll, wie es stets neu werden kann. Dieses Verbindende kann nur in etwas elementar Menschlichem liegen, auf dem alle Pluralität und Offenheit basiert.

Wo ein Übermaß an „falscher" Gleichheit und „falscher" Freiheit existiert, können beide weder für sich noch zusammen sein. Sie gehen am Mensch vorbei, obwohl alles Teil seines Lebens ist, sie funktionieren nicht. Die Vorherrschaft dieser Faktoren ist vorbei. Diese Verhältnisse zerfallen. Wo nur eines oder einer übrig bleibt, kann sich dies ob seiner Abhängigkeit von vielem anderen nicht mehr reproduzieren. Der oder die oder das eine und der oder die oder das andere – bei aller Verschiedenheit und Ungleichheit – wo es *kein gleiches Gegenüber* mehr gibt, stoßen wir an eine existentielle Grenze. Das zu realisieren, markiert den Epochenwandel. Wo das geschieht, lässt sich der Krieg verhindern und wird neue Entwicklung möglich.

4   Ausbeutung – Mensch – Entmenschlichung

Das Gesetz des Geldes und seine Wirkungen, seine endlose Gefräßigkeit, seine gewaltlose Gewalttätigkeit, seine stillschweigende Tödlichkeit, seine sich ausbreitende Leere, seine erdrückende Allmacht, sie sind unmenschlich. Diese Unmenschlichkeit besteht nicht zuletzt in der besonderen Art und Weise, in der der Mensch unter sein Gesetz unterjocht wird, in der er so leise, geschmeidig und verführerisch degradiert wird, dass es wie die vollständige Erfüllung seiner Wünsche und Bedürfnisse erscheint und doch zu einer Enteignung seiner selbst wird.

4.1   Ausbeutung der Menschlichkeit des Menschen

Es ist nicht so, dass die Manager des Geldes nicht um den Menschen, seine Stärken und Schwächen, Bedürfnisse und Sehnsüchte, seine Möglichkeiten und Grenzen wüssten. Die Wirtschaft von heute hat sie besser und mehr erforscht denn je oder irgendwo sonst. Sie hat sich dieses Wissen zueigen gemacht, um im Namen der Befriedigung den Menschen eben darin grenzenlos auszubeuten. Unter dem Signum des Geldes wird einfach alles und jedes, Menschen, seine pure Menschlichkeit ausgebeutet. Das Geschäft mit der Menschlichkeit selbst ist zu seinem Zentrum geworden. Es macht noch das Leiden und die Verheerungen in der Welt, noch jene, die es selbst zuvor produziert hat, zu einer lukrativen Angelegenheit, und sei es mit emotionaler Erpressung. Es setzt den Menschen zu einem etwas immer Minderwertigen, Bedürftigen, Abhängigen herab, zu einem defizitären Wesen, zum Defizit an sich, zu einem ewig (Selbst)Schuldigen und letztlich bösen Sünder, der durch das Geld erlöst werden muss, um bestehen zu können. Es entmündigt den Menschen im großen Stil. Dieser Fortschritt in der westlichen Welt ist angetrieben von sozialer Gewalt. Er findet nun in der Entmenschlichung, der Inhumanität, der Externalisierung des Menschen und seiner Menschlichkeit seinen Höhepunkt. Es ist ein Fortschritt, der in der Gewalt immer schon fragwürdig war, der sich erschöpft hat und der umschlägt in sein Gegenteil.

4.2 Durch die Hölle

Das Geld schickt den Menschen durch die Hölle, je nachdem, wie man es nimmt, mit dem Auftrag oder der Verheißung, auf diese Weise sein Leben zu retten. Der Mensch wird durchgewirbelt, dass man nicht mehr weiß, wer oder was man ist oder was man macht. Sein eigenes Sein und Erfahren wird niedergemacht und ausgelöscht. Der Mensch wird gequält und in seinem Sosein drangsaliert, bis man selbst der Zensor ist und in die allgemeine Verschwörung des Schweigens eintritt, bis man selbst wirklich der Versagende und Schuldige geworden ist. Es ist kein Zufall, dass in den fortschrittlichsten Ländern der Welt selbst die reale Folter vermeintlicher oder tatsächlicher Widersacher als politisches Phänomen zurückgekehrt ist.

Das Durchgewirbeltwerden mündet im allgemeinen Gefühl, alles sei unsicher geworden. Es besteht in der allgemeinen Beliebigkeit, die wie ein Ätzgift auf jede Regung wirkt. Es zeigt sich im Ausfall des Denkens und der Abkoppelung von Bewusstsein und Bewusstheit. Der Mensch bleibt wie ein Betäubter, Besoffener, Bekiffter dumpf und orientierungslos zurück.

Das Auslöschen und Niedermachen des Menschen zeigt sich, wenn nur noch gilt, was den Mensch in seiner purer Äußerlichkeit ausmacht, die käuflich hergestellt werden kann. Es negiert Geist, Denken und Emotion, Gefühl und Mitgefühl, es lässt nur Sentimentalität, Kitsch und Nostalgie übrig, es macht den Körper zur Maschine. Die Kultur der Unterhaltung in Bildern und der Jagd nach den richtigen machtverleihenden Zeichen und Symbolen mündet in Horror, gefangen in diesen erstarren ihre Opfer seelisch, ausgeliefert ihrer sinnlosen Existenz. Überschüttet mit falschen Emotionen und abgetötet in echten, endet es in einer emotionalen Impotenz des Menschen, die zum „Bösen" wird, weil sie teilnahmslos gegenüber dem menschlichen Schicksal macht, gleichgültig, auch gegenüber dem Mensch und seinem Leben selbst, seinen Wert so sehr herabsetzen, dass es auf ihn oder sie nicht mehr ankommt. Wo der Körper durch die Maschine ersetzbar geworden ist und zur Reparatur gegeben werden kann, weicht die Krankheit umso mehr auf die Seele aus, das Leben unter diesen Bedingungen macht die Seelen krank. Geistlosigkeit verbaut die restlichen Auswege aus dieser Lage.

Drangsal und seelische Folter liegen in der indirekten Wirkung des Gesetzes des Geldes, die sich systemisch verbirgt. Sie liegen im Oktroi zur Selbstzensur, Dressur und Selbstveränderung, welches inversiv, in äußerster Bequemlichkeit und abgesichert mitten in der Demokratie durch allgemeine Zustimmung erfolgt und unhinterfragbar wird. Wo der Mensch degradiert, enteignet und entmündigt wird, wird er auch regressiv gemacht und verliert er seine Selbstfähigkeit. Widerstand wird aufgelöst, Abhängigkeit festigt sich mehr und mehr. So schleicht sich die Selbstzensur allseitig lustvoll ein und schafft wirklich Unaussprechliches – wirkliche neue Tabus in einer tabulosen Gesellschaft. Abweichende werden sicherheitshalber aussortiert und ausgeschlossen, bei Bedarf subtil oder brutal gemobbt. Angst, Sicherheit und Macht – unter diesen Insignien machen die Herrschenden offizielle Zensoren überflüssig, weil wir, die Bürger, die Menschen, die so Beherrschten die Aufgabe selbst übernommen haben. In die Gefangenschaft wird eingestimmt, obwohl alle wissen, dass etwas verschwiegen wird. Die stille Gewalt geht von den Gefangenen selbst aus, sie spiegeln die gesellschaftliche Gewalt. Alleingelassen, in existentieller Not, in Angst – gerät der Mensch in seinen schwächsten und unsichersten Zustand. Was ihm geschehen ist, ist eine seelische Erpressung, Qual und Folter. Angst vor dem Geheimnisvollen und Unbeherrschbaren, dem Scheitern und dem Tod waren schon immer Grundlage der Glaubensinstanzen, die sich mit der Macht verbündeten.

4.3 Existentielle Krise des Menschen

Das führt zu einer existentiellen Bedrohung für den Mensch und zu einer existentiellen Krise seiner Menschlichkeit und der Humanität in der Welt. Es ist die entscheidende Frage unserer Zeit. Sie ist etwas Kollektives als entstandenes Problem und der Mangel selbst liegt in etwas Kollektivem. Es ist die Frage, wie wir uns künftig als Menschen verstehen wollen. Es ist die Fragen nach dem Sozialen in einer neuen Zeit.

Die Menschen, wir, wissen von allen Verbrechen überall, sind desillusioniert, es gibt *kein* anderswo und wir wissen, dass es immer wieder geschehen kann und auch geschehen wird. Wir, zu viele Menschen, sind abgeschnitten von sozialer Verbindung, während wir zwangsvergemeinschaftet werden. Wir leben losgelöst von Inhalten. Wir sind Gefangene des Systems des Geldes. Dieses System nimmt, indem es außer sich keinen Wert kennt und als sich selbst vermehrendes und so endzeitliches Gesellschaftsmodell auftritt, im Zweifel – auf welche Art auch immer – das Leben. Es trennt uns von der Wirklichkeit und ihren Wahrheiten ab und hindert uns, den erfahrenen Schmerz fühlend, wahrnehmend, ausdrückend, sprechend, aufklärend im sozialen Austausch in seinen Ursachen zu bearbeiten und etwas zu ändern. Es hat die Frage nach gut und schlecht eliminiert und verhindert den Streit darüber wie die Verhandlung über neue Wege. Es setzt den Menschen ab aus der Ordnung der Welt. Es führt in die Selbstabschaffung des Menschen. Es ist eine tiefe Krise des Menschen selbst und seiner Humanität.

5   Sklaven entlassen in Freiheit

Das obwaltende Gesetz des Geldes hat jedoch nicht nur die Eigenschaft, den Mensch zu seinem Gefangenen zu machen. Es macht ihn zu seinem Sklaven, der ihm freiwillig dient. Es schickt ihn in dieser Freiheit zugleich immer wieder zu sich zurück. Der Mensch bestimmt den Dienst wie seine Freiheit. Die das Geld entleert hat, taugen zu nichts mehr, als in die Freiheit entlassen zu werden. Das Geld ist dabei, fortwährend mehr und mehr seiner Sklaven in die Freiheit zu entlassen.

5.1   Zu Sklaven geworden

Globalisierung und Individualisierung bedeuten einen langanhaltenden Prozess großer Veränderungen in der ganzen Welt und insbesondere für die führenden westlichen Nationen selbst. Die Abhängigkeit vom Geld, hinter der sich die Abhängigkeit voneinander verbirgt, hat Bürger und Bürgerinnen in einer großen kollektiven Umwandlung freiwillig-unfreiwillig zu Sklaven gemacht. In der Gefangenschaft erlangten sie die verlangte Funktionsfähigkeit wie sie zu lebenslangen, so größenwahnsinnigen wie abhängigen Babies wurden, zu Kolonisierten, die bei Bedürftigkeit überflüssig und sich selbst überlassen, total verfügbar sind oder zu Müll werden. Das machte sie zum modernen Menschen. In der Folge ist der Mensch ist für nichts mehr zuständig und im Zweifel für alles allein verantwortlich. Beides ist unmöglich, beides ist unerträglich. Die Selbstbestimmung ist verloren, seine Unverfügbarkeit aufgegeben.

So kehren alle historischen Kernprobleme der Emanzipation – Sklaverei, Religionskriege, Rassenkonflikte, Klassenkämpfe, Geschlechterkrieg, obwohl diese von der Realität des Marktes aufgelöst sind – als verinnerlichte, abstrakte und verdichtete nochmals wieder. Sie versetzen den Menschen in Ohnmacht und liefern ihn erneut der Macht des vermeintlichen Schicksals aus.

5.2 Gefolgschaft zu wahnsinnigen Revolutionären und Himmelsstürmern

So zu Sklaven geworden, folgen die Menschen ihrem Herrn, dem Wahn, in den Wahn. Sie folgen den letzten Revolutionären, die die Welt noch hat(te), den Himmelsstürmern der (vermeintlichen) Freiheit, den Wirtschaftshasardeuren, die sich den modischen Künstler als vermeintlich anderes Gegenüber, auch ein Trickspieler, zum Spielgefährten – als Inspirator und Spiegel – auserkoren haben und dabei vom kritischen Gegenüber zu eineiigen Zwillingen wurden. Sie handeln mit höchsten, aber leeren Abstraktionen, am Ende mit einer einzigen, die schließlich völlig bezugslos, nur die eigene Größe als schlussendliche Luftblase im Kopf haben, auf dass die Sklaven ihr Dasein in einer Welt voller Illusionen fortführen können – gemäß den Vorstellungen ihrer leeren „Kunstwerke".

Wo der Angestellte des Geldes noch in einem vermeintliche Dienstverhältnis steht, hat der Weltkünstler ersten Grades als seine eigene Weltmarke sein Geschäft schon selbst erledigt und diese Bindung abgeworfen, um sie sich frei selbst erst recht zu unterwerfen. Seine Kunst, beider Kunst ist definiert durch das ewige Werden ihres DAX-Wertes, durch gigantische Summen, unermessliche Zahlen, Unfassbarkeiten, Wahnsinn.

Wo die Kunst sich noch nicht im Geld aufgelöst hat, ist der Künstler zum Clown, zum Hofnarr des Geldes geworden, dem perfekt freien Sklaven und sklavischen Freien, der auf dem Hof kichernd von der Wahrheit singen darf. Er ist das Vorbild für jeden Normalsterblichen, der sich heute der Kreativität verschreiben und zum freien (Lebens-)künstler qua Beruf werden soll.

Was einst sein Gegenteil war und sich befruchtete, nicht zuletzt im Unternehmen – Wirtschaft und Kunst – ist im Geld eins geworden zu einem Göttlich-Religiösen der neuen Art und darin sein ausschließlicher Selbstbeurteiler – ruhelos wach nervös in steter Umwandlung einzig gegenwärtig an der äußersten Grenze, wahnhaft weltgestaltend – und permanent kurz vor dem tödlichen Kollaps. Kunst soll nach dem Abdanken der Herrschaft der Religionen das neue Treibmittel der Macht und des Geldes, der Macht des Geldes sein. Die Hasardeure neuartiger Größe produzieren ein Scheitern neuartigen Ausmaßes.

5.3 Fortwährende Entlassung der Sklaven

Doch noch bevor sich die Sklaven selbst befreien können, werden sie längst entlassen. Heerscharen „Arbeitsloser" sind es schon, Jobber werden so kurzzeitig angeheuert wie entlassen, wer ein Problem hat, landet vor der Tür, es werden weitere folgen, mehr und mehr auch aus der höheren Etagen der Gesellschaft. Sie sind nicht einfach „arbeitslos", welch harmloses Schicksal im Vergleich, sind niemand mehr, am Boden zerstört im ganzen Sein. Es wird nichts da sein, worüber sie noch selbst bestimmen könnten. Aus dem Sklaventum entlässt der Kapitalismus den Einzelnen in die Freiheit nun, um sich dort zu vollenden. Der Mensch sieht sich ohne alles dastehend an den Anfang seiner Existenz existentiell zurückversetzt – als wollte Gott die Welt noch einmal neu erschaffen. Auf diese Weise stehen die Menschen nun vor der Frage, wie sie – statt mit dem Allmächtigen – mit der Not und dem Scheitern, den Verlierern und den Ohnmächtigen umgehen, wie sie etwas fördern statt fordern können, wie der Mensch leben kann unter der Bedingung fortwährender Not.

Wenn die Freiheit wirklich an die Stelle veralteter stabiler Glaubens- und Herrschaftssysteme treten soll, wenn Freiheit wirklich ein dynamisches und offen Prinzip sein soll, das eine große und integrative Anziehungskraft haben soll, dann ist dafür eine entsprechende Grundlage nötig. Sie muss in der Bindung des Geldes an den Mensch liegen, in einer Versicherung der Menschen für den Menschen als Struktur von Gesellschaft, um die Gewalt des Geldes mit weichen Mitteln zu schmelzen und durch Befriedung friedlich zu machen. Wo der moderne Mensch sich macht, kann er sich auch dies machen, nachdem er in die Freiheit entlassen ist und eine solche Versicherung in den sozialen Beziehungen untereinander in Freiheit beginnt. Was der Mensch tut und erwirbt, ist dann abhängig von der Zustimmung anderer, von denen er abhängig ist wie der andere vom einen. Das Existentielle in der Politik besteht in diesem sozialen Gründungsakt. Mit der Wiederkehr der Politik kann die Kolonisierung beendet werden.

6   Realismus – Wahrheit – Lüge – Wahn

Das Gesetz des Geldes lebt davon, seine Umgebung auszublenden. Der Raum, in dem es existiert, ist nur für es selbst da. Er ist für das Geld wie der eigene Leib für den Menschen. Er ist da wie selbstverständlich. Der Raum wird nur im eigenen Sinne wahrgenommen – das heißt, er wird nicht wahrgenommen. Denn die Welt ist keine Zahl. Das Gesetz des Geldes blendet die Wirklichkeit aus und verleugnet Reales außer sich. Das Geld ist zugleich in einer anscheinend unsichtbaren unzerstörbaren Faser mit aller Welt verbunden – es nährt sich von ihr. Vom Geld aus, das gnadenlos gleichgültig gegen alles sich selbst vermehren will, breitet sich seine Realitätsverleugnung in den Gesellschaften aus. Das Geld reißt die Menschen mit in seinen Wahn.

6.1   Realitätsverleugnung auf dem Markt

Auf dem Markt wird die Realität in einer einzigen Abstraktion wahrgenommen und diese umgeben von Nullen in Größenordnungen unvorstellbarer und unfassbarer Art. Auf dem Markt – einmal mehr an der Börse – herrscht Wissen von per se höchst beschränkter Art. Je komplizierter zudem Finanzgeschäfte sind, umso Weniger wissen selbst um dieses Wissen. Wer seine Geheimnisse zudem vor der Konkurrenz verbergen muss, weiß vermutlich am Ende selbst nicht mehr, was er wirklich weiß. Je weniger Wissen, umso größer schließlich ist die Macht, die vom Geld ausgeht. Entscheidungen können nicht mehr getroffen werden.

So gründet die Logik des Geldes die Wirklichkeit schließlich in der Rede des sich selbst vermehrenden Geldes und die Rede gründet nicht mehr in der Wirklichkeit. Die Rede zeigt nicht mehr an, was ist, sondern wie der Redner sie behauptet. Die Sprache der Wirtschaft wird aus Plastik. Es existiert und es existiert ewig, weil wir es sagen, um es zu setzen – so lautet das Prinzip des Kapitalismus nach dem Ende des kalten Krieges. Die Welt existiert, wie wir es sagen.

Mit dieser Rede nimmt das Geld zugleich den Menschen ihre Vorstellungen, Werte, Phantasie, ihre Wahrnehmungs- und Entwicklungsfähigkeiten weg und bringt diese unter seine Kontrolle. Denn welche Imagination könnte größer und besetzender sein als die Zahl des unendlichen Geldes. Diese Rede und ihre vernichtende Wirkung für menschliche Vorstellungskräfte kennzeichnen beide eine Flucht aus Wirklichkeit, sodass die Realität sich verbirgt und damit das „Andere", alles Ausgegrenzte, spurlos verschwindet. Die Inhaltlosigkeit der Geldwelt, die im Namen des Realismus und Pragmatismus einherkommt, ist selbst eine Flucht aus Realität. Sie kann sich und auch nichts sonst mehr prüfen. Sie hat die Kraft allen Geistigen geleugnet. Die Vernunft ist in der Welt des Geldes aller Mathematik zum Trotz ausgeschaltet. Die sich mit der Welt des Geldes verschmolzen haben, wie die Politik, nehmen seinen Charakter, sich zu verbergen, um alles andere umso besser leugnen zu können, ebenfalls an.

Stattdessen macht sich der Markt zum Magier für alles. Wo er zu zaubern scheint, breitet sich Irrsinn aus. Ursache und Wirkung sind nicht nur vertuscht, sie werden vertauscht. Verwirrung wird gestiftet. Orientierungslosigkeit greift um sich. Wenn aus weniger als Nichts – nämlich aus Schulden – alles – nämlich Reichtum wird, steht die Welt Kopf. Keine Erscheinung der Welt ist mehr auf irgendeine Handlung, ein Tun, gar ein verantwortliches zurückzuführen. Beim Geld herrscht tägliche Irrationalität.

Wahrhaftigkeit und Lüge, Profit und Manipulation sind unzertrennlich. In diesem Licht wird die Realität außer Kraft gesetzt, weil wir an diese gar nicht mehr herankommen. Die Realität wird in Wahn aufgehoben – das ist die rauschhafte, irrwitzige, verheißungsvolle Totalität des Geldes, die so begehrenswert erscheint, weil er aus allen Übeln der Menschen erlöst. Wahrheit gibt es nicht mehr, Lüge ist allumfassend und niemand kann ihr entrinnen. So wird mit Fiktion das Leben heute gemacht, und schließlich auch der Realität ihr Stempel aufgedrückt. Es bleibt nur noch die Frage, ob es nicht vielleicht bessere Fiktionen als die unendlichen Geld-Reichtums gibt.

Wo der Geldmarkt als einziger mit allen Märkten verbunden ist und so die dominante Stellung besitzt, breitet sich die Irrealität, mit der auf ihm gehandelt wird, überall aus.

6.2 Übergreifen auf die Gesellschaft

Die Realitätsverleugnung, die im Gesetz des Geldes liegt, greift auf die Gesellschaft über, und sie ist zugleich ein Übergriff. Der Wirklichkeitscharakter der Wirklichkeit ist über die Werbe- und Bildpolitik egal – gleichgültig – geworden. Die Gesellschaft aber muss in dieser so gemachten Wirklichkeit leben. Der Übergriff liegt im Missbrauch und in der Ausbeutung von Gesellschaft, die von der Fiktion nicht leben kann, auch wenn sie sich gern in ihr einrichtet oder sie sich in ihr einzurichten gezwungen sieht. Dass Utopien nicht blühen, ist kein Wunder, wo die Gegenwart aus einer einzigen Utopie besteht. Das Gesetz des Geldes führt in eine seltsame Doppelbewegung: dass Vorstellungskraft und Vision unterbunden werden, führt nicht etwa zur Sichtbarmachung der Realitäten und Wahrheiten, sondern zum Verbergen der Realitäten und Wahrheiten. Sie münden in Lüge und Irrsinn im Namen des Realismus und Pragmatismus.

Die Gesellschaft ist voll derselben Blasen wie Wirtschaft und Politik. Was wirklich geschieht und ist, interessiert niemanden, der etwas zu sagen hat. Sport, Medien, Beratungs- und Dienstleitungsindustrie, Großkonzerne, Parteien und Regierungen, alle Leitmedien der Gegenwartsgesellschaft, demonstrieren es. Wenn die Unterscheidungen und Trennlinien aufgegeben sind, alles in eines gerührt ist, ist man bereit, auch das Unwirkliche zum Wirklichen zu nehmen. Im permanenten betrügerischen schaustellerischen Spiel wird der Wirklichkeitscharakter der Wirklichkeit verkannt und der Ernst übersehen – dies jedoch überaus kunstvoll unter Aufbietung aller Kräfte. Man mag dies als eine Leistung anerkennen. Doch alle anderen Arten von Leistungen werden in dieser Leistungsgesellschaft irrelevant.

6.3 Totschicke künstliche Welt

So landen die Menschen in einer tödlich schönen künstlichen Welt, die ihnen den Atem verschlägt und ihre Wahrnehmung ausschaltet, jedenfalls wenn sie unter den Siegern und Champions und ihren Tempeln weilen. Tief beeindruckt nehmen sie an einer riesigen Verdrängung teil. Der Ernst ist eine unbeliebte Eigenschaft, der Ernst wird übergangen, die Zerstörung und das Leiden zuallererst werden übersehen. Sie würden das Bild zu sehr trüben und entlarven.

So gibt es weltweit uniformierte hochgradig gemachte und kontrollierte Bilder purer Ästhetik, je unspezifischer, umso besser, es sei denn, sie ließen sich zur Vermarktung von Mitleid einsetzen und so zu Kitsch machen, als seien sie alle aus einer Hand gemacht. Wir sind vollgestellt voll solcher immergleichen Bilder scheinbarer Erlösung.

Das Falsche wird real und das Reale zur schlechten Nachahmung künstlicher Träume. Wahrhaftige Realität interessiert letztlich niemanden mehr, sie ist trostlos, man kann sich von ihr nichts kaufen. Jede Desillusionierung braucht sofort eine neue Illusionierung und wird gleich vom nächsten Anlauf in die künstliche Welt ausgelöscht. Und doch ist die Realität einschließlich ihrer geistigen Inhalte unser Leben. Ist das Geld der einzige Lebensraum, verschafft es ein leeres Leben. Die Logiken des Geldes entschuldigen in diesem Leben nicht die Verantwortung der Einzelnen, die die Fähigkeit zu fühlen, zu erkennen und zu handeln haben.

7 Umwandlung

Wirtschaftskrise, Gesellschaftskrise, Politikkrise, existentielle Krise der Humanität in der Folge einer Zwangsvereinigung der Menschheit unter einem Gesetz drücken neben allem anderen einen Umwandlungsprozess im Weltgeschehen aus. Individualisierung und Globalisierung betreffen in ihrem Zusammenfall das Ganze und zwingen ihm eine Veränderung auf, die in einer so weichen wie harten Verwandlung besteht. So sehr das Geld Gesellschaft leugnen will, so gesellschaftlicher hat es am Ende unser Leben gemacht. Die neu entstehende Gesellschaft muss erst noch ihre neue Ordnung finden. Die *eine* Welt kann nicht geteilt bleiben.

7.1 Die Globalität der Krise, das Ganze in Umwandlung, eine grundlegend neue Konstellation

Das Besondere und Einzigartige, die Originalität der Krise ist ihre Globalität. Sie besteht nicht nur aus vielen Krisen an vielen Orten und in vielen Bereichen von Gesellschaft, nicht nur in der Weltweitigkeit der Wirtschaftskrise, nicht nur in der inneren Verwobenheit der Teilkrisen, nicht nur in der weltweiten Verteilung von Krisen. Ihre Globalität besteht in ihrer Qualität, ihrem Inhalt, ihrer Innenhaftigkeit, ihrem Inneren, ihrer Innerlichkeit selbst und deren Tiefe – sie betrifft das

Ganze. Jeder weiß, hier stimmt etwas Grundlegendes nicht (mehr). Diese Globalität einer Welt in der Krise ist erstmalig jederzeit und jeder Ort erfahrbar. Krise
ist der Normalzustand dieser Welt. Sie zeichnet sich dadurch aus, dass aus dieser
einen Welt die Probleme der Menschen nicht mehr externalisiert werden können,
während jedoch der Mensch selbst aus ihr externalisiert wurde, als lösten sich dadurch seine Probleme. Der schachmatt gesetzte Mensch schaut nur noch unbetei-
ligt von außen auf seine Probleme, als hätten diese nichts mit ihm zu tun. Ratlos
sitzt er vor seinem Zerstörungswerk. Die Globalität der Krise bringt eine Zeitenwende zum Ausdruck. Die Entwicklungslinien der Vergangenheit werden durch
sie verlassen.

Unter dem Gesetz des Geldes will kein Mensch es gewesen sein, der das Werk
angerichtet hat. Und doch ist dieses Werk von der Politik gemacht, der Politik aller
Beteiligten, der Politik des Geldes in der ersten Person auf den Märkten der Welt
von uns allen daran Beteiligten. Diese Politik läuft vor aller Augen ins Leere. In
ihr gibt es schließlich keine Macht für niemand. Sie wird zu einer kollabierenden
Herrschaft, die nicht mehr herrschen kann. Auch sie endet im Wahnsinn, werden
nicht zuvor neue frei und gleich geteilte demokratische Machtverhältnisse hergestellt.

7.2 Strukturveränderung

Individualisierung und Globalisierung haben eine Strukturveränderung in die
Gesellschaften gebracht. Das Einzelinteresse ist zum organisierenden Prinzip geworden. In diesem wird zugleich alles in eins gesetzt und darüber entsteht schon
wieder eine neue Vergesellschaftung des Einzelnen. Doch sie bleibt strukturell zerteilt und wird damit perspektivlos. Die Umwelt tritt dem Menschen nur noch wie
das Schicksal oder als vollständig systemisierte gegenüber, was in der Wirkung auf
das Gleiche hinaus läuft.

Arbeit als etwas Kollektives verliert, die Ordnung der Welt wird in Abhängigkeit vom Zugang zum Geld egozentrisch und fundamental eindimensional und
zur Grundlage von Blasen der unterschiedlichsten Art. Der Mensch ist schon in
neue Ära eingetreten. Er hat die Welt, anders als gedacht, nicht mehr unter seiner Kontrolle und Steuerung. Die Selbstmorde derer, die das bis zur Wirtschaftskrise fest geglaubt hatten, sprechen ihre eigene Sprache. Der modernste moderne
Mensch ist der Mitschwimmer von und hin zu seinem Ich. Als Bestimmer seines Schicksals hat er aufgegeben und liefert sich äußeren, den modernsten der
modernen Mächten aus. Die Bilder der Werbung und Reklame zeigen den neuen
Mensch schön glatt und ohne Spur von Persönlichkeit, Lebendigkeit und Ausdruck. Die Kehrseite der Adaption solchen Wohlstandes liegt in der Selbstab-

schaffung des Selbst im Selbst. Sein Glück verliert der Mensch dabei, nicht aber sein Unglück. Sein Inneres und Eigenes hat dieser Mensch aufgegeben.

Seine Vergesellschaftung findet dabei trotzdem statt, sie ist freilich eine sehr spezifische. Eine Wende in der Welt liegt darin, dass es keine (politische) Zentralperspektive mehr gibt, wohl aber ein Band, das alle(s) verbindet und an dem entlang sich die Menschen zu halten versuchen. Das Band des Geldes ist dabei ein labiles, selbst immer schon weglaufendes, bisweilen jäh reißendes, auslaufendes oder unhaltbar dickes Band. Ihm laufen alle hinterher, es ist immer schon woanders, keiner weiß wo, es hat wenige und ständig wechselnde Stützpunkte. So mündig Konsumenten sein mögen, so wenig haben sie Kontrolle, nicht zuletzt über das Angebot. Es sind anonyme Mächte aus Wirtschaft, Politik und Staat, die in ihrem Wirken auf allen Ebenen miteinander verschmolzen sind, und die selbst jede Kontrolle zu verlieren drohen.

Mit dieser Entwicklung ist ohne Zweifel eine neue und kaum mehr eingeschränkte Vergesellschaftung des Menschen und des Lebens der Gesellschaften entstanden, die aber ihres Lebens entleert wurden. Wo alles ineins gesetzt ist, Privates vom Öffentlichen ununterscheidbar geworden ist, sind die Menschen gerade durch ihre Privatisierung durch und durch zu Gesellschaftswesen geworden. Sie haben alles in der Hand und doch nichts. Es läge nur in der Logik dieser Entwicklung, nun die Arbeit, die der Mensch (sich) selbst macht, statt sie zu ignorieren und nichtig zu machen, sie zu verallgemeinern und zu vergesellschaften. Das Tor ist dazu offen, während in der Regierung der Welt ein Ausnahmezustand herrscht. Durch die Gesamt-Geld-Logik selbst findet ein Systemwandel statt. Eine neue Struktur entsteht, keiner hat mehr genug Herrschaftswissen, alle sind abhängig, Konkurrenten werden zu Bündnispartnern, Feinde werden zu Freunden.

7.3   Neue Einpersonenherrschaft

Die Lücke wird durch die neue Einpersonenherrschaft von großer Labilität gefüllt. Die Spinne im Netz, die auf ihrer jeweiligen Handlungsebene gerade über das meiste Geld bzw. den besten Zugang zu ihm verfügt, hat die Macht. Diese Person ist sich selbst das Größte. Das reicht ihr, sie braucht sonst keine Idee von sich oder von etwas. Sie stellt sich in der Öffentlichkeit aus und unterhält die Welt mit ihren Schauspielen auf der Staatsbühne. Dort stehen Stories wie im wirklichen Leben auf dem Spielplan, in denen sich alle wiederfinden, je gekonnter, desto mehr. Das reicht für diese Ein-Personen-Herrschaft. Sie jongliert mit den alten Regeln nur, um mit ihnen wie mit allem, was sich ihr bietet, zu manipulieren. Die Bedeutung des Einzelnen für diese Art Ordnung wächst in denkbar größtem Ausmaß, sei es in der Wirtschaft oder Politik. Ein Schnupfen, eine Liebelei oder eine Fliege von

Ackermann, Steve Jobs, Berlusconi, Sarkozy oder Obama kann einschneidende Folgen haben. Von ihrer Qualität hängt Wohl und Wehe ab.

Diese Einpersonenherrscher operieren in Hierarchie, sie bedienen das Teilen und Zerstören, aber ohne Verantwortung für die Systeme. Sie schaffen dabei „Gesellschaft" ab, denn deren Basis sind immer kollektive Ideen und Grundlagen. Mit der Abschaffung des Menschen setzen sie ihn frei, ohne dass ihm noch viel bliebe, seine Freiheit zu leben. Ausnahmen bestätigen bislang nur die Regel – bis es vielleicht doch zu neuen Handlungen kommt.

So kehrt mitten in der Demokratie die Herrschaft Einzelner wieder, die unter Bedienung der Systeme Menschen und Gesellschaften abrichten. Diese neue Ordnung im Ausnahmezustand funktioniert nach dem Modell der Seilschaft. Sie sieht aus wie ein Neofeudalismus, ist aber innerlich schon mit ihrem Auftritt ausgehöhlt, ohne Grundlage, bei Bedarf ständig wechselnd, ohne Dauer, außer in ihrem systemischen Charakter – wie etwas Totales, etwas Fiktives, etwas Schicksalhaftes. Der Herrschaft, dem Stärkeren dienen ist ihr Prinzip.

7.4 Ein auslaufendes Modell

Mit der Umwandlung verlieren trotz allem und gegen den Anschein alle traditionellen Mächte, Kirche, Parteien, Gewerkschaften, Staat und zuletzt auch die großen Konzerne. Eine Welt im Umbruch lässt uns mehr denn je als durch und durch soziale gesellschaftliche Wesen und deshalb bedürftige Wesen zurück. Die Privatisierung des menschlichen Wohlergehens ist ein auslaufendes Modell. Dieses Modell läuft buchstäblich aus und endet auf quasi natürliche Weise.

Der Wandel unter dem Gesetz des Geldes hat den Mensch nach dem Verschwinden traditioneller Herrschaften und Mächte nicht nur in eine erstmal(s) haltlose Freiheit entlassen, sondern ihn zugleich gesellschaftlicher denn je gemacht. Er ist in der globalen Welt abhängiger und verwundbarer denn je. Seine Autonomie ist aufs äußerste zusammengeschrumpft. Er findet sich als Gefangener im eigenen Ich wieder. Damit ist die Abschaffung von Gesellschaft und kollektivem Dasein kontraproduktiver denn je geworden und sie wirft die Menschen auf unproduktive und schädliche Weise unmittelbar in sie zurück. Freiheit mündet in ihr Gegenteil, ein Gegenteil, das jedoch nicht mehr beherrschbar ist, durch keine Macht der Welt. Lassen Menschen und Gesellschaften diese Entwicklungen weiter laufen, so läuft der Lauf der Dinge ins Leere. Das politische Modell der Gegenwart läuft ins Leere und es repräsentiert ein auslaufendes Modell.

7.5   Schmerzliche Umwandlung – neue Weltsicht ohne Feind

Die Erschöpfung und Frustration über dieses veraltete politische Modell wächst. Unter dem Namen der Politikverdrossenheit firmiert, was ein Legitimationsverlust dieses Modells und seines Establishments ist. Der Krisenzusammenhang und seine Komplexität werden ebenso wie der Mangel an Alternativen im Hintergrund nicht abreißender schlechter Nachrichten allmählich zum Thema, möglichweise auch zum Hauptstoff öffentlicher Beschäftigung mit Politik.

„Terror" der unterschiedlichsten Art – vom Totschlag in U-Bahnen, Amokläufern in Schulen, Bombenabwürfen in Afghanistan, Terroranschlägen überall auf der Welt, erpresserischem mörderischen und selbstmörderischen Verhalten von Konzernleitungen oder Beschäftigten, Vergewaltigungen von Frauen oder Stalking – und der Streit über die Ursachen dessen spaltet die Gesellschaften mehr als alles andere. Terror ist ein Ausdruck der Umwandlung von Gesellschaft und er ist eine Widerspiegelung des Terrors dieser Umwandlung bzw. des Terrorzustandes in der Tiefe der Gesellschaft. Eben das macht die permanente Erregung aus eigener Kraft und jenseits der Medienwellen aus, die auf dieser Unterlage schwimmen, wie die Politik sie für ihre Zwecke braucht. Die permanente Erregung selbst – ohne dass man zur Ruhe und Wahrnehmung kommen kann – ist ebenfalls selbst noch Teil von Terror. Vom Terror ist man seinerseits von beiden Seiten aus, Opfern wie Tätern, hochgradig erregt, um im Zweifel erneut mit Terrorisierung zu reagieren. So steigert sich der Terror wie von selbst, bis es zu Implosionen oder Explosionen kommt.

Währenddessen setzt das Spüren und Mitempfinden aus und werden die existentiellen Nöte und Schmerzen unter der Decke gehalten. Auf dieser Basis haben die Herrscher und Diktatoren jeder Art ihre Chance und kann die Politik unter den Stichworten Angst, Sicherheit, Macht mitten in Demokratie diese außer Kraft setzen, indem sie sie inhaltlich konterkariert und ad absurdum führt. Die Gefangennahme kann sich schließen. Die Gesellschaft richtet sich in ihrer engen, aber hochbequemen Bequemheit ein.

Unter diesem Terror liegt die Selbstbezüglichkeit des Geldes. Das Geld ist seine eigene Grenze, nichts anderes hält es mehr auf. Die Krise der Gesellschaft ist vor dem allumfassenden offenen Krieg, der nicht mehr vorstellbar erscheint, existentiell geworden. Daraus erklärt sich die vor einem Absturz „schwebende" Lage derzeit. Alle sind verwickelt. Freund und Feind wechseln. Es gibt keinen Feind mehr, aber auch keinen Freund. Darin liegt das politische Problem der Zeit und die große Chance zu einer neuen Art und Qualität von Verbindung.

Wir erleben eine äußerst schmerzliche Umwandlung zu einer neuen Weltsicht. Sie ist auf eigene Weise eine innere Revolution, ein Epochenwandel, eine Transformation. Es ist ein Abtritt von etwas durch Entleerung, eine Umwälzung durch eine Umstülpung von innen nach außen, eine Implosion durch schleichende Enteignung, Zerstörung und Verfall. Durch ihre Auflösung in der Tiefe verändern sich die gesellschaftlichen Verhältnisse in ihrer Gänze. Sie sortieren sich neu. Der Vorgang geschieht quasi heimlich, obwohl er kollektiv unter aller Anwesenheit und von uns allen gemacht ist. Ein neues Zeitalter kann beginnen. Wird es offengelegt und das Soziale in ihm aufgeblättert und tritt der Mensch wieder ein in seine Welt, so können auch eine grundlegende Erneuerung von Gesellschaft, Geselligkeit und Gesellschaftlichkeit von Individuen in Freiheit und Gleichheit möglich werden.

8 „Crash" – der „Atompilz" – Ausnahmezustand

Auf den Finanzmärkten nun ist im Jahr 2008 die Implosion geschehen. Sie offenbart die bis dato unvorstellbare Größe der entstandenen Blasen. Die Wirkungen dieser Weltwirtschaftskrise zu erfassen, wird Jahre dauern. Das Zusammenkrachen der Börse hat das Ventil nach innen in die Gesellschaften geöffnet, durch das sich das Gift entladen und in große allgemeine Schmerzzustände führen kann. Die Expansion erlebt ihre Inversion. Abhängige und unabhängige Variablen werden vertauscht. Diese Krise hat Wirtschaft und Politik vollends und für alle sichtbar miteinander verschmelzen lassen und in ein Bündnis mit der gesamten Gesellschaft gezwungen. Sie werden für lange voneinander durchdrungen sein und mit ihrer Autoimmunerkrankung zu kämpfen haben. Es wird nichts bleiben, wie es zuvor in der offiziellen Welt war. Wer will, kann daraus einen neuen Anfang machen.

8.1 Der Crash macht tabula rasa

Die Implosion des Gesetz des Geldes, der Crash, die Finanzkrise, sie sind schon passiert und sie wollen nun tabula rasa mit allem machen. Es scheint wie der umgekehrte Fall des Abwurfes der Atombombe mit allen ihren verheerenden Langzeitfolgen. Die verzehrenden Langzeitfolgen folgten vor dem rasenden Entweichen der Luft aus der Riesenblase der Finanzmärkte an jener Stelle, wo sie die Erdoberfläche berührte und sie sich wie ein giftiges Gas ausbreitete, in eine völlig ausgehöhlte Erde. Die Expansion hatte sich unberechenbar weit in Zukunft und ins Innere der Welt verlagert.

Die Geldschöpfungspioniere der Wirtschaft, die reellsten Rechner der Welt, erweisen sich als die gigantischsten Träumer und die abgehobensten Revolutionäre der Geschichte. Der Zwang zu Wachstum ließ sie inzestuös bis zur Blödheit einfach Geld erfinden. Es gab das Härteste vom Harten: sie schafften Geld nicht nur ohne Geld, sondern mit Verlusten. Sie schafften es, alle Risiken zu überlisten, indem sie sie verteilten und versteckten, als gäbe es gar keine. Sie vollführten das wahre Schamanentum. Sie machten Banken zu wahren Ungeheuern, die alles verschluckten. Es wurde nicht nur jeder sein eigener Unternehmer, sondern auch seine eigene Bank. Sie machten Geld mit Krediten, das konsumierte Werte als Sicherheit nahm, um auch noch jeden Kredit in Sicherheit für den nächsten zu verwandeln. Je höher die Schulden desto mehr Kredit, so wuchs das Geld ins Unendliche. Unter ihnen erschlägt die Zukunft noch die Vergangenheit. So holten sie aus dem Mensch heraus, was in ihm ist. Der Mensch ist wie tot, in einem Wahnsystem geendet, voller Bewunderung, Faszination und Entsetzen. Lebendige Menschen, Staaten, Gesellschaften sind und haben sich in Schuldhaft genommen. Jeder ist sein Staats-Kapitalismus-Sozialismus. Wirtschaft ist Politik, Politik ist Wirtschaft, jeder ist Wirtschaftspolitik, Wirtschaftspolitik ist Globalpolitik. Gestürzt sind dabei die, die unabhängig von allem zu sein glaubten, nun total abhängig von ihren Schuldnern. Reinigungsphantasien und Inquisition werden nicht auf sich warten lassen.

Wo auf dem alles vereinenden Geldmarkt mit Irrealität gehandelt worden ist, hat sich die Irrealität überall ausgebreitet. Sie geht nicht mehr als üblicher Weise auf die Fehler Einzelner zurück. Systemisch gesehen wurde im Prinzip alles „richtig" gemacht. Das fundamentale Problem liegt in der Irrealität des Systems als solchem, das sich nicht mehr reflektieren kann, weil es Reflexion und jede Rückbezüglichkeit ausschloss. Dieses System wollte alles Weltliche und Menschliche zu seinem Instrument machen, oder, verweigerte sich dieses, es außer Kraft setzen. Es kannte keine Grenze, nichts Nicht-Instrumentalisierbares, keine Unhintergehbarkeit von Perspektiven, nur sein eigenes göttliches Genie. Es machte sich zum Gefangenen selbsterzeugter Welten und des Glaubens an unverrückbare Sicherheiten. Es schaffte eine moderne abstrakte, zugleich gegen Denken und Aufklärung resistente Welt, die ihren Bezug zur Wirklichkeit verlor. Ohne Verbindung zur Anschauung der Welt versuchte es, dem ganzen Leben seine vermeintlich unverrückbaren Gesetze von außen aufzuzwingen. Die Interdependenzen in dieser realen Welt sind so groß, dass in Kürze Rückwirkungen an jedem Ort der Welt passieren können, die noch lange nicht nachlassen werden. Mit einer Katastrophe muss auf Dauer gerechnet werden, ohne sagen zu können, worin sie bestehen wird. Sicher aber sind Leere und Unsicherheit in allem für lange Zeit. Wer dies verhindern will, sollte sich darauf einstellen. Entgiftungs- und Entzugsprogramme, menschliches Denken und menschliche Kompetenz bieten sich als erstes an.

8.2 Geldverlust – der Einbruch der Wirklichkeit

Wo das pure Geld Ziel ist, kommt man im Nichts an. Am Ziel wartet der Hunger. Zuerst stellt er sich geistig ein, dann materiell. Diese Art „Habgier" erscheint über den Markt mit seinem Abstraktum von dem einen, aller menschlicher Fragen entkleideten Geld als objektive Größe. Kapitalismus, Antikapitalismus, Sozialismus, kaum zu unterscheiden, zeigen sich als Versuche, die Illusionsmaschine fortzusetzen, mit der sich im Allgemeinen auch gut und lange leben lässt. Ob Ablehnung, Korrektur, Moral, Umverteilung, Diktatur oder Kitsch, sie verkörpern keinen Fortschritt mehr. Der Realkapitalismus macht längst auf Sozialismus, der Realsozialismus auf Kapitalismus. Dagegen ist der Verlust des Geldes – der doch nur in einer Zahl besteht, der die Wurzel fehlt – der Einbruch der Wirklichkeit in die Gesellschaft. Was so sehr gefürchtet wurde, dass alle Augen fest geschlossen blieben, hat die Kraft, nachhaltig zu wirken und den Respekt vor der externen und externalisierten Welt zu fördern. Je nach Ausgang der Entwicklung oder nach dem Ausgangspunkt ihrer Betrachtung hat der Einbruch der Wirklichkeit das Potential eines Schreckens oder einer Befreiung.

8.3 Allgemeiner Ausnahmezustand ohne Ausstieg und Alternative oder eine neue Arche Noah

Die Krise lehrt, was die Individualisierung und Globalisierung politisch bedeuten – nämlich allgemeine Abhängigkeit. Das Scheitern der Macht – die stets danach strebt, sich aus Abhängigkeit durch Dominanz zu befreien – erzeugt deren Ratlosigkeit. Dabei vergegenwärtigt uns die allgemeine Abhängigkeit nur das Leben von heute in der *einen* Welt, die auf irgendeine Weise universell geteilt werden will, so wie es immer wieder Utopie der Menschheit war. Ein neuer Anfang beginnt damit, die alten Konflikte ruhen zu lassen, sie zu überwinden und sich von ihnen zu befreien.

Die Finanzavantgarde hat die Welt umgegraben, um sie nun implodieren und über das eigene Ziel hinaustreiben zu lassen. Der Einbruch der Realität wird – weil es kein Außen mehr gibt und wirklich alle verwickelt sind, die noch nicht unter die Erde geraten waren und die doch an den Oberen hängen und so wieder eingewickelt werden – als Katastrophe statt als Befreiung erlebt, auf welche zudem zunächst einmal eine neue und diesmal ganz und gar eigene Anstrengung aufsetzen müsste. Nach einer Beschleunigung der Angst bis vor die allgemeinen Panik macht sich nach aller Pein Müdigkeit breit. Bevor Schlimmeres passieren konnte, wandten die Regierungen das Unglück mit den Geldern ihrer Bürger einstweilen ab. Die Menschen warten, keineswegs beruhigt, ab. Sie sind erleichtert, dass sich das Schlimmste ihrer Ahnungen nicht sogleich eingestellt hat, sie waren auf alles gefasst. Der Zustand der Unsicherheit wird anhalten. Zwar wurden dem System sanfte Bremsen angelegt, doch Regeneration und Neuaufbau haben noch nicht begonnen. Wandel und neue Ordnung stehen ins Haus.

Derzeit herrscht eine Weltregierung des Kapitals, in der munter die größten Schurken vielfach mit ihren einstigen Kritikern zusammenwirken. Deren Handeln muss sich erst noch legitimieren. Hier stellte sich die Frage nach einem Elitenwechsel gar nicht erst, um das drohende Unheil abzuwenden. Die Täter selbst griffen zu den Feuerlöschern, um zu überleben. Heute muss der Kapitalismus überleben – indem sich die Gesellschaften allgemeinfähige Bedingungen für ihn schaffen. Die Rückeroberung der Politik wird zu einer Aufgabe des 21.Jahrhunderts, einer in Form und Inhalt anderen und neuen Politik. Mit ihr werden sich auch die Fragen nach den Verantwortlichen für die Krisen und die von ihr ausgelösten Zerstörungen in Politik, Wirtschaft und Gesellschaft stellen.

Nachdem die Weltöffentlichkeit die Hilfeschreie der Spitzen der Wirtschaft vernommen und die Politiker als hilflos geldausschüttende Nottherapeuten erlebt hat, werden die Nachwirkungen dieser Erfahrung sich möglicherweise so schleichend einstellen, wie die Folgen der Wirtschaftskrise erst spür- und sichtbar werden. Diese Nachwirkungen könnten jedoch ihrerseits nachhaltig sein, wie der Begriff der Nachhaltigkeit zum Begriff der Stunde geworden ist. Es wird sich vielleicht unter umgekehrten Zeichen zeigen, ob das Geld wenigstens gerechter ist als die Götter oder die Natur oder die Diktatoren. Dabei werden sich die Reife der Bürger und Bürgerinnen und der Demokratie zeigen. Die Ökonomie – so komplex sie in der modernen Welt ist und so sehr sie uns gerade dadurch hält – ist, das steht nun fest, keine Gesellschaftstheorie und Menschenphilosophie. Sind die Regierungen Teil der Weltwirtschaft und die Manager Teil der Geopolitik und in ihnen die Weltbürger gefangen, ist das gegenwärtige Gesellschaftssystem selbst in einer Krise.

9   Was ist das Neue?

Die durch Globalisierung und Individualisierung unter den Bedingungen des Marktes und der Herrschaft des Geldes herbeigeführten sozialen Veränderungen in der Welt haben ihrerseits neue Voraussetzungen geschaffen und sie bedingen neue Anforderungen an Wirtschaft, Gesellschaft und Politik. Sie verlangen neue Denk- und Verhaltensweisen. Die existentiellen Krisen, in die die Menschen sich und ihre Gesellschaften gebracht haben, stellen die Welt vor besondere Herausforderungen. Sie sind erst dann zu verstehen, wenn die gesellschaftliche, politische und ökonomische Dynamik, die zu den Veränderungen geführt haben, zusammengelesen und die Verwobenheiten und Verwickeltheiten der modernen Welt begriffen werden.

Die allgemeine Abhängigkeit der Menschheit rückt ins Zentrum des Bewusstseins. Der Feind, an dem sich gut hochziehen lässt, ist weg. Der Mensch ist vergesellschaftet, Verstaatlichung hat er hinter sich gelassen. Er ist in die Freiheit entlassen, steht aber derweil ohne Gesellschaft da und droht sich zu verlieren. Der Kapitalismus hat mit seiner Ökonomisierung aller Beziehungen und Verhältnisse über alle traditionellen Fraktionen hinweg eine Rationalisierung, Taktung und Gleichmachung menschlichen Lebens vollzogen und eine in der ewigen Bewegung demokratisierte Welt geschaffen. Er hat sie jedoch als geteilte und gleichgeschaltete Welt geformt und sie zu einer toten Welt gemacht.

Die Zeit des Monotheismus geht mit ihm jedoch zu Ende, nicht nur hinsichtlich der Religionen, die ihrerseits die Herrschaft abtreten mussten. Die Zeit des Monotheismus endet auch in der weltlichen Welt mit ihren Göttern. Wachsende Produktivität und Qualität liegen nunmehr in der Verschiedenheit vieler Götter, wohl bei der gleichzeitigen Ewigkeit aller Götter und also auch des Geld-Gottes. Seine kapitalistische Ausprägung wird sich dabei wandeln. Wenn der Monotheismus des Geldes auf Alleinherrschaft fortbesteht, schürt er selbst die Glaubenskriege in der Welt, gegen die er doch antreten will.

Die weltweite Ausbreitung kapitalistischer Märkte bis hin zum Crash der Börsen haben die Verwandtschaft zwischen Geld und abstraktem Denken vor aller Augen offenbart. Diese Verwandtschaft erwies sich im großen Maß als Reichtum schaffend, jedoch nur, solange das eine Abstraktum in seinem Wachstum in einer permanenten atemlosen sozialen Umwälzungsmaschinerie auf der Ausbeutung aller anderen beruhte. Allein bleibt es leer. Es mag als Steuerungsmittel äußerst effizient gewesen sein, zugleich aber war es hochgradig unterkomplex. Für eine komplexe Welt und allgemeine Produktivität ist es künftig ungeeignet. So bedarf es nun der Orientierung an anderen komplexen Denkentwürfen und Abstraktionen, in denen der Mensch in der Welt von heute das Zentrum der Politik wird und die Welt mit aller anderen lebenden Existenz teilt. Humanität als Leitorientierung, gewiss auch eine Abstraktion, ist die Idee, die den Grund des politischen, am Anderen orientierten Handelns bilden muss. Der Mensch wird in jedem Fall erneut ins Spiel kommen, selbst wenn nur der eine Gott als Wesen der teilenden und trennenden Vereinheitlichung bliebe, wo er eine so abhängige wie brüchige einseitige Bindung darstellt. Ein Mensch will und muss leben. Er wird erneut danach streben, es mit seiner ganzen Existenz, einschließlich seines Geistes und seiner Seele, seiner Träume, seiner Phantasie, Kreativität und Erkenntnisse zu versuchen. Das Versprechen der Freiheit hat ihm niemand tiefer eingeimpft als das Geld.

Wenn die Finanzrevolutionäre die Entfesselung von Werten verfolgten, so hinterlassen sie eine wichtige Lehre. Aus den Werten, die Menschen haben, entsteht etwas. Was Menschen als ihre Werte betrachten, sind Erfahrungen und Ideen von Werten. Sie sind eine Grundlage menschlicher Produktivität. Hier liegt auch die „Nützlichkeit" von Werten und Ideen, die vom Gesetz des Geldes dementiert wurden, sofern es sich diese nicht unterwerfen konnte, um so andere als von ihm selbst verkörperte Werte zu demontieren. Gewiss handelt es sich bei allen Angeboten zur menschlichen Orientierung zu guter Letzt und über alle Wissenschaft hinweg um Glaubensfragen, auch bei den weltlichen Dingen. Das haben die Finanzjongleure ganz richtig gesehen, genutzt und weltweit verbreitet, sofern es um den Glauben an ihre Ideen, ihr Wissen und ihre Wissenschaft ging. Sie hinterlassen nun die Aufgabe eines Wettbewerbs um einen „Glauben", der den kleinsten Schaden anrichtet. Geringer als der Schaden des Glaubens an die wunderbare Geldselbstvermehrung ist der Glauben an die Humanität und an eine Vernunft, die Verstand, Gefühle und Körper des Menschen in Einheit als Realität aufnimmt, und so im Übrigen auch schon Glauben in sich birgt. Wenn die Finanzrevolutionäre auf der Suche nach dem Positiven und zuletzt sogar dem Glück waren, so lässt sich die Frage stellen, welche „Phantasie-Werte" für Menschen und Gesellschaften produktiv oder unproduktiv oder sogar destruktiv sind. Liebe und Tod, Geburt und Sterben, das heißt Zuwendung, Anteilnahme, Austausch und Förderung bzw. Leid, Abschied, Beistand, Trauer und Trost, sind nicht nur elementare existentielle Bezugspunkte der Menschen, sondern auch wichtigster Grund der Politik, die Beziehungen zwischen Bürgern und in Gesellschaften gestaltet. Mehr noch geht es darum, Macht und Ohnmacht, die für jene Bezugspunkte stehen, zu teilen und dies als menschliches Grundparadigma produktiven Zusammenlebens und geteilten Lebens zu verstehen. Auch alle so vehement angerufenen „praktischen" und „pragmatischen" Lösungen, die Politik findet, sind immer eine Frage der Perspektive, unter der sie betrachtet und behandelt werden.

Das Leiden zu benennen, ist auch ein Wert. Während das Gesetz des Geldes ein rasendes Hin und Her, Rauf und Runter der „Oberen", jener auf der Erde Lebender, geschaffen hat, sind die „Unteren", jene unter der Erde Lebender, Abgehängte und Verlorene ohne Schuld. Die einen identifizieren sich mit Leistung und Erfolg, die anderen mit den Kunstfiguren der internationalen Öffentlichkeit, Prominenten, Kreditkarten und Schein-Reichen-Existenzen, Identifikationen, die sich ähnlicher sind, als man glaubt. Die Leidverleugnung darin bildet das reelle und imaginäre Loch in der Gesellschaft, das diese in ihren Strudel nimmt. Wo die Finanzkrise in ihrer Unfassbarkeit für die Oberen vielleicht nur ein Spuk im Kopf ist, hat sich das konkrete Leben sehr vieler Menschen – der Verlierer eben – sehr verändert. Wir erleben gerade das stille innere „Sterben" ganzer Gesellschaften und ihren Institutionen, nicht nur einzelner Menschen und Betriebe. Deshalb gilt es, die Angst und das Leid, das „Negative" und „Nichtgewollte" zu verteidigen, um den Menschen zu sich selbst zu verhelfen und die Krise wirklich zu bewältigen. Die Leidenden als die wirklichen Kritiker der gesellschaftlichen Verhältnisse sind so gefragt, um mit ihnen Auswege zu finden.

Die moderne Welt des Geldes, in der jederzeit für alle alles möglich ist oder zumindest scheint, ist trotzdem nicht beliebig. Sie geht aus vom und endet beim Individuum. Die Krise dieser Welt bringt nun endlich auch unsere Wahrnehmung von der Welt und der Art und Weise, wie sie gestaltet ist, in die Krise. Sie erfordert eine neue Kunst. Kunst, auch die Kunst der Politik, stellt immer infrage, zweifelt an und reflektiert, begibt sich auf eine verdoppelte Ebene. Genau dies muss jetzt überall geschehen und Grundprinzip in der globalisierten Welt werden. Wie die Individual-Egos haben sich in der schönen neuen Welt des Geldes zentrale Instanzen der Gesellschaft in selbst erzeugten Welten eingerichtet, aus denen heraus sie sich in wahrhaft rechtem Glauben während der inneren Logik ihrer Systeme bedient haben. Nicht die dabei zu verantwortenden Fehler sind das eigentliche Phänomen. Das Grundlegende und Schwerwiegende der Krise liegt in dem dabei erfolgten Verlust des Bezugs zum Anderen, zum Außen, zur Realität außerhalb. Das „Andere", die „Kunst", die nun von allen verlangt wird, begründet seinerseits das ganz Andere der Welt, schöpferisch und außeralltäglich. Es ist das Nicht-Instrumentalisierbare des Menschen. In ihm liegt die ethische Grundlage der Politik, ihr Ur-Stoff. Es ist eine Grenze, die einem die eigenen Grenzen zeigt, die Unüberschreitbarkeit und Relativität von Perspektiven. Das Wissen darum lässt vorsichtig sein und Vorsicht nehmen. Das macht vor allem unsicher. Um diese Verunsicherung geht es, statt sich im Glauben der Sicherheit und Richtigkeit des Eigenen zu wähnen. Sie ist zugleich eine Antwort auf die permanente Unsicherheit der Geldwirtschaft der Gegenwart. Um sie gilt es zu wissen und sie wäre durch Vorsorge in einem Gesellschaftsvertrag zu berücksichtigen.

Am Ende kommt es eben doch auf eine Weltanschauung an, die man einnimmt. Demokratie ist eine gute Erfindung und doch ist sie in ihrer jetzigen Form nicht ewig. Welche Demokratie wäre besser? Erneut stellt sich die Frage nach dem Mensch als rationales Projekt, einem Projekt, das mehr als naturwissenschaftlich messbar ist und welches damit zu viel ausgeklammert hat, sondern ein Projekt, welches aufgeklärt ist auch über seine Irrationalität, die man nicht messen, aber verstehen kann. Wenn über das Band des Geldes zwischen den Menschen gerechnet wird, so hieße es, richtig rechnen zu lernen und die Kosten all der ausgeschlossenen Faktoren aufzunehmen. Was kostet der Mensch? Welchen Preis sind wir bereit zu zahlen, dass wir uns haben und nicht vernichten? Das hieße, den Kapitalismus vom Kopf auf die Füße zu stellen. Wenn die (ver-)objektivierende Demokratisierung durch das Geld egalisierend, konfliktdämpfend und die Verluste fortlaufend zerkleinernd wirkt, so mag darin im Epochenwandel ein gutes Ergebnis vor dem „großen Krieg" als dessen Alternative liegen. Aber von dort geht es nur weiter in einen Fortschritt, wenn das menschliche Schicksal miteinander geteilt wird, anstatt sich weiter bis zur Vernichtung teilen zu lassen. Die Einheit der Welt kann in der Einheit des Individuums als Gesellschaftswesen liegen. Es wäre ein Zustand, der Frieden heißen könnte. Er ließe jedem seine eigene „Ideologie"-Freiheit neben allen anderen und würde es ermöglichen, aus der Gewalt, aus den Kämpfen und Kriegen herauszugehen, auch jenen der Politik heute. Das Geld verbindet in dem Moment, indem es den Mensch nicht ausschaltet, sondern im Gegenteil ihn leben und sich entwickeln lässt.

Wie kommt Politik wieder in die Welt? Politik wäre von ihrer Privatisierung her neu zu erfinden. Ihr Inhalt spielte die Hauptrolle. Die einen wären gleich den anderen zu verstehen. Statt einer Totalisierung ermöglichte solche Politik etwas Ganzheitliches. Sie stünde für neue Qualitäten, einem „Fortschritt" „mit" dem Mensch und einem ganzheitlichen Menschenbild. Kapitalismus wäre durch eine Verallgemeinerung der Politik überwunden, einer Politik, die nicht im Gegenteil von etwas anderem liegt, sondern im Wirken im eigenen Leben und für ein gemeinsam bejahtes gemeinsames (Zusammen-)Leben.

VII Alternative

Wenn der Gestaltwandel der westlichen Gesellschaften, so tiefgreifend und krisenhaft ist, gibt es eine perspektivreiche Antwort darauf und wenn ja welche? Welche Aussage lässt sich treffen? Lassen sich neue Verbindungs- oder Trennungslinien oder Differenzierungen einziehen, dass Denken und Debatten sich öffnen können? Gibt es Alternativen?

Das angehäufte (Spezial-)Wissen, traditionelle Deutungen, die allgemein üblichen Erklärungen und die Theorien à la carte haben ihren Erkenntniswert vor den neuen Entwicklungen eingebüßt. Sie eröffnen nicht nur keine neuen Perspektiven, sondern führen oft noch tiefer in die Sackgassen. Ihre Zusammenhänge und Kontexte, so sie überhaupt hergestellt wurden, bestehen nicht mehr. So bleiben suchende subjektive Sicht- und Erklärungsweisen in der Hoffnung, der Sache nach und nach näher zu kommen, die Veränderungen in der Welt auf den Begriff zu bringen und zu verstehen. An der Grenze zwischen heutigem großem Wissen und dem noch größeren Nicht-Wissen, das erst durch das Wissen offenbar wird, beginnt neues Denken, entstehen neue Begriffe, wachsen Verständnis und Antworten auf Probleme. Die Zweifel sind fundamental, wenn sich alles ändert. So können Dinge in einem neuen Zusammenhang gesehen und neue Erkenntnisse gewonnen werden, die wieder zu neuen Fragen führen werden. Das vorhandene Wissen muss dabei auf das Nicht-Wissen gerichtet sein und nicht umgekehrt das Nicht-Wissen auf die Bestätigung des Bekannten. Es muss dieses Nicht-Wissen aufsuchen, einem letzthin utopischen Ort, einem Quell der Weisheit – denn da entsteht das Neue. Alle politischen Entscheidungen werden derzeit auf Basis der Unsicherheit und Ungewissheit getroffen – und derzeit sind alle wichtigen Entscheidungen politische Entscheidungen – deshalb sind mehr als je Intuition und visionäre Kraft und Weisheit gefragt.

Wenn man das herrschende Denken als unzulängliches überschreiten will, so liegen Auswege also in einer und möglichst vielen subjektiven Einsichten und

Sprachen, in einem Mehr als dem Bisherigen, einem Mehr, das aus der Sache der Wirklichkeit kommt. So entsteht neues Denken auf der Grundlage wirklichen menschlichen Erlebens und existentieller Erfahrungen, aus ihrer Darstellung, aus den Empfindungen und Werturteilen über es, verbunden mit der Utopie, zu finden, was wir suchen, aber noch nicht gefunden haben, dass sowohl das allseitige kapitale Fressen, Enteignen und Einverleiben, das Verzehrt- und Gefressen-werden, wie auch den Selbstverzehr und die Implosion aufhören und Individualität und Humanität neu möglich werden. Eine Vision ist nötig, um Wandlung zu ermöglichen, dass es weitergehen kann mit dem Leben und ein Neuaufbau des Lebens und eine Neugestaltung des Weltgeschehens möglich werden.

Es wird bezweifelt, dass es Alternativen zur gesellschaftlichen, politischen und wirtschaftlichen Gegenwart überhaupt gibt, ebenso wie dass sie überhaupt nötig seien, handelt es sich doch um eine unvergleichlich erfolgreiche, bewunderte und beneidete Geschichte der Moderne. Wenn sich mittlerweile angesichts großer regionaler und globaler Katastrophen die Zweifel nicht mehr verdrängen lassen, so besteht doch von Sektorenlösungen abgesehen große Ratlosigkeit.

In dem Moment, wo die westliche Moderne sich anschickt global zu werden, wird aber doch ihre eigene *bestimmte* Endlichkeit, ihr Entwicklungsbedarf sichtbar und denkbar. Die Krisen(erfahrungen) sind immer umfassender geworden. In vielen Regionen der Welt sind in jüngster Zeit unerwartete große Protest- und Emanzipationsbewegungen entstanden. Sie haben Europa bislang nur am Rande erreicht und es sich selbst eher als Schutzpatron denn als betroffenen Kontinent erfahren lassen. Deutschland sieht sich gleich nur als starke und erfolgreiche Wirtschaftsmacht angesprochen.

Gleichwohl ist die Krise der Gesellschaft offensichtlich, ihr Auseinanderlaufen, das Abwenden der Menschen, wenn nicht jeder gegen jeden antritt und viele das Eintrittsbillet für diesen Kampf längst verloren haben. Die Krise der Demokratie ist kenntlich, es besteht keine Wahl mehr zwischen wirklichen Alternativen, allemal nur den Modelle der Vergangenheit. Die Krise der Politik ist stark, es gibt keine Tat, keinen Inhalt, kein Denken, kein Fühlen, keine Vision. Es dominieren Betrug und Machtspiele, die großen Probleme – Sozialstaatlichkeit, Umwelt, Klima, Migration, Armut, Krieg, Demographie, Sicherheit, neue Mächte und Diktaturen, Europa etc. – sind ungelöst. Die Krise des Sozialen ist groß, der Wert des Menschen wenn nicht unbedeutend, dann unbekannt. Die Krise der Wirtschaft besteht in der Totalität des Geldes und mit ihm der Technik. Der Komplettabsturz ist und wird quasi täglich gerade verhindert, ohne Perspektive, mit denselben Mitteln wie zuvor. Darunter lauern einmal mehr Zusammenbrüche und Gewaltausbrüche – im Selbst, gegen Andere, der Wahn.

Die Umwandlung findet statt, beinahe archaisch. Sie hat die derzeitige Gestalt, ein auslaufendes Modell in Schwebezustand zu stellen, den Ausnahmezustand als

Einbruch der Wirklichkeit zu erleben, um mit angehaltenem Atmen die (Not-) Operationen zwangsweise am offenen Herzen durchzuführen.

Die Finanzkrise ist der Höhepunkt einer gesamten krisenhaften Entwicklung. Sie hat die Ungewissheit allgemein gemacht, nicht nur für Zukunft, auch für Gegenwart und Vergangenheit. Man kennt den Wert von etwas nicht mehr, ob es sich um Sache oder Handlung handelt, um Mensch oder Tier oder die Erde. Die Souveränität der Subjekte, der Bürger, der gesellschaftlichen Akteure jedweder Art wie der Staaten, ist erst einmal „weg". Gesellschaften werden mehr und mehr zu Schicksalsgemeinschaften – dies vor dem Hintergrund einer unglaublichen Entwertung von Arbeitskraft und Eigentum, von Umwelt, Gesellschaft, Kultur und Politik. Es gibt keine gesicherten und damit Verständigung wie Lösung herbeiführenden Analysen und Begriffe, was eigentlich in globalem Kapitalismus geschieht, in Politik und Staat. Die Werte, die die Wirtschaft glauben machte, werden nicht mehr angenommen, auch die Gesellschaft hält uns nicht. Die Ungerechtigkeit in der Welt war nie so krass wie jetzt. Das hervorstechende Kennzeichen ist die Unsichtbarkeit der Krise. Das Unsichtbare ist das Entscheidende, das Wirkliche (geworden), während das Sichtbare, das Physische zum Schein und Unwirklichen wurde. Das Metaphysische ist das Reale. Alle Beteiligten haben sich im alten System systemkorrekt verhalten und doch kam es zum Crash und findet er weiter statt. Der systematische Zusammenhang als Klitterung, die Verschwägerung zwischen Wirtschaft, Politik und Gesellschaft, Wissenschaft, Militär und so weiter, die Verstrickungen und das Verfolgen derselben Logiken machen das Problem aus und alle zu seinem Teil. Das Ganze ist zudem mehr als die Summe seiner Teile. Dieses Ganze aber ist noch nicht entschlüsselt und bleibt möglicherweise unklar. Die Suche nach neuen Schnittstellen und Verdichtungen steht erst bevor. In der Auflösung aller Grenzen, der Verschmelzung von allem in eins, vor allem von Wirtschaft, Politik und Sozialem, darin hängen auch alle derzeit aktuellen großen Probleme, die in Debatte stehen, fest. Es fehlt ein Fundament, aus dem zumindest relative neue Gewissheiten, neues Wissen, neue Erkenntnisse zu gewinnen wären, die in offenen und fließenden Welten Orientierung ermöglichen. Dieses Fundament muss erst gebaut werden. Und dafür braucht man Entwürfe. Wo alles zum Objekt geworden ist, wissen wir nicht mehr weiter, die Selbstentmachtung ist vollzogen. Auch hier hat es ein Tabula rasa gegeben, das den Neuanfang geradezu erzwingt, auch für souveräne Neuanfänge der Subjekte. Aus Ungewissheit erwachsen ungewohnte Entscheidungen.

Es gibt aber nicht nur die Finanzkrise. Die neue Welt ist schon entstanden, durch Globalisierung und Individualisierung, sozialen Fortschritt und weltweite Kommunikation, eine offene und bewegliche, aber auch verletzbare und abhängige Welt, in der unsere Beziehungen von hochgradiger Bedeutung sind. Was also nun?

Es ist von einigen neuen Grundbedingungen auszugehen. Dazu gehört eine neuartige *allgemeine Abhängigkeit* des Menschen, die die bisherigen Autonomievorstellungen obsolet machen. Dazu gehört das *Ende der Eine-Götter-Welt*, in welcher Gestalt von Religion oder Ersatzreligion oder Ideologie oder Idee auch immer sie auftauchen und gegen eine andere antreten mag. Dazu zählt, dass es auf der Welt *keinen Feind mehr* gibt, der *Mensch aber bedroht* ist. Dazu zählt das *Geld als Abstraktion von Werten,* bei dem zu prüfen ist, welche Werte ihm in der jüngeren Vergangenheit und Gegenwart zugrunde gelegt wurden und ob sie es wert sind, und mit dem aus den wirklich wertvollen Werten etwas zu machen ist. Es sind jene Werte als Abstraktionen menschlichen Seins und Lebens, die das Leben radikal bejahen, einschließlich des Lebens der „Schwachen", die es nicht wirklich gibt oder die wir alle auch sind, aus denen das gute Leben als Notwendigkeit und Möglichkeit entsteht. Geld drückt dann das Eingebettetsein in Leben aus, in Gesellschaft, in soziale Beziehungen, in Gestaltungsmöglichkeiten. Dazu gehört schließlich die *Aufgabe der Politik als Kunst,* als existentielle Angelegenheit und konstruktiven Akt, diesen Raum für Leben zu schaffen.

In diesem Sinne wäre überhaupt wieder eine friedliche Alternative denkbar und möglich zu machen. In diesem Sinne ist es *eine* denkbare Möglichkeit.

Es bleiben Zweifel und weitergehende Fragen. Gibt es aufs Ganze gesehen überhaupt jemals Alternativen oder nur Abwandlungen des Immergleichen? Wenn es keine gäbe, gäbe es keine Freiheit, auf deren Idee und Modell der freie Westen doch konstituiert ist. Gäbe es hierzu eine bessere reichere Alternative, einen Fortschritt also? Es gibt derzeit kaum eine Alternative zur Abhängigkeit vom Markt, diese zwingt „Ego-Individualisten" zu einer individualistischen Kollektivität. Korrekturen sind sicher so möglich wie nötig. Doch worin sollte Fortschritt, sollten wirklich neue Qualitäten liegen? Sind die reichen Gesellschaften reif dafür – bei ihrem Wohlstand und ihrer Selbstproduktion des Materiellen? Kann im Immateriellen Fortschritt gedacht werden?

Die Ausgangslage besteht aus einer für undenkbar gehaltenen Entwicklung der Ökonomie, aus gigantischen Geldmengen, aus der Entwicklung des Materiellen und der Technik, den neuen Kommunikations-, Energie- und Bio-Technologien, aus der Entwicklung der Arbeit, ihrem umfassenden Charakter. Sie bieten die Grundlage. Aus den Naturwissenschaften, der Entschlüsselung von Genen und Hirnen, und – seltsamerweise ihrem vermeintlichen Gegensatz – den Religionen, ihrem singulären Allmachtsanspruch wie ihrer Pluralität heute, heraus stellen sich die gegenwärtigen Herausforderungen. Die Bedeutung des Immateriellen, Kreativen, Spirituellen ist neben die Vernunft getreten, sie umreißen die neuen Möglichkeiten. Wie sind sie mit Markt, Politik, Sozialem zusammenzubringen? Gen- und Hirnforschung beflügeln den Markt, (instrumentalisierte) Religionskämpfe stehen gegen die Politik, der Mensch ist ein sozial weiter verkümmerndes Wesen – oder gibt es Alternativen in neuen Verbindungen scheinbar unzusammenhängender Phänomene? Können Komplexitäten auf neue vereinfachte Grundlagen führen? Problemlösungen und Vereinfachungen könnten durch neue Qualitäten entstehen, wenn das Individuum bzw. das Teil komplex und differenziert in seinen Kontext gestellt wird. Bei jenem Selbstverzehr und jener Implosion, wie wir sie erleben, sind die Probleme der Gegenwart – und somit der Zukunft – nur *politisch* – durch neue Politik im doppelten Sinne, im Verständnis von Politik als solcher und in neuen Inhalten – zu lösen, die zuallererst mit neuen politischen Ideen beginnen. Die nüchterne Alternative startet zunächst als Demontage aller Illusionen, als Verweigerung von Rezepten, als Lernen aus dem traurigen Scheitern, als neuer Wirklichkeitssinn und Menschenliebe.

1   Neue Inhalte

Was beinhaltet eine Alternative, die mehr ist als das, die eine Antwort auf die Probleme der Gegenwart gibt? Eine Alternative muss eine Antwort auf existentielle Krise der Menschlichkeit geben. Diese Krise ist etwas Kollektives und die Antwort liegt in etwas Kollektivem. Es geht um mehr, um tiefere als um bloße Interessenskonflikte und Werteabwägungen. Mit einer Antwort ist mehr noch das Ende von Interessenspolitik überhaupt verbunden. Ihr liegt eine grundlegende Diagnose zugrunde, der Zwang, Neues zu wagen, und die Aufgabe, Werte neu zu definieren. Wenn das Problem der Gegenwart in einer existentiellen Krise der Menschlichkeit liegt, so geht es nicht nur um die Existenzmöglichkeiten nachfolgender Generationen und den Verbrauch von Ressourcen. Darum bzw. um Nachhaltigkeit geht es auch. Aber das ist noch nicht das Wichtigste. Die Grenzlinie existentieller Nöte liegt schon viel näher als hierin angenommen. Es geht um Selbstverzehr und Selbstverlust des Menschen, um seine heutige Selbstgefährdung und Selbstaufgabe. Es mag danach weitergehen oder nicht. Das ist so unbekannt wie das Leben nach dem Tod, als man noch daran glaubte oder solange man daran glaubt. Was ist der Wert des Menschen aber vor der Ewigkeit der Welt? Was ist der Mensch sich wert? Ist dieser Wert ein heiliger? Nicht weil der Mensch göttlich wäre, sondern weil er selbst höchstes Gut des Menschen ist, welches zu heilen wäre? Ein Wert, der zur Selbstheilung und damit zur Weltheilung herausfordert, als wichtigste kollektive Aufgabe der Gegenwart?

Nach der Zersplitterung und Aushöhlung des Menschen, der Gesellschaft, der Menschenwelt sind diese neu zusammenzufügen und aufzufüllen, ist ihnen eine neue Gestalt zu geben. Dazu brauchen sie neue Inhalte, die überprüfbar, debattierbar und legitimierbar sind.

Wenn die erlebten Veränderungen und die Prozesse des Auseinanderfallens gewohnter Verhältnisse das Ende eines politischen Zeitalters markieren, so bleibt zu erinnern, dass die Qualitäten der vergehenden Zeit aus schweren sozialen Katastrophen, politischen Verbrechen und zum Teil revolutionären Kämpfen erwachsen sind. Dass sich die Gesellschaft in diesem Zusammenhang selbst nicht versteht, ist Ausdruck eines Übergangs von einem Zustand in einen anderen. Die Gesellschaft, ihre Bürgerinnen und Bürger, die Menschen bedürfen einer neuen Einheitsstiftung, eines neuen Zusammenhangs, eines neuen Sinns dessen, was die Welt zusammenhält, wenn es die Familie, die Institution, die Religion, die Politik, die Nation, der Staat immer weniger sind. Dabei handelt es sich dieses Mal nicht um eine Krise innerhalb eines bewährten Ordnungsmodells, sondern um eine Krise des Ordnungsmodells selbst. Mehr noch, wo der Ausnahmezustand und das fortlaufende situative Basteln an einer Ordnung zum Normalfall zu werden scheint, ist die Vorstellung, eine stabile dauerhafte Grundordnung der Welt herstellen zu können, selbst ins Wanken geraten. Wenn sich die sozialen Lebensverhältnisse revolutioniert haben, so gilt das noch nicht für das Denken und die Denkweisen, nicht hinsichtlich einer Adaption, noch weniger hinsichtlich einer aktiven Ausgestaltung der neuen Realitäten. Die besondere Schwierigkeit besteht darin, Veränderungen unter Verzicht auf jegliche Art von Gewalt und auf friedlichem Wege zu ermöglichen, um der Einheitsstiftung unter inhaltlichen Gesichtspunkten willen, um der Vermeidung und Überwindung kriegerischer Verhältnisse, wie um der einfachen Tatsache willen, dass in der abhängigen Welt ein Flügelschlag hier Eruptionen gewaltiger Art dort auslösen können. Ein bedeutender Fortschritt läge deshalb darin, die Menschen, Bürgerinnen und Bürger und Gesellschaften würden aus der Krise heraus einen suchenden Wandel und hierüber eine sanfte Transformation schaffen.

Die Frage danach betrifft die Gestalt des Kapitalismus nach dem Ende des Ost-West-Gegensatzes, nach dem Sieg des Westens, nach Terror und Terrorabwehr, nach der Krise des US-Kapitalismus, seiner Freiheit und privaten Fürsorge, nach der Krise der kapitalistischen Wirtschaftsordnung Europas, seinem geregelten Ausgleich zwischen Kapital und Arbeit, seinem paternalistischen Sozialstaat, und nach der globalen Krise des kapitalistischen Marktes, nach dem Wettbewerb um höchste Renditen, der Konkurrenz von Staaten. Noch machen alle Beteiligten dem Grunde nach weiter wie bisher, weil sie andere Lösungen nicht kennen. Es ist, als befände sich die Welt auf dem Hochseilakt ohne Auffangnetz unter sich.

Was kommt nach der westlichen Freiheit? Gibt es eine Freiheit, die mehr und besser als diese ist, ohne ihr Gegenteil zu sein? Was kommt nach der westlichen Demokratie? Gibt es eine Demokratie, die mehr und bessere Demokratie als diese hat? Was kommt nach dem Geldreichtum, wie die Welt ihn noch nie kannte, dass sie mehr als genug an Geld hat? Kann Freiheit der höchste Wert sein, bleiben, werden, wenn mehr als umfassende Freiheit des Menschen nicht wirklich denkbar ist?! Wäre unsere Freiheit völlig vergesellschaftet, so wäre eine solche Freiheit denkbar.

Einssein mit sich und der Welt, Einssein eines Teils mit dem Ganzen, Fürsichsein ohne Getrenntsein, ein Eigenleben im sozialen Kontext, Selbstverwirklichung ohne ein Gegeneinander, auf eigene Kosten kommend ohne Leben auf Kosten anderer – so groß menschliche Bedürfnisse danach sein mögen, so unwahrscheinlich scheinen ihre Möglichkeit angesichts menschlicher Grenzen. Sie sind eine ungeheure Herausforderung an die menschliche Entwicklungsfähigkeit – welche vielleicht gerade doch heranreift, in einer Epoche der globalen Umbrüche, wie die Welt sie noch nicht erlebt hat. Nicht um gleich bereits verwirklicht zu werden, sondern um sich bewusst in einen Prozess auf dem Wege dorthin zu begeben, eine neue Einheitsstiftung zu erschaffen.

Was könnte eine solche neue Einheitsstiftung ausmachen und kennzeichnen?

Wenn der Mensch sich in seiner ganzen Menschlichkeit der erste Wert ist und sich für sich in den Mittelpunkt stellt, dabei sich als eine so singuläre Einheit und doch immer gleichermaßen als plurale erfährt, einer Einheit in vielen Einheiten, die zusammengehören und zugleich mit allen und allem anderen an Lebewesen, Natur, Kultur, Weltraum zusammenhängt in einer Welt, die eine Einheit darstellt, in der alles mit allem zusammenhängt und ständig neue Verbindungen eingeht, würde etwas Neues sichtbar.

Ein Mensch verkörperte dann die Welt, eine Einheit, das Individuum, es wäre zugleich Welt, so wie sich die Einheit der Welt im Individuum ausdrückt. So gäbe es keinen grundsätzlichen Gegensatz zwischen Individuum und Welt wie zwischen Welt und Individuum. Jede Entwicklung bräuchte ein gleiches Gegenüber und mehrere, die Vielfalt im Einzelnen wäre so unendlich wie das Ganze. Alle Entwicklung und Kreativität hätte kein vorherbestimmtes, wohl aber bedingtes Ergebnis.

Eine solche Einheit Mensch stünde in Beziehung mit allem, mit aller Materie wie mit allem Immateriellen. Letztlich besteht keine Materie für sich als solche, sondern nur über das Beziehungsgefüge und den dadurch stattfindenden Austausch und die ermöglichte Entwicklung. Ohne Zusammenhang und Verbindung entsteht keine Materie. Zusammenhang ist am Ende „Chemie" – der Geist. Er findet in aller Materie seinen Ausdruck. In Materie, in Objekten, in Kultur ist auch Geschichte der Welt mit allem zu ihr Gehörigen abgelagert. Alles greifbar Reelle einschließlich des Sozialen ist ständig und immer umgeben vom Immateriellen und Irrealen, eingebettet in einer umfassenderen Wirklichkeit.

Das Soziale und Gesellschaftliche, das Verbundene, das Menschliche und Weltliche wäre kein vom Rest zu trennendes Gut, insbesondere was die Beziehungen der Menschen untereinander betrifft, es wäre vielmehr überall untrenn-

bar mit enthalten und könnte seinerseits zu neuer Einheitsbildung anregen – sei
es in sozialen Lebensgrundlagen, in sozialem Verhalten, in der Soziabilität einer
Gesellschaft oder in den sozialen Grundlagen einer Gesellschaft, die dennoch jeden Mensch in seiner Würde als Individuum konstituiert.

Es führte zu einem anderen Menschen- und Weltbild und zu einer anderen Haltung insbesondere zum Mensch selbst, ohne ihn als Gegensatz zu irgendetwas anderem zu verstehen, sondern als ein komplexes Wesen im Gefüge
des Lebens mit aller dazugehörigen Welt. Es wäre ein ganzheitliches Verständnis, nicht zu verwechseln mit „heil". Wenn aus den immergleichen Machtspie-
len der Gegenwart ein „Mehr" entstehen soll, eine andere Qualität von Gesell-
schaftsentwicklung angesichts der erlebten Verluste, wäre ein anderes komplexes
ganzheitliches Welt-, Menschen und Gesellschaftsbild unerlässlich. Jedes Teil, jeder Mensch, hätte sein eigenes Recht auch gegenüber aller Umgebung, auch immer gegenüber einer Mehrheit, dieses aber wäre ebenso reziprok. Neues Denken
hieße, wir sind *nicht allein*, denn so ist die gesellschaftliche Angst der Gegenwart,
aber schützen und die Hand übereinander halten können wir uns nur wechselseitig. Ein antagonistisches, paternalistisches, (seperat-) extra-soziales Konzept
der Solidarität, des Sozialausgleichs, des Burgfriedens und der Dualismen gehört
der Vergangenheit. Jede und jeder steht für sich und im ewig auszutarierenden
Verhältnis zu einem und vielen Gegenüber, in einem Verhältnis von Einmaligkeit
und Individualität zu Vielheit und Vielschichtigkeit. Alles, auch das Eigene, erweist sich zuletzt am anderen. In diesem Verhältnis reichte es nicht, sich allein in
andere hineinzuversetzen zu wollen. Denn das hieße, den anderen äußerlich und
nur fürsorglich zu begegnen. Wäre in der Begegnung aber Selbstinfragestellung
notwendig, so verfiele solche Haltung zu leicht in Ausgrenzung. Stattdessen wäre
die eigene Wahrnehmung mit der anderen zu vereinen, um den Blick zu weiten
und beiderseits neue Erfahrungen machen zu können. Das führte zu einem in-
tensiveren Selbst und zu einer besseren und tieferen Beziehung zum vermeintlich fremden Anderen. Das gemeinsame Menschsein, Gespräch und Verstehen
stehen im Vordergrund. Jeder ist alles, das Ganze macht den Einzelnen. Das
Ganze ist mehr als die Summe seiner Teile. Das Gute findet sich im Eigenen wie
im Fremden.

So könnten an die Stelle der Freund-Feind-, Nützlich-Überflüssig-Bilder und
-Verhältnisse, an die Stelle von Selbstbehauptung und Grenzerrichtungen, Beziehungen der öffentlichen „Liebe" zueinander entstehen, die die ganze Gesellschaft
durchziehen. Solche konstitutiv konstruktive Beziehungnahme kennt noch im
Konfliktfall und der (wechselseitigen) Verstörung kein Gegeneinander zwischen
den Eigenen und Anderen, denn sie liegt im Interesse eines/r jeden und aller.
Selbst der Gegensatz bindet noch zusammen, weil die bewusste humane Bezugnahme selbst die alles umfassende Bedingung ist. Von ihr aus lassen sich bessere

Qualitäten von Problemlösungen finden, weil sich wechselseitige Fürsorge, Differenzierung und Wandel einleiten lassen.

Die menschliche Priorität, die sich von der politischen Priorität nicht mehr unterscheidet, sondern mit ihr ineins fällt, läge darin, die Möglichkeit der Humanität aufzuzeigen und das Mögliche möglich zu machen. Ein solches Handeln würde das Menschliche sehen lassen. Eine Gemeinschaft von Menschen würde erfahrbar und lebbar.

Die Möglichkeit einer dergestaltigen neuen Einheitsstiftung wird durch die neuen wissenschaftlichen Erkenntnisse der Hirnforschung ebenso gestützt wie von der Wiederkehr der Bedeutung von Religion, von Glauben jedweder Art und von Vertrauen. Es besteht eine unmittelbare Nähe zwischen Ich, zwischen Hirn, Glauben und Welt als einer durch Politik gemachte und zu machende, am Ende eine, wenn auch bislang vielleicht nicht hinreichend durchdrungene, erkannte und erforschte Einheit. Aus ihr könnte am Ende eine neue Einfachheit für das Leben erwachsen und die undurchschaubare Komplexität der Welt auf eine lebbare Weise vereinfachen. Es könnte eine Einheit der Welt in der Einheit der Individuen als Gesellschaftswesen erwachsen. Wenn in der Umwandlung, die die modernen Gesellschaften durchlaufen, neue Sklaven hergestellt wurden, so könnte auf diesem Weg die Unverfügbarkeit des Menschen wieder zur Geltung kommen und zu einer neuen Befreiung des Menschen führen.

Der Ausgangspunkt eines solchen Denkens und Vorgehens ist der konkrete Mensch, das Individuum, das in mehrfacher Dimension erscheint: Erstens zeigte sich dieses Individuum als eine Einheit von Körper, Geist und Gefühl oder Seele; in denen sich sein Leben äußert und der Mensch wird, eine Einheit, welche aufgrund seiner weltlichen Bezüge und Beziehungen mehr als aufzuklären zu verstehen wäre. Dieses Individuum wäre zweitens in seinem sozialen Kontext zu begreifen, in dem eine Grenze zwischen den Individuen *doch* dort erfahrbar ist, wo das Individuum Schmerz erfährt, eine wie immer geartete Verletzung seiner selbst. Dieser Schmerz beheimatet sich in seinem Bewusstsein, das sein komplexes „Ich" begründet, in dem das Individuum seiner selbst habbar wird. Der Schmerz dieses „Ichs" muss immer wieder geheilt werden, um Individuum in Verbundenheit und Beziehung sein zu können. Diese Heilung als Wiederherstellung einer individuellen Einheit, führt über die Einheit der Welt, die über die Grenzen des Individuums hinwegführt bzw. sie nicht kennt, weil es keinen Gegensatz gibt, solange an der Einheit der Welt wie an der Einheit der Einzelnen gearbeitet wird. Das Individuum drittens gäbe es nur im Plural als Individuen unendlicher Zahl und also in sozialen Kontexten, die unsichtbar Kollektives – Beziehungen – stiften bzw. sind und als solche nur die Individuen, Menschen im Plural, sein lassen können. Das hieße viertens, dass ein Individuum, sofern es solches wird, sozialen Kontext braucht, ein Kontext des alltäglichen Lebens, der nicht ohne Lokalität denkbar

und möglich ist. Niemand ist, auch in der globalen Welt nicht, nirgendwo ange-
bunden, ohne nicht mehr existent zu sein, und also prinzipiell auch nicht unerreichbar für kollektive Gestaltung und kollektives menschliches Sein, mögen sich
die Wege und Mittel dazu auch verändern. Dieser soziale Kontext aber vollzieht
sich für ein Individuum über eine stets durch die Lokalität bedingte Selbstkon-
stituierung in einem ausgewählten oder selbstgemachten sozialen Kontext (statt
über Familie, Gruppe, Organisation, Partei, Unternehmen, Staat, kollektivistische
Machtbünde jedweder Art), über Selbstbestimmung in Verantwortung, über das
Bewusstsein gemeinsamer Existenz. Ihr Ausgang ist so individuell wie offen. Die
Aufgabe der Herstellung von sozialem Kontext und Kollektivität kommt aus der
Sache des Menschen selbst, aus seinem Selbstwert und seiner eigenen Wertsetzung zugunsten des Menschen und seines Seins. Solche Individuen fünftens teil-
ten, statt sich teilen zu lassen, das menschliche Schicksal und ließen uns frei (sein).

Damit verknüpft sich erneut die Frage nach dem Mensch als einem rationa-
len Projekt, dessen Rationalität paradox ist, weil diese Rationalität auch menschlicher Emotionen, menschlichen Leidens, menschlicher Irrationalität ebenso wie
alle Phänomene des Immateriellen und Mystischen erfassen und verstehen lernen
muss. Alle Dinge des Lebens als Fragen des Konsums zu behandeln, dieses Modell ist gescheitert, der Glaube an es vorerst irreparabel zerstört. Ein Fortschritts-
begriff, wenn man ihn verwenden wollte, könnte sich darauf beziehen, Einheiten
(wieder und weitergehend als bislang) für Individuen und Subjekte, für Menschen
und Menschheit herzustellen, statt kleinstteilige Zerstörungen und (wechselseitige) kleinstteilige Grenzziehungen fortzusetzen, Einheit in der Person, in den Bezügen des Lebens um sie herum, Einheit eines lebenslangen Lebens, Einheiten
offener Kontakte, Einheiten menschlicher Gesellschaft, neben anderen mehr. Dieser Fortschritt folgte einem ganzheitlichen Menschenbild und nähme auf, was die
„Vernunft" ausgeklammert oder verworfen hat, was aber doch auch da ist, seien
es Gefühle, Glauben, Geistiges – liegt es doch der Aufklärung selbst gar nicht so
fern, jedenfalls weniger fern als sie selbst annimmt, wo sie von Ideen getragen
war. Wie sehr ein ganzheitliches Menschenbild notwendig geworden ist, dazu haben auch die Leitmedien der Zeit, Wissenschaft und Forschung, schon jetzt jede
Menge neuer Erkenntnisse erbracht, sei es die Hirnforschung bei der Messbarkeit
von Emotionen, der Wirkung von Glauben und Placebo, sei es die Ethnologie bei
der Entschlüsselung von Schamanentum, seien es die Wirtschafts- und Sozialwis-
senschaften bei der Erforschung der Bedingungen für höchste Arbeitsergebnisse
wie Freiheit und Kreativität oder die Philosophie in der neuen Beschäftigung mit
dem Phänomen der Religionen.

Ein solches Individuum, welches in seinem Verständnis mit Individualismus
und Egozentrik nicht zu verwechseln ist, wäre Bezugspunkt emanzipatorischer
Politik, wo auf Politik in existentieller Hinsicht nicht zu verzichten ist. Das Verletz-

lichste ist das Individuum, das frei sein will, was nicht heißt ungebunden, sondern
frei und offen und also verbunden, und das paradoxerweise doch das stärkste Individuum würde. Dieses Individuum, das es nur im Plural gibt, wäre Angelpunkt
eines neuen politischen Programms. Mit ihm würde die Transformation des Zerfallsprozess zwischen Kapital und Mensch, zwischen Menschen und Gesellschaften eingeleitet. Die Verwandlung wäre eine Umwandlung zum Wieder-Ganz-Wer-
den – so komplex, widersprüchlich, brüchig, vielfältig, verschwistert und doch
eins im Zusammenhang seiner Seele das Individuum Mensch im Detail auch sein
mag – was im Sein sowieso zusammengehört, und eine Umwandlung zum Teilen
dieses Seins. Wenn dabei die bisherigen Grenzen aufgelöst und überwunden werden, so muss sich ein neues Selbst bilden, ein neues Bild des Menschen von sich
und der Welt, ein neues Bewusstsein, das die Welt verändern wird. Insofern ist
es das Individuum, das „zukunftsschwanger" ist, je individueller in menschlicher
Gemeinschaftsgesellschaft umso mehr. In dieser Menschen- und Gesellschaftsidee
fällt per se keine und keiner heraus, sie schließt Ausschluss aus sich per se aus, Zugehörigkeit ist für alle und jeden gut, weil Leben. Statt einer Totalisierung von Gesellschaft entstünde etwas Ganzheitliches. Das Individuum Mensch wäre befreit
aus Gesellschaftszwang und doch angekommen in Gesellschaft und nicht mehr
allein in weiter Welt.

In dieser existentiell notwendigen Politik würde die Politik des Individuums
verallgemeinert, sie schaffte keine Macht, keine Konkurrenz, keine Egomanie,
keine hierarchisierte Besonderheit. Ihr Besonderes aber wären ihre allgemeine Individualität und ihr allgemeiner Reichtum. Sie hätte dafür existentiellen Pluralismus zu schaffen und Pluralismus in den Existenzformen in den fundamentalen
Grundlagen zu ermöglichen. Sie böte selbstverständlich Schutz vor Not, Verletzung und Schmerz wie Möglichkeit zur Heilung derselben, unabhängige Rechte,
Machtteilung bis ins kleinste Glied, Verzicht auf dominantes Machen und Welten-
rettertum und stattdessen Lassen und Unterstützung allen menschlichen produktiven Tuns.

Mit dieser Politik könnte sich ein Weltbürgertum und globales Denken bilden, ein nicht-materielles, nicht-europäisches, nicht-westliches, obwohl es das alles auch sein könnte und doch viel mehr als das, wechselnd und je nach Gefüge,
in jedem Fall komplex und prozesshaft. Global meinte nicht einen überall hin-
reichenden globalen allseitigen Imperialismus, sondern der Begriff ließe Raum
für das Ganze, für all das, was zu berücksichtigen wäre, was menschliches Dasein in der Welt ausmacht. Es wäre ein Denken, das bei keiner Teilbetrachtung
stehen bleibt, sondern immer die Türe nach draußen offenhält und durch diese
Türe hindurchgeht. Obwohl ein solches neues, komplexes und integratives Menschenbild schwieriger als alles Bisherige erscheint, wäre es doch den einfachen Lösungen überlegen und schüfe es paradoxerweise neue Einfachheit. Globalisierung

und Mobilisierung scheinen demselben Bewegungsgesetz zu gehorchen wie Individuum und Gesellschaft. Sie werfen alles um und fordern eine Umwandlung heraus. Vielleicht ist der gegenwärtige Weltzustand nicht nur das historische, sondern auch das systematische Ende einer Entwicklung, die vor sehr langer Zeit begann: Es gibt keine Zentralperspektive mehr, von der die Welt einzuteilen und nach Gut und Böse zu bewerten wäre. Es kommt immer auf die Perspektive an und alle haben ihre Berechtigung in ihrem Grund, über oder unter denen doch noch das menschliche Sein in der Welt als solches liegt.

Wenn die Einheit des Individuums und der Welt trotz aller Klassen- Geschlechter-, Hautfarben-, Religions- etc. Unterschiede und statt aller Spezialisierungen oder Separierungen Ausgangspunkt sind, so wird *Integration* – in Gestalt des gleichen Rechts auf Teilsein und Teilhabe und gleiche reziproke Bezugnahme – das Paradigma, der entscheidende Begriff existentiell notwendiger Politik, nicht Wettbewerbsfähigkeit, nicht Konkurrenz, nicht Klassenkampf, nicht Kulturkampf, nicht Umsturz, nicht Gegenmacht oder Kompromiss oder ähnliches mehr. Solche Integration setzt so viel all- und wechselseitige Entwicklung und Verwandlung voraus, wie sie diese schafft. Zu ihr führen nicht Vorurteile, sondern Wahrnehmung von immer bestehendem Zusammenhang, die nur möglich sind, wo Freiheit und Bereitschaft zu Risiko und Veränderung bestehen und genutzt werden.

Aus der Idee der Einheit von Mensch und Welt folgt, dass Freiheit und Gleichheit zusammengehören und in ihnen das Soziale integriert ist, so wie sie für alle gelten, Freiheit, Gleichheit und Soziabilität also ihrerseits eine Einheit bilden. Sie machen *aus sich heraus* Demokratie, Politik als öffentliche Liebe des Menschen zu sich selbst zugleich als ein Zueinander und somit Solidarität – Zuwendung, Beistand, Unterstützung, Zugehörigkeit, Anerkennung, Respekt – zwingend, sie stellen sich als ihre Folge und Wirkung ein, und sie ermöglichen das größtmögliche Maß an Gerechtigkeit.

Wenn die Einheit beim Individuum beginnt und dort nicht endet, sondern unendlich ist, dann verbinden sich die Kategorien der Selbstbestimmung und Verantwortung, denn im Selbst liegt immer auch die „Antwort" auf Anderes, das Selbst kann nur sein mit dem und durch das Sein Anderer. Selbstbestimmung wie Verantwortung sind in sich reziprok, für den Einzelnen wie in der Beziehung zu Anderen. Freiheit nimmt alles auf. Freiheit ist soziale, politische und menschliche individuelle Freiheit und sie ist für den Menschen existentiell. Wo Körper, Geist und Seele in Einheit existieren, ermöglicht sie die freie Entfaltung eines jeden – in immer verschiedener Gestalt.

Auf der Basis eines neuen Denkens kann die Welt nach Globalisierung und Individualisierung sich zu einer neuen Welt weiterentwickeln, deren Gestalt wir nicht kennen, die nur zu finden ist.

Ein solches Denken materialisiert sich zuerst in den Menschenrechten und ihrer Verwirklichung. In der Idee von der Unteilbarkeit der Menschenrechte aufgrund gleicher Menschenwürde ist die Idee der Einheit bereits ausgedrückt. Die Menschenrechte, wie sie zu einer bestimmten Zeit entworfen und kodifiziert wurden, bedürfen in ihrer Zeitbedingtheit und der begrenzten Beteiligung an ihrem Entwurf selbst einer Prüfung, um sie zu entwickeln, zu konkretisieren und zu weiten. Sie wären wohl neu zu interpretieren, zu gewichten und aufs Ganze zu beziehen. So unverändert sie von hoher Bedeutung sind, gar wichtiger denn je sind, so sehr ist zu wünschen, dass sie neu Instrument sind, politische Verhältnisse zu verändern und zu entwickeln. Die Menschenrechte wären als subjektive Rechte stark zu machen, als Ansprüche, für die keine Gegenleistung erforderlich ist, die humanes Leben erst ermöglichen, als Rechte aufgrund von bloßem Dasein, die zugleich einen Anspruch aller auf Anerkennung und Wertschätzung der jeweils eigenen Autonomie vonseiten des Anderen implizieren. Es geht um den absoluten Wert jeder Person, den unvergleichlichen Wert eines und einer jeden, vor deren Hintergrund erst die Wertigkeit der „Menschheit" sich realisiert.

Dabei hätten Politik und Recht neu zu klären, worin sich die Verwirklichung universeller Menschenrechte materiell konzentriert und kondensiert. Der bestehende Katalog der Menschenrechte wird sich nicht vollständig und gleichzeitig und überall realisieren lassen. Er wirkt auch in der Vergangenheit als Anspruch, Entwicklungen voranzutreiben. Dennoch hängt alles von der Realität der Menschenrechte als einklagbare Ansprüche ab, wenn sie Kraft haben sollen. Vielleicht liegt der Weg in der Vereinbarung auf ein Minimum an existentiellem Recht und existentieller Grundlage, wenn sich darüber eine globale Verständigung erzielen ließe. Wohl müssen Menschenrechte zum Teil auch neu definiert werden, wo es um globale allgemeine Existenzfragen geht, sei es der Zugang zu Wasser oder zu Geld o. a. m., sowie die Menschenrechte im Verhältnis zueinander zu bestimmen und auszutarieren sind. Fortschritt wäre auch hier systematisch reflexiv.

2 Gesellschaft – Beziehung, Verbundenheit, Inhalt

Wenn es eine Einheit von Individuum und Welt geben soll, so wären ein anderes Bild von Gesellschaft und ein anderes Selbstverständnis der Gesellschaft von sich selbst nötig. Vorrang hätte dann nicht der Staat vor der Gesellschaft, der sie im Zweifel mit Gewalt zusammenhalten müsste, sondern Vorrang hätte die Gesellschaft vor dem Staat, der ihr Instrument ist. Die Gesellschaft – so komplex, vielfältig und widersprüchlich sie im Einzelnen sein mag – verkörperte das Kollektive, das Gemeinsame am Menschsein-Leben in der Zeit, in der Gegenwart. Sie wäre Ausdruck von etwas wirklich Allgemeinen, Ausdruck von Existenz, die nur in Beziehungen besteht, Ausdruck von Existenz, die nur in Verbindung zu sich findet, Ausdruck von Inhalt, nämlich von Geist, Materie und Seele des sozialen Organismus, den Gesellschaft bildete bzw. darstellte. Die Gestalt von Gesellschaft wäre ausschlaggebender als die Gestalt von Staat, Staaten oder Weltstaat. Staaten würden eine Schöpfung aus der Gestalt der Gesellschaft, die im Bewusstsein einer Einheit von Individuum Mensch, Menschen und Welt existiert, die frei und nicht von Gewalt getragen sind. Ein Staat wäre nur imstande zu tun, was Gesellschaften erlauben und demokratisch legitimieren, zumal angesichts der Globalisierung der Welt, wo sich gesellschaftliche Subjekte selbständig machen und Staaten verlassen, diese so oder so nutzen und ggf. schnell stürzen oder zerstören können. Das macht den Blick auf die Gesellschaft und auf unterschiedliche Subjekte der Gesellschaft notwendig, ausgehend von ihrer kleinsten Einheit, dem Individuum, das am Anfang und am Ende alle sind, ohne Macht außer der eigenen Lebenskraft.

Dabei wurde das Individuum mit seinem sozialen Aufstieg und Bedeutungszuwachs paradoxerweise zugleich ob seiner unendlichen Zahl und ob der abstrakten Vermachtung der Welt zunehmend unwichtiger, während „Gesellschaft" zunehmend wichtiger wurde. Wir sind heute mehr denn je nicht nur individualisiert, sondern ebenso gerade darin lokal und global vergesellschaftet, und der Art der Vergesellschaftung, wie wir sie erleben, ausgesetzt, wenn nicht ausgeliefert. Autonomie ist begrenzt in der Auswahl der Abhängigkeiten. Um so wichtiger wäre es, dem Individuum, der „kleinsten" Minderheit einer Gesellschaft, das relativ größte Recht gegenüber Gesellschaft einzuräumen, weil es zugleich am meisten auf Gesellschaft angewiesen ist. Das Individuum bräuchte ein unverrückbares Recht (auch) gegenüber der Mehrheit der Gesellschaft, auch das Recht auf Abweichung, ein Recht, das seinen gesellschaftlichen Rahmen und seine Grenzen sogleich darin erfährt, dass dieses Recht eben für alle Individuen gilt. Nur die Gesellschaft wäre stark, die das garantierte und deshalb ihre gesellschaftlichen Institutionen in diesem Sinne fest baute.

Das Individuum der modernen Welt findet vor seinem existentiellen Ausgeliefertsein in seiner eigenen Lebenskraft seine Möglichkeiten nur in Gesellschaft, die Gesellschaft ihre Möglichkeiten nur in einem bzw. vielen starken Individuen. Das Individuum hätte für sie, die Gesellschaft, einen so hohen Stellenwert, obwohl es aufs Ganze der Welt und als Lebewesen fast ein Nichts, ein „Staubkorn" bleibt, das gerade deshalb Bedeutung haben will, nicht zuletzt gegenüber anderen bzw. der Gesellschaft, weil sich Gesellschaft nur aus jener Bedeutung der Individuen speisen kann. Am Ende ist es die konkrete Kreatur, an der sich alles erweist. In ihr steckt zugleich das Ganze. Um des Individuums willen hat zugleich die Gesellschaft eine so hohe Bedeutung.

Nach der Auflösung traditioneller Bindungen, der Sprengung aller Grenzen und der reellen und virtuellen und mentalen Migration der Individuen durch und um die ganze Welt, läge die große Herausforderung darin, *Gesellschaft zu haben, in Gesellschaft zu leben, nicht allein zu sein.* Gesellschaft umreißt dabei eine ganz offene Idee, über Familie, Gruppe, Schicht, Unternehmen, Nation, Ethnie etc. hinaus und diese einbettend, wo sie fortbestehen oder sich neu bilden. Gesellschaft ist dabei nicht nur als Begegnung, Kommunikation, Beziehung(nahme), nicht nur als Faktum, Konvention, Öffentlichkeit oder Masse zu denken, sondern als lebenswerten und sicheren Lebensraum. Es wäre ein Raum, der jedem Mensch, dem Bürger und der Bürgerin, die freie Wahl seiner „Gesellschaft" im engeren Sinne ermöglichte – ob im Verbleib in der Herkunft oder hin zu neuen Ufern oder im Wechsel oder im Lauf durch unterschiedliche Gesellschaften wie durch unterschiedliche Lebensabschnitte, aber immer in personaler wie transpersonaler Verbindung und Beziehung zu anderen, in menschlicher Gemeinschaft. Sie implizierte schon die Toleranz der verschiedenen „Gesellschaften", die es in Gesellschaft gibt, aus der auch gemeinsame Regularien für den Verkehr miteinander resultieren. Sie demokratisch zu gestalten und diese Idee damit möglich zu machen, hieße immer zuletzt pro Individuum zu entscheiden. Es hieße dem Paradox zu folgen, für alle das Gleiche gelten zu lassen, freie Mehrheitsbildungen zu ermöglichen und zugleich wider alle Einheitsnormen „jedem das seine" und „jeder das ihre" freizustellen und sich so „gerechten" Verhältnissen zu nähern. Aus dem Gegensatz, der zugleich kein Gegensatz ist, weil alle Individuen sind, wäre das richtige Maß, die richtigen Verfahren, die besten Wege etc. herausdestillieren, und dies immer wieder neu. Bewegung und Offenheit bestünden auch hier. Das Individuum würde stark gemacht, um Gesellschaft, Gemeinschaft, alle so stark wie möglich zu machen.

Eine Politik des Individuums lässt sich nur *mit* einer Gesellschaft verallgemeinern, die eine Allgemeinheit bildet. Folglich besteht der Bedarf nicht darin, keine Gesellschaft zu haben, Gesellschaft in ihrer Reichweite zurückzuführen oder Gesellschaft zu privatisieren, sondern es bedarf im Gegenteil zwingend einer positiven Gesellschaftsidee bzw. positiv besetzten Gesellschaft, in der eine Politik des Individuums allgemein, d. h. für alle und mit allen anderen, jeweils Teil eines Ganzen und jeder/m ihr/sein Platz, sein kann. Es wäre eine Gesellschaft, die sich als einen sozialen Organismus erlebt, der sich selbst bestimmen lässt.

Gesellschaft, in ihrer Ab- wie Anwesenheit und in jeder denkbaren Gestalt, ist immer von grundsätzlicher Bedeutung, denn sie bestimmt die Lebensräume der Menschen. Ihre Bedeutung aber ist heute größer denn je, weil Gesellschaft allgegenwärtiger geworden ist und eine Trennung der Sphären etwa des Privaten und Öffentlichen, der Wirtschaft und Politik, von Medien, Staat und Gesellschaft, von Wissenschaft, Religion und Philosophie, des Heute, Gestern und Morgen u. a. m. sich aufgelöst hat. Welche Gesellschaft ist unter solchen Bedingungen der Komplexität und Verwobenheit, der Zeitgleichheit und Zeitverschobenheit, der Einheit in der Abhängigkeit noch unter größten Gegensätzen frei und gleich, gleich frei?! Wieviel Freiheit gibt es in der Gesellschaft hinter dem freien Westen, wieviel Gleichheit in der Gesellschaft hinter der westlichen Demokratie, wieviel Soziales in der Gesellschaft hinter dem europäischen Sozialstaat?

Eine Gesellschaft, die eine Politik des Individuums verallgemeinert, wäre vor allem eine Gesellschaft, in der das Individuum grundsätzlich in Beziehung lebt, in Verbindung ist und bleibt, die Verbundenheit lebt. Diese Gesellschaft wäre kein „Kommunismus", keine kommunistisches Gemeinschafts- oder Gesellschaftsmodell, Kommunismus hätte in ihr neben anderen Ideen und Glaubensvorstellungen aber Platz. Jede lebensweltliche Gemeinschaft entwickelt früher oder später den Drang zur Vergemeinschaftung, zur Homogenität, zur Autoritätsabhängigkeit, zu antidemokratischen und antiegalitären Erscheinungen. Gesellschaft auf der Basis der Verallgemeinerung der Politik des Individuums ermöglicht Gemeinschaftsbildungen, plural auf bestimmte Weise und immer auf Zeit. Aber sie besteht wesentlich in etwas anderem, nämlich in einem bindenden Band der Gesellschaft, die sich – politisch – bestimmte Grundlagen verschafft, um konkrete Menschen Mensch sein zu lassen, was zugleich zum Wohle aller ist, denn auf diesem Wege sind in der Welt von heute die besten Lösungen für das Sein von Gesellschaft zu finden. Es ist eine Gesellschaft, die sich positiv und förderlich zueinander verhält, die der Grundidee nach als solches nicht-ausschließend, offen und grenzöffnend und grenzenüberschreitend und beweglich ist. Selbstbehauptung ist kein Gegensatz zur Fremdbehauptung, sie ist nicht nötig, weil sie gegeben ist, weil Raum für jede und jeden da ist.

Der öffentliche Raum, die Gesellschaft – den wir betreten, sobald die private Wohnung verlassen wird, sofern diese nicht auch schon gesellschaftlich durchleuchtet ist – ist ein durch und durch sozialer Raum. Jede Handlung ist sozial, gesellschaftlich, politisch, ökonomisch, kulturell etc. bestimmt. Öffentlich können wir über uns selbst hinauswachsen. Nur für uns sein, macht uns klein. Der soziale Wandel der Welt hat global in eine neue Vergesellschaftung geführt, die alle bisherigen Qualitäten übersteigt. Alles erfasst alle, alles ist in eins gesetzt. Es gibt keine Trennungen mehr. Wir sind durch und durch Gesellschaftswesen. Wir sind Gesellschaftswesen im Unterschied zu Gemeinschaftswesen, denn Gesellschaft verweist auf die Offenheit, auf das Kommen und Gehen, auf die Unterschiede, die Einzelheiten und den Zusammenhang. Alles was geschieht, ist individuell und allgemein. So wäre es nur sinnvolle Folge, auch alle menschliche Arbeit, einschließlich der zu Erhaltung des Menschen selbst, zu verallgemeinern, zu veröffentlichen, zu „vergesellschaften" und mit ihr die eigene Existenz zu fördern. Politik des Individuums zu verallgemeinern, hieße durch dieses große offene Tor nun zu gehen, anstatt einer allumfassenden Privatisierung und damit einer allumfassenden Selbstaufgabe zu folgen. Der Versuch, das Selbst im eigenen Selbst zu schaffen, ist zum Scheitern verurteilt, denn das Gelingen ist unmöglich. Ein Selbst ist nur in Gesellschaft zu schaffen, dort wo zugleich ständig weitere Gesellschaft geschaffen wird. Individualisierung, Globalisierung und Sozialisierung eröffnen somit ungeheure neue Chancen und Möglichkeiten.

Individualisierung, Globalisierung und Sozialisierung haben auch den Markt – die Wirtschaft und Unternehmertum jedweder Art – zu einem Teil von Gesellschaft und ihn in seiner Funktionsweise so „ganzheitlich wie die Gesellschaft gemacht. Die Qualität dieser Ganzheitlichkeit als Frage nach dem Zusammenhang entscheidet über Absturz oder Wachstum, über die Produktivität des Wirtschaftens und des Gesellschaftens. Produktivität ist nicht quantitatives Wachstum, das immer endlich ist. Sie ist nicht Ausbeutung, die ebenso endlich ist. Produktivität ist nicht Macht, die sie gar nicht herstellen kann. Gesellschaft umgekehrt ist ihrerseits auch ein Unternehmen, eines das in sein „Produkt" – den Mensch, das Individuum, die Gesellschaft – investiert und diese Investition in die Ressource Mensch als vornehmste Aufgabe betrachtet. So sind die „Leitlinien" von Gesellschaft und Wirtschaft identisch. Es gibt keine Trennung der Sphären mehr. Der Markt, ein Handelsort, ist Gesellschaft im doppelten Sinne des Wortes. Man trifft sich miteinander, er ist vom Ganzen durchwobener Teil des Ganzen, Gesellschaft ist Markt, ein – geregelter – Raum der Beziehung, der Begegnung, des Austausches und ein plurales Angebot von Existenzweisen wie deren Erschaffung. Beide funktionieren nach Regeln, die den Zusammenhang und das gemeinsame Menschsein bejahen. Beides ist durchtränkt voneinander. Wirtschaft braucht Gesellschaft und zwar in vielfältiger Bedeutung, Handelspartner, Geselligkeit, Gesellschaft als soziale Einrichtung. Gesellschaft braucht Arbeit zum Leben wie zum Wachsen und Entwickeln. Es besteht kein Gegensatz, sondern ein Aufeinander-Angewiesensein, das trotz ständig vielfältiger Widerstreitigkeiten überall entsprechenden Umgang bis hin zum entsprechenden Recht bis hin zum von unten her aufgebauten unverrückbaren Recht des Individuums erforderlich macht.

Eine Gesellschaft, die Politik des Individuums verallgemeinert, eröffnet den Weg der Selbstentwicklung des Einzelnen im sozialen Kontext und dieser tritt an Stelle von Konkurrenz und Profiterheischung auf Kosten anderer bzw. von Gleichschritt, Gleichmacherei oder Geschlossenheit auf Kosten vieler Einzelner. Sie erfordert die Selbstarbeit des Individuums wie die gesellschaftliche Arbeit am Mensch als zentralen Bestandteil ihrer wirtschaftlichen und sozialen Vitalität und Produktivität und so entwickelt sich Gesellschaft. Globalisierung und Individualisierung erfordern ein anderes Paradigma der Kollektivität, als das passé gewordene bekannte, sei es jenes der Homogenität (mit inhaltlicher Konformität) oder der formalen Pluralität (jenseits inhaltlicher Verbindung wie der Pflicht zur Auseinandersetzung). Es läge sowohl in der Integration wie dem Abstand, die zusammen einen Eigenraum der Differenz in Verbindung mit offenen Türen des Hinein und Hinaus bieten und an die Stelle von Einschluss per Harmonie und notfalls von Unterwerfung oder Exklusion träten.

Individualisierung und Globalisierung als neue Weltmerkmale bringen auf beiden Seiten vermeintlich widersprechende Bewegungen hervor – die Bewegung der Individuen, die Neugeburt von Subjekten auf der einen Seite und neue viel größere Bedürfnisse nach freier offener selbstbestimmter Verbindung und Zugehörigkeit, Kollektivitätswünsche, auf der anderen Seite – eine neue Vergesellschaftung der Individualisierung und der Individuen. Diese Veränderung braucht eine Gestaltung. Diese Gestaltung bannt zunächst einmal die Gefahr des Umschlags von einem ins andere Extrem und jedem damit verbundenen Fundamentalismus. Mehr und wesentlicher aber ermöglicht sie neue Lebensqualitäten, qualitativen Fortschritt der Menschheit und die Fruchtbarmachung der positiven Erfahrung allgemeiner Menschlichkeit, die bislang auf die Erfahrung größter Katastrophen der neuen Art beschränkt bleibt. Diese Art der Vergesellschaftung kennt von der Natur der Sache her keine Begrenzung, sie ist offen und entwicklungsfähig. Sie ist konstitutionell so integrativ wie reflexiv und selbstreflexiv und aufeinander bezogen. Eine solche Gestaltung der Vergesellschaftung im Zuge der Individualisierung folgt und gebiert eine Gesellschaftsidee, nach der keine/r aus Gesellschaft herausfällt, weil dies in multidimensionaler Weise für alle von Vorteil ist. Alle sind willkommen qua Geburt und Existenz und als solches egal, wo es geschieht.

So ermöglichte sich – nach einer harten, grausam schmerzhaften und traumatisierenden Geburt und nachdem das geborene Individuum unter dem Global-Geld an seine eigene innere Grenze stößt und den Drang wie Zwang zum Wandel entwickelt – eine politische Neugestaltung einer anderen Gesellschaft im Rohzustand. Zu entdecken ist eine Gesellschaft mit der Möglichkeit zum Ende der Gewalt in einer abhängigen, vergesellschafteten Welt, in der wir aus Beziehungen heraus leben, immer in Verbindung, immer mit einem (anderen) Inhalt, in der die Dinge gar nicht für sich sein können außer im Moment der Gegenwart. Hier ist Liebe besser, vernünftiger, produktiver als Gewalt , keine Frage der Moral, sondern der Existenz. Sie bedeutet eine neue und umfassende Qualität des Sozialen einer Gesellschaft. In ihr liegt die Vision für Gegenwart und Zukunft – mindestens das Utopische, das zu Entdeckungen und zur Entwicklung herausfordert.

3   Selbstbehauptung – Leben! – Freiheit

Womit fängt es an, wenn angesichts von Globalisierung und Individualisierung Mensch und Gesellschaft fundamental verunsichert und in Angst versetzt sind, der Mensch sich nicht mehr versteht und Gesellschaften in existentielle Krisen geraten? In einem solchen Moment ist schon der Lebenswille zur Selbstbehauptung als unteilbarer Mensch in der *Realität* des Lebens, ein Bei-sich- und Beieinander-Sein, eine revolutionäre Kraft und Tugend. Sie setzt so viel radikale Lebensbejahung voraus, wie sie Stärke aus der Konstellation eines Neuanfangs schöpft. Dieser Konstellation hätte sich der Mensch bewusst und gewahr zu werden, in einem ganzheitlichen Denken, das die Aufspaltung des Menschen, die Spaltungen zwischen Mensch(en), in der Gesellschaft und Welt nicht zulässt, sondern überschreitet, das so individuell wie gesellschaftlich verbunden und so lokal wie global ist, in einem Denken, das auf ein tätiges, erfülltes, ganzes Leben, auf reichliches Auskommen wie Wertfülle wie Menschenliebe zielt. Das wäre ein Leben, das in der Gegenwart mit allem vorhandenen Mitteln zu leben der Mensch bestrebt wäre, um es sich und anderen so mehr und mehr für die Zukunft zu erobern. Darin wäre dies ein vitales, mutiges, teilnehmendes Leben.

Leben ist hierin, unter heutigen Umständen, in der Aussetzung vor der Wirklichkeit, zugleich mit jedem Atemzug schon ein Akt des Widerstandes, eine Alternative zum Gefangensein. Es ist so überraschend wie unbeabsichtigt so leicht wie schwer wie fruchtbar. Leben als aktiver und schöpferischer Akt ist der denkbar friedlichste Akt, selbst wenn in ihm Aggression liegt, die schon in Produktivität gewendet ist. Wirkliches Leben ist dabei immer schon Tätigkeit für das individuelle wie allgemeine Überleben. Es ist (nämlich) ein Leben, das Konzentration, eigenen Raum, Wachheit und Unmittelbarkeit erfordert. In ihm folgen auf Entscheidung für etwas erlebbare Konsequenzen. Es ist ein überaus bewusstes Leben, das Verletzbarkeit und Reflexion, Klarheit und Zuwendung impliziert. Ein solches Leben ist aktives Gestalten, das Leidenschaft und Intensität voraussetzt. Es ist ein Leben, das erfüllt.

Dabei ist kein Handelnder (mehr) souverän im klassischen Sinn. Alle Menschen bleiben – bei allem, was mit dem Mensch ist und was Menschen aus sich als Subjekten machen können – kreatürliche Lebewesen, die ihre Kreatur als menschliche Wesenheit und Ganzheit anerkennen müssen. Neue Souveränität entsteht erst, wo Menschen ein neues Verständnis von sich selbst entwickeln, sich darin (an)erkennen und einander zuwenden, wo sie eine neue Ebene von humanem Handeln beschreiten, eine reflexive, zugleich aber auch aktiv beistehende Ebene. Leben ist dann ein Freischaufeln und freies komplexes Entwickeln derer, die wir sind. Es ist eine offene und eine immer bedingte und abhängige Entwicklung, kein vorgefertigter, geschlossener, garantierter Verlauf.

Dieses Leben impliziert ein Verständnis von Freiheit, das frei von der Macht und Willkür ist, man könne selbst entscheiden und tun, wenn man nur wolle, ohne sich dabei zu vergewaltigen. Ebenso setzt diese Art von Freiheit die Abgrenzung zu anderen und die Weigerung, andere als Menschen, als Bedürftige und Teilhabende am eigenen Leben anzuerkennen, außer Kraft. In dieser Freiheit können alle – „gute" wie „schlechte", schmerzliche wie beglückende etc. – Erfahrungen als Quelle von Erkenntnis wahrgenommen und Reifung und Kreativität verwandelt werden. Ein aufrechter Gang auf Erden wäre schon (das) Leben. Leben wird so zur Frage, ob und welchen Wert wir dem eigenen und anderen Leben, dem menschlichen Leben, beimessen oder ob es Geschäft, Ding, Theater, nackte Existenz, Wegwerfprodukt u. a. m. ist, und mit welchem Ernst es gelebt wird. Leben wird so ein offenes Tor, eine Möglichkeit, an der Verwirklichung eines universellen Lebens teilzuhaben. Es lässt den Mensch eine Wirklichkeit erfahren, die von der menschlichen Begrenztheit abhebt und sie überschreitet. Wahrheit und Selbsterkenntnis machen frei, für einen selbst, für andere, für Gesellschaft. Sie machen in universeller Verbindung zu friedlicheren, verantwortlicheren, sich selbst versorgenden, freiheitsliebenden Menschen.

So ein Leben ist und wirkt umwälzend. Es ist von ganz besonderer Art und Kraft. Es ist immer schon da. Es muss nicht „gemacht" werden. Es muss nur wahrgenommen werden. Dann geht es voran und verändert die Verhältnisse.

Das Ziel solchen Lebens ist Freiheit, eine Freiheit, die alles andere impliziert. Diese umfassende Freiheit zu gewinnen und zu leben, ist so sehr Sache eines jeden und einer jeden Einzelnen wie der wechselseitigen Ermutigung, Bestärkung, Ermächtigung. Es gibt keine sichtbaren verantwortlichen Herrschenden mehr. Doch Systemen müssen sich die Menschen trotzdem nicht ausliefern. Ein Aufbruch in ein neues Bewusstsein ist möglich. Mögen die einstmals revolutionären Kräfte früherer Emanzipationsbewegungen erschöpft sein. Die Gesellschaften sind längst durchgeschüttelt. Die sozialen Grundlagen aller haben sich verändert. Die zersplitterten und gespaltenen Gesellschaften haben eine Pluralität von Einzelnen hervorgebracht, die neue Gemeinsamkeiten hervorbringen, neue Ideen und Praktiken evozieren. Wer neue Bewegung sucht, ein Verhalten, das Auswege eröffnet, braucht neues Werkzeug, neue Mittel und Arbeitsweisen, analytisches, theoretisches und konzeptionelles Rüstzeug, Motivation und Vision. Sie sind gebunden an Bedürfnisse, Interessen, Werte, Sehnsüchte und Träume, an das Lebendige und das Leben.

So sind und werden Lebensbejahung, Vitalität, Freiheit zu *Alternative, Vision und Utopie*. Es handelt sich um kein Modell, keinen Plan, nichts Ewiges, im Gegenteil. Das Ziel ist Freiheit, Schönheit, Mitgefühl, Tätigsein in Gesellschaft, Begegnung, Solidarität, gutes Leben. Zu ihnen gehört und aus ihnen kommt geistige Kraft, Wollen, Energie aufs Ganze.

4 Neues Zeitalter – „wie"?

4.1 Konstellation eines Neuanfang

Die Welt ist in einer so tiefgreifenden Weise in einer krisenhaften Veränderung – Individualisierung, Globalisierung, Markt, Medienkommunikation, Multiplität und Komplexität – dass von einem neuen Zeitalter zu sprechen ist, dass sich herausbildet und von allen Akteuren des Geschehens mit herausgebildet wird. Es ist ein historischer Moment der echten Gestaltung, an der potentiell jeder und jede mitwirken kann, auch wenn dies für die Schwächsten schwer sein mag. Was ist dabei wichtig?

Wenn es sich um eine Konstellation eines Neuanfangs – oder genauer um unendliche viele solcher Konstellationen von Neuanfängen – handelt, so kann hier und in jedem Moment auch eine Alternative anfangen. Die jetzige Ordnung geht dabei von allein zu Ende, wenn man sie nur lässt. Mehr noch, sie zu lassen, würde ihr Ende beschleunigen. Ihr Energie zuzuführen, ist sinnlos, während diese für neue Anfänge gebraucht wird.

Die Geldmacht ist unangefochtener Fakt geworden, quasi objektive Lebensgröße, jeder Versuch ihres Umsturzes, ihrer Beseitigung, ihrer Reparatur würde davon eingeholt. Jetzt geht es vielmehr um die Grenze, die das Geld selbst setzt, an ihr geht die bestehende Ordnung des Geldes von selbst kaputt. Noch während die Opfer, die Ungebrauchten, ständig von der Geldmaschine weggeschafft werden, werden es immer mehr. Die einzige Reaktion der Eliten weltweit besteht darin, die Selbstrekrutierung zu verbessern, eine neue Auslese zu betreiben und um die Ersten hemmungslos zu konkurrieren. Dabei verliert sich der im Namen der Freiheit proklamierte Universalismus. Darin verschwindet Humanität. Die Ohnmacht und Hoffnungslosigkeit, die so viele empfinden, ist darin begründet, dass mehr und mehr Mehrheiten bedroht und sie mittellos in jeder Hinsicht sind. Der real existierende Kapitalismus kann hier höchstens noch an Sozialgütern verdienen, die vom Staat zwecks sozialem Frieden verteilt werden und deren Endlichkeit längst vorhersehbar ist. Bleibt der Verdienst an den Reichen, der nicht reichen wird. Das Geld aber hat sich als eine Macht erwiesen, mit der nicht zu verhandeln ist, die außer Kontrolle gerät, die selbst eine Grenze in der Welt bildet, in der alles eine Frage des Preises und der Selbstentleerung geworden ist. Wo ein Zerfall des Ganzen stattfindet, bleibt den Ausgeworfenen nur, aus den Resten der Materie heraus und mit diesen ihre Welt neu zu bauen, wie das schon viele tun, und für ein neues Denken und Handeln weltweit zu wirken. Je mehr sie sich dieser Konstellation bewusst sind, desto größer ist ihre Macht, die die Welt verändern wird. Diese Macht hat eine ganz andere Qualität, Tragweite und Tiefe, Größe und Dauer, ganz andere Auswirkungen als alle, die die Menschen bislang kennen

und allemal als alle Herrschaftsmacht, deren Ende nicht nur in den arabischen
Ländern eingeläutet ist.

Eine solche Veränderung setzt eine geistige Bewusstseinveränderung aus dem
Innern voraus, sie ist nur über einen friedlichen Weg möglich, aber es ist eine Veränderung, die im Ergebnis heftig sein und alle und alles durch und durch schütteln wird. Die Lösung, Loslösung und Befreiung von den herrschenden Mächten
dieser Welt kann, wo sie hilfreich und wirksam sein soll, nur aus freiem Willen
kommen. Sie wäre auch hier Resultat einer Grenzerfahrung, nämlich der Selbst-
erfahrung der Grenzen des Individuums, des Individualismus, der Selbstausbeu-
tung wie der Selbstübernahme, der Selbstdurchsetzung wie der Anpassung, des
vielgescholtenen „Egoismus", zu dem die Verhältnisse, Markt und Gesellschaft die
Menschen getrieben haben. Die Grenze des Selbst entspricht der Grenze des Geldes, der Zahl, der Quantität. Sie sind schlussendlich identisch. Die friedliche Veränderung, die Entdeckung und Erfindung des Neuen, ist eine sensorische, geistige
und praktische Erforschung. Vor allem ist sie eine Vertiefung von Erfahrungen –
kein Höher-hinaus. Sie schöpft aus der Vergangenheit, aus der ganzen Kultur
der Menschheit, aus den eigenen Ressourcen, dem Austausch mit anderen und
der Aufnahme des Fremden. Sie ist ein Kennen- und Verstehenlernen, neue Verbündung und neue Aufklärung und Bewusstseinserweiterung. Für eine friedliche
Veränderung ist nach dem Verlust an Humanität jedoch noch mehr als alles andere etwas sehr Elementares gefragt, nämlich der konkrete Mensch, jedes Individuum, und sein Empfinden der Mitmenschlichkeit. Diese Veränderung braucht
das Bedürfnis nach dem anderen, um wieder zu sich zu kommen, um zu leben. Es
ist eine geistige Wende.

Wie nun soll ein neues Zeitalter zu schaffen sein? Ist der Gedanke nicht schon
eine einzige Vermessenheit? Wie soll eine solche Veränderung möglich sein nach
den Erfahrungen der jüngeren Geschichte der Globalisierung, nach der Beschleunigung allen Wandels nach dem Ende des Ost-West-Konfliktes? Was kommt nach
den (Konkurrenz-)Kämpfen, den Siegen und Niederlagen, der Überanstrengung,
der Erschöpfung, der Depression und Angst, der Frustration, dem Trott, dem bloßen Weitermachen, den Protesten, die die Gegenwart kennzeichnen; was kommt
nach der politischen Negation, die unter der Hand zur Bestätigung des Kritisier-
ten führt, weil sie gegengleich auf gleichen Wegen mit gleichen Mitteln operiert;
was kommt, nachdem auch das Konzept der Negation in Gestalt von Anti-Par-
teien, Anti-Programmen und alternativen Politikmodellen grundsätzlich gescheitert ist; nachdem die Negation gar schon das Mittel der Reichen gegen die Armen
geworden ist, in der Verweigerung, Ausgrenzung und Käfighaltung ebenso Gestalt angenommen hat wie in ihren Ex-Kathedra-Erklärung der Alternativlosigkeit ihrer Politik; nachdem sich die Verhältnisse also umgekehrt haben und nur
die Unteren die Revolution noch fürchten müssen; nachdem, mehr noch, die von

allen gefütterten exterritorialen Eliten in Gestalt von Weltverachtung und Weltvernichtung gegen die Menschheit angetreten sind; was kommt, nachdem man systemisch selbst mit jeder Art von Einspruch aufläuft oder still gekillt wird, was bleibt dann noch als Ausweg? Passiver Widerstand oder Streik ziehen nicht, wo man Macht durch Verhinderung nicht hat oder bekommt. Das Heraustreten aus einer Ordnung in großen Massen gemeinsam und gleichzeitig, entfällt als Option, wo es dieser Massen mangelt. Individuelle Rettungschancen schwinden, wo die Spielräume dazu fehlen, zumal dankbare Unterwerfung immerhin noch Reste an Sozialrevenuen verheißen. Nicht einmal moralischer Druck verspricht erfolgreich zu sein, wo es keine gemeinsamen Moralvorstellungen mehr gibt. Nachdem nur die Schwäche der Schwachen und die Stärke der Starken bleibt, woher soll hier die Kraft zur Veränderung kommen? Was kann man *realistischerweise* tun? Sind Zwänge, freiwillig mitmachen und sich entleeren zu müssen, so zwingend, dass daraus, aus der Unerträglichkeit dessen, ein Zwang entsteht, etwas zu ändern? Sind pure Äußerlichkeit, innere Leere und Sinnlosigkeit ein Grund für Änderung? Fehlt es an Geist und Seele, wo materieller Überfluss herrscht und aus einem unendlichen Angebot an Betäubungsmitteln und verkitschten, medial erzeugten Gefühlen als Surrogate für „Leben" ausgewählt werden kann? Woher soll der Bedarf zur Veränderung stammen? Aus den Leiden der Ausgeschlossenen, die als einzige nicht leer, weil sie voller Leiden sind? Aus der Umkehrung der Verhältnisse, dass die schmerzliche lebendige Fülle unten herrscht und oben der taube Mangel, aus der Lähmung in tiefstem Bewegtsein heraus gegen die Todesstarre im Überfluss? Fallen hier „oben" und „unten" zusammen, ebenfalls umgekehrt als ehedem: die oben wollen nicht mehr, die unten können nicht mehr? Was nach Passivität aussieht, erweist sich vor solchem Hintergrund als das Aktivste und Vitalste: Es bleibt nur, die Fakten selbst wirken zu lassen, das im Übrigen auch friedlichste Konzept.

Im Dualismus jedweder Art bleibt man immer nur Ketzer/in oder Dissident/in oder Opponent, in der multiblen Gesellschaft steigt man zum Querdenker vom Dienst auf. Es geht aber um viel mehr und etwas ganz anderes. Es geht um das Zentrum des Denkens in der Macht selbst und ein anderes Paradigma überhaupt. Auf jeden Fall fällt etwas in sich zusammen, wenn der Glaube daran verloren geht. In diesem Prozess befinden sich heute schon viele Menschen auch in den westlichen Demokratien. In diesem Moment eröffnet sich jenseits von Wut oder Verzweiflung eine defensive Konfliktlösung, ein schonender Ausgang, ein dritter Weg, eine andere Art von Lösung der Sache, die nicht verschlimmbessert – nämlich ein *Verschwinden aus der Negativität* der Verhältnisse, aus einem selbst- und fremdschädigenden Verhältnis und Verhalten, ein Durchlaufen des Scheiterns, das diesem Verschwinden vorausgeht. Wenn man getan hat, was man konnte, selbst ohne Erfolg, hat man das Ganze für sich verwandelt, ist es ein Teil von einem geworden und kann man mit diesem Teil leben. Die Handlung oder Aktivität ist hier ein Lassen. Es ist auch ein Sterbenlassen, das sich in Jedem wie in dem systemisch Ganzen vollzieht. Das ist der einzige Raum, der Änderung ermöglicht. Dieses Verschwinden aus der Negativität der Verhältnisse erst spielt dem Gegenüber wirklich den Ball zu, auch wenn von dort nie wieder etwas kommt, so sind denn doch dieses Mal die „einen" und nicht die „anderen" allein. Erst in diesem Moment liegt der Ball ruhig vor dem Gegenüber und erfährt das Gegenüber, was er oder sie tut oder getan hat.

Veränderung vollzieht sich so zunächst über einen Verzicht, über ein Verschwinden auf Zeit bis zu der Grenze, hinter der nur der Tod noch wartet, aber nur, um neu geboren zu werden und neuen Vorlauf zu gewinnen. Eine Alternative liegt so im bewussten Herausgehen aus etwas und im Draußensein, wo sich plötzlich Freiheit auftut, weil sie nun gesehen werden kann. Im gleichen Moment stellt sich die Frage, was die Ausgeschlossenen und Herausgegangen – hier zeigt sich die notwendige Richtung der Solidarität von heute – in Freiheit aus den eigenen Ressourcen machen können. Ob Selbstgründungen, neue Lebensprojekte, eigene Aufbrüche? Sie geschehen ja vielfach schon. Hier kann sich wirkliche Kreativität zeigen und entfalten, eine Kreativität, die die Gesellschaft auf kurz oder lang ermöglichen und fördern muss, um die eigene Implosion zu vermeiden. Denn über die Gesellschaft und die Abhängigkeit von ihr sind schließlich in der modernen Welt alle eingefangen.

Ein solcher Prozess der Veränderung, ein solches Handeln für Veränderung wird mit den harten Fakten, den Wirtschaftsinteressen, dem Geld in Dominanz und als Maßstab von allem konfrontiert sein. Dabei stehen sich Mensch und Geld in neuer Weise direkt gegenüber, werden Beziehungen doch über Geld und sonst nicht mehr gestiftet, nachdem die herkömmlichen Zwischenglieder entfallen, sodass hier eine Selbstbehauptung des Mensch als Mensch mit seinem Mehr an Fähigkeiten hervorgerufen und existentiell nötig wird. Dies wäre zu erkennen und die Erkenntnis wirken zu lassen. Die Erkenntnis wird auf einen entsprechenden Hunger der Menschen mindestens in den reichen Ländern stoßen. Für Veränderung sorgen werden diejenigen, die nicht umhin können und wollen, sich als Menschen zu erfahren und sich nach anderen Menschen zu sehnen. Sie werden die Subjekte der Veränderung sein. Sie können und werden sich eine andere Qualität und Überlegenheit von Leben schaffen und hiermit ihre Umgebung und ihre Gesellschaften überzeugen, um sie an der Veränderung mitwirken zu lassen. Veränderung heißt, die neue Welt selbst zu leben. Ohne jedes Gegen *für etwas zu sein* – das ist Herausforderung. Erkenntnis, Wissensaneignung, Bildung werden zu ihnen führen. Dann werden eines Tages die „anderen" – Migranten jedweder Art – die Retter der „einen" – Einheimischen – werden, umgekehrt wie es derzeit Bill Gates praktiziert.

Fortschritt zeigte sich als Entwicklung eines ganzheitlichen Menschenverständnis, des Individuum und der Gesellschaft, von Kreativität und Schaffenskraft,
der schöpferische Fähigkeit und des Lebenswillen des Menschen.

4.2   Kritik, Erkenntnis, Denken

(Kritik)

Das Neue, der Anfang, die Entwicklung beginnt, nach dem Leben selbst, mit der
Diskrepanz zwischen Sein und Bedürfnis, Wollen, Begehren wie Möglichkeiten.
Es findet sich in den Impulsen aus Träumen, Nachtgedanken, Gefühlen, Seelen-
zuständen, Nichteinverstandensein, Phantasien und Entwürfen. Es beginnt – bezogen auf die vergessene, ausgeblendete, verleugnete, aber leidenmachende Wirklichkeit und um sie wieder in den Blick zu holen und zum Ort neuen Handelns zur
Leidminderung zu machen – mit der Kritik.

Der Anfang ist selbst gleichbedeutend mit radikaler Kritik und deren Ausgangspunkt sind die existentiellen menschlichen Erfahrungen. Diese Kritik ist der
Ausdruck starken Lebenswillen, starker Vitalität, starker Kraft. Sie verteidigt die
Angst und das Leid, das aus dem System herausdeklinierte „Negative" und „Nicht-
Gewollte", um Menschen wieder zu sich selbst kommen und Krisen bewältigen zu
lassen. Sie schert und schart sich um das Unerfüllte, Unabgegoltene, Unerhörte,
um die Toten und die Ungeborenen, um die Vergangenheit und die Zukunft, um
die Unterseite der Dinge und wendet sich gegen das Leiden. Sie bringt es zum
Ausdruck, in Form, zur Sprache, und sie bringt es damit in die Wirklichkeit, besonders in jener Spezialform der Kreativität. In der Kritik stellt sich Klarheit ein,
sie schafft Klarheit, sie durchbricht die Lähmung der Menschen durch undurch-
sichtige Macht, durch eine endlos hindernislose vermeintliche Offenheit, die Lähmung durch einen „Gegner", den es nicht gibt, der in der Auflösung aller Dinge
am Ende gänzlich ungreifbar ist. Mit der Kritik öffnet sich das Bewusstsein für
die Realität.

Die Kritik bringt die Dinge in Reflexion und (Selbst-)Korrektur, der einzigen
Möglichkeit der Gewahrwerdung, und sie bringt die Kritik in die Kritik, dass sie
nicht im Konservativen verharrt, weil aus alten Welten stammend, während wir
neue Welten noch nicht kennen. So macht Kritik frei zur Reflexion frei zur Verwandlung in Neues. Sie macht auch noch die Kritisierenden frei.

Kritik ist ein großes Erbe und sie hat eine große Zukunft. Ihr Weg geht von
der vergleichenden Anschauung zur philosophischen Kritik zu neuen Theorien,
die auf der Höhe der Zeit sind, und mit ihnen kommt die Kraft und Macht, die
Welt zu verändern. Wenn die Kritik auch die Kritik der Macht einschließt, dann
kommt mit ihr auch die Möglichkeit zur Besserung und zur weiten Öffnung des

Denkens. Deshalb sind für den Anfang die wirkliche bedingungslose radikale Kritik und der unabhängige Geist so sehr gefragt.

(Erkenntnis und Denken)

Die Aufgabe geht aber noch viel weiter und sie ist noch viel größer und sie betrifft alle und jeden. Es geht um die Wieder- und Neuentdeckung der Bedeutung von *Erkenntnis und Denken,* der in welcher Art auch immer zum Ausdruck gebrachten geistigen Tätigkeit des Menschen und der Entwicklung des Bewusstseins und seiner Inhalte. Diese Bedeutung liegt im Zusammenhang von Empfinden, Wahrnehmen und Denken, die, zuletzt in Sprache gegossen, das Handeln der Menschen bestimmen und damit Wirklichkeit gestalten, mit ihr umgehen, sie schaffen. Das gilt im besonderen Maße für die Politik. Erkenntnis und Denken brauchen einen eigenen freien Raum, freie Zeit und Form, so dass sie sich produktiv entwickeln und äußern können. Um neue Einsichten zu erstehen, muss das Denken frei sein. Es entwickelt sich in Sprache und sozialer Kommunikation. Geist, Denken, Wortschöpfung, wo sie wirklich stattfinden, dienen nicht, grundsätzlich. Sie können es nicht, es ist ihnen wesensfremd, und sie sind deshalb ein Widerpart zu bloßem Nutzen „denken". Sie sind wesensmäßig etwas anderes und zuallererst Selbstzweck, für sich da, nämlich Erkenntnis, Licht und Quelle. Man weiß nicht, was bei ihnen herauskommt, sie sind unberechenbar, deshalb faszinierend und bereichernd. Am Ende sind sie schließlich über das Wissen hinaus unentbehrlicher Rohstoff zur Welterfahrung, -wahrnehmung und Gestaltung; ein Stoff, der (weiter-)verarbeitet werden muss. Denken ist, wo es geschieht, seiner Natur nach radikal, weil es etwas durchdringend und auf den Grund gehend ist, eine produktive Angelegenheit. Der radikale Geist, der Mensch und Welt schonungslos betrachtet, ist der Geist der Befreiung. Kritik, Denken, zum Ausdruck gebrachter Geist, beschreiben nicht nur Gegenstände, sondern sie sind schöpferisch, sie setzen etwas in die Welt, das werden kann, machen Dinge möglich. Wenn der Mensch etwas schaffen will, muss es vorher gedacht, kreiert, entworfen werden. So kann zur Sprache geformtes Denken etwas inspirieren, das (noch) nicht da ist, erzeugt es Welt mit. Geist und Denken, die alles Irdische und Himmlische aufgenommen haben, der klare Gedanke und das Verständnis des Menschen als einem zuletzt *vernünftigen* Wesen, führen hin zu einer weiteren Entwicklung der Freiheit und Selbstbestimmung. Erkenntnis und Denken können immer nur subjektiv und individuell sein, somit verteidigen und stärken sie das Individuum. An ihnen würde sich die Überlegenheit von Freiheit erweisen können und müssen.

Es spricht nicht – wie oft angenommen – gegen das Denken, die Idee und den Gedanken, dass sie nicht mit der Realität identisch sind. Im Gegenteil, gerade dies ist von Bedeutung. Das Denken bezieht seine Energie zunächst aus der Wahrnehmung, Anschauung, Beobachtung und dem Erkennen der Realität wie sodann ihrer Deutung, ihrem Entwerfen und Erfinden. Dabei wird das Denken jedoch ebenso durch die Vielfalt, Unterschiedlichkeit und Gegensätzlichkeit des Beobachteten herausgefordert und bewegt wie durch die Spannung zwischen Beobachter bzw. Denkendem und der Realität. So ist es gerade die Differenz, in der die produktive Kraft liegt, nicht zuletzt ein Mechanismus des Prüfens und Lernens und Korrigierens für die Wirklichkeit, für den Mensch in dieser Wirklichkeit. Die reine Idee, der Gedanke, das zweckfreie Denken ist nötig, um diese Produktivität zu ermöglichen. Die Bedeutung und die Kraft allen Geistigen liegen darin, dass es immer schon Realität eingegangen ist und eingehen wird und dennoch als Eigenwert bestehen bleibt. Es ist Teil menschlichen Lebens, auf das ein jeder und eine jede, wenn er oder sie mag, Anspruch hat und Zugang haben können muss.

Erkenntnis und Denken können Realität transparent machen und die Verdunkelung, die mit der Ineinssetzung von allem und jedem im Namen des Geldes einhergeht, erhellen. Sie sind von der Suche nach Wahrheiten motiviert. Denken ist Wahrheitsstreben, Selbsterkenntnis und Analysefähigkeit. Es verteidigt auch die Möglichkeit von Wahrheit. Der Mensch hat bei aller Aufklärung noch längst nicht alle Geheimnisse des Lebens, der eigenen Gattung und Welt enträtselt. Denken ist Suche nach neuer „Offenbarung" durch die Selbstaufklärung der Menschen im Lichte seiner sich ständig wandelnden Erfahrungen. Diese Suche scheint in einer pluralen Welt ihre Bedeutung verloren zu haben. Sie steht jedoch gerade in einem Spannungsverhältnis zu dieser Pluralität, wenn nicht jede Souveränität individueller und gesellschaftlicher Akteure verloren gehen soll. Denkende fragen, stellen infrage, unentwegt, geben keine schnellen Antworten. Das ist ihre Arbeit. Der Weg, auf dem wir uns einem Problem nähern, ist schon Teil des Problems und ein Teil der Sache, die diese selbst bereits (vor)formt. Die Lösung eines Problems fängt weit vor der Antwort auf es an. Das gilt um so mehr, wo es um die Lösung neuer Probleme geht. Der Verlust des Denkens, der sich in der Gegenwart breit gemacht hat, einer Gegenwart, die Denken oft geradezu verachtet, ist ein fundamentaler Substanzverlust für Gesellschaft und Leben. Denken und Nachdenken gehen auf die Suche nach den Möglichkeiten dessen, was aus dem Geschehen in der Welt erwachsen kann oder folgen muss, Wege aufzuspüren, alte und neue Schätze aufzulesen und nutzbar zu machen. Ihr Resultat äußert sich in Ideen, Inhalten, Entwürfen. Sie können Potenzen des Lebens erschließen und Visionen aufdecken und möglich machen. Was im Denken möglich ist, ist irgendwann auch in der Wirklichkeit möglich. Wer auf diesem Weg etwas mitteilen will, muss es formulieren, der Sache eine Form geben. So wird die Ästhetik der Sache zum Ausdruck der Sache, ihres Inhalts, ihrer Ethik selbst. Die Schönheit der Sache wird zu etwas, was das Leben erhält. Egal um welche Sache es sich handelt. Mit ihr zeigt sich die angestrebte andere Seite, die Problemlösung, die Konstruktion, die Heilung, die Freiheit, die Lebendigkeit. Sie ist die Vision oder profaner die Alternative, die wird. Die Vision, die ohne einen Glauben oder eine Überzeugung an ihren Inhalt wohl nicht sein kann, ist vor allem eine revolutionäre Energie, vergleichbar durchaus revolutionärer Erneuerung z. B. der Energiewirtschaft. Sie ist und weckt Vitalität. Sie stellt Macht und Herrschaft den Lebenswillen der Subjekte mit ihren jeweiligen Wahrheiten entgegen und wendet sich gegen das Oktroy der Macht. Die Vision zielt nicht nur auf die Reform, für einige Individuen und eine Teilgruppe oder eine Gesellschaft. Sie zielt auf die ganze Welt, sie steht als Vertreter der menschlichen Allgemeinheit, um sie zu pflegen und ihren Reichtum zu verwirklichen.

So ist das Denken möglichst vieler mehr denn je unentbehrlich, wenn die existierende Barbarei und das Grauen gemildert, geheilt und überwunden werden sollen. Mit dem Gedanken, dem Wort beginnt der Anfang. Dieser Anfang, ernstgemeint und ganz realistisch, zieht von allein Veränderung für eine „ganze", d. h. für viele und für eine den Schmerz heilende, integrative Gesellschaft nach sich. Die Geringschätzung des Wortes und des Geistes, die Abkoppelung von Inhalten, sie sind nichts als ein verkehrter, zynischer, nihilistischer Glaubensstreit, dem die Moderne angeblich eine Absage erteilt hat. Die Verhinderung von Denken ist eine Entmündigung des Menschen. Nichts ist davon zu verwechseln mit der Vorstellung, es gäbe nur eine Wahrheit, gar eine totale, oder der Parole „keine Toleranz" gegen Entwertung unserer Werte. Denn es gibt so viele menschliche Wahrheiten, wie es Menschen gibt. Wir finden sie am Ende alle in uns selbst wieder, wenn wir im Gespräch mit dem Anderen bleiben. So ist eine neue kollektive Weisheit nötig, Einsicht in komplexe Zusammenhänge und das Verständnis für allgemeine Zusammenhänge.

Ein solches Denken ist reflexiv. Es ist ruhig und bedacht, es ist keine Mission(ierung), es ist nicht aggressiv und nicht abgrenzend, sondern friedlich, human, verstehend, verständig und gesprächig. Es ist ein Denken mit Herz und Bauch, Hand und Kopf. Es integriert Gefühl, Intuition, Körper und Seele. Es ist speziell nur in der Ausdrucksform. Es ist ein Denken auf einer anderen – tieferen, komplexen, ganzheitlichen – Grundlage, das alle Dimensionen menschlicher Erkenntnisfähigkeit aufnimmt und verarbeitet. In dieses Denken gehen alle anderen „Dinge" und „Geister" ein – Träume, Mythen, Archaisches, Mystisches, Religiöses etc. – je offener man ist, desto mehr. Es ist ein potentiell reiches Denken. Es strebt in sich nach Grenzüberwindung. Es versucht Ästhetik, kausales und materielles Denken und Anschauung wie Theorie zu verbinden, um menschliches Leben in seinen Bedingungen und Möglichkeiten freizusetzen. Es setzt auf schöpferische Entwicklung von Leben und Welt und reduziert es nicht auf tote Materie. Es verknüpft Leben, Denken und Gestalten. Es zwingt dem Menschen keine Gesetze von außen auf, richtet ihn nicht zu, bis er wie gewünscht funktioniert, gehorcht und untertan ist. Es will reiche, nicht arme Erfahrung, eine offene Welt und keine Optimierungsökonomie. Es ist realistisch und inspiriert, es überwindet eine von der Macht für immer vorbestimmte Wirklichkeit. Es spürt den unentdeckten Möglichkeiten nach und schafft neue Kultur.

Das poetische, religiöse, spirituelle und analytische Denken ist dabei gleichberechtigt. Das Praktische, Theoretische und Kulturelle-Kritische gehören zusammen. Die entscheidende Ressource und die entscheidende Differenz des Menschen zur Maschine ist das Bewusstsein. Das Dasein dieses Bewusstseins ist Last und Lust für das Denken, ein Potential, das gegeben und geformt wird und den Mensch verantwortlich sein lassen kann. Aus dem Bewusstsein kommen die Hinweise, die durch Denken zu Erkenntnis werden. Aber dieses Denken ist auch ein Resultat eigener Art, gewonnen aus einer Zugangsweise zur Welt, wie es viele andere gibt, in denen sich jeweils auch das Ganze wiederfindet.

Am Ende ist der Geist nichts als der Zusammenhang, das Beziehungsgefüge. In einer globalen Welt der Informationsströme und des Energieaustausches – in der alles mit allem zusammenhängt, in der das Materielle gegenüber Abstraktionen, Strukturen und Daten immer mehr an Bedeutung verliert – werden alle früheren Grenzen des Denkens irrelevant und das Denken, das Bewusstsein und neue Inhalte selbst umso relevanter. Es ist auf das *Allgemeine* orientiert, auf das nicht verzichtet werden kann. Es ist nicht nur eine übergreifende Antwort auf Komplexität, die verleugnet wird, sondern vor allem auch gerichtet auf eine Überwindung einer Gesellschaft als Nicht-Gesellschaft von Einzelinteressen, die, von hoch bezahlten Lobbies vertreten und endlos befördert vom Markt, gegenüber dem gemeinsamen Allgemeinem und dem gesellschaftlichen Gesamtinteresse strukturell im Vorteil ist. Diese Struktur und das dazugehörige Spezialistentum ist eine systematische Grundlage und Methode, das Denken zu verhindern. Die gar nur funktionale Notwendigkeit des Allgemeinen fällt vor lauter (Einzel-)Wissen aus. Wissen muss aber zu einem Ganzen zusammengefügt werden. Der Zusammenhang, das Allgemeine, es ist ein stillschweigendes Wissen. Das gute an ihm ist am Ende auch einfach. Es bündelt sich im Wesentlichen und ist in den Grundlagen doch ungeheuer komplex und trägt diese Komplexität inhaltlich in sich. Dazu braucht es Vision und Kreativität. Es erwächst aus einer eigenen „Technik" des Denkens, die sich wesentlich von dem der Spezialisten unterscheidet, es ist methodisch nicht festgelegt und eingeschränkt. Es kennt und nimmt viele unterschiedliche Standpunkte und Perspektiven ein. Es trifft trotzdem den Kern der Sache in dessen Bedeutung. Diese Art Denkens ist kreativ, sie ist eine Kunst. Sie ist unentbehrlich für Freiheit und die Freiheit der Entscheidung des Menschen in einer Welt der Abstraktionen, Strukturen und Daten. Deshalb ist gute Politik auch eine Kunst und Staatskunst. Dieses Denken endet nie, auch wenn die Beteiligten müde werden und sich die Probleme mit ihren Schmerzen vielleicht legen – das

Unerklärliche bleibt immer übrig. Die Fragen und Probleme kommen neu. Das Bewusstsein aber – die auch mit der Hirnforschung mehr und mehr sichtbar werdende Komplexität des Ichs – ist immer entscheidend für die Entscheidungen, die wir treffen.

4.3   Selbstgewinn, Weltgewinn

(Erschaffen des Selbst in Selbstorganisation mit anderen)

Dass die Gesellschaft sich nicht versteht, dass der Mensch sich nicht versteht, dass unser Verständnis vom Mensch ins Wanken geraten ist, ist Ausdruck vom Übergang von einem Zustand in einen anderen. Die Ausbeutung ist global und international, so selbstausbeuterisch wie ausbeuterisch gegenüber Mensch, purem Menschsein und Menschlichkeit, alles geschieht gleichzeitig und so ist die innere Auszehrung zwangsläufige Folge. Unfreiheit und abstrakte wie neupersonale Autoritätsgläubigkeit aufgrund von Geld-Losigkeit nehmen den Mensch in Alleinsein und Beziehungslosigkeit gefangen. Die Wirkung liegt im lautlosen Verschwinden des Menschen, als existiere er nicht. Wenn so jenseits und innerhalb der abstrakten Machtverhältnisse Ausbeutung und Unfreiheit auf neue Weise entstanden sind und in eine spurlose Gefangenschaft führen, die keinen fassbaren äußeren Verantwortlichen oder Gegner mehr kennen, die sich der Natur ihrer Sache nach immer mehr verengen und die Menschen wie in einen Schlund hinabziehen, dann kann der Ausweg nur darin liegen, sich am eigenen Schopf aus dem Sumpf zu ziehen. Es kann nur ein vorsichtiger, tastender und aufbauender Akt sein, mit dem erst nach neuem Boden unter den Füßen gesucht werden muss.

Der Abwärtssog ist vor allem von fühlenden, empathischen und denkenden Menschen selbst aufzuhalten. Aufgrund der speziellen Herausforderung können es vor allem sich selbst verändernde Subjekte sein, die im Plural in einem wechselseitig gestützten und unterstützenden, anerkennenden Prozess zu neuer Selbstgewinnung gelangen. Adressat dieses Veränderungsbedarfs sind – aufgrund der eigenen Erfahrung und der eigenen Bedürftigkeit – wir alle. Die Subjekte bewegen sich freiwillig, aus eigenem inneren Antrieb, mit neuem Bewusstsein und neuer Bewusstheit, um aus der Krise heraus den Wandel ohne jede Gewalt zu entwickeln und sich entwickeln zu lassen. Darin läge der mögliche Fortschritt heute. Wenn der Selbstverlust Hand in Hand mit dem Weltverlust aufgetreten ist, dann wird mit solch neuem Selbstgewinn neuer Weltgewinn einhergehen.

Dann geht es um eine neue große allgemeine Kreativität – nicht nur auf neue und echte Weise der Künstler und Intellektuellen, der Unternehmer aller Art, der Forscher und der besonderen Sportler oder der besonders Engagierten in Theologie, Medizin und Öffentlichkeit etc. – sondern um eine von der Allgemeinheit geförderte Kreativität aller. Jeder Mensch kann so wieder Subjekt werden und dabei nach seiner eigenen menschlichen Wahrheit in der Arbeit, in der Kunst, in der Liebe, in der Politik, in den Wissenschaft, im Leben, in der Gesellschaft etc. forschen.

Der Kern der Sache eines solchen neuen Schöpfungsaktes ist die *Erschaffung des eigenen Selbst in Selbstorganisation jeweils mit anderen und im Spiegel anderer.* Es betrifft alle Aspekte menschlichen Seins. Es bedeutet Selbststeuerung für den Mensch und für Organisationen, Systeme und Gesellschaften – durch die Menschen als Subjekte. Menschen und Systeme können sich nur selbst entwickeln im Austausch mit Umwelt. Entwicklung lässt sich nicht von außen betreiben, nicht andressieren oder züchten. Die Zeiten solcher Außensteuerung sind vergangen. So werden durch Selbststeuerung offene statt geschlossene Systeme geschaffen, werden Verbindung statt Grenzziehung hergestellt. Grenzziehung macht Selbstbehauptung zum Programm und vorrangigen Postulat, während ein stabiles Selbst nur noch in Bewegung und Verbindungen entstehen und bestehen kann.

Das selbstbestimmte kreative Individuum als plurale gleichberechtigte Größe braucht dabei grundsätzlich andere Bedingungen als in der Vergangenheit. Das Entscheidende liegt in den basalen Strukturen. Sie sind quasi umgekehrt zu denken: nicht kollektivistische, nicht hierarchische, auf Führung angelegte, nicht paternalistische Leistungs- oder Fürsorge-Strukturen sind gefragt, sondern für alle gleichermaßen wechselseitig selbst- und fremdermächtigende, -kräftigende und -motivierende Strukturen. Dazu braucht es allgemeine gesellschaftliche Grundlagen in Gestalt individuellen und öffentlichen (Minimal-)Rechten und Notsystemen wie in den Abstraktionen und Normensystemen, an denen Gesellschaft als Ganzes sich orientiert.

Zur zeitgemäß entwickelten, besseren und guten Gesellschaft führt das, indem der neue kreative individuelle Entwurf für die Pluralität der Menschen und historisch neue Entwicklung zusammengehen. So entsteht etwas Neues. Was dabei eine neue, komplexe Demokratie künftig ist, danach wird gerade erst gesucht. Der grundlegende Wandel liegt dabei gerade im Evolutionären der gleichen sozialen Integration und innerhalb dieser Integration im Leben *mit* dem Individuellen und Spezifischen, den Verschiedenheiten, Widersprüchen und Unvereinbarkeiten. Es könnte ähnlich den erfolgreichen hochkomplizierten Veränderungen der jüngeren Zeit sein, sei es in Osteuropa oder in jenen arabischen Ländern, die ohne große Gewalt auskamen. Vor diesem Hintergrund sind die fundamentalistischen Herausforderungen und Gefahren, die in Gegenwart so hochgehalten werden, möglicherweise von geringerer Bedeutung als angenommen. In den vergleichsweise friedlichen Revolutionen Arabiens etwa kommt ein allgemeiner und menschlicher Impuls zum Ausdruck, der über die unmittelbaren Interessenskonstellationen der Akteure hinausgeht. Es scheint, als würde hier ein schonender

Weg in einer globaler Welt neuer und keineswegs nur materieller Knappheiten eingeschlagen und im Vorgehen selbst menschliches Leid abgebaut.

Wo etwas erschaffen wird, entstehen wieder Optionen, es werden Alternativen offenbart, sie setzen aus sich heraus *konstruktiv* neue Angebote oder Konstruktionen von offenem Charakter in die Welt. Es werden eben dadurch definierte Verhältnisse und Beziehungen gestiftet, die ein Grund dafür sind, dass sich das Leben durch Wahl und Entscheidung von Möglichkeiten entwickeln kann. Ein Selbst, viele Selbste schaffen sich in Selbstorganisation unter Bedingungen des Lebens in Pluralität und existentieller Bezugnahme zueinander. Ein Erschaffen, welches immer ein Handeln ist, findet nur statt, wo sich Subjekte wiedergefunden haben und zu einem neuen Eingriff in ihr Leben, zu einer neuen Gestaltung, fähig geworden sind. Ein solches Handeln gibt und schafft neues Vertrauen, welches Mensch und Gesellschaft verloren haben, die Weltimmanenz von Heilung.

(Abhängigkeit und Verletzbarkeit)
Ein solches Vorhaben ist nicht voraussetzungslos. Es ist nur dann möglich, wenn nicht die menschliche Leistung und der Stärke(-kult), sondern grundsätzlich und aktuell die *Abhängigkeit und Verletzbarkeit des Menschen* als Basis gesellschaftlicher Vereinbarungen angenommen und anerkannt werden. Abhängigkeit und Verletzbarkeit werden dann zum politischen Ausgangsthema und zur Grundlage von Neugestaltung unter veränderten Bedingungen, denn nur auf deren Basis können Freiheit und Selbstbestimmung immer erst wieder erworben werden. Der Mensch ist von Beziehungen, von Bedeutung, von Liebe existentiell so abhängig wie von materiellen Grundrechten. Alles jenseits dessen ist eine Form von Gewalt, die ihm schadet. Darin ist er hochgradig verletzbar, denn es handelt sich immer um letztlich unsichere und mangelnde Güter. Das ist eine für den Menschen existentielle Frage. In dieser Hinsicht bedarf es einer strengen gleichen Teilung zwischen ihnen, zwischen den Individuen. Es ist der Moment, in dem der *Schmerz und der Verlust der Autonomie* als Erscheinung der Zeit zum Ausgang neuer Politik werden. Das setzt die Bereitschaft voraus, in Schmerz und Autonomieverlust den Ausdruck dessen zu erkennen, dass im heutigen menschlichen Zusammenleben etwas nicht stimmt, und diese Tatsachen und das Leiden an ihnen, anzuerkennen. Denn Schmerz und Ohnmacht, die die Menschen und die Gesellschaft möglichst ausverlagern wollen, zeigen im Kontrast zum Kult der Unabhängigkeit, Flexibilität und Mobilität unsere Abhängigkeit von anderen Menschen und von gleichberechtigten Beziehungen, die Abhängigkeit nicht nur von körperlicher, sondern auch von mentaler und seelischer Unversehrtheit. Schmerz und Ohnmacht sind Synonyme dafür, dass Menschen nicht nur die sogenannte Herrschaft über sich selbst, sondern sich selbst verloren haben. Deshalb sind soziale Akte im Nehmen und Geben vorrangig. Das heißt, das Soziale, das Neue und

seine Komplexität hereinzulassen. Dieses Soziale in seinem Zusammenhang zum Fühlen, Denken und Sprechen als einem sozialen Schöpfungsakt, der das Ende der Dominanz impliziert, das könnte das Leben *nach* aller Freiheit des Westens auszeichnen, eine Freiheit, die verloren zu gehen droht, wo Geld(-Massen) und Massen und Quantitäten anstelle des Menschen stehen. Dieses Soziale ist von Anfang mit der Freiheit verbündet, weil es in sich frei ist.

Dafür ist ein anderes Modell von Gestaltung nötig. Die einen und die anderen, die vielen individuellen, verschiedenen Einen und die gleichen Anderen kommen auf der Basis eines neuen Allgemeinen in Kontakt. Es braucht eine strenge Beschränkung auf wenige Grundsätze und -rechte, um Weite, Offenheit und Freiheit zu ermöglichen. Die Einheit, die sich aus unendlich vielen Perspektiven heraus zusammensetzt, beendet oder überbrückt zumindest die abtrennenden Teilungen zwischen den Menschen, in den Menschen und in den Gesellschaften. Sie hält die Verbindungen offen.

(Ganzer Mensch auf die Bühne – hinaus in Freiheit)
Jetzt besteht die Möglichkeit, *als ganzer Mensch auf die Bühne* zu treten und *hinaus in die Freiheit zu gehen*. Es ist die Freiheit als Zustand des Geistes, die Tradition hinter sich zu lassen, sich als Mensch selbst ein Licht zu sein, frei im Verstehen der Menschen, die Freiheit zu tun, was gut für den und die Handelnden ist und was Entwicklung ermöglicht, nie nur individuell und einzeln und doch *im Kontext* genau das. Diese Freiheit erfordert eine enorme Bewusstheit. Sie drückt selbst eine neue allgemeine Bewusstseinsentwicklung aus.

Das Individuum, im Plural, die Individuen bleiben auch hier die entscheidende Kategorie. Sie versichern sich einander und heben darin Abhängigkeit, Verletzbarkeit, Ausgeliefertsein und Schmerz auf und bilden so ein allgemeines Gutes. Es sind die Strukturfragen, die diesen Grundsatz beinhalten und die Struktur selbst zum Grundsatz machen, ausschlaggebend für die Einzelnen und für alle, die nur darin gebunden sind und darüber ihre Bindung erfahren. Alles andere geschieht freiwillig. Subjekt, Individuum, Einzelne in ihrer Freiheit, Gleichheit und Selbstbestimmung sind in der Struktur zu erkennen und diese zeigt an, welche Wahlmöglichkeit der Mensch hat zu leben. Die Struktur muss auf das eine Einzelne, das im Grundsatz gleich dem anderen Einzelnen ist, ausgerichtet sein. Der Anfang des Neuen liegt in einer so bestimmten Struktur und diese stellt die Einheit der Welt in der Struktur pro Einheit in unendlicher Differenz, Verschiedenheit und Entgegensetzung her. Wenn das Individuum als Subjekt von der Struktur her Freiheit in der Gleichheit dieser Struktur für alle hat, wenn im Subjekt zugleich die Würde aller steckt, inkl. der jetzt noch Ungleichen, stecken auch Werte und Moral in der Struktur und es bedarf keiner Moralisierung. Darin ist Entscheidung nötig, in der *Offenheit* dieser Struktur. Damit wird die Befreiung des

Individuums *denk*bar. Dann wird die Struktur des Teilens als Spaltung und Egomanie aufgelöst in einer existentiellen Struktur zum Schutz des Individuums und
der Individuen.

Die Freiheit steht hier für einen Moment noch als ein Gegenbild zur Politik,
die die Bindung repräsentiert. Wo diese jedoch freiwillig eingegangen wird, wenn
und weil es auch bei ihr um die eigene Freiheit und Zugehörigkeit geht, die existentiell bedurft wird und als Lebenselixier gewünscht ist, wird diese Politik selbst
zur Freiheit. Die Lösung findet sich in der Freiheit.

4.4   Abstraktionen

(Wesen Geld)

Kann man von einer Natur oder einem Wesen des Geldes sprechen? Mit der Herrschaft des Geldes ist die *1,* der und die Erste, zur einen allgemeinen Abstraktion
geworden. Dies gilt im doppelten Sinn: sie ist die höchste und einzige allgemeine
Abstraktionsgröße geworden. Dort angelangt ist sie „plötzlich" eng, endlich, leer.
Im Gewand des Oberrealen ist sie vor allem irreal und voller existentieller Frag-
würdigkeiten, die nicht schicksalshaft sind.

In der Eigenart des Geldes liegt es, alle Einzeldinge nach einer Zahl auf den
Begriff zu bringen, die am Ende den Gewinn ausweist, klassifiziert und damit eine
hierarchische Ordnung schafft. Geld ist eine permanente Abstraktion, es schafft
eine Allgemeinheit. Es schafft in dieser Art von Mono-Allgemeinheit einen Widerspruch in sich, weil ein Mono nur noch ein Mono wird. So schafft das Geld
eine Ordnung der Enge im Glauben von Weite. Geld muss verankert sein in Werten oder in anderen Abstraktionen. Nur sich selbst ein Wert, bleibt es für immer
eine *1,* eine Zahl, die Eins, die sich aber unendlich vermehren will und die unendlich begehrt wird, obwohl oder weil es nur *eine* 1 ist. Die Ordnung des Geldes erweist sich als ein Gespenst, als ein *Alptraum.* Geld – Kapital – Markt – das sind
miteinander kongruente Ideen, Abstraktionen, Logiken und schließlich Wertsetzungen, die in der Luft hängen geblieben sind, die im Gegensatz zu ihrer Behauptung eine beziehungslose, künstliche und irreale Welt geschaffen haben. Sie haben
keine Seele, stiften keine Einheit, bilden keinen Zusammenhang, keine Verbindung, keine Identität, keinen Lebenswillen und keine Lebensfähigkeit. Sie stellen nur eine *Zwangskollektivierung* her. Geld – Kapital – Markt – das sind auch
Abstraktionen von sozialem Kontext und damit Loslösung aus unmittelbaren
menschlichen Abhängigkeiten. Sie wären als Möglichkeit zur Demokratisierung
und Befreiung zu sehen und zu verteidigen, hätten sie nicht *allgemeine* Ausbeutung und Abhängigkeit des Ganzen von Einem zur Kehrseite. Geldsystem und
Ausbeutung sind so allgemein geworden, dass ersterem jetzt auch Kosten des letz-

teren auf die Füße fallen und es auszehren. Dabei kommt im Ergebnis weniger als Null und Nichts heraus. Das Problem ist dabei nicht *der* Markt, sondern die ungleiche Macht und das Fehlen jeglicher Ebene gleicher Macht, nicht einmal ein politisches Wahlrecht gibt es überall. Dazu gehört, mehr noch, dass – die eine Seite – jeder mit jedem und allem potentiell in Austausch und Handel treten kann, und man zugleich – die andere Seite – mit Geld alles machen kann. Es verkörpert eine Allmacht. Man muss nur überhaupt erst einmal welches haben. Unter diesen Vorzeichen macht Marktwirtschaft Beziehung vollends zur Ware und so macht, was Lebenselixier des Menschen ist, *krank.* Beziehung ist Geld ist Lebenssicherung ist eins für die Eins – am Ende unter Ausschluss aller anderen. Beziehung kann nicht für sich stehen. Der Mensch verliert seinen eigenen Wert. Das Geld gerechnet in Gewinn verstrickt alle in ein unverschuldetes Schuldgebäude, das uns *entmenschlicht.* Das „Gute" ist mit ihm nur noch um den Preis des „Schlechten" zu haben und damit hört es auf, gut zu sein. Es polarisiert. Der gewalttätige Sieger ist so fragwürdig wie die Gesellschaft, für die er steht. Wenn sich aus Ideen Werte entfesseln lassen, wie Banker meinen, hat die bankerische Idee des Geldes dies, wie die Finanzkrise zeigt, nicht mehr erbracht. Es wurde kein Wert mehr entfesselt bzw. die Entfesselung besteht in der Zerstörung von Werten. Also muss bei der Abstraktion des Geldes falsch abstrahiert, falsch gerechnet, „falsch" – nicht richtig und gemein – gedacht worden sein. Die Idee kann folglich weder in der Sache noch in der Moral gut gewesen sein. Dem abstrahierten verabsolutierten *Geld* stehen keine *Werte* gegenüber, sondern im Gegenteil *Schulden.*

Der Kapitalismus ist leer, mehr noch, er *verzehrt* schon seine und unsere *Zukunft.* Das verselbständigte Geld ist eine *gefährliche Energie.* Es schafft unübersehbar viele Probleme. Wenn das Geld, der Kapitalismus, wie Gott ist, dann steht seine Implosion ins Haus, weil er eine Verschluckungs- und Entleerungsmaschinerie wird, die in ihrer Logik nichts Neues mehr zulässt und hervorbringt. Je mehr Materie entsteht desto weniger Mensch. Es ist mehr als ein Wirtschaftssystem. Der Kapitalismus ist Gesellschaft(sordnung), deren Ordnung in der Leere und Nicht-Existenz besteht. Er macht *Gesellschaft leer* und löst sie so auf. Ohne Gesellschaft bleibt am Ende auch kein Kapitalismus. Am Ende steht die Freiheit einer Nicht-Existenz. Und eine Weltgesellschaft als Alternative schafft sich, selbst wenn sie möglich sein sollte, nicht von allein.

(Antwort: Abstraktionen)

Wenn eine Abstraktion der kurze Abriss und die Zusammenfassung, die vom Dinglichen gelöst, rein begrifflich, theoretisch ist und also aus Anschauung besteht, die auf zufällige bzw. spezifische Einzelheiten verzichtet und zusammengefasst eine Verallgemeinerung darstellt – wie lässt sich auf eine 1 antworten? Am besten mit und von vielen weiteren selbsterklärten 1, die auf Augenhöhe Paroli

bieten. In dem die Abstraktion 1 mit vielen Einser-Verallgemeinerungen beantwortet wird, wird die Besonderheit des Einen allgemein.

So wäre mit Abstraktionen (pl.) auf die eine Abstraktion zu antworten. Hier
haben Verallgemeinerung und Abstraktion (welche zuletzt bis aufs Geld abgeschafft wurden) ihr Recht, ja ihre Notwendigkeit. Auf die abstrakte Welt von heute,
in der hinter dem Geld das Leben verschwindet, die keine brauchbaren Antworten auf Lebensfragen mehr erlaubt, sind wieder konkrete und individuelle Antworten nötig, die auf anderen und neuen Abstraktionen basieren und Wahl schaffen. Solche Abstraktionen vermögen zu orientieren, sie führen zurück in Realität,
nicht das Kleinkleinpraktische im Betrieb, so wichtig es im Einzelfall sein mag.
Zunächst wären aus der realen Welt andere bedeutende Abstraktionen zu abstra-
hieren und der einen Allgemeinheit des Geldes dazuzugesellen, um sie in Beziehung zueinander zu setzen. Das Geld braucht mindestens einen Bezugspunkt, ein
Gegenüber, wenn nicht eine Pluralität von Bezugspunkten. Das wichtigste und
erste Gegenüber ist der Mensch selbst, die Menschen, mit einem anderen Verständnis für und von sich selbst.

Die anderen und neuen Abstraktionen (oder auch „Prinzipien") stünden als
Träger des Kommenden, als Gehalt und Inhalt des angestrebten Wandels, eines
Fortschrittes neuer Art, gewonnen aus dem Fleisch der Gesellschaft, ihrer Veränderung und Entwicklung. Sie wären ein Extrakt, das echt und kein Kunstprodukt
wäre, eine Formung und Gestaltung von Gegenwart-Zukunft, einer Gegenwart,
die Zukunft in sich trägt und ermöglicht. Die Verwandtschaft zwischen Geld und
abstraktem Denken ist ein zentrales Probleme in der Welt von heute. Im aus der
Anschauung gewonnenen abstrakten Denken müssen nun Politik und Wirtschaft
und Gesellschaft zusammenkommen und zeitgleich zusammengedacht werden.
Die Gesellschaft von morgen erfordert abstraktes Denken und höhere Ebene allgemeinen Bewusstseins.

Abstraktionen, Begriffe, Ideen sind zunächst nicht gut oder schlecht, weil sie
schön oder nützlich, zufällig oder immer unperfekt wären. Vielmehr sind es Ex-
trakte aus komplexen Zusammenhängen und Entwicklungen, die versuchsweise
dazu dienen, (neue) Probleme zu erkennen, zu definieren und (Ideen-)Gebäude
für Problemlösung zu schaffen. Sie entstehen immer aus einer Suche, an einer
Grenze zwischen dem, was wir wissen, und dem, was wir (noch) nicht wissen,
aber wissen wollen oder mehr noch erkennen müssen. Sie entstehen neu, wenn
alte Muster nicht mehr tragen und neue gefragt sind. Sie sind gemachte Werk-
zeuge und helfen, neues Wissen, neue Tätigkeiten und Realitäten zu schaffen, die
Dinge wieder von Kopf auf Füße zu stellen, in diesem Fall von einer Abstraktion,
die eine irreale Welt geschaffen hat, zu Abstraktionen, mit denen wieder auf den
Boden in die Realität zu kommen ist. Ihr Wert erweist sich im Gebrauch und es
gibt keine Garantie. In jedem Fall, selbst wenn sie im Entscheidungsfall verwor-

fen werden, sind sie in ihrer reflexiven, produktiven und freisetzenden, im besten Fall inspirierenden und kreativen Kraft wertvoll und insofern ein Selbstwert. Sie sind keine Spinnerei und kein überflüssiger Luxus, etwa weil ihre Produktion Geld kostet oder die Massen nicht gleich von ihnen ergriffen sind. Vor allem verweisen sie auf Inhalte, auf das wovon wir uns geistig ernähren und woraus wir unsere Welt bauen, und schon als solches sind sie Teil eines Ausweges.

Abstraktionen, Begriffe, Sprache haben ihre entscheidende Bedeutung u. a. gegenüber dem Geld als Darstellung von Komplexität, Prozess und Entwicklung, auf die sich alles beziehen muss. Die Allgemeinheit muss nun (komplexe) Begriffe definieren, die die Welt als etwas Komplexes, unendlich Verschiedenes und Ganzes, die Welt als eine pulsierende Kugel, spiegeln. Nur dann legen sie nicht fest und schließen Entwicklung nicht aus, nur dann können sie offen sein. Das Paradox lautet, dass wir nach Definitionen, also „Festlegungen" für Nicht-Festlegung und Offenheit suchen. Gerade hierin zeigt sich der Bedarf an höchsten und triftigsten Abstraktionen, welche unendlich offen gegenüber ihrer Interpretation sind, gleichwohl aber Integration ermöglichen.

Abstraktionen spiegeln Allgemeines, allgemeine Interessen gibt es nur als Abstraktionen. Lassen sie sich mit Interessen verbinden? Interessen interessieren vor dem Hintergrund des Allgemeinen nur, soweit sie als Bedürfnis und Recht aller berücksichtigt werden müssen, nicht als Vorteilnahme vor anderen, nicht als „Egomanie" unter Aufgabe von Humanität. Die Aufgabe lautet aber auch, Interessen neu verstehen zu lernen. Denn allgemeine Interessen, die nur als Abstraktionen denkbar sind, werden wichtiger für die konkreten individuellen Interessen als diese selbst. Die Lösung globaler Probleme und Diskrepanzen etwa wird hochaktuell für die individuelle Lage jedes Einzelnen unabhängig von seinem sonstigen Standort sein. Die allgemeinen Interessen folgen jedoch neuen Inhalten und Leitkriterien – abstrakten Übersetzungen der Abstraktionen – von denen aus das Eigene neu zu definieren ist. Gesucht sind verallgemeinerbare Allgemeinheiten, d. h. für jede/n taugliche notwendige allgemeine Lebensgrundlagen, die eine *Gesellschaft* zur Verfügung stellen muss. Wie können oder müssen sie aussehen, nicht als kleinster gemeinsamer Nenner, sondern als qualitative Minima zum (Über-)Leben miteinander, die *vom eigenen Selbst mit anderen* hergestellt werden (können) und nicht anderen weggenommen werden. Wie können Menschen dort, wo sie jeweils leben, mit eigenen Mitteln und in Verbindung zum engeren sozialen Kontext wie zum weiten Kosmos leben? Diesen Grundbedarf in Struktur und Mittel herzustellen, ist Aufgabe von Politik. Der Rest ist freigestellt und Ausbeutung verboten. Über Definition des Grundbedarfs wird zu streiten sein. Verständigung aber muss es geben, dass es im Ergebnis ein unstrittiges Minimum geben muss und alles übrige freigestellt bleibt und im Zweifel Gegenstand von Gespräch und Debatte wird.

Dies alles zusammengenommen hieße, sich neu auf eine abstrakte, vom Kopf gesteuerte Moderne einzustellen. Es hieße, eine abstrakte Form des Selbstbezugs des Menschen zu sich, von einer Beobachterposition aus und reflexiv, einzugehen und sodann auch einen abstrakten Bezug zu einer Welt aus Abstraktionen – zu Politik, Ökonomie, Gesellschaft – einzunehmen. Die konkreten Dinge des Lebens sind dann die Splitter und Prismen, die Fenster, die Spiegel aus dieser abstrakten Welt. Ein abstraktes Selbst und eine abstrakte Welt und individuell, konkret, lokal das eigene Leben – so wäre mit einer Vertiefung und Erweiterung des Bewusstseins, einer Aufklärung der Aufklärung, ein Zusammenhang wiedergefunden, der uns Menschen im Alltag wieder handlungsfähig machte. Es ist eine große und schwierige, aber gute und wichtige, weil lebensrettende Herausforderung. Mit ihr erreichten die Menschen eine neue Ebene allgemeinen gesellschaftlichen Bewusstseins.

(Welche Abstraktionen führen in die Realität ins Weite und Offene?)
Wenn Geldsystem und Ausbeutung allgemein geworden sind, wären in der Folge zur Behebung der Kosten dessen auch aller Verbrauch von Allgemeinem zu berechnen und in die Rechnung aufzunehmen. Diese Aufgabe wäre zu lösen, ohne dass Freiheiten verloren gehen, wenn der Wettbewerb nur konstruktiv pro Allgemeinheit anstatt gegen Gesellschaft angelegt wird. (Was sich im Wettbewerb dabei als nicht lebensfähig erwiese, würde von allein zu Ende gehen.) Der Kapitalismus, das Geldsystem, ist so einzig allgemein geworden, dass er auch für die Allgemeinheit aufkommen und einstehen muss und nicht sie für ihn. Er muss *sich seine allgemeinen* Bedingungen *selbst erschaffen*. Das heißt, er muss als System die Allgemeinheit, aus der er schöpft, aufnehmen und für alles bezahlen, was er von ihr verbraucht, insbesondere auch für die sozialen Beziehungen und deren Herstellung durch Arbeit. Dies bedeutet weit mehr, als Ausbeutung jeder Art zu beenden. Es bedeutet nämlich, Sorge zu treffen für die bloße Existenz des Menschen und die dafür notwendigen finanziellen Mittel bereit zu stellen. Das beinhaltet einen Paradigmenwechsel. Der Fokus ist das Ganze und nicht mehr der Warenteil. Das System der Wirtschaft organisierte sich in Bezug auf den Mensch und in Beziehung zu Mensch und Gesellschaft. Das führte auch zu einer weiteren Neutralisierung der Verhältnisse und wäre damit befreiend. Es wäre eine Bindung von Wirtschaft, Mensch und, im Plural, Gesellschaft als offene bezogene soziale Einheit zu schaffen. Dabei wäre – auf der Basis der neuen sozialen (Grund-)Einheiten einerseits des Individuums und andererseits der (Welt-)Gesellschaft(en) – fortwährend, dual und multipolar und komplex mit der Allheit von verschiedenen Prinzipien zu jonglieren. Darin könnte ein Ausweg liegen, der die Bedingungen für eine neue und neuartige Entwicklung schafft: für eine freie Entfaltung aller, für den ganzen Menschen und alles, was er braucht, für die Köpfe, Kreativi-

tät und Ideen, für Politik als Option auf gelingendes Zusammen-Leben, für Geist und Kultur und für materielle Bedürfnisse. Im Rahmen ökonomischen Denkens würde es heißen, für die Erschließung des denkbar größten Potentials, des Menschen, zu investieren, einem Denken, das bereits mit einer Utopie der Freiheit und Gleichheit zusammenzufallen scheint.

In diesem Licht wird das schon seit langem angerufene „Humankapital" anders als gedacht und auf umgekehrte Weise entscheidend. Dieses Humankapital wäre zu realisieren, als real wahrzunehmen und für wahr zu nehmen statt zu instrumentalisieren. Als nächstes fragte sich, was der Mensch kostet. Die Preisbildung würde zum (gesellschafts-)politischen Akt. Da der Mensch als ein besonderes einmaliges Kapital, immer spezifisch und individuell und darin in Pluralität angelegt, ist, ist er kostbar und bedeutend. Mit ihm kann der Kapitalismus aus echter Kultivierung statt Selbstversklavung zu Qualität statt mörderischer Quantität kommen und wieder wachsen. Wenn der Mensch in der Welt des Geldes keinen auch materiellen Wert hat, ist es auch kein Wert. Hier liegt die ökonomische Bedeutung des Sozialen und umgekehrt die soziale Bedeutung des Ökonomischen. Hier wird der Gefühlskitsch als Surrogat gesellschaftlichen Zusammenhangs umgehend entbehrlich.

Auch hier geht es um Einheit, um die Einheit von Humankapital und Geldkapital und – materiell schon geronnen – um Technik- und Sach(Wissens)-Kapital. Wenn Geld dabei eine (in der Gegenwart außer Rand und Band geratene) Energie ist, so ist sie zunächst einmal zu teilen und damit schon zu zähmen. Das „Geld" muss heute mit der *Gesellschaft* in „Tarifverhandlungen" treten – über die Gegenwerte, für die es stehen soll und über deren Art, Herkunft, Verteilung, Bedeutung und Gewichtung. Geld steht für Zugehörigkeit und so bedarf es der Demokratisierung des Geldes. Dann kann Geld ein Äquivalent für Zugehörigkeit zum Ganzen, für den Wert und Sinn des Teils vom Ganzen werden. So kann eine Autonomie der Einzelnen, der Einen und der Anderen, *innerhalb* des Geldes (des Kapitalismus) neu entstehen. Wenn Geld allgemeine Lebensbedingung geworden ist, gilt der Umkehrschluss, ohne Geld wird es keine Allgemeinheit geben, auf die sich das Geld beziehen könnte. So ließe sich schlussfolgern, dass erstens jeder Bürger schon als solcher einen Teil Geld haben bzw. erhalten muss, dass es zweitens Geld für pure Existenz von Allgemeinheit und drittens Geld für die speziellen Hersteller von Allgemeinheit geben muss. Der Kapitalismus, der das miterwirtschaftete, wäre überlebensfähig.

Die Kunst des Kapital(ismu)s bestünde darin, sich am eigenen Schopf aus dem Sumpf zu ziehen und sich dabei zu transformieren. Es ist die systemische Eigendynamik des Kapitals zwischen Untergang und Weiterleben, die nach solcher Transformation verlangt, auch wenn sie sich nicht automatisch durchsetzt, sondern durch das bewusste Handeln seiner Akteure, denen das Kapital sowohl

Existenzbedingung als auch Gestaltungsobjekt ist, verwirklichen kann. Das hieße zu klären, welche neue Idee durch anstiftendes Handeln neues Kapital hervorbringt und sich dazu den Menschen und der Welt zu übergeben. Wirkliche Kreativität, Kultur und Kunst, Herstellung von Beziehung und Zusammenhang und neue Arbeit würden miteinander einhergehen. Gesellschaftliche soziale Bezogenheit würde systemisch. Das Entscheidende läge hier in der *„Verbündung" von Kapital und Kunst als Fähigkeit des/r ungeteilten Menschen,* sei es als Lebenskunst, politische Kunst, Produktionskunst und Geisteskreativität o. a. In dieser „Verbündung" geht es zuerst um das Nicht-Instrumentalisierbare, das Unbezahlbare, das Nicht-Machbare im menschlichen Dasein, für das es durch politische Setzung allgemein bedingungslos Existenzrecht und in der Welt des Kapitals ein bestimmtes Quantum Geld geben muss. Der Mensch ist hier der Handelnde und nicht das Geld, so viel Bedeutung und Macht dieses als objektive Lebensgrundlage auch hat. Es ist ein „Bündnis", in dem der totale Gegensatz zwischen dem Prinzip der Nützlichkeit und Berechnung und prinzipieller Nicht-Berechenbarkeit die Basis ist, ob nun unter ethischen, politischen oder ökonomischen Aspekten. Ein solches „Bündnis" muss als grundlegende Kategorie einer politischen Alternative gedacht werden.

Der Kapitalismus baute zuerst auf Religion auf. Anschließend nutzte er Technik, Wissenschaft, Politik, Psychologie etc., zuletzt nun hat er sich Kunst und menschliche Kreativität dienstbar gemacht und unterworfen. Er baute dabei jeweils auf den Bewusstseinsstand und Erkenntnisstand seiner Zeit auf und holte sich sein neues Potential von außerhalb sich selbst. Der Prozess ging stets mit immer neuer Arbeit einher. Nun muss er sich quasi wesensfremd zur eigenen Selbsterhaltung dem Bündnis mit dem ganzen Mensch stellen und neue Arbeit mit ihm für ihn schaffen – und selbst ein neuer, anderer werden.

Wo dieses Bündnis zustande kommt, hat potentiell jede/r die Chance auf Teilhabe am Schöpfungsprozess der Wirtschaft, eine Teilhabe, die sowohl mit Freude wie mit eigenem Geld verbunden ist. Dieser Prozess selbst ist unendlich, der Natur der Sache nach und er ist wie ein Wunder auch, wenn tatsächlich Materie, Körper, Quantität zusammenkommt mit einer Schöpfung aus dem „Nichts" und zu einem Mehr führt, einer kreativen Qualität, die der Qualität des Leben des Menschen entspricht. Vor dem eigenen Kollaps ruft das „kluge" Kapital selbst und auf eigene Rechnung dieses „Mehr" in die Existenz, das sich vom bloßen Mehr an Geld grundsätzlich unterscheidet. Dabei darf sich niemand den Ertrag nehmen lassen. Hierfür garantieren muss die Allgemeinheit, d. h. wir alle.

So gibt es einen Zusammenhang zwischen Reichtum an Materie und Reichtum an Idealismus, Ideen und Abstraktionen, an materiellen und ideellen Werten. Beides ist auf seine Weise „idealistisch", denn was jeweils materieller Wert ist, ist eine Frage des Bedarfs und der Bewertung wie Bedeutung – also ein bezogenes und doch freies „Hirnkonstrukt" – sowie beides auf seine Weise auch „materialistisch" ist -Produkt des Menschen in Ganzheit, bezogenes, (un)freies Hirnprodukt. Es gibt beim Materiellen keinen feststehenden Wert, ebensowenig beim Immateriellen. Der Wert entsteht durch das Einwirken von Immateriellen aufs Materielle und umgekehrt, beides ist nicht voneinander zu trennen und nur in Relativitäten erfassbar. Reichtum schafft man, indem man Materie mit Idee, Geschick, Verstand, Genie, Phantasie, Gefühl etc. – das alles hat nur der Mensch – in brauchbare Güter verwandelt – und tauscht, handelt, verkauft. So entsteht aus Geist und Materie Wertvolles. Materielles und Immaterielles existieren nicht ohne einander im menschlichen Leben.

Was ist heute ein Wert? Werte ändern sich. Über diese Werte – und (ggf.) über ihre Bewertung wiederum in einer Zahl und einer Abstraktion, die ihnen in der Gegenwart zukommt – bedarf es der Verständigung. Gegenwärtig ist neben dem Geld bzw. den Geldschulden ein Wert nur, was auch für sich *(noch)* stehen kann, alles das, was nicht dem Gesetz des Geldes unterworfen ist, von ihm gefressen und in ein Minus verwandelt. Das ist nicht viel bzw. davon gibt es nicht mehr viel: die Freiheit des Menschen selbst, so unveräußerlich wie unmachbar; die echte Kreativität, die nicht mal der eigenen Befehlsgewalt unterliegt; die Humanität des Menschen, die Resultat allen Scheiterns ist. Damit liegen die kostbarsten Werte erstmal außerhalb des materiell Notwendigen, außerhalb von Geld, wahrhaft unbezahlbar. Im Leben der Menschen realisiert nur der Mensch Werte. Das gilt auch hier.

Das Gegenüber des Geldes ist so zuletzt *der konkrete einzelne Mensch als schöpferisches Wesen und die Allgemein*heit, untrennbar verbunden. (All-ein zu sein wird sonst zur bösen Gemein-heit.) So steht der Kapitalismus vor dem ausgenommenen Mensch, der ihm nicht mehr weiterhelfen kann, so kommen auch Kapitalisten in Widerspruch zum Kapitalismus. So muss er das Soziale aus eigenem Interesse realisieren. So liegt in der Kunst und der menschlichen Kreativität die Hoffnung, in der Politik und den menschlichen Beziehungen und Verbindungen die Liebe, im Geist, dem Denken, der Sprache, der Philosophie, der Religion, der Wissenschaft, der Glaube, den die Menschen brauchen, um eine Alternative für ihr Leben zu finden. Die Alternative, die sie sich schaffen können, liegt in der Verwirklichung jener Grund- und Menschenrechte, die sie als existentielle Allgemeinheit gefunden haben, die sie aus herrschaftlichen und machtpolitischen Abhängigkeiten befreit, ihnen Befreiung und Beistand gibt und so viel Akzeptanz wie Transzendenz der Grenze menschlichen Lebens, seines Anfangs, seiner Verletzbarkeit und Endlichkeit.

4.5   Realität

Wenn es sich um ein neues Zeitalter handelt, in dem wir uns befinden, wenn wir mit Individualisierung und Globalisierung unter den Vorzeichen des Geldes die Realität verloren zu haben scheinen, was macht unsere Realität dann aus oder das Bild, das wir uns von ihr machen? Zur Tiefenveränderung gehört, dass sich das Bild von dem, was überhaupt Realität ist und was überhaupt Wirklichkeit ist, verändert (hat).

Zunächst einmal gibt es eine fundamentale Unsicherheit und nachhaltige Verunsicherung, die uneinholbar scheinen und Lebensgefühl wie Weltbilder verändern (werden). Wie real ist die Wirklichkeit? Ist am Ende alles Wahnsinn? Wem oder was können wir trauen? Wir haben Schwierigkeiten zu wissen, was Realität ist und wie real oder virtuell oder fiktiv Realität ist, wenn wir ihr begegnen. Es gibt keine Informationsquelle, der wir trauen und auf die wir uns verlassen können – die Medien machen ihre dienstbaren Geschäfte, die Politik verbreitet ihre interessensbedingten Lügen, die Öffentlichkeit ist wechselhaft, die eigene Wahrnehmung ist eine unzuverlässige Angelegenheit. Die Geschichte ist von der Gegenwart überholt und überrollt. Die Kultur hat sich dem Markt unterworfen. Die Begegnung mit der Realität bedarf der ernsthaften Suche und Auseinandersetzung, der Arbeit, für die es keine Zeit gibt. Der Mensch ist zurückgeworfen auf elementare, über den Körper, die Seele, den Geist vermittelte Erfahrungen, wenn er oder sie nicht in Wolken schweben wollen. Realitätserfahrung wird eine neue. Fast scheint es, wir fangen noch einmal ganz von vorne an, Welt zu erfahren, zu deuten, zu verstehen.

Davon abgesehen – was überhaupt ist die Realität? Sind es die konkret fassbaren Tatsachen und Dinge? Nicht auch die fühlbaren, riechbaren, hörbaren, geistig wahrnehmbaren Erscheinungen? Ist es nicht auch die Geschichte, die in die fassbaren sozialen Beziehungen und das faßbare Geschehen eingegangen ist? Setzt Realität sich in ihrem Geschehen nicht auch durch ein ständiges Handeln zusammen, welches von den vielfältigsten Impulsen gesteuert ist? Die Wirklichkeit, die sich nur als Materie darstellt, ändert sich ständig durch tausend Einflüsse. Wo und wie wäre sie noch fassbar? Alles ist Wirklichkeit. Unwirklich ist nur der Tod. Der Kosmos ist die Wirklichkeit. Außer dass es ihn gibt, wissen wir nicht, was seine ganze Wirklichkeit ausmacht. Wir kennen allenfalls Teile und Ahnen oder Wissen vom Zusammenhang von allem mit allem. Wir wissen von der Komplexität und unendlichen Vielfalt und Widersprüchlichkeit der Wirklichkeit – nur das steht fest.

Außerdem wissen wir: Wir machen uns Bilder von der Realität, die nicht identisch sind mit Realität. Aus diesem Widerspruch ist nicht herauszukommen. Auch die Wissenschaft, die ihrerseits nicht ohne Grundannahmen operieren kann, führt über diese Grenzen nicht hinaus. Vor allem ist ihr Verfahren, die Welt zu teilen, mit Quantitäten und Wahrscheinlichkeiten, Linearitäten und Kausalitäten, Rationalitäten und messbaren Empirien zu operieren, während das Ganze und der Zusammenhang weiterhin unbekannt bleibt. Die Hirnforschung hat uns das Bewusstsein und den Geist noch nicht enthüllt. Innen ist Außen, Außen ist Innen. Es gibt nie Sicherheit über die Realität.

Aber alles, was geschieht, kann auch als eine Energie angesehen werden, die in die Wirklichkeit eingeht und die nicht verschwinden kann, einschließlich der menschlichen Triebe, der Phantasie, der Gefühle, der Ideen und Information etc. der geistigen Produkte. Sie alle haben Auswirkungen. Sie müssen beachtet werden, auch wenn sie nie gleichzeitig und jemals ganz zu erfassen sind. Wir müssen jedoch alles für möglich halten und uns darauf einstellen.

Soziale Steuerung vollzieht sich über alle Faktoren – auch die „Nicht-Faktischen". In jedem Fall sind sie eine Möglichkeit, die es zu nutzen gilt. So es um Leitorientierungen, Werte und Abstraktionen geht, nach denen Leben gestaltet wird, sind sie als Mittel friedlich und prüfbar, zustimmungs- wie ablehnungsfähig durch die Einzelnen. Damit ist auch hier eine Überwindung aller Hierarchien verknüpft, insbesondere die zwischen Ratio und Emotio, Körper, Seele und Geist, Hand und Kopf etc., auch wenn sie jeweils unterschiedlich stark ausgeprägt sind bei den Menschen, (nebst gesellschaftlichen Teilungen zwischen Geschlechtern, Klassen, Ethnien etc.) Obwohl in einer Gänze unerreichbar, so richtet sich die Orientierung auf eine Ganzheitlichkeit, die sich per se nicht der *Macht* ausliefert, der Macht alles Faktischen, die aus sich keine Veränderung erlauben will. So wird eine umfassende Wahrnehmung der Realität, ja die Realität selbst, der Gegensatz zum Geld, wo und solange es allein herrscht. Aus ihr lässt sich die notwendige Energie zur Veränderung schöpfen. Die Globalität und Individualität der Welt löst nicht nur herkömmliche Strukturen und Machtverhältnisse auf, sie macht auch alle Hierarchien als solche obsolet und zwingt, diese abzubauen, wo sie längst zum Hindernis von Entwicklung geworden sind. Es ist die komplexe und in sich abhängige Realität selbst, die fordert, das Geld (in neuer Weise) zu teilen, wo es längst in globalen Kollektiven aufgehoben und verwaltet ist. Diese Aufgabe kommt uns aus dem Stoff der Gesellschaft und der Welt von heute, aus dem sozialen Stoff der Wirklichkeit, selbst entgegen.

Die Realität ist von unendlicher Vielfalt und damit auch offen für eine unendliche Vielfalt von Handlungsmöglichkeiten, die doch alle *politisch* sind, *wo sie in Gesellschaft, im Gemeinwesen, dem sozialen Organismus der Menschen, in Wirklichkeit zusammenlaufen.* Dort beginnt Politik und hört sie auf. Sie beginnt bei der Geburt von Leben und sie endet beim Tod. Hier ist ihre existentielle Dimension, der sich jedes Individuum, jeder Mensch, in der Gegenwart stellen muss, geschähe es bewusst oder unbewusst. Die Erkenntnis kann befreien. Niemand muss mehr an bisherigen Konventionen und Festlegungen festhalten, die in Erstarrung, Schrecken und Leere führen. Wir können eine neue Existenz beginnen und Zukunft wieder finden, ohne der Versuchung der Gewalt anheimzufallen.

5   Neuer Politikbegriff dem Grunde nach

5.1   Ein anderes Politikverständnis

Die Politik von heute ist ein in ihr selbst begründetes Drama. Es scheint aussichtslos. Denn in der herrschenden Logik gibt es tatsächlich keine Alternative zu ihr. Fragen nach ihrer Qualität berühren sie nicht, als kämen sie von einem anderen Planeten, sie kennt die Verbindung zwischen Inhalt und Macht nicht mehr, sie ist unecht und gefangen in sich selbst. Die Politik versagt als Gesellschaftsstiftung. Weil diese Politik sich selbst aufgegeben hat, ist das Ende dieser Politik erreicht. Sie ist und zeigt sich eben in der Selbstaufgabe am Ende ihres Lateins. Das betrifft querbeet jedenfalls die bisherigen Gestaltungsversuche. Damit droht die Politik ins Nichts abzuleiten, in die Anarchie oder in die Diktatur, und sei es die Diktatur der fremden Abstraktionen, das heißt der allgemeinen Ohnmacht. Bei einer Diktatur bleibt nur die blanke Herrschaft und Unterdrückung übrig, auch wenn sie in der Gegenwart durch alle Menschen selbst hindurchläuft und mitvollzogen wird. Eine Ein-Personen-Herrschaft wird es nicht mehr so einfach geben, eher den Wechsel und den beliebigen Austausch von Personen in der immer selben Sachzwanglogik, ohne deshalb etwas auszurichten, parasitäre Instanzen.

Aus diesem Grund sind die *Möglichkeiten* von Politik an eine neue andere Politik und an Demokratie gebunden. Neue Politik besteht dann in der Bindung an den Menschen, in einer Politik der Humanität. Neue Politik ist eine Frage der Sicht auf die Welt, des Menschenverständnis und der philosophischen Einstellung. Ihre Aufgabe ist es, menschliche Werte in dieser Zivilisation zu zeigen, die alles durchdringen, auch die ‚Sachen‘ wie die Wirtschaft. Es ist die Frage nach den Möglichkeiten einfacher Menschlichkeit in der Politik. Sie geschieht in der Sicht auf den ganzen Menschen, das ist der humane Wert.

(existentiell)
Dann zeigt sich Politik als eine *existentielle* Angelegenheit und zuständig für existentielle Fragen des Menschen. Das einzig Relevante an ihr über Realpolitik hinaus und jenseits von dieser als Machtpolitik ist ihre existentielle Dimension. Das gilt in zweierlei Hinsicht:

Der Urgrund des Politischen, seine existentielle Grundlage ist – zum einen – das Geborenwerden des Menschen unter Obhut eines Vaters und einer Mutter, das In-die-Welt-geworfen-sein, das Leben-ergreifen-müssen und das Sterben. Diese Tatsachen haben lebenslang und über das Leben hinaus Folgen in der Politik, ja, in der Politik lässt sich der öffentliche Ausdruck dieser Folgen finden. Damit geht es in der Politik immer auch um letztendlich Existentielles, um Leben und Tod, um Liebe und Sterben als ihr wichtigster Grund. Der Urgrund des Politischen liegt dann, anders gesagt, anfänglich und schlussendlich zuallererst in der Erfahrung der *Verletzbarkeit* und *Abhängigkeit* oder auch der *Gebundenheit in* der Einsamkeit des Menschen, die erst mit dem Alleinsein im Tod enden. Globalisierung und Individualisierung und die mit ihnen einhergehenden epochalen Umbrüche und Krisen haben gegen den Irrglauben einer abgetrennten und vermeintlich nur pragmatischen Sphäre gezeigt, wie in der Politik existentielle Fragen wieder berührt und erfahrbar sind, trotz des immensen Wohlstandes auch und gerade in den reichen Ländern, die einer tiefgreifenden inneren Verunsicherung und Auflösung unterworfen sind. Politik ist deshalb auf das *Allgemeinmenschliche* zurückzuführen.

Diese allgemein menschliche Dimension der Politik als existentielle Angelegenheit hat – zum anderen – auch eine konkrete und individuelle Seite, die das Eigene, das Eigenwohl und den Eigennutz mit dem Allgemeinwohl verbindet und die die Bedeutung des Eigengut für das allgemeine Gute offenbart. Der Einzelne handelt aus Eigeninteresse, aber sein Handeln geht darüber hinaus. Es geht ihm durch das Eigene hindurch um soziale Existenz im weiteren Sinne, um Herrschaft und Selbstbestimmung über das eigene Leben in einer konkreten Gesellschaft und um Bedeutung für sein Da- und Sosein. Beides muss sich vor der Allgemeinheit darstellen und begründen. Dieser Anspruch auf Herrschaft über das eigene Leben hat notwendigerweise immer einen bestimmten Inhalt, der Autorität haben und legitim(iert) sein will. Damit geht es zugleich immer auch um eine Infragestellung der Gesellschaft mit ihren bestehenden Machtverhältnissen, denn das gewollte Eigene und existierende Allgemeine ist kaum automatisch kongruent. So impliziert dies auch eine gesellschaftliche Veränderung, um eine Verbindung von Realität und neuer Idee, Erweiterung und um mehr Befreiung, die allgemein werden sollen. Es geht nicht um Trennung, sondern um Verbindung von Pragmatismus und Vision. Das Eigene braucht und will sich auf und mit seinem Grund im gesellschaftlichen Kontext verallgemeinern. So wird der Mensch über das eigene Interesse und Wohl Teil eines Ganzen und aus ureigenem Bedürfnis mit diesem Ganzen verbunden. Wenn die existentielle Dimension der Politik hier ihre individuelle Seite hat, so äußert sich Freiheit darin, Individualität und Bedeutung zu haben, eine Größe zu sein, Macht für sich (für jede und jeden) zu haben und darin Teil des Ganzen zu sein. Existentiell können auch die Konflikte mit anderen sein, die aus dieser Größe der Einzelnen entstehen können, oder über die Summe des Ganzen bzw. die gemeinsamen Leistungen und deren Aufteilung.

Existentiell ist Politik in beiden Fällen, in beiderlei Hinsicht, nicht nur im materiellen physischen Sein, sondern auch in der Seele und dem geistigen Dasein. Der Mensch ist nicht auf den Körper zu reduzieren, er wächst beide Male über die Materie hinaus.

So ist nach dem Verrat des Menschen und des Sozialen in der Politik ein neuer Ort, eine neue Aufgabe und ein neuer Stoff für die Politik nötig. Es sind andere Personen, eine andere Materie, andere Inhalte und andere Machtdefinitionen wie -verhältnisse nötig. Sie finden sich auf der Basis eines erweiterten, reflektierten und selbstreflexiven Selbstverständnisses vom Mensch(en) und von Menschlichkeit, die eine zu entwickelnde Größe darstellen. Sie sind auf echte Universalität orientiert, die die Gemeinsamkeiten gerade an den Unterschieden und Gegensätzen zwischen Menschen erkennt. Normativ steht das Universelle dabei gegen jede Totalität und öffnet die Gesellschaft als Lebensraum für das Individuelle und das Gemeinsame. Auf seiner Grundlage lassen sich die Bedingungen freilegen, die beides möglich machen. Alle bisherigen Errungenschaften des Universellen, wie Vernunft, universelle Rechte, Aufklärung, werden dabei ihrerseits ständig wieder neu bearbeitet. So realisiert sich der Anspruch des Universellen auf permanente Öffnung und Grenzüberwindung ein. Bewusstsein und Praxis von, eine Philosophie der Reflexion und der Selbstreflexion, des Verbindung- wie des Abstandhalten, werden durch die Globalisierung zwingend. Auf diesem Wege können die Grundlagen menschlichen Daseins sichtbar gemacht werden, statt brillante Oberflächen zu schaffen. Das Verleugnete, Unterdrückte, Undiskutierte kann fruchtbar gemacht werden, anstatt die Dinge gegeneinander zu stellen oder gleichgültig unberührt nebeneinander stehen zulassen. Wenn Reflexion und Selbstreflexion systemisch in Politik eingebaut werden, wird Politik selbst etwas ganz anderes. Politik als Haltung, Denkweise und Tätigkeit wird menschliche Gemeinschaft und stetige Befreiung.

Globalisierung und Individualisierung haben mit der Auflösung und Neuschaffung von Grenzen auch Politik in ihrer bisherigen Gestalt aufgelöst und auf die Suche nach einer neuen Gestalt geschickt.

Politik braucht global gesehen einen neuen anderen *Ort,* da sie keinen festen Ort mehr hat, allenfalls viele Orte und mehr denn je, welche jedoch meist kreuz und quer und bezuglos zueinander stehen und sich in Konkurrenz, Streit und Bewegung befinden. Zur neuen Pluralität von Organisationen, Netzwerken und Institutionen kommt zudem ihre permanente Veränderlichkeit. Mit den Einzelnen ferner, dem Individuum, kommen die Vielen, die Bevölkerungen wieder ins Spiel. Sie verändern ihren Ausdruck ständig. Die Zivilgesellschaften unterwerfen ihrerseits verfassungsrechtliche Institutionen einer Prüfung und Selbstprüfung und bringen sie im Zweifel unter Änderungsdruck. Loyalitäten schließlich wechseln. Vor der Flüssigkeit und Flüchtigkeit, dem Chaos und der Anarchie, vor der Zerstörungsdynamik muss Politik etwas werden, das sich im Einzelnen ansiedelt und die Einzelnen zugleich zum Gemeinsamen öffnet, wo immer sie gerade sind. Ein neuer Ort für Politik findet sich so zuerst im Bewusstsein, bevor sich neue politische Strukturen herausbilden können.

Politik braucht eine neue *Aufgabe,* nachdem sie ihre alte Rolle verfehlt. Sie kann *humane Lösungen* für gesellschaftliche Probleme und Heilung als ihre Daueraufgabe ansehen, was nicht heißt, eine heile Welt anstreben zu wollen, sondern im Gegenteil Unheilheit, Krankheit, Konflikt, Krise als den Normalfall der Politik zu verstehen, welche von ihr produktiv zu machen wären. Das Vorhaben zielt beständig auf das, was das kleinste gemeinsame Minimum der zwingenden Gemeinsamkeiten zwischen Menschen umreißt, nämlich Schmerz und Not zu teilen, sich wechselseitig ein minimales materielles Existenzrecht einzuräumen und zu garantieren und die Macht zu teilen. Dieses Vorhaben geht eher vom Verleugneten, vom ‚Negativen' aus, denn dass es auf das ‚Positive' als Paradies für alle zielt, es teilt (schon) den Mangel und nicht (erst) den Überfluss. Das schon wäre das wirklich „Positive". Es weiß, Veränderung ist möglich und das Leben ist eine offene Größe.

Politik braucht einen neuen *Stoff* der Leidenschaft für den Mensch, einer *Leidenschaft* für *Einheitsstiftung,* einer Leidenschaft für das Allgemeinwohl. Sie braucht, daraus resultierend und auf der Basis des Kriteriums des Sinnzusammenhangs des Ganzen, welcher inhaltlich auszuhandeln wäre, den Willen zum Handeln für *das Gemeinsame (Menschsein).* Der neue Stoff der Politik wäre eine Art *weltlicher Metaphysik,* eine allgemeine politische Philosophie. Sie ersetzte hier wirklich Religion als Stoff, der zusammenhält und Sinn stiftet. (Sie ersetzte auch „Sozialismus" als Versuch einer politischen Alternative gegen Religion, die im besseren Fall, wenn in ihrem Namen nicht Verbrechen geschahen, selbst zur schlechten Ersatzreligion wurde.) Es wäre nun Politik zum säkularen Bindemittel ohne religiöse oder anders heilsbringende Ziele zu machen, deren Sinn in der Herstellung menschlicher Verbindung überhaupt läge und auf der Basis eines neuen und anderen Politik-Zielbegriffs, der von allen – unterschiedlichen – Beteiligten ein Gesellschaftskonzept fürs Ganze verlangte. Der Vorschlag meint also, Politik wirklich zu einem kollektiven Stoff zu machen, ihn praktisch herzustellen.

Ein neuer Ort – das allgemeine Bewusstsein, eine neue Aufgabe – humane Heilung – und ein neuer Stoff der Politik – Leidenschaft für das Gemeinsame-Menschsein – dienen dazu, mit dem Ganzen wieder zum Kern dessen vorzudringen, worum es in Politik eigentlich geht – um *unsere Existenz,* ein existentielles Wir der vielen pluralen Einzelnen, die durch das Geld zwar auf die Straße der Freiheit, aber dabei unerbittlich getrennt und getötet werden. Erst die Erkenntnis dieses Kerns der Politik ermöglicht Änderung. Sie macht den Weg frei und eröffnet politische Veränderung im dreifachen Sinne, Veränderung ganz banal und vordergründig noch fürs gegenwärtige Detail der Politik, Veränderung der Politik als Praxis und Organisation und Veränderung der grundlegenden Inhalte und Aufgaben der Politik. Wenn die politische Ansprache die Menschen in ihren existentiellen Nerven erreicht, werden die verleugneten *Existenzfragen wieder sprachfähig, kommunikationsfähig und politikfähig* gemacht.

So müsste sich Politik um das *Allerinnerstes* des Menschen kümmern, nachdem sie ebendies am schmerzlichsten verraten hat. Der Vorgang, die Notwendigkeit dazu, ist selbst noch Ausdruck des Wandels in der Welt, einschließlich des Wandels der Politik, der mit Selbstaufgabe und Selbstverlust der Politik das – vermeintlich nur ökonomische – Weltgeschehen zu einer Art von Naturkatastrophe hat werden lassen. Es ist ein Wandel, der nun zu wenden, nochmals zu wandeln ist. Denn in diesem Moment kann Neues entstehen. Es sind Logiken, denen wir so unterworfen sind, wie wir sie fortentwickeln können, so wie Mathematik jetzt auch schon auf Metaphysik und Mystik beruhen – welche auch in der Politik zunutze gemacht werden können. Politik können wir begreifen als das Soziale im Strom der Zeit, als Essenz, als Leben, als Existenzbedingung.

Politik besteht darin, Beziehungen herzustellen und zu gestalten. Es geht so um Relationen und so geht es um Wertsetzungen und so um Grenzen. Politik ist damit dann auch per se durch und durch öffentlich und demokratisch. Darunter ist sie nicht mehr denkbar. Politik ist immer eine bestimmte Größe, das Bestimmte an ihr muss bestimmt werden. Universell könnte sie ein Minimum verfolgen. Ein Ethos der Einzelnen oder im Einzelnen ist gut, es obliegt jedoch immer persönlichen Entscheidungen. Politik dagegen muss kollektiv Leben sichern, Wohlergehen ermöglichen, frei und gleich, in Macht und Ohnmacht geteilt *als Grundlage* und dafür einen integrationsfähigen Rahmen und Inhalt für heute und morgen schaffen. Ihre Ethik muss systemisch sein, damit mit ihr wahrhaft und aufs Ganze geteilt werden kann, weit über Wahlstimmen und Entscheidungen im Einzelfall hinaus.

So ist Politik als existentielle Frage zu stellen, als allgemeine Teilung der sozialen Frage, als Einheit der Welt, als Freiheit durch Multiplizität und Komplexität der Freiheit für alle, als Teilung der Not und als Sprache und Zuwendung – im Unterschied zum Krieg, in welcher Form auch immer er stattfinden mag – als „Frieden" in einer begrifflich neuen Weise. Es wäre eine Politik der Humanität.

Die Gesellschaften sind, gar weltweit, schon dabei, sich die Politik zurückzuholen und ihre Beziehungsfähigkeit wieder zu erobern. Ihre auseinandergetriebenen Teile freilich können sich nur dann wieder sinnstiftend in Gesellschaft einbinden, wenn sich das Ganze transformiert und der Stoff der Politik selbst und dessen Verteilung wieder allgemein werden. Erst dann ist ein wirkungsvoller Heilungsprozess eingeleitet. Die Macht würde damit aus einem extraordinären System herausgeholt und nicht nur wieder anders verteilt, sie würde durch allgemeine Aneignung auch inhaltlich wieder anders gefüllt, durch Kleinteilung pazifiziert und in Konstruktivität gezwungen, weil mit kleiner Macht nicht anderes anzufangen ist, als sich positiv auf andere zu beziehen. Wenn Gesellschaft sich Politik zurückholt, dann holt sie sich die Bezugnahme zu sich, d. h. des Menschen zu sich selbst und anderen Menschen, ja schon zurück. Je größer eine Macht *über* andere (etwas) ist, desto zerstörerischer ist sie auch. Je größer eine Macht inhaltlich (eine Macht *zu* etwas) ist, in ihrer *Tragweite*, in ihrer *humanistischen Tiefe*, in ihrer *Integrationsfähigkeit,* desto aufbauender ist sie auch.

Das Schönste solcher Bemühungen ist: am Ende stünde eine neue Politik, in Theorie und Praxis, eine neue gesellschaftliche Tätigkeit.

(Inhalt)

Politik, wenn sie überhaupt wieder sein will, kommt ohne Inhalt nicht aus. Verfahren und bloßes Sprechen, und sei es über alles und jedes, reichen nicht aus. Beides kann sich sehr leicht nicht nur gegen andere Menschen, sondern auch gegen den Mensch an sich richten. Es misst sich alles an der Frage, wie die Einen die Anderen und die Anderen die Einen betrachten. Hier zeigt sich der grundlegende Inhalt der Politik. Die Einen oder Anderen auch nur als Gegner anzusehen, ist schon zu viel, vom Verständnis als Feind gar nicht erst zu reden, so wenig es umgekehrt um den Partner oder Freund geht. Im allerersten Moment fängt es an und die Frage dabei lautet, auf der Basis welchen grundlegenden Inhalts der Politik wie, mit welchem Blick und worüber zu sprechen oder zu verfahren ist. Einen neuen Grund erhält Politik, wenn ihre Basis heißt: *gleiches Recht für all die anderen wie für die einen, wer immer das sei,* auch jenseits des bereits existierenden Stands der gesellschaftlichen Rechte, die bislang Nicht-Vorgesehenen oder gar Ausgeschlossenen immer wieder einschließend. Denn je weniger das Recht letztere vorsieht, desto mehr entziehen sie sich einerseits und bedienen sie sich andererseits des Gesetzes wie die einen, nur umgekehrt. Ohne neuen Grund in der Politik ist die Spaltung vorgezeichnet. Die neue Lage in der Welt aber macht die neue Grundlage unabdingbar und die Politik (wieder) existentiell: *Die einen sind abhängig von den anderen, und die anderen werden nur, wenn die einen sie aufnehmen. Das kennzeichnet das Verhältnis von Leben und Tod in der Politik, das Verhältnis von Geburt und Sterben.* Der Bezugspunkt von beiden ist Macht und Ohnmacht, die geteilt werden wollen. Die Politik muss die Grundlage und das Recht dazu herstellen. Nur sie kann es.

Wo Macht und Ohnmacht offen zum Thema wird, da erhält Sprache und Sprechen auch schon Inhalt, nämlich den Tabubruch und damit die Freilegung der Möglichkeit der Veränderung. Jede Verbalisierung von Ohnmacht führt schon über sie hinaus und in einen Prozess gewaltloser Bewältigung hinein, nicht nur des eigenen Leidens, sondern auch des schwierigen Umgangs mit anderen und in der Gesellschaft, und das wäre auch schon eine (erste) L ö s u n g . Hier, auf der Grundlage des gleichen Rechts der Einen wie der Anderen, wer immer das sei, kann Sprache schon Schöpfungsakt der Politik sein, ein Ende der Dominanz und einen Schritt zum Leben einleiten.

So wird der Umgang des Einen mit dem oder der Anderen zur inhaltlichen Schlüsselfrage neuer Politik. Die Begegnung mit dem Unbekannten lässt uns das Fremde sehen und im (Für-)Wahrnehmen dessen neben uns Platz einräumen, so dass Erkennen und Erkenntnis möglich werden. Der, die oder das Andere wird nicht mit dem Blick des Eigenen betrachtet, um das Urteil sofort zu wissen. Das andere ist vielmehr das, was wir noch nicht erkennen. Zunächst geht es um das Sehen-Staunen-Lernen überhaupt, um zu neuer Aufklärung, Entwicklung und Fortschritt zu gelangen. Beim immer Gleichen sehen wir am Ende gar nichts mehr, wie die Finanzkrise beweist. Das Andere zu erkennen versuchen, heißt, Platz für die Pluralität der Einen wie der Anderen wie der Vielen zu schaffen. In diesem Moment lässt sich auch das Bekannte mit neuen Augen wahrnehmen, das Denken kommt in Bewegung und es können sich neue Perspektiven zeigen. Dann entstehen alternative Handlungsoptionen. Die Veränderung der Welt erzwingt den Abschied von allertiefsten Glaubenssätzen, die weit jenseits gegenwärtigen Bewusstseins sind. Eine neue Welt wird erst durch den neuen Blick auf sie erschaffen, der ohne die Einen und all die Anderen nicht möglich ist. So sehr die Realität dabei in den Blick kommt, so wenig hat dies mit naivem oder pragmatischem Realismus zu tun. Erst die produktive Be- und Verarbeitung der Realität mit allen menschlichen Möglichkeiten, einschließlich der des Geistes, der Phantasie, der Träume, Visionen und Utopien erlaubt Veränderung und neue Aufbrüche. Sie finden an vielen Stellen schon statt.

Gleiches Recht für all die anderen wie die einen impliziert ein anderes Welt- und Menschenbild ohne Freund-Feind-Dichotomien und -Bildern und es zieht als inhaltliche Grundlage von Politik einen ganzen Gestaltwandel der Politik nach sich. Das wirkliche von der Politik zu lösende Problem fängt immer erst dann an, wenn der Feind weg ist, dann ist der Mensch und mit ihm die Politik in seiner und ihrer Kunst vor sich selbst gestellt. Das ist der Ernstfall, die eigene eigentliche Herausforderung, die in Konstruktivität zwingt und Destruktivität verbietet. Politik hat hier nicht Freund und Feind zum Gegenstand, nicht die Personalisierung, nicht den Kampf Person gegen Person, sondern „Sachen" der Menschen, Gesellschaft, Menschheit – Menschheitsfragen. Multidimensional und aus unterschiedlichen Perspektiven betrachtet ist solches Verfahren selbst schon Teil der anvisierten Humanität und es verlangt *Kreativität* in der Lösung immer nur der *eigenen* und *gemeinsamen* Probleme. Dann wird bei großem Denken Politik erstens eine jeweils mehr oder weniger kleine, ganz konkrete Aufgabe oder Handlung und in der Sache eine zugleich viel größere, abstraktere weil allgemeinere Aufgabe; dann muss es zweitens neue Auswahlmechanismen in der Politik geben und ist Politik drittens überall dabei und muss dementsprechend eine Form finden.

So kann die abhängige Welt eine universelle Welt werden, eine Welt der Freiheit in gleichen Menschenrechten, die das Minimum des Geteilten umreißen. Sie braucht einen gemeinsamen Aufbau einer geistigen Heimat für die Menschheit, um wirklich universell immer weiter werden zu können, ein unabschließbares, aber immer schon währendes und endgültiges Projekt. Sie baut auf dem Individuum und seiner Individualität auf, d. h. der Verschiedenheit der Menschen, Lebenskontexte und Kulturen, der Ideen und Lebensvorstellungen, die (Herzens-) Bewegung, Toleranz und Ausgleich finden müssen. Das ist möglich, wenn die systemische Grundlage die Deckung materieller Grundbedürfnisse, lebenslanges Lernen und Bilden, die Möglichkeit zu befriedigenden sozialen Beziehungen und Schlichtung großer Konflikte und friedliche Konfliktlösung vorsieht. Dazu sind ethische Werte, Ernsthaftigkeit und Gewissenhaftigkeit so nötig wie Vergebung, Sympathie, Rücksichtnahme auf Gegenseitigkeit ohne standardisiertes Rezept. Erst die ständige Dynamik, die Veränderung, der Fluss der Dinge, die Lernprozesse, Entwicklung und Transformation schaffen das Gleichgewicht und die Angemessenheit der Politik, nämlich eine aufgeklärte *Rationalität*, die aus der Zusammenhang des ganzen Lebens und der Einheit der Welt erwächst. Diese Politik bezieht sich auf Wahrheiten und Weisheit und hängt nicht an einer Idee, Sache, Person. Sie prüft und sucht immer, was zum Ziel der Humanität führt. Sie lässt sich nicht von einer 1 als Zahl, von einem, einer Eins, einem Gott etc. begrenzen, nicht durch Hierarchien von Definitionen, Macht und Ideen, nicht von einem System. Sie betont immer die Zusammenhänge. Ihr Denken ist in fortwährender Bewegung, denn das Menschliche *wird immer erst*. Das Menschliche, Menschlichkeit, Humanität gibt sich, reflektiert sich, spiegelt sich und denkt gleichzeitig über sich nach, in den unendlich verschiedenen Gegenübern der Einen und der Anderen.

Neue Politik als Mittel gegen Politik als Zerstörungsmaschinerie ist durch die auf die einen und die anderen bezogene *grundlegende Reflexivität der Politik* gekennzeichnet. Sie ist nicht nur selbstkritisch, sondern steht immer in Bezugnahme, sie weiß um die abhängige Welt und bezieht alle anderen ein. Sie schafft ein anderes politisches System und eine andere Art von Demokratie.

Europa definiert sich unter Bezug auf die Werte seiner Zivilisation. Wenn in der Welt der universellen (Geld-)Märkte der Mensch keinen Wert hat, dann ist er auch kein Wert in der Zivilisation Europas, dann ist Europa keine Zivilisation. Welchen Wert wir dem Mensch beimessen, ein Wert, der sich auch darin zeigt, wieviel geldlicher Einsatz er uns wert ist, das schreibt sich täglich als unsichtbares Wirken in uns ein, das schreiben wir in die Gesellschaft ein. Es beginnt mit dem Sehen, Hören, Spüren, Wahrnehmen. Es setzt sich fort im Einander-Zuwenden, Sprechen und Antworten statt im Abtöten. Darin äußert sich Wert. Gegen die heutige Inhaltsleere der Politik ist das – das *„Inhaltliche"* – das „Heilige" der Politik, auf das die Politik einen Eid leisten muss. Dieser Inhalt ist fundiert in Aufklärung, Menschenrechten und Humanität und im Austausch mit anderen Kulturen und Denkweisen in fortwährender Entwicklung.

(Fundament)

Solche Politik braucht ein entsprechendes Fundament, auf dem ihr *Können* beruht. Dieses Fundament besteht aus Wahrheit und Wahrhaftigkeit, Kunst und Weisheit, aus besonderen Fähigkeiten. Dieses Fundament ist nicht *herr*schaftlich, kennt keine Missachtung der Frau, keine Missachtung des Mannes, keine Missachtung irgendeines Menschen. Es ist damit nicht-patriarchal, auch nicht-matriarchal oder sonstwas immer an Pro- oder Anti-Richtungen, Parteien, Religionen oder Systemen. Sie ist auch kein Gegenteil von etwas anderem, sondern etwas eigenes Anderes, das ein Tor öffnet, bevor seine Definition schon feststeht, das diese offen sein lässt für die Aufnahme von Humanität.

In einer neuen anderen Politik werden *Denken* (des Ganzen) und *Erkenntnis* (mit allen Sinnen) und *Politik* (Kollektives) systematisch zusammengeführt. Solche Politik produziert jeweils – immer subjektive, vorläufige – Wahrheit und in der Summe Wahrheiten. Es gibt nicht eine Wahrheit, aber *jeweils* eine Wahrheit und eine Pluralität von Wahrheiten, die ihre Gemeinsamkeiten entdecken müssen. Die beste Lösung liegt im *Verstehen (des Ganzen)*. Wahrheiten sind immer verstehbar. Jeder Mensch, jede Gesellschaft, jede Kultur macht sich hierbei in der eigenen Sprache die Wahrheiten und Werte der anderen verständlich, reflektiert sie und arbeitet mit ihnen. Verstehen als ein Ergebnis der Integration von Denken und Erkenntnis und Politik wie der reibend-reflektierten Zusammenführung von Wahrheiten und Werten im Ganzen ist eine zentrale Kategorie einer anderen Politik. Zugleich ist dieses Verstehen, auch darin liegt die Andersartigkeit dieser Politik, der Zugang zu einer kreativen Lösung von gesellschaftlichen Problemen, der Zugang zur politischen Kunst im wahrsten Sinne des Wortes. Diese Politik schafft einen Geist des Verstehens und der Verständigung, auf dessen Basis die beste Lösung denkbar wird. Die beste Lösung ist im Idealfall eine der (kollektiven) Weisheit. Diese Politik ist Voraussetzung für eine Politik und Demokratie, die von allen betrieben werden kann. Politik und Macht sind hier entschieden zwei verschiedene Dinge. Macht gibt es auch weiterhin, aber sie ist viel veränderbarer. Politik ist nicht länger Vergewaltigung, sondern immer neue Befreiung. Freier Geist und Politik passen zusammen. Politik kann sich mit Ästhetik verbinden. Ästhetik der Politik wird zur höchst entwickelten Politik. Dem geht ein anderes Menschenbild voraus, das beinhaltet und formt ein anderes Menschenbild, das erlaubt immer neue Erkenntnisse und entwickelt das Selbstverständnis des Menschen von sich als Menschen fort.

Denken, Erkenntnis und Politik kommen über und in Auseinandersetzung zusammen. Neue Politik ist per se immer kritische Politik, die die erlebten Zerstörungen und das Schreckliche im Gedächtnis bewahrt und sich davon zivilisieren lässt. Solche Politik braucht eine subversive Stellung gegenüber der existierenden Welt, eine skeptische, eine ungläubige, eine neugierig erforschende Haltung angesichts von schönem Schein, Glaubenssätzen und Konservatismus alles Satten. Das freie Denken und das Schaffen einer eigenen Welt eines jeden und einer jeden ist ihre Voraussetzung, sodass darüber eine Auseinandersetzung und die Schaffung einer gemeinsamen Welt möglich wird.

Mit der Suche nach „Allgemeinheit" – dem Gemeinsamen unter Menschen, die unendlich verschieden sind – beginnt Politik. Diese Suche ist Politik. Politik ist zuerst Denken und Abstraktion im Raum und in Räumen der Welt als Komplexität von etwas unendlich Verschiedenem und Ganzen. Die herrschende Politik trennt, spaltet, tötet. Eine neue Politik trennt nicht, sondern sucht den Zusammenhang und dessen Logik oder Sinn. Philosophische Politik im Geist der Allgemeinheit der Menschen führte zu humaner Politik.

Eine neue andere Politik führt wesensmäßig in ihrer Vollendung in eine Ästhetik der Politik. Diese Ästhetik bezieht sich auf die gesamte Gestalt und den Inhalt der Politik. Sie hat mit schönem Schein nichts zu tun. Sie ist das Gegenteil davon. Sie zeigt sich im Personal, in Praxisformen und Kultur und deren Menschlichkeit und Wohlgeformtheit für das Allgemeine, Gemeinsame und Gesellschaftliche. Diese Ästhetik ergibt sich aus der zwingenden Einheit von Form und Inhalt der Politik. Ihr Inhalt *wird* durch ihre Form. Erst dadurch schafft sie eine neue kulturvolle Welt, wenn sie Inhalt hat und ihn gekonnt zeigt und lebt und Inhalt *ist*. Zu ihr gehört programmatisch die (Selbst-)Zurücknahme, die Rücksichtnahme und Bescheidenheit der Politik, eine asketische Politik, die nichts überstülpt und permanent innere und äußere Glaubens- und Überwältigungskritik übt, die durchsichtig bleibt. Ihre Ästhetik ist von demokratischem Charakter. Sonst ist sie keine neue Politik. Ästhetik aber ist schlussendlich Ziel der Politik. Ästhetik ist Entwicklung, Veränderung, Fortschritt, Reife, Transformation, Meisterschaft und Weisheit. Ästhetik ist Leben in höchster Durchdringung, Gesamtheit und Raffinesse. Ästhetik ist angesichts der Weltlage eine politische Utopie, nämlich Leben, lebendiges Leben, gutes Leben.

Ästhetik der Politik ist permanente aktive Weltgestaltung als schöne, wohltuende, heilende, ausgereifte, anziehende, anregende Weltmachart. Eine politische Alternative liegt so in Denken und Erkenntnis, in Politik-Ästhetik-Humanität. Jede und jeder kann sie machen und mit ihnen können Gesellschaft und Politik besser entworfen werden und besser werden.

Politik ist so eine konstruktive Aufgabe. Der Mensch kommt wieder in den Mittelpunkt. Er ist eine eigene Einheit in einer Umgebung, in der alles mit allem zusammenhängt und die große Einheit Welt bildet. Das Individuum ist Träger dieser anderen – sowohl alternativen als auch mulitiblen – Politik auf der Basis des gemeinsamen Menschseins.

Die Wende im Politischen hieße, dass es dort neue Inhaltlichkeit gibt, Inhalt überhaupt, neuer Inhalt, Inhalt, der sich realisiert und damit schöne Form wird. Die allgemeine Abhängigkeit der Welt bringt auch eine große Ordnungsnotwendigkeit hervor: eine umfassende und tiefgreifende Demokratisierung als neue Freiheit.

5.2   Keine Instrumentalisierung

So Politik Existentielles zur tiefsten Grundlage hat und dieses Existentielle verhandelt und so sie aus dieser Problematik heraus ihr jeweils Neues gebiert, so geht es in einer anderen neuen Politik um die Selbstbestimmung und Selbstbehauptung und Autonomie des Menschen vor dem Geld, das alles in eine Einheit mit sich und in totale Bezugnahme zu sich zwingen will. Politik als der notwendige kollektive Stoff, der (nach der kollektiven Abdankung der Politik) eine solche neue und andere Politik hervorbringen soll, muss als erstes *der Instrumentalisierung des Menschen entsagen,* ihn zu Objekten zu machen oder für Nützlichkeiten auszubeuten. Zuerst steht die Begegnung der Menschen miteinander als Menschen und sonst nichts. In dieser vermeintlich unpolitischen und völlig zweckfreien Begegnung fängt Politik wieder an.

In der vernichtenden Politik des Geldes sind nicht das Geld an sich, das Rechnen und die Abstraktionen das Problem, sie sind nur so sehr Fortschritt wie unverzichtbar und nicht mehr zu hinterschreiten. Das Problem liegt im Denken und Handeln auf der Grundlage des Jetztzeit-Profits als einzigem Maßstab für alles und jedes. Es setzt auf eine Art von Effizienz, die Störendes und Störende, alles, was nicht Geld ist oder wird, eliminiert, statt auf Produktivität und Entwicklung zu setzen, die auch „Störendes" als Quelle aufnimmt und erschließt. Diese (derzeitige) Profitorientierung führt sich nicht nur selbst ad absurdum, sondern beraubt sich regelrecht ihrer eigenen Quelle. Dagegen erschließt sich, wo immer für alles und alle gesorgt wird, die größte Produktivität und damit auch auf Dauer der beste Gewinn, der stets komplex und qualitätsvoll und darin auch ökonomisch ist.

Die Welt leidet global schwer an der Krankheit der Ausbeutung, der Missachtung des Menschen und des Macht-Missbrauchs, welche politisch von der Politik des Geldes, die sich selbst als Eigenes aufgegeben und dem geschichtlichen Determinismus anheimgegeben hat, gemacht ist oder toleriert wird. Mit dieser Politik überlässt die Politik noch einer Handvoll Reicher das Ruder, die, nachdem sie an ihrem Reichtum dumm und dämlich geworden sind, in der nächsten Runde mit ihrem Rettertum – die produzierte Armut instrumentalisierend – verdienen, um eine Weltordnung ganz nach ihrem eigenen Geschmack zu errichten. Es mag verschiedentlich die größten Nöte lindern, doch das undemokratische Prinzip wird nicht nur beibehalten, sondern gesteigert und neu legitimiert.

Neue Politik beendet noch vor jeder Problemlösung diese und jede Art Instrumentalisierung und ist damit doch schon wesentlicher Teil der Lösung. Dieser Neuanfang entscheidet über alles Folgende, in ihm liegt die Qualität des Folgenden begründet. Es ist ein nicht-instrumenteller Inhalt der Politik, der Werte impliziert, lebt und dadurch mehrt, der über einen anderen Anfang entscheidet. Wenn der Mensch sich auf sein eigenes so starkes wie schwaches Menschsein und irdisch begrenztes Dasein bezieht, so ist dies ein Wert an sich, den der Mensch sich und anderen gibt, dass und weil er nur mit anderen er selbst sein kann – also jeder und jede grundsätzlich von gleichem Wert und in Verbindung mit sich wie mit anderen ist und Feinde deshalb selbstgemacht sind. Aus diesem Wert, der eine Wertsetzung ist, erfolgt Wertschöpfung, eine Wertschöpfung, die prinzipiell unendlich ist. Sich und andere verstehen zu wollen, das wäre ein anderes Paradigma einer anderen Politik mit einem nachhaltigen, unaufhörlichen, effektiven Mehrwert. Im Bezug auf andere liegt der Selbstbezug und umgekehrt im Selbstbezug der Bezug auf andere. Fremd- und Selbstbezug äußert sich im Verstehen, im Sorgen und Geben bei Bedarf und nach Bedarf und umgekehrt im Annehmen bei Bedürftigkeit, ohne Begriff von Verfügbarkeit des Menschen, ohne Begriff, der andere willfährig macht oder beherrscht, auch nicht den „Armen". Mit diesem doppelten und wechselseitigen vielseitigen Bezug lässt sich der Mensch herausfordern durch den Mensch, durch sich selbst wie durch andere, anstatt den Mensch von oben, den Autoritätsinstanzen wie zuletzt dem Staat, zu „fordern" im Austausch gegen ein bisschen „fördern". Dieser andere Bezug empfängt die Botschaft vom „Betroffenen", vom mündigen Individuum, und er geht von dessen Bedürftigkeit aus. Dies ist der neue Moment im Leben, in der Kunst, in der Politik, das Noch-Nicht-Dagewesene, das Visionäre oder Utopische, der Moment, in dem das bislang Unmögliche ins Mögliche übergeht und menschliche Entwicklung freisetzt, wie bei allem kreativen Erfindungen der Menschheit, und aus dem Fortschritt entsteht.

In der Unverfügbarkeit liegt das offene „Spiel", das die Offenheit des Lebens selbst ist. Sie könnte eine offene Gesellschaft der neuen Art ausmachen. Deren Produktivität könnte um einiges höher liegen als alles Bisherige. Das Eigenrecht eines und einer jeden, die Unveräußerlichkeit ihrer Freiheit und Selbstbestimmung, wird hier nicht länger zerteilt und bis ins Kleinste zerschnippselt, sondern ihm wird vielmehr Raum zur Öffnung geschaffen als die denkbar beste Lösung für Probleme der Menschheit und der Welt heute. Für das Individuum in der globalisierten und individualisierten Wert ist die Freiheit, in einer Einheit der sozialen, politischen und menschlich individuellen Freiheit, sowohl im Einzelfall und noch mehr im Plural für die Individuen und die von ihnen gebildete Gesellschaft existentiell. In dieser Freiheit haben Körper, Geist und Seele ihren Raum. Diese Freiheit ermöglicht freie Entfaltung eines jeden. Mit ihr lässt sich ein existentieller Pluralismus in den Lebensformen ermöglichen, der zugleich eine materielle Demokratisierung ausmacht. Das ist die Aufgabe der Politik, die Menschen als Subjekte in sich aufnimmt.

Politik als kollektiver Grundstoff von Gesellschaft, die das Individuum braucht wie sich selbst und für sich selbst, darf niemals instrumentell sein – darin liegt der Neuanfang. Wenn die Menschen mit sich so instrumentell umgehen, wie sie es derzeit unter der Herrschaft des Geldes tun und systemisch zu tun veranlasst sind, wie sollen sie es dann mit der Erde oder den Tieren oder der Natur oder irgendetwas anderem anders machen? Insofern geht es um Krise des Menschen selbst, um die Krise seines Selbstverständnisses und in der Suche nach einem Ausweg um eine Definition dessen, was wir unter dem Begriff des Mensch und des Menschseins künftig verstehen wollen.

5.3   Politik – Schöpfer des Sozialen

Politik kann vor diesem Hintergrund als Schöpfer des Sozialen angesehen werden, die sich um das *gemeinsame Minimum des Lebens und für das Leben* kümmert, in dem die öffentliche Beziehung des Menschen zu anderen sich frei gestaltet und frei gestalten lässt. Politik schöpft hier die gesellschaftliche Verbindung zwischen Bürgerinnen und Bürgern, die erst Freiheit ermöglicht. Politik wäre die Tätigkeit, die den sozialen Stoff im Öffentlichen produziert, sofern es um Existenzfragen geht, die nur kollektiv bestens zu lösen sind, und die zu klären und zu beantworten hat, wie Inhalt und Zusammenhalt und Sinn in diese Sozialität hinein gelangen kann, sodass Humanität und Freiheit möglich sind. Die Politik kümmerte sich hier nur um den Bereich des gesellschaftlich Notwendigen und insofern immer auch um die Unfreiheit, in die der Mensch auch geworfen ist, aber um diese so zu wenden, dass Befreiung stattfinden kann und Freiheit möglich wird. Denn Freiheit ist, keine Politik mehr zu brauchen, ein utopischer, aber anstrebenswerter Zustand, der Politik von Anfang an begrenzt und bescheiden macht. Politik ist der Stoff und das Mittel, in und mit dem das Individuum und die Individuen das Verhältnis des Ichs zu anderen und zur Gesellschaft als immer etwas Anderes und Ganzes (und mehr als die Summe seiner Teile) regeln (können).

In bestimmter Weise könnte Solidarität dabei als tragender Gesellschaftsbegriff verstanden werden, im Unterschied zu oft beklagter vermeintlicher oder tatsächlicher Entpolitisierung, hinter der eher organisierte Teilnahmslosigkeit, Unverbundenheit und Unverbindlichkeit steht. Unter Solidarität wäre allerdings nicht die Einheit und Geschlossenheit gegen einen gemeinsamen Feind oder Gegner zu verstehen, sondern das im Notfall Füreinandereinstehen, das Anteilnehmen und Sich-miteinander-verbinden der Bürger und Bürgerinnen als Gesellschaft, ihr Eintreten für (potentiell) jeden (bedürftigen) Anderen, ihre fortwährende Bezugnahme zu anderen und ihre Verantwortung für andere. Es wären die Individuen, die als öffentliche in Kollektivität Politik machen und Kollektivität stiften. Sie bauten den Raum des Sozialen aus eigenem Antrieb, nicht als Resultat des Konkurrenzprinzips, um ein wie immer geartetes Beförderungsmittel oder Gegengewicht zu schaffen. Es ist erneut der Moment, in dem Politik neu beginnen kann: nach dem völlig freigesetztem Individuum kann dieses Individuum in der Vielzahl der Individuen (in einer Situation der tabula rasa auf der Basis der Geschichte) von unten aus eigenem Bedürfnis mit etwas für sich über sich Hinausreichendem anfangen. Dazu ist kein System von oben, sei es Religion, Moral oder Herrschaftspolitik o. a. erforderlich. Politik wird aus eigenem Interesse der Individuen, und, will sie existieren, so wird sie in neuer Weise sozialer Raum werden müssen. Es fängt schon damit an, überhaupt wieder Verbindung zu etwas außerhalb des eigenen Selbst, der eigenen Gemeinde, der eigenen Seil- oder Sippschaft, des eigenen Netzwerkes aufzunehmen.

Politik wird darüber hinaus der Raum des sozialen Handelns von Gesellschaften, sie wird globale Politik. Diese ist aber nicht mit Weltpolitik als globalem Imperialismus irgendwelcher Art zu verwechseln, sondern der Begriff lässt für das *Ganze* Raum. Es braucht zudem einen Politik-Begriff, in den alle hineinpassen, auf den alle Interessen sich beziehen können, der hier einheitsstiftend ist und Zusammenhang bringt. Das ist nicht harmonisierend gedacht, sondern kennzeichnet einen Ort, wo über das Streitbare, die Gegensätze und Konflikte hinaus und durch sie hindurch über das Verbindende gesprochen, beraten, verhandelt wird. Das dominante Politikverständnis der Gegenwart schließt viel zu viele aus und privilegiert einige wenige, mit ihm sind große Teile der Bürgerinnen und Bürger nicht gemeint. Auch das muss als eine Ursache der Politik-Abstinenz interpretiert werden, insofern haben viele Bürger guten Grund, sich an Wahlen etc. nicht zu beteiligen, aber deren Früchte im Vorteilsfalle dennoch genießen zu wollen.

Der Weg führt noch weiter in die Politik als den kollektiven *öffentlichen alternativen Stoff fürs (andere) Leben überhaupt,* hinaus aus der Enge, aus der wir kommen. Der öffentliche Ort ist der weite Ort, die Welt, der Weg in ein offenes freies Leben überhaupt. Er ist nicht-veröffentlicht, nicht-kollektiv, nicht nicht-privat – das gerade alles nicht. Er ist nur nicht bestimmt von Herkunft oder fest umschriebenen Gruppen oder definierten Räumen oder Geschlecht oder Leistungsmerkmalen oder Parteiungen als Zuordnungs- oder Festlegungskriterien. Dieser öffentliche Ort ist die *Nicht-Festlegung überhaupt,* etwas, das immer erst zu finden ist, das immer erst wird, Leben als Freiheit. Er ermöglicht freie Entscheidung über die einzuschlagenden Wege. Er macht nicht alles möglich, aber er lässt die Möglichkeit zur Selbstbestimmung, zur Demokratie und (Selbst- wie Fremd-)Entwicklung und die Wahl, sich von Festlegungen zu befreien. Neben diese Politik tritt die Politik als Profession für den Staat.

Nach dem Verrat des Menschen in der Politik, nach dem Ausfall der Politik, nach der Auswanderung der Politik aus Gesellschaft, Institutionen und Parlament in Geld, Management, Werbung, Inszenierung, Geste, Beratung, „Charisma" und leerem Königtum kann sich Politik wiederfinden in der *Gestaltung* sozialer Beziehungen und des sozialen Raums. Die Vorgaben der „Nutzen-Instanzen" werden hinfällig. Politik ist der Ort, wo Soziales neu gestiftet werden muss. Sie ist der materielle Akt, die Praxis, die Erfahrung des Sozialen. Um werden zu können, braucht sie entsprechende Individuen und eine politische Kultur als geistigen Raum. Der soziale Raum muss auch in den Lebensverhältnissen gebaut werden, damit er werden kann – das Soziale selbst ist also mulitidimensional. Der Akt muss beim Menschen, dem Einzelnen, beginnen. Er ist der Ort, wo dieser Akt gestiftet wird. Diese Politik erschöpft sich nicht in Wahl oder Spende oder Initiative etc. Sie ist vielmehr eine im sozialen Sinn gemeinsame ganze freie Denk-, Seins- und Lebensweise. Politik wird Teil der Arbeit des Menschen an sich selbst, als Persönlichkeitsentwicklung, als Fortschritt, als Selbstbestimmung.

Politik wird künftig der Stoff des Sozialen oder Politik als Eigenart verschwindet zugunsten der Herrschaft von Technik, Management und Verwaltung. Ihre Existenz oder Nicht-Existenz ist eine sehr wesentliche Frage. Sie entscheidet über unsere Freiheit. Die Möglichkeit, die Alternative für Politik liegt in einem *ganzheitlichen* Grundansatz, von dem aus sich alles andere im Einzelnen quasi (beinahe) von selbst neu regelt, entwickelt, wird. Dieser Ansatz geht vom Menschen als Menschen und Humanum aus, vom Mensch als konkretem Einzelnen und Individuum und seinem ganz eigenen Recht, vom zwingenden Verhältnis zwischen Menschen, von einem anderem Menschenbild und er führt zu einer anderer Gesellschaft. Sie findet eine neue Gesellschaftlichkeit wie Geselligkeit, dem Zeitalter nach dem Betrieb, dem Beruf und der Familie, die zugleich alle ihr Teil bleiben. Sie ersetzt oder überschreibt in ihrer Bedeutung andere Kollektiva wie Religion, Familienideologie, Wirtschaft u. a. m. Sie schafft mehr Freiheit. Daraus erwächst für jede und jeden ein Teil von Politik als alltägliche Angelegenheit fürs eigene Leben und ein Teil als Beitrag zur erwünschten und frei gewählten Gesellschaft. Das ist Demokratisierung der Politik, sowohl dem Inhalt nach als auch als Stoff überhaupt eine andere Politik, die nicht mehr aus Machterwerb zwecks Herrschaft besteht, sondern aus Tätigkeit für die Freiheit und Befreiung des Selbst und für Verbindung zur Anerkennung des Menschen als Menschen in seinen Existenznöten. Je freier sie ist, desto demokratischer ist sie. Je demokratischer sie ist, desto sozialer wird sie in der und über die Bezugnahme, desto freier wird sie.

Politik ist so wieder und neu und weiter die Alternative zum Krieg in jeder denkbaren Variante. Sie hat einen anderen Bezugspunkt und wird damit zu etwas anderem als Interessensvertretung und Macht (über andere), obwohl sie Interessen und konstruktive Macht in sich trägt. Den unbesetzten Ort Politik gilt es neu zu besetzen. Ein Zurück zum extraordinären Alten funktioniert selbst bei besten Absichten und Voraussetzungen nicht mehr. Nun könnte Gesellschaft selbst dieser Ort sein, die sich als Gesellschaft, als eine andere Qualität des Sozialen und der Soziabilität schafft. Sie könnte es aber nur, sofern sich ihre Mitglieder als Gesellschaft erschaffen und erleben und durchlaufen.

Der Kapitalismus würde dabei durch diese *Verallgemeinerung der Politik,* mit der jede und jeder eine freigewählte öffentliche Bindung einginge, transformiert. Die Frage für das, was verallgemeinert wird, lautete nur, wozu können wir gemeinsam und reell ja sagen. Die Antwort darauf wäre das Minimum der Politik, was schon alles an ihr ist, was sie schon im Kern ausmachte. Wo Politik sich allgemein in Gesellschaft in der Qualität des Sozialen ausbreitet, wird der Kapitalismus von einem „Netz" durchwoben, das diesen unerbittlich ein- und zurückbindet. Politik ist dann gleich Inhalt und Form dessen, das sich um Nichts als Minimum des Gemeinsamen in Gesellschaft kümmert und das aus dem Individuum und den Individuen erwächst. (Religion dagegen will das Maximum dessen von oben, den wissenden Instanzen festlegen.) Politik als öffentlicher Stoff hat zur Aufgabe, fundamentale humanitäre Werte und absolut unabdingbare weltliche Menschenrechte, Selbstbestimmung und Freiheit, ein unerlässliches Maß an Geld und Würde als Gestalt von Verbindung zu repräsentieren, zu leben, zu verwirklichen – die Umstände bis zur jeweils äußersten Grenze ausreizend. Die positiven Bezugspunkte dabei haben kein Gegenteil. Denn aus dem Gegenteil kann man nicht auf eine Alternative schließen, wo alle Gegenteile einander schließlich enthalten. Das Konstruktive kann nur umschrieben werden, es ist nur zu sagen, was es nicht ist. Es ist etwa Interesse, Beachtung, Wahrnehmung, Zuwendung, Anteilnahme, Antwort(en), Individualität, Grundrecht, Rechtsanerkennung und -sicherheit, Toleranz, Rücksichtnahme, Gesprächsbereitschaft etc. Den Rest muss man erst schaffen, finden, wachsen lassen. Zuvorderst aber geht es immer um Freiheit, die eine Einfachheit ist, eine Disziplin und eine Arbeit, einfach ein Mensch zu sein. Zu dieser Freiheit gehört Energie, Liebe und Freude. Sie implizieren einander und an Ende alles, was ein Mensch braucht.

Es will ins Denken und zur Wirklichkeit gebracht werden, dass Menschlichkeit heute in die Gesellschaft über das Medium Politik einzieht und damit auch gleiche Geschlechterverhältnisse zwischen allen Geschlechtern geschaffen werden, denn in ihnen liegt der Anfang der Humanität.

5.4 Öffentliche Liebe

An dieser Stelle kann Politik in ihrer existentiellen Tiefe auch noch weiter und tiefer verstanden werden. Die Essenz der Politik wäre Politik als öffentliche Liebe des Menschen zum Menschen, zu sich selbst. Diese Essenz wäre ein anderer Sammelpunkt für Politik.

Politik ist dann noch mehr als alles bisher Gesagte. Neben die Existentialität, neben die Bezugnahme zum anderen, neben die Vernunft, neben die Soziabilität tritt eine tief empathische Seite der Politik, die all das Vorherige ebenso überschreitet wie einschließt. Politik tritt an die Stelle von Krieg, an die Stelle von Gewalt im Staat bzw. staatlicher Gewaltausübung als Bindemittel der Gesellschaft, an die Stelle der Gewalt des Geldes, welche alle direkt oder indirekt, offen oder verdeckt Angst zum Medium des Gemeinwesens haben und machen. Der Mensch ist von Beziehung und Liebe tatsächlich existentiell abhängig. Alles jenseits dessen ist eine Form von Gewalt, die ihm schadet und die Leben auf die eine oder andere Weise mehr oder weniger zerstört. Die Bewegung der Herzen ist dagegen Urstoff der Politik, die keine Gewalt ist, was nicht Konfliktfreiheit heißt, aber auf transformatorische Weise Zivilität, Befreiung und Engagement statt Unterdrückung meint. Gerade die Freiheit, erst recht die politische Freiheit lässt in fundamentaler Weise nach Ordnung, ihren Instanzen, ihrem Stoff und Gehalt fragen, eine Ordnung, die der transzendenten Liebe zum Mensch und den Menschen bedarf.

Wenn Politik sich mit gesellschaftlichen Verhältnissen und deren Gestaltung und insofern mit materiellen, konkreten Dingen bis hin zum ganz materiellen Geld beschäftigt, so gilt doch, dass im Grunde nicht diese Dinge entscheidend sind, nicht im geläufigen Sinne. Primär ist die Haltung zum Mensch als sozialem Wesen, das heißt der Zusammenhang zwischen den Menschen und zwischen Mensch und Welt. Primär ist das dadurch entstehende Beziehungsgefüge, das Verbindende durch die materielle Grundlage hindurch und in ihr selbst und mittels ihrer selbst. Nicht einmal ein Mensch würde geboren ohne dieses Gefüge, geschweige denn überleben. Dieses Gefüge aber zerfällt derzeit, es ist auf existentielle Weise gefährdet. Wir können dieses Gefüge auch die transformatorische, transzendente, überindividuelle, überhistorische Beziehung, den Äther, den Geist, die Emotion, die Seele, die Funktion gewordene Tätigkeit, das Bewusstsein nennen, das uns als umfassende Größe umgibt und das in uns selber leben können muss. Eine solche Haltung führt zu anderen praktischen Ergebnissen einer jeden Politik. Eine solche Politik setzt auf die Möglichkeit der immer weiteren Wahrheit(en) und Erkenntnis(sen) im Bereich des Menschen, die zu neuen Entdeckungen und Entwicklungen anstoßen. Diese Entdeckungs- und Entwicklungsmöglichkeiten für das Humane liegen in der Politik jetzt in zweierlei elementarer Möglichkeiten und zugleich Notwendigkeiten: Zum einen liegen sie im Ende der Gewalt in einer abhängigen vergesellschafteten Welt, in der wir aus Gesellschaft, aus Beziehungen heraus leben, immer in Verbindung, und in der die Dinge gar nicht je nur für sich sein können, höchstens für den Moment. Zum anderen liegen sie in der Bedeutung des *Sozialen* überhaupt und in der Kennzeichnung dessen, worin es besteht und seine künftige Bedeutung findet. Es ist Voraussetzung für jede neue Entwicklung und jede Kreativität, die bedeutender ist denn je. Hier liegt ein unterbelichteter Kontinent neuer Möglichkeiten für eine Politik der Humanität.

Dagegen liegt das „Böse" oder „Schlechte" der Politik in der emotionalen Impotenz der Politik, der Unberührbarkeit für jede Empfindung, der Ignoranz des Menschen zugunsten der Macht über sie, in der Teilung und Spaltung der und des Menschen zwecks Herrschaft, die verletzt. Die impotente Politik macht alles nur noch schlimmer. Denn der Schmerz ist gerade der Anlass für den Anfang von Politik, welche existentiell ist, (wie die Geburt wie der Tod). Der Schmerz in der Politik ist die Kränkung durch die Gesellschaft. Dieser Schmerz ist subjektiv, mehr noch aber auch objektiv, Ausdruck der durch die Gesellschaft beschädigten Existenz des Individuums, die nach Befreiung und Heilung sucht. Es gibt dabei keinen wirklichen Unterschied, jedenfalls keine Trennung zwischen Körper, Geist, Seele des Menschen, es ist immer sowohl der seelische als auch der körperliche wie auch der geistige Mangel. Die Schmerzen drücken sich wechselseitig aus, immer. Sie schmerzen auf allen Ebenen gleichermaßen. Sie fordern Veränderung heraus, mindestens Milderung, tatsächlich aber will der Schmerz produktiv gemacht werden, um Freiheit zu schaffen. Es geschieht durch die Anerkennung des Menschen als soziales und der Zuwendung bedürftiges Wesen, so fremd der oder die andere immer wieder sein mag. Denn sehen lernen, kennenlernen, erkennen und lieben können wir gerade durch das Fremde. Der Inhalt dieser Politik ist es, Platz zu schaffen für die Pluralität der anderen. Hier kann der Schmerz heilen. Hier schließt sich der Kreis: öffentliche Liebe über die Politik kennzeichnet das Verhältnis des Streits untereinander, die Geltung der einen wie der anderen. Politik, die mit Gewalt und Zerstörung aufhört, setzt dem Schmerz, der Abhängigkeit und dem Verlust der Herrschaft über sich selbst nicht länger weiteren und höheren Schmerz hinzu, um ihn in paradoxer Bewegung niederzuhalten, sondern im Gegenteil, sie nimmt den Schmerz auf, um von ihm zu entlasten.

Was heißt Liebe als Essenz der Politik, was heißt Politik heute als Medium der Menschlichkeit?! Es heißt Beziehung, Austausch, Sprechen, Hören und Antworten, Tätigsein im Miteinander, Verbindung, Teilen und Rückversicherung, gleiches Recht und systemische Verantwortung. Die wichtigste Frage für die Politik lautet, was es heute bedeutet, ein Mensch zu sein, Humanismus im philosophischen Sinne und welche Schlussfolgerungen für die Gestaltung von Gesellschaft daraus zu ziehen sind. Freiheit, Liebe, Gleichheit und Gerechtigkeit – gleiches

Recht für die einen wie die anderen, kein Leben auf Kosten der einen oder anderen – sie implizieren einander. Daraus resultiert politische Verantwortung, nicht gleich stets die professionelle Organisation des Sozialen im Detail und in der Gänze, aber Individuen, die sich mit ihren Fähigkeiten aufs Ganze beziehen. Daraus besteht die politische Macht der Einzelnen, des Individuum und der vielen seiner Art, des Wir.

5.5   Politik – jedem zugehörig

Politik, die neu, anders, weiter entworfen wird, ist jedem zugehörig, auf umfassende Weise und als umfassende Angelegenheit, weit mehr und jenseits einzelner Akte der Politik wie z. B. in Wahlstimme, Recht auf Meinungsfreiheit, Versammlungs- und Vereinigungsfreiheit u. a. Die Kehrseite dessen ist, dass Politik mit der Individualisierung nicht mehr an Bünde delegiert werden kann. Neue Politik bedeutet eine bewusste fortschreitende Verallgemeinerung von Politik. In der Auswanderung der Politik aus der Politik, in der Zerstückelung der Politik, in der Politik der Ichs, in der Zerstreuung von Politik nach überall und nirgends liegt diese Verallgemeinerung der Politik in die Gesellschaft schon vergraben und die Möglichkeit zu ihr offen. Sie ist durch zwei Seiten gekennzeichnet, einerseits – dem Inhalt nach – die Seite der freien Option, und andererseits – der Form nach – die Seite ihrer Unentrinnbarkeit. Die erste Seite will angenommen werden, um die zweite produktiv machen zu können, statt sie zu einer Fessel werden zu lassen. Frei macht erst, die Freiheit anzunehmen und sie zu füllen nach eigenem Vermögen. Politik findet dabei in der ersten Person statt. Das Private ist etwas, das politisch (mit)bestimmt, politisch durchdrungen und dadurch begrenzt ist, aber Politik ist nichts Privates. Jede und jeder ist Subjekt der Politik als per se öffentliche Angelegenheit, so oder so, in welcher Variante auch immer. Man kann es gar nicht nicht sein.

So sehr damit Leben in die Politik kommt, so wenig ist Politik schon wirklich Leben, das immer in sich selbst liegt. Politik ist hier Bewusstsein und Tätigkeit in einer offenen und entwicklungsfähigen Demokratie. Sie ist Verantwortung – sie ist immer auch eine Antwort auf die Gesellschaft – für Freiheit, für ein freies Individuum, für sich selbst und für andere, sofern das Individuum abhängig ist sowohl von Gesellschaft als auch von anderen als auch vom Ganzen. Hier ist Politik alltäglich, Sache eines und einer jeden, Subjektsein von Gesellschaftsgestaltung. Keine und keiner ist dabei Subjekt einer allgemeinen Wahrheit, höchstens seiner eigenen, relativen Wahrheit. Trotzdem ist jede und jeder Subjekt von Politik, die viele Wahrheiten und Erkenntnisse bündelt und ihre eigenen Wahrheiten der Zeit sucht und findet. Diese sind immer bedeutend, auch wenn sie deshalb nicht automatisch gut und richtig sein müssen. Allgemeinheit wird gebaut. Neue Abstraktionen als Produkt von gewonnener Erkenntnis, denen neue Politik folgen will, wirken als Mittel gesellschaftlicher Steuerung erst in dem Maße, wie sie ins Leben, in Gesellschaft eingeschrieben und zu Festem werden. Das zu vollziehen, ist die Aufgabe von Subjekten so individuell wie kollektiv. Politik findet dabei immer vor Ort statt. Jede und jeder Handelnde ist in den Handlungen gebunden. Dort fallen die Entscheidungen. Auch der Unternehmer, der Manager, der Bankier etc., die nicht greifbar sein sollen, sind gebunden und treffen darin ihre Entscheidungen. Man muss die Handlungen nur jeweils bis zu ihren Wurzeln nachverfolgen und klären, was für die Allgemeinheit relevant ist, sei es zu ihrem Wohl oder zu ihrem Unwohl.

Die Welt ist in jedem Einzelnen und den Einzelnen, umgekehrt sind die Einzelnen Welt. So kommt es auf die Einzelnen an, ob sie oder er bereits etwas Neues in der Welt hineinholen. Darüber nur kommt die Veränderung. In der globalen hoch zerrissenen, gespaltenen, auseinanderklaffenden Welt wächst die Dimension von Werten, die der Orientierung dienen und über die die Entscheidungen fallen. Ihre globale Verallgemeinerungsfähigkeit wie ihr differenzierte Komplexität (Weite) sind entscheidend. Und darin wiederum ist das Individuum und seine komplexe Lebens- und Seinsweise erkenntnistheoretisch entscheidend. Das System dominiert, solange das Individuum wie das System funktioniert und das System sich das Individuum unterworfen hat. Wenn das Individuum das System aufkündigt und sein Handeln ändert, muss sich das System ändern. Jede wirkliche gesellschaftliche Veränderung geht von Individuen aus, die neue Werte und Ziele verfolgen, wie beim Sklavenhandel, Diskriminierung von Schwarzen oder Frauen, Ausbeutung von Arbeitern und Arbeiterinnen, Rechtslosigkeit von Arbeitnehmern etc. Nicht Regierungen und Organisationen, als erste haben Einzelne das Werk zustande gebracht und sodann ihre Mitstreiterinnen, Dinge in Gang zu setzen, Unrecht und Leid zu mindern, zu verhindern und wo möglich abzuschaffen, oft nachdem es große Organisationen und Gesellschaften aufgenommen haben. Wobei sich das Neue in seiner Provokation immer solange vor der Gesellschaft schützen muss, bis es seine Etablierung erreicht hat. Die Änderung im großen Stil kommt dann meist schließlich aus den Zentren selbst. Politik im Sinne der einen wie der anderen und der öffentlichen Liebe der Menschen zum Menschen führt also zu einer bestimmten Praxis, die durch eigenes Handeln in Auseinandersetzung hergestellt wird. Sie trägt ihr wichtigstes inhaltliches Kriterium in sich und öffnet Wege zu Gemeinsamkeiten und Möglichkeiten friedlichen Zusammenlebens.

Wenn sich Politik mit und in ihrer Verallgemeinerung für eine Art von Transzendenz öffnet und statt der ewig gleichen Machtspiele bindender Stoff der Gesellschaft überhaupt wird, dann wird sie zu einem „Fortschritt", wie er heute denkbar ist. So kann sie wissenschaftliche Innovationen der Zeit, ob in Technik, Hirnforschung oder Medien o.a., erschließen. Wenn sie in ihnen das Orientierungsmerkmal des „Humanum", des Menschen verankert, kann die Entwicklung eine andere Qualität erreichen. Der Eingriff des Menschen in die Schöpfung kann so selbst schöpferisch sein. Die Selbstaufgabe der Politik zugunsten der Macht erst hat – paradoxerweise – sowohl die Nichtigkeit der Macht als auch die Macht der Macht trotzdem offenbart. Beide Lehren öffnen am Ende den Weg zur Erkenntnis, wie diese Macht ob ihrer Leere zu vergessen und ob ihrer Gewalt zu verändern ist, und neue Politik möglich wird. Ein Staat aus Bürgern, die aus der Macht, nicht dem Inhalt aussteigen bzw. diesen wieder einführen, führte zu einer Wechselbeziehung, aus der der denkbar beste Staat würde, der den Weg der Bürger und Bürgerinnen in die Freiheit begleitet und ihm dient. Nötig ist deshalb der Aufstand der Gesellschaft für das Recht des Individuums, die Selbstschaffung der Gesellschaft und das Leerlaufenlassen der herrschenden Mächte. So würden zugleich die verlassenen Einzelnen aufgehoben. Die einen würden heraufgeholt in die Gesellschaft, die anderen in sie heruntergeholt. Politik als Verzicht auf Macht(politik) und Selbstzurücknahme als Strategie wird zur Befähigung und Schaffung neuer Selbstregulation. Dann erschließt sich das Potential der Politik als Fähigkeit zu Selbststeuerung der Gesellschaft, einer Gesellschaft mit stets offenen, durchlässigen, sich kreuzenden und veränderbaren Grenzen. Die Alternative besteht darin, auf eine neue Art bedingter – weil dazu Bedingungen gehören, die noch zu schaffen sind – Selbstregulation „von unten" zu setzen, einen anderen Grundansatz, der einen anderen Weg, eine andere Art und andere Mittel, das heißt andere Politik in Form und Inhalt nach sich zieht. Dieses Andere der Politik kann nur freiwillig aus den Menschen erwachsen. Dann organisiert es sich und wird zu einer anderen politischen Philosophie und Praxis. Politik ist hier zuerst Sprache und Gespräch, ihr wertvollstes Mittel, wenn sie friedlich, zivil und auf Verstehen gerichtet ist. Je mehr Erkenntnissuche, je genauer, schärfer und tiefer Wahrnehmen, Denken und Sprache, desto bedeutsamer für die Politik, die ins Gehirn und Herz zieht und vor der Entscheidung und dem Tun liegen.

Dann kann der Staat nicht anders als die Kontrolle an die Bürger zurückzugeben und Bedingungen für Selbstbestimmung mit anderen zu schaffen, kollektiv und individuell. Institutionen und Staatsgebilde würden entsprechend komplex und demokratisch verändert werden. Der neu geschaffene soziale Raum würde möglichst bürokratiefrei sein, seine Regeln würden life gefunden werden, eine völlig neue Art von Bürgerpolitik wäre gefragt sein, etwas ganz anderes und viel Wesentlicheres noch als der Eintritt in eine Partei oder die Gründung einer neuen Partei. Politiker sind deswegen nicht abgeschafft, sondern sie gehören mit spezifischen Aufgaben als praktische Spezialisten unter Bezugnahme auf das Allgemeine dazu.

5.6 Integration

Die wichtigste unmittelbare Aufgabe der Politik in der individualisierten globalisierten Marktwelt ist die materielle, soziale und kulturelle Integration aller Bürger und Bürgerinnen in Gesellschaft. Diese Integration muss sich – unter Bezug auf die Verfassung – in Individualität und Pluralität vollziehen können, in welcher Vielfalt in ihren Singularitäten und Multiplizitäten, in ihren Gegensätzlichkeiten und Unverträglichkeiten, in ihren Nähen und Distanzen Platz erhält. Sie stehen an Stelle von Exklusion oder Klassenkampf, von fester Gruppenidentität, von Homogenität, anstelle von Anpassung, Separierung oder einer dominanten herkömmlichen Leitkultur.

In der Politik liegt heute die wirkliche Alternative zu den derzeitigen Angeboten nicht in einem Gegensatz zu ihnen oder in einem ganz Anderen als solchem, sondern in einem weiteren und tieferen Angebot und in der größten *Integrations*fähigkeit. Insofern ist der oft beschworene Kampf um eine große Mitte real, sofern in dieser Mitte auch die Ränder mitten in ihr integriert sind bzw. sich die Sichtweise auf das Innere von jedem Punkt aus als Mitte betrachten lässt. „Alles" muss „Mitte" werden bzw. sein können. So wird ein anderes Ordnungssystem nötig, nicht-hierarchisch, verbunden, offen, rund, von allen Seiten und innen durchgehend begehbar.

Dabei liegt die entscheidende Frage dieses Ordnungssystems darin, welchen Platz die anderen des fremden Entwurfs in dem einem eigenen Entwurf haben. An ihm lässt sich die Integrationsfähigkeit, die Überwindung von Gegnerschaften und Feinddenken, Wohlergehen für alle Beteiligten, die Kompatibilität für die globale Welt und die Offenheit für Unterschiede, Bewegung und Veränderung erkennen. Toleranz und Abstand, Eigensein und Verbindung, Eigensinn und Gemeinsinn müssen systemische Eigenschaften einer solchen integrativen Ordnung sein, nur dann vermögen sie Unterschiede zusammenzuhalten und miteinander in Austausch und Verbindung zu bringen. Ein Kompromiss ist in einer solchen Ordnung nicht Geschacher, Kuh- oder Teppichhandel, nicht kleinster gemeinsamer Nenner, sondern jedesmal für alle Beteiligten der erste Lösungsschritt oder die erste einstweilige Lösung in einem komplexen Problems. Er ist eine gesellschaftliche Gestaltung, in der der Kompromiss selbst aufgehoben ist. So geht es politischer Programmatik für die Zukunft wesentlich nicht um die rechtslinks bzw. konservativ-progressiv Katalogisierung. Entscheidend ist vielmehr, die eigentliche Herausforderung, wie die Einzel-Dinge in einen Gesamtkontext und in welchen Gesamtkontext eingeordnet werden. Die Konkurrenz zwischen unterschiedlichen Ansätzen liegt nicht in der Klientelbedienung, sondern im politischen Gesamtentwurf für die Entwicklung komplexer Gesellschaften, in ihrer gesamtgesellschaftlichen Integrationsleistung und ihrer Zustimmungsfähigkeit

durch all die einen wie all die anderen und all die Verschiedenen. Das Eigene
eines solchen Entwurfs klärt sich so auf anhand der Antwort auf die Frage nach
den Anderen, den Gegnern, den Fremden und deren Freiheit und Entwicklungsmöglichkeit.

5.7 Was kann Politik nach ihrer Demythologisierung?

Wenn Politik sich in einem langen Prozess nach der weltpolitischen Wende 1989,
nach den Terroranschlägen 2001 und mehr noch nach den großen Finanzkrisen
demythologisiert sieht, was bleibt von ihr? Was kann sie noch, was könnte sie
können?

Politik geht ihrer Natur nach aufs Ganze, denkbar als das Ganze der Macht,
das Ganze des Allgemeinwohls oder auch das Ganze eines Prozesses der permanenten Erschaffung von „Ordnung" der Gesellschaft. Das Ganze der Macht ist
vorstellbar als Macht einer Person, eines Faktors, einer Institution, einer Partei etc.
oder als institutionelle Machtteilung oder als Macht der Vielen als Individuen, gar
ihres „Wir". Das Ganze des Allgemeinwohls und des Erschaffens von Ordnung ist
dann eine abhängige Variable der Qualität der Macht. Politik als Alternative zum
nicht mehr tragfähigen Gegebenen fragt nach der Macht der Vielen in ihrem Zusammenhang. Sie wird gerade gesucht und muss erst noch neu gefunden werden.
Das Ganze der Macht im Sinne mehr und mehr diktatorischer Verhältnisse dagegen würde wohl beinahe notwendig kommen müssen, würde die gegenwärtig
herrschende Politik einfach weiter fortgesetzt.

Zukunftsfähige Politik liegt nicht mehr in erster Linie im Besitz von oder im
Kampf um Ressourcen und Welt(einfluss)reiche oder hegemoniale Macht, sondern im Bezug auf Menschen und ihren öffentlichen Beziehungen und Regularien
gesellschaftlichen Lebens. Ihr geht es um das politische Minimum, das Gesellschaften brauchen, um ihren Angehörigen als Individuen eine Heimat, ein Zu-
hause, ein Lebenshaus zu sein – was schließlich zugleich auch ein Maximum, das
gemeinsame Ganze, wäre. Statt auf Machen und Machbarkeit setzt diese Politik
darauf, werden zu lassen, sie sorgt dafür, dass solches Werden möglich ist. Statt
am Teil ist sie am ganzen Menschen in Gesellschaft orientiert. Statt Pragmatismus
zur Ideologie für Unveränderbarkeit dem Grunde nach zu machen, folgt sie einer
Einheit von Form und Inhalt, in Wort und Tat, im Wandel schafft sie sich die Veränderung, die sie anstrebt. Sie ist eine Suche und ihre Problemlösung stellt sich
auf dem Weg ein. Politik wird so zu einer Demokratieentwicklung in Form und
Inhalt, niemals Endzustand, sondern unendlicher, unterschiedlicher, differenter
Entwicklungsweg. Sie verfolgt also einen vom Grund her anderen Ansatz, aus dem
sich alles weitere im Grunde von allein ergibt. Die Veränderung, die in einer sol-

chen neuen Beziehung zwischen den Ichs und Wir(s) liegt, ist ein individueller und kollektiver Prozess, eine echte Entwicklungsstufe.

Die Akteure einer solchen Politik sind außerordentlich viele und vielfältige und vielerorts. Die von ihnen betriebene Demokratieentwicklung ist komplex. In runden Tischen, Gipfeltreffen, Netzwerken, partizipativen Haushaltsplanungen, Wahrheits- und Versöhnungskommissionen, NGOs etc. Zusammenkünften der verschiedensten Art zeigen sich schon mehr als ihre Anfänge und sind Beleg, wie weit Politik schon in die Gesellschaft gewandert ist. Zusammengenommen sind sie ein Markt, eine Zusammenkunft, auf dem sich Geist der Demokratie zeigt. Menschen treffen sich dort als Gleiche, für vielfältige Aktivitäten und Anliegen. Sie bewegen sich insgesamt in Kooperation und Auseinandersetzung, Neben- und Gegeneinander, im Wettbewerb und -streit, in Verbindung oder Arbeitsteilung, Nachbarschaft oder Selbstbestimmung. Sie brauchen strukturelle Grundlagen und eine Basis minimaler gemeinsamer verpflichtender Spielregeln. Parteien können dabei kein Monopol mehr beanspruchen. Für sie reicht es auch nicht mehr, sich auf eine gesellschaftliche Teilbereiche welcher Art auch immer zu beziehen, sie konkurrieren in neuer Weise um gesellschaftliche, inhaltlich definierte Gesamtmodelle. In ihrer Selbstorganisation hätten sie sich als plurale aktive soziale Räume neu zu erfinden. Neben sie treten andere Organisationsweisen mit anderen Legitimationsmustern, möglicherweise mit geringerer oder weiterer Reichweite, komplementär, spezifischer oder effizienter u. a. m.

Regierungspolitik, die traditionelle Machtverhältnisse und Machtpolitik hinter sich lässt, wäre inhaltlich, wertorientiert, sich entwickelnd, inspiriert, geist- und visionsvoll und kooperativ nach allen Seiten. Sie ist deshalb keine Moderation des Vorhandenen in seinen Teilkräften, sondern führt das Ganze von einem Standort aus. Sie erfüllt Staatsaufgaben. Sie ist darin Vermittler, Schaffer und Garant der allgemeinen Basisbedingungen von Freiheit und Gleichheit. Der Staat als Versorger und Befrieder seiner Bürger und Bürgerinnen entfällt mit dem Mann als Versorger von Frau und Familie. An seine Stelle treten allgemeine demokratische Rechte und Regeln und eine Verknüpfung von allem mit allem, die eine Eigenständigkeit der Individuen in Verbindung mit Gesellschaft ermöglichen. So treten Politik auf sowohl als Interessensvertretung als auch als eigene Produktion sozialen Stoffs als auch als Gesamtgestaltung von Gesellschaft in einem kollektiven gleichberechtigten und freien Gesellschaftsraum.

Die Freiheit, die Möglichkeit und die Macht-Potenz der Politik liegt bei allem gerade dort, wo nicht gefordert, von anderen erzwungen, delegiert oder auf Autoritäten gesetzt wird, sondern wo in eigener Praxis durch eigene Handlung politische Ziele weitmöglichst vorweggenommen werden. Politik kann damit Orientierung schaffen. Politik ist im strengen Sinne nur, es anders zu machen, sonst anverwandelt sie sich dem, was sie zu verändern oder gar zu bekämpfen vorgibt.

Politik wird nicht zur Wahl des kleinsten Übels, sondern der besten Option, in der sich ein guter Geist, eine Lebensprinzip, eine Bejahung von Humanität liegen. Solche Politik ist zugleich Arbeit an etwas, das noch ohne Ort ist – also am Ende immer auch utopisch. Es ist ein Ort, der nicht fertig ist, ohne Rezeptanweisung, der gefunden werden muss und der im Werden ist. Er geht aus von und hat seinen Fixpunkt im Paradigma der Freiheit des Menschen in und mit seiner Welt, basal in der Freiheit des Auswahlaxioms, in der sich alle anderen Faktoren, Gleichheit und Liebe, zusammenfinden müssen. Politik ist so das Medium, in dem Fortschritt als gesellschaftliche Freiheits-Entwicklung gedacht und getan werden kann, ein reflexiver und selbstreflexiver, als ewig kritik- und veränderungsbedürftiger Zusammenhang. So wird Politik Vorwegnahme, ein „Holen" des Künftigen, des Besseren – sowohl als Kritik des Pragmatismus als auch der Macht – dem, was ihr aus der Wirklichkeit entgegenkommt zur Gestaltung. Das Prophetische in solcher Politik ist unverzichtbar, denn sie sucht – unter Absage an Heilserwartungen jeglicher Art, ohne jegliche kulturelle, religiöse, geldliche o. a. Vorschrift und Alleinwahrheit, ohne Mythen und Ideologien, von sich aufklärender und aufgeklärt werdender Aufklärung getragen – immer wieder die neuen Anfänge.

Politik erschafft so fortlaufend und offen und partizipativ soziale Ordnung, gestiftet von Bewusstsein, Geist und Kunst, in Empathie, Humanität und Freiheit. Diese neue Politik ist zutiefst Subjektivität und Kreativität. Sie will Verbindung zu Leben dauerhaft verschaffen. Sie zeigt sich in Inhalt und Form und hierin kommt Leben zur Politik, Humanität zu Kunst und Ästhetik, Kontemplation und Tat und Organisierung via sich selbst vervielfältigender Multiplikationen zusammen und Politik ins Laufen. Entscheidend für das Ergebnis ist die Haltung, von der aus Politik vollzogen wird, die andere Art der Begegnung, aus der die Gewalt verschwindet und mit der eine bessere Zeit neu beginnt.

Die Koordinaten ändern sich: Das Soziale und das Politische rücken im 21. Jahrhundert in neuer Form und ganz zentral in den Vordergrund. Der Mensch einerseits und das Geld andererseits stehen sich (wieder) direkt gegenüber. Die Menschen müssen ihr Verhältnis zum dominanten Geld klären und das ist ein politisches Verhältnis. Und das Leben selbst wird eine größere Rolle spielen.

6   „Sozial-, Produktions- und Entwicklungsgesellschaft"

Der Stellenwert des Menschen und Humanen entscheidet sich an der Qualität einer Gesellschaft, an ihrer Soziabilität. Das gilt mehr denn je gerade auch für die reichen Gesellschaften. Die Ökonomisierung aller Beziehungen und Verhältnisse, die diese durchlaufen haben, ist auch eine Rationalisierung und Gleichmachung nicht mehr nur der Produktions- und Gesellschaftsweisen, sondern der Funktionsweisen von Menschen. Sie sind über alle Friktionen hinweg eine harte objektive Demokratisierung, die einen Epochenwandel eingeleitet haben. Aber diese Demokratisierung ist eine formale und quantitative, während das Soziale und die Soziabilität von Gesellschaft nur eine Qualität sein kann. So führt diese Demokratisierung zugleich zu Kleinteilung von allem und jedem, zum ewigen Vergleich, zu endlosem Neid und Konkurrenz und zur Zerstörung von (Sinn-)Zusammenhängen, ohne zu Neuem fähig zu sein. Menschen profitieren davon – hintersinnigerweise – höchst ungleich, auch wenn dies durchaus jenseits bisheriger Hierarchien geschieht. Wenige sahnen ab, viele fallen raus, viele kommen zu schlechteren Bedingungen wieder rein, Ausbeutung ist allgemein geworden, das Gesamtniveau sinkt. So wird das Marktkonforme marktwidrig. So wird am Ende nach der Demokratie als politischer Existenzform der Markt scheitern. Stets steckt der Stärkere gegenüber dem Schwächeren ein. Das ist das Prinzip des „Teilens" von und in der Ökonomie, die alles – die Wissenschaft, die Technik, die Technokratie als Politik, die Polit-Mann-Maschine, den Dominanz-Mann, den Pragmatismus etc. – erfasst hat, die alle Teilbereiche von Gesellschaft ihre Summe in der Ökonomie finden lässt, im Ökonomismus, einer eindimensionalen Anti-Gesellschafts-Gesellschafts(praxis- u.)theorie, die den Mensch zur je nach Nutzwert teilbaren bzw. gleich dem Atom spaltbaren geldlichen Maßeinheit macht. Dieser Ökonomismus geht am Mensch vorbei, obwohl alles Teil seines menschlichen Lebens ist. Er funktioniert nicht. Seine alles erdrückende Dominanz ist vorbei, seine Lebensverhältnisse hat er selbst zum Zerfall gebracht. Nur *ein* Sieger, ein Mensch, ein *Mann* an der Spitze – das reicht nicht. Er kann sich nicht mal reproduzieren. Er hat kein gleiches Gegenüber mehr.

Individualisierung und Globalisierung als Produkte der Kleinteilung produzieren aber auch ein mögliches neues Zusammenfinden der Individuen als Individuen über die Globalisierung. In der globalen Welt zusammenfindende Individuen können ein neues Menschen- und Weltbild und eine neue Einheit stiften. Dazu ist eine Wertsetzung durch den Mensch und für den Mensch und die Regularien dessen durch Politik nötig. Politik löste die unproduktiven Kontroversen um „pro Markt und contra Staat", um „pro Elite contra Volk" und umgekehrt ab.

So zeigt sich die Notwendigkeit der Anerkennung der Bedeutung des Menschen und der Integration des Sozialen in die Gesellschaft: die Notwendigkeit einer Sozialgesellschaft. Die Bedeutung der Wissenschaft, der Technik, der Ökonomie, der Macht ist unbestritten und anerkannt. Die Bedeutung der Arbeit wurde – eine historische Errungenschaft – sofern es die Domäne der öffentlichen und offiziellen Wirtschaft betrifft, eingeräumt, auch wenn sie zum Teil wieder (sträflich) vernachlässigt wird. Aber die sinnstiftende, mentale, wissenschaftliche, technische, macht- und arbeitspolitische, lebensweltliche Bedeutung des Menschen und die andere, an ihm hängende Existenz-Arbeit ist bis heute nicht (an-)erkannt.

Sie ist wesentlich für Gegenwart und Zukunft geworden. Bislang wird das Soziale, sofern es nicht direkt profitabel ist, einschließlich der Kosten externalisiert, an Frauen oder andere „Schwache" – Alte, Jugendliche, absteigende Männer etc. – delegiert oder durch staatlichen Sozialausgleich eher mäßig kompensiert. Nun ist das Soziale erstmalig vollständig zu integrieren. Darin liegt die Antwort auf Ausbeutung und Unfreiheit neuer Art, nachdem sie mit dem Geldsystem allgemein geworden sind.

Freiheit und Gleichheit zusammengedacht haben das Soziale integriert, nachdem die Ökonomisierung der Gesellschaft alles in Beziehung zueinander gesetzt hat. Nur im Sozialen können Freiheit und Gleichheit zusammengedacht werden. Eine gelingende Integration wäre dem Grunde nach zivil und friedlich und böte bei allem womöglich gar steigenden Konfliktpotential gleichwohl oder gerade deshalb weit produktivere Entwicklungsmöglichkeiten als bislang.

Was aber ist das Soziale? Das Soziale ist das auf andere Bezogene, die Verbindung, das Verbundene, das Verbindende. Es hebt auf Gesellschaft ab. Sein Gegenteil ist die Nicht-Gesellschaft, die Ohne-Gesellschaft, die totale Einsamkeit und Verlassenheit. Das Soziale selbst ist dabei multidimensional, empathisch, geistig, kulturell, materiell, rechtlich, lebensweltlich u. a. m. Jetzt muss das Soziale die Gesellschaft selbst werden, die sich als Gesellschaft – als eine andere Qualität des Sozialen und vom Sozialen – schafft. Sie kann es nur, sofern ihre Mitglieder sich als Gesellschaft erschaffen, erleben, durchlaufen. Das Soziale ist nicht ein Teil, sondern das Ganze. Der in der letzten und vorletzten Dekade gern gebrauchte wohlklingende und doch euphemistische Begriff des Sozialkapitals, obwohl in Hinsicht von Kapital als Vermögen und Können antizipatorisch und treffend, trennt den Menschen noch wieder vom nicht verwertbaren Rest und separiert die Einzelnen, aus denen, wie es sich lohnt, das Beste herausgeholt wird. Wenn das Soziale aber immer in allem und dem Ganzen „da" ist und auf alles ausstrahlt, ohne dass alles sozial ist, weil es vieles andere auch noch und dieses Soziale in sich zudem komplex und widersprüchlich ist, was würde dann einen humanen Umgang mit ihm kennzeichnen? Dieser Umgang kann nur in strikter Machtteilung liegen, auf deren Basis das Humane sich in seiner ganzen Vielfalt erschaffen kann, ein Modell, das gar kein Modell sein kann, aber auch kein reines Verfahren, denn es gibt einen Inhalt.

Als sozial gilt gemeinhin, was menschlich ist, gesellschaftlich gesehen, was als gemeinnützig angesehen wird. Doch damit ist das Soziale nur unzureichend erfasst. Das Soziale ist wohl das allen Einzelnen Gemeinsame und das Kollektive, die Gesellschaft, die Vielen nicht in ihrer Anzahl, sondern in ihrer – viel größeren als einer Zahl – Gesamtgröße, Qualität und Sozialität. Das Soziale ist das, was allen Menschen zukommt. Das Soziale ist das Einzelne und alles in seiner Ganzheit. Das Soziale ist das Verbindende und Integrierende trotz Trennungen, und sei es in Form von Grenzziehungen, auf die man sich *einigt*. Eine soziale Gesellschaft zu wünschen, ist eigentlich eine Tautologie. Das Soziale ist die Gesellschaft und der Einzelne als ihr Teil, aber auch als menschliches Gattungswesen. Sofern der Mensch nichts anderes als ein spezielles Lebewesen ist, ist das Soziale auch schlicht Menschliches. Die Qualität des Sozialen aber liegt in der *produktiven Gestaltung* des Sozialen, das immer erst in Gesellschaft liegt. Es heißt, Gewalt auszuschließen, die Verbindung nicht zerreißen zu lassen, allgemeine Lebensgrundlagen zu schaffen und sich über den Umgang miteinander zu verständigen. Es heißt, einen nicht-harmonistischen, aber sinnstiftend verknüpften Zusammenhang zu bilden. Das Soziale ist nicht dasselbe wie das Gemeinnützige, weil dieses eine feststehende Definition voraussetzt, was Gemeinschaft ist und was ihr nützt und somit das Gebot der Anpassung und Unterordnung an den Einzelnen gemäß herrschender Definition des Gemeinnützigen schon in sich trägt. Das wirklich Gemeinnützige kann nicht definiert, weil nicht festgelegt werden. Es kann höchstens von Mal zu Mal gefunden werden. Gesellschaftlichkeit, Gesellschaft (haben), Geselligkeit dagegen sind offene, verträgliche, friedliche Zustände noch im Disput. Sie sind ein Zusammenkommen und In-Verbindung-sein. Sie bestehen im geregelten Element wie der Freiheit und Gleichheit der Teilnehmer, die kommen und gehen können und so oder so auch bleiben können, ohne Sanktionen, und trotzdem mit Gehört-Werden und Hören. Diese *Bestimmtheit* einer Gesellschaft zu finden, welche eigentlich ein Kontinuum, ein Lebensraum, ein Prozess und Fluss ist, der die Gesellschaft in Bewegung und in Entwicklung sein lässt, darin liegt die künftige Aufgabe. Sodass der Einzelne nicht allein, sondern verbunden, und doch für sich frei ist.

Dies erfordert eine Befreiung, eine Veränderung, eine Öffnung, ein neues Denken, das nötig ist, um den Menschen Mensch werden zu lassen. Der Versuch dazu wird neu beginnen und er hat schon begonnen. Das geistige und materielle Leben ist zu eng geworden, es schreit nach einer Öffnung, wie es scheint, fast auf der ganzen Welt. Es muss nur eine *neue Art* von *Freiheit* sein. Die Suche gilt einer umfassenderen Freiheit als bislang, die von einer freien Arbeit ausgeht, eine soziale Freiheit, die den Mensch und menschliche Entwicklung zum Zentrum hat, die eine Antwort auf die neuen sozialen Fragen gibt. Wenn spätestens die Finanzkrise gezeigt hat, dass das „Ganze" der hergebrachten Ordnung keinen Anker im Boden mehr hat, der halten würde, dann braucht ein anderes Ganzes Verankerung: mehr Autonomie im Einzelnen bei aller Abhängigkeit und der jeweils gewollten Gemeinsamkeit in Gesellschaft ebenso wie mehr (Möglichkeiten zu) Verbindungen und Verknüpfungen zwischen Einzelteilen. Eine solche *Freiheitsautonomie* in Verbindung muss ein Menschsein unabhängig von Arbeit mit Arbeit ermöglichen. Ihre Ausformung bedarf der gesellschaftlichen Suche und Verhandlung. Es ist die Suche nach dem Weg aus Beherrschtheit und (Selbst-)Beherrschung heraus, aus der Gefangenschaft von Überfluss und Mangel heraus, um zu neuer Lebendigkeit und Entwicklung zu kommen.

Das Problem der Gegenwart ist so die Ausbeutung und ungleiche Macht aufgrund der Ungleichheit des gleichen Geldes und der Unwirklichkeit seiner Anhäufung. Es ist nicht: *der* Markt oder *der* Kapitalismus. Sie sind das Geringste. Geld und Markt sind Mittel, besser, wenn soziale Einbindung über sie anstelle von Diktat, Unterordnung oder gar Krieg erfolgt – und sofern sie nicht selbst eben das sind. Die Frage aber lautet, welche Werte, und welche Arbeit dort zu welchen Konditionen getauscht wird. Dann ist das größte Problem der Mensch sich selbst. Die Alternative entsteht aus dem Vorhandenen heraus und nicht gegen das Geld, den Markt, die Banken, die Finanzindustrie, die Manager etc., aber sie hat eine andere grundlegende Qualität und verkörpert einen anderen Denkansatz.

6.1   Sozialgesellschaft

Wie kann man zu einer neuen Qualität des Sozialen in der Gesellschaft gelangen? Was machte eine Sozialgesellschaft aus? Was änderte sie?

Eine Sozialgesellschaft wäre eine Gesellschaft, die quasi automatisch-systemisch-integriert in sich sozial wäre. Sie machte sich fest an Grundlagen, die die Menschen sich mit Politik und über den Staat schaffen, welche die Basis neuen Reichtums, eines wirklich reichen, weil kultivierten Reichtums, eines größeren, weil qualitativen Reichtums schaffen. Solidarität, die Leben in Freiheit ermöglicht, wäre ihr Strukturprinzip, das Soziale reichte bis ins Ökonomische.

Das Soziale wird damit nicht mehr in der gleichen Weise wie bisher über den herkömmlichen Sozialstaat als anschließende Reparatur ungleicher existentieller Basisverhältnisse von oben dazugefügt. Das bloße Einrichten in der Profitgesellschaft, in der das aus dem *Überschuss* mögliche Soziale nachträglich dazugefügt wird, trägt nicht weiter. Es war ein historischer Kompromiss, eine Sorge durch den Vater Staat nebst der Tarifautonomie, die die Gesellschaft von heute nicht mehr hinreichend repräsentieren. Das Problem ist auch nicht mehr einfach durch Erweiterung des traditionellen Sozialstaates zu lösen, ebenso wenig wie angesichts seiner Kosten durch bloße Kürzung seiner Leistungen, weil sich die Lebensbedingungen des modernen Individuums fundamental geändert haben und nach grundlegend neuen Regeln verlangen. Weder die soziale Marktwirtschaft nach Ludwig Erhard noch der Sozialpakt zwischen Kapital und Arbeit nach sozialdemokratischer Art sind regenerierbar, ohne dass sich deshalb ihre tragenden Ideen gänzlich erübrigt hätten. Auf andere Weise zurück an die Basis geht der Weg trotzdem: das „richtige" d. h. werthaltige Wirtschaften ist heute das umfassend soziale Wirtschaften. Es speckt im Sozialen nicht ab, sondern findet hier seine wichtigste Quelle. Diese Wirtschaft ist sozial, weil es den ganzen Menschen und seine „Reproduktion", im klassischen Sinne seine „Nicht-Produktivität", einschließt und damit nachhaltig wird. Dieser Kapitalismus wäre kein schneller des schnellstmöglichen Gewinns, sondern ein gründlicher und nachhaltig wachsender, ein vordergründig verlangsamter, aber von Beginn an qualitativ reicherer und dauerhafterer, weil reproduktionsfähiger Kapitalismus. In ihm funktionierte Sozialpolitik nicht nur als sozialer Ausgleich, als Korrektur und Befriedung sozialer Ungerechtigkeiten, sondern sie reichte tiefer und integrierte das Soziale grundsätzlich ins ursprüngliche Wirtschaften und ließe es dort wirken. Dazu ist es notwendig, die „Kosten", die der (ganze nackte) Mensch selbst verursacht, vollständig zu realisieren.

Das macht eine Änderung an der Basis der modernen Gesellschaft nötig, ein neues Bewusstsein und Selbstverständnis der Akteure, neue Regularien und Rechte, vor allem neue strukturelle Rahmenbedingungen, die die Akteure stärken. Das gesuchte komplexe integrierte Soziale braucht die Selbstbestimmung der Individuen. Es ist nicht zu diktieren, zu verordnen, zu organisieren, künstlich obendraufzusetzen, wenn es bedürfnisgerecht, frei verantwortlich verfügbar für Bürger und Bürgerin sein soll. Es braucht fundamental das *Teilen im Existentiellen als allgemeine Spielregel* im „Guten" wie im „Schlechten", ein eingeräumtes, wechselseitig geschenktes Recht auf Haben und Besitzen von etwas (im Guten) gegenüber einem freiwilligem, auf andere rückbezogenen, selbstverpflichtenden Verzicht auf etwas (im Schlechten). Die Marktgesellschaft verordnete sich aus der Abhängigkeit heraus permanente soziale Rückkoppelung und Reflexivität. Diese Rückkoppelung und Reflexivität wäre das Prinzip der neuen Teilungen und führten zum Teilen eben jener Abhängigkeit. Ihren Ausgang findet sie im aus langer und vielfältiger Tradition hervorgegangenen Menschenbild des Individuums und seinem Recht und sie begründet von daher einen sozialen Realismus, der weiß, dass es kein Leben ohne Bezug auf (alle) anderen gibt und dass in der Folge auch ein Leben auf Kosten anderer nicht geben darf. Freiheit und Gleichheit zusammengeführt haben dem Inhalt nach das Soziale integriert. Ihr Bindeglied ist die Gerechtigkeit als Ressource von Produktivität, das existentiell gleiche Lebensrecht aller Menschen. Für die Einzelnen bedeutet es sowohl sozial umfassend eigenständig zu sein als auch kein Leben auf Kosten anderer zu führen. Es bedeutet sowohl die freie Möglichkeit eines Daseins in Verbindung als auch den Beistand für andere angesichts von wechselseitiger sozialer Abhängigkeit. Zusammen genommen stellen sie die Bedingung für Gerechtigkeit ohne systemische Ausbeutung dar. Das Verhältnis ist nie spannungsfrei und immer auf Balance angewiesen.

Die Unlogik der Eigenlogik des Marktes bzw. des Kapitalismus, das Loch in seinem Selbstverständnis, durch das der Mensch hindurchfällt, bedarf der Auffüllung. Der Markt braucht zu seinem eigenen Überleben und guten Funktionieren die eingebaute soziale Rückkoppelung. Diese Rückkoppelung in sich aufzunehmen, bedeutete die Selbstrevolutionierung des Marktes aus seiner eigenen Logik heraus an der Grenze zu seinem kompletten Kollaps. Der Markt muss den Mensch in seine Rechnung mit aufnehmen, obwohl der Mensch keinen Preis hat, sondern nur seine Würde, Freiheit und Selbstbestimmung, aus denen Rechte resultieren, die niemand abkaufen kann, die unverkäuflich sind, die unabhängig von aller wirtschaftlichen Nützlichkeit und allem politischen Pragmatismus gelten, obwohl ihre Herstellung Geld kostet. Auf welchem Niveau auch immer, diese Rechte zu garantieren, wäre absolut vorrangig. Alles andere entwickelt sich auf dieser Basis. Der Markt also muss sich so wandeln, dass er in der Lage ist, seine Existenzvoraussetzungen selbst zu schaffen bzw. zu erhalten. Alle Preise müssen in diesem Lichte neu berechnet werden.

Das Soziale wäre neu zu denken. Drei grundlegende Elemente wären in der Welt von heute quasi als Naturrecht eines jeden und einer jeden bedeutend: Politische Freiheit und Selbstbestimmung, der Besitz von *einem* „Stück" Geld und soziale Beziehungen in Offenheit, die alle umgekehrt Verantwortung implizieren. Wo es um die Freiheit geht, erhält jeder *einen* Grundanteil, wo es um die Abhängigkeit und vermittelt darüber die Not oder den objektiven „Zwang" geht, wird geteilt, machen alle halbe-halbe und geben die Hälfte zurück. Das ließe sich auf das Sozial-, Politik- und Gesellschaftssystem, sofern es deren elementare Grundlagen betrifft, anwenden und dabei sollte man es auch bewenden lassen, um alles andere für den Einzel- und Spezialfall freizugeben.

Die Sozialgesellschaft hat dabei drei Aspekte in ihrem Begriff: Sie lässt erstens das Individuum nicht allein, falls es das nicht wünscht. Sie kennzeichnet zweitens etwas Kollektives, etwas Ganzes, einen mehrdimensionalen Raum in der Zeit. Und sie ist drittens ein lebendiger Organismus, komplex und vielgestaltig, veränderlich und bewegt, gemacht und vorgefunden. Die neue soziale Frage nimmt über alle sozialen Differenzprobleme hinweg das Loch in der Gesellschaft, das allen als Falle droht, in den Blick neben den neuen Mehrheiten der Einzelnen, (bislang) Nicht-Normierten. Sie macht eine neue „Ganzlösung", Großlösung mit Kleinlösung aufs Ganze, nötig, einen anderen Gesellschaftsvertrag, eine andere Art, einen anderen Inhalt, keinen sozialen Kompromiss, sondern eine Freilassung in Selbständigkeit freier Bürger und Bürgerinnen auf der Basis individueller existentieller Grundrechte und anderer kollektiver Rahmenbedingungen, einer anderen Qualität von Kollektivität und Gesellschaft überhaupt.

Dann sind folgende Fragen zu bedenken, zu debattieren und zu beantworten: wie messen wir das Nicht-Messbare, den Bedarf an Eigenständigkeit, an wechselseitiger Beziehung, an Sorge, den Grad der Abhängigkeit und so den Bedarf an Beistand in Not? Welche Maße finden wir? Was ist das Maß der Gleichheit in der Pluralität der Freiheit? Was ist das Maß der Humanität trotz fundamentaler Gegensätze zwischen den Menschen und jenseits aller unversöhnlichen Trennungen (den ganzen Mensch sehend, nicht nur den „Streit")? Was bindet uns „pur menschlich"? Welchen Wert hat Gerechtigkeit und welchen Wert hat Freiheit, oder Freiheitsgerechtigkeit als gleiches Recht auf umfassende Freiheit des Individuums, sodass wir sie uns etwas, wenn nicht gar viel kosten lassen?

6.2   Das Soziale als politische Entscheidung

Das Soziale als Gesellschaftliches, welches aus der Verbindung von Freiheit und Gleichheit resultiert, kann nur als Politisches werden, konstituiert durch den und die Einzelnen, das Individuum, den Mensch mittels einer Entscheidung, welche aus der Sache heraus eine politische Entscheidung ist. Es ist eine Entscheidung zum Mitteleinsatz für Produktivität, für Kreativität, Gerechtigkeit und Entwicklung. Jeder Mensch ist eine eigene Größe. Pluralität der Menschen ist Reichtum. Gesellschaft ist Einheit von Verschiedenen. Gesellschaftstheorie muss diese erfassen. Im Politischen erst wird das Soziale allgemein und reziprok.

Die Entscheidung für das Soziale ist ein Plädoyer für Produktivität – in Gestalt der Faktoren von Kreativität, Gerechtigkeit und Entwicklung – als einer unverzichtbaren Ressource für gutes Leben, für Zivilität und humanes Fortschreiten von Mensch und Gesellschaft. Produktivität, die Kreativität, Gerechtigkeit und Entwicklung einschließt, ist nicht blind im Machen und Pragmatismus, sondern sie schließt die Achtung vor allem Unverfügbaren ein und hat erst darin wirklich Freiheit in sich. Diese Freiheit wiederum ermöglicht und steigert Produktivität – nicht aus Konkurrenz, Machtgewalt und Angst – sondern aus eigener Kraft. Sie erneuert sich selbst.

Das Soziale kann nur vom Menschen und von Menschen selbst im Singular und Plural in einem wechselseitigem Prozess einer immer wieder zu wiederholenden Entscheidung kommen und in ihm sein. Es ist nicht von außen dazuzugeben. Es bedarf zur Herstellung und Pflege aber der Arbeit und es geht um den Wert dieser Arbeit. Es ist eine *Arbeit am Mensch* zur Existenz für das Menschsein und Menschendasein schlechthin. Sie stellt sich nicht von allein ein. Sie will gelernt und gekonnt sein. Die Debatte und der politische Streit werden sich darum drehen müssen, welche Mittel und Kosten diese Arbeit zur Ausbildung und Ausübung beansprucht und welche Rechte ihr dabei zukommen. Jedenfalls kommt eine Missachtung, eine Ausbeutung oder eine schlechte Qualität dieser Arbeit einer Gesellschaft sehr teuer zu stehen. Wenn das Soziale durch die Einzelnen, die Menschen, konstituiert wird, dann ist Mensch-Sein und Mensch-Werdung eine Entscheidung bzw. sie ist zu einer solchen zu machen, sie wird in ihrem Bekenntnis eine *politischen* Entscheidung und darin zugleich eine Tat, nämlich die Abhängigkeit anzuerkennen und sie grundsätzlich halbe-halbe zu teilen so selbstbestimmt wie kooperativ, bis es zu einem „Ja" von etwas führt.

Darin kann der Mensch zu sich kommen. Jeder Mensch ist ein Anfang, der ihm gegeben wird, ausgestattet mit einem bestimmten menschlichen Vermögen, das sich anzueignen und zu mehren schon im frühen Lernprozess Selbstermächtigung voraussetzt und zugleich bedeutet und erbringt. Immer schon zieht sich so der Mensch „am eigenen Schopf aus dem Sumpf", macht er oder sie etwas aus dem eigenen „Potential", das da ist und als solches gut und ein Gut. Es *produktiv* zu machen und zu entfalten ist *immer* wirksamer als Verbote, die sich auf unterste bzw. oberste Grenzen, wirkliche Ausnahmen unzulässiger Optionen und Tabus beschränken sollten. Von solchen Ausnahmen abgesehen binden Verbote Energie an der falschen Stelle. Im Gegenteil geht es um die unbegrenzte Reichweite des Inhalts der Selbstbestimmung, um die es dem Menschen konkret in seiner Freiheit geht, es zu verwirklichen und als Ganzes darzustellen. Wo der Platz für die anderen konstitutiv da ist, ist die Spiegelung, Korrektur und Entwicklung des Eigenen immer schon vorausgesetzt. Dafür braucht es das Recht des Für-sich-sein und der Partizipation am Ganzen. Eigeninteresse und Gemeininteresse bedingen einander wechselseitig, ob aus Perspektive des Individuums oder der anderen bzw. der Gesellschaft. Es ist eine Frage des Menschenbildes: Individualität lässt sich ins Soziale übersetzen als etwas Gesellschaftlichem und ermöglicht so auch ein Austarieren von „Eigeninteresse" nach zwei Seiten zum Individuum wie der Gesellschaft hin – eben halbehalbe. So kann das Eigene das Andere einschließen, ohne das Selbst zu verlieren. Das ist natürlich nicht die Auflösung des Konfliktes, sondern das Leben mit dem Konflikt und das Setzen auf komplexe gesellschaftliche Entwicklungen, aus denen das Neue entsteht. Es ist zugleich der Raum, in dem die Individuen Selbstermächtigung erwerben können.

Das konkrete Leben des Sozialen kann aber doch nur aus Freiheit geschehen, seine Gestalt, Form und Inhalt, schmiedet der Einzelne, das Individuum, unter Umständen auch gegen andere und gegen Mehrheiten. Es gibt immer auch ein Recht auf Separierung, Differenz und Distanz. Die soziale (Ver-)Bindung ist selbstgewählt, wenn sie produktiv für den Einzelnen wie für das Ganze sein soll und noch im Recht auf Abstand erweist sich Zugehörigkeit und bleibt es bei einer Beziehung. Gerade hier erweist sich die Freiheit ebenso wie die Qualität des Sozialen.

Es bleibt die Frage, ob und welche Bedingungen gegeben sind und welche Impulse aus ihnen resultieren, es zu entfalten. Sie vermitteln sich über die Ausgangsbasis eines natürlichen Rechts auf ein (geldliches) Existenzminimum qua Geburt ohne jede Leistung, über das Recht auf Selbstbestimmung, das als existentielles Recht aller Rückbezug impliziert, und über die geteilte Not und Sorge. Für die Freiheit aller setzen auf dieser Grundlage der Versuch des Gerechten auf, die

Politik als Stoff der Liebe, Zuwendung und Solidarität – und so nur in und aus Freiheit.

Die globale Abhängigkeit der Welt verlangt ein anderes Paradigma. Es ist eine Situation, in der das Ganze, dessen unabdingbares Teil wir alle sind, gewinnt oder keiner. Wie diese Abhängigkeit gerecht – und das heißt zugleich in komplexer Weise produktiv – zu gestalten ist, dies ist zu erforschen und ihr kann in einem anderen Politikmodell, das die Sozialisierung des Sinn des Marktes einschließt, die Sorge gelten. In dieser Perspektive ist Gerechtigkeit eine selbstreflexive Ressource von Gesellschaft, die immer wieder neu Gerechtigkeit für Diskriminierte oder Ausgeschlossene und damit Bedingung von Produktivität, Kreativität und Entwicklung schafft. Eigeninteresse ist soziale Verantwortung, soziales Interesse ist Eigenverantwortung.

6.3   Soziales Schaffen, Schöpfen, Produzieren (ist wertvoll)

Soziales Schaffen, Schöpfen, Produzieren, das voller Werte für den Mensch und voller menschlicher Werte ist und werthaltiges Wirtschaften kennzeichnet, das ist der Kern der Sozialgesellschaft. Das werthaltige Wirtschaften ist – unter anderem auch – ein soziales Wirtschaften. Es ist sozial, weil es den ganzen Mensch einschließt und so nicht nur regenerativ ist, sondern von Qualität, Zivilität und Kultur, ja sogar Kunst durchdrungen und materiell wie ideell reich ist. Qualitätsfragen des Produzierten und in Produktionsweisen und -verhältnissen werden erst ganz sichtbar und entfaltbar, wenn in sie alles, was da ist und zum Wirtschaften beiträgt, eingespeist wird. Erst danach kann so etwas wie eine wirklich gleichberechtigte Konkurrenz zwischen allen Beteiligten und ihren Produkten auf Märkten entstehen, weil potentiell jede Form der Ausbeutung in Blick geraten und vermieden werden kann. In diesem Moment wird auch die Frage entscheidend, *wie und welcher* Wettbewerb stattfindet, ein niederhaltender und zerstörerischer oder ein aufbauender und konstruktiver. Statt Konkurrenten übertreffen, gar „totrüsten" zu wollen, könnte von allein enden, was keine Zukunft mehr hat. Entscheidend aber ist, dass alles Vergehen und alle Veränderung mit Entwicklung und Neuaufbau einhergehen. Es wäre systemische Verantwortung für Alternativen. Das wäre eine Sozialisierung des Arbeitens und Wirtschaftens. Schaffendes und wirtschaftliches Handeln wird damit wie alles Handeln und alles Leben selbst nicht risikolos, aber es wird vorsichtig im wahrsten Sinn des Wortes von Vor-Sehen.

Eine solche Art des Wirtschaftens ist von Anfang an Teil einer sozialen Produktionsgesellschaft. Im Mittelpunkt steht hier jedoch notwendig Arbeit, eine freiere und ungebundenere und umfassendere Arbeit, bis zur Vielfalt in den Rahmenbedingungen, Ausgangsvoraussetzungen und Entgeltungen. Zu ihr gehörte

neue Arbeit, nämlich die Arbeit am Menschen, die aus dem öffentlichen Arbeits-
prozess nicht mehr externalisiert und in Familie, in „weiblicher" Zusatzarbeit, in
menschlicher Selbstverausgabung, im Sozialstaat etc. versteckt wird. Diese freie
Arbeit stellt sich ein aus Einsicht in die Notwendigkeit, aus Bedürfnis und aus
Entscheidung für das Bessere. Sie stellt die Gesellschaft vor die Frage nach Mechanismen, die jedem und jeder erlauben, mehr selbst zu bestimmen, was er oder sie
braucht, was er oder sie kann und will, ihm oder ihr wert ist, ohne Abstriche an
tragfähigen Grundlagen und Qualitätsstandards zu machen, im Gegenteil, diese
dabei stetig zu verbessern.

Mit der neuen und wachsenden Bedeutung des Sozialen wird *Arbeit* wieder zu
einem gesellschaftlichen Schlüsselthema und zum Lösungspotential für die Welt-
finanzkrise: Mit und über Arbeit produziert sich das Soziale überall und in je spezifischer Weise. Für diese Arbeit passt die traditionelle Vorstellung beruflicher,
d. h. auch separierter, Arbeit nicht mehr. Der Begriff von ihr trifft die Sache nicht
länger und reicht nicht aus. Er muss durch ein neues Gesamtbild von Arbeit ersetzt werden. Diese neue Gesamt-Arbeit ist es, die eine noch *über die Sozialgesellschaft hinausgehende, sie ständig wachsen lassende Produktions-Entwicklungs-
Kreationsgesellschaft* verkörpert. Sie will über das Geteiltsein des Menschen wieder
hinausgelangen und Leben ins Leben bringen und dabei anerkennen, welchen
Einsatz es den Menschen kostet.

Ein neues Gesamtbild von Arbeit bestimmt sich dadurch, dass sich die Zugehörigkeit zur Welt und der Austausch mit der Welt – und also auch jedes Wirtschaften – durch im weitesten Sinn soziale Arbeit vollzieht, durch Kommunikation, Tätigkeit, Beziehung, Austausch, Lernen, Fürsorge, Krafteinsatz, Fühlen,
Denken. Nur durch solche Arbeit gehört Mensch der Gesellschaft an. Um seinen
Platz in der Welt zu behaupten, dafür strampelt sich der Mensch ab. Diese Arbeit
wäre möglichst gekonnt und so leicht zu machen, dass es höchste Kunst sein kann,
ein ewiges Lernen und Werden auch. Darin kann der Mensch (s)einen Sinn finden. Darin kann sein Ich-sein im Ganzen liegen. Ist der Gebrauch der eigenen
Kräfte selbstbestimmt und frei und hat diese Selbstbestimmung eine existentielle
Grundlage, so liegt darin das denkbar Beste und gesellschaftlich ein sich selbst
potenzierendes Potential. Diese Arbeit ist eine umfassende Arbeit am und für das
eigene Leben. Sie ist der eigentliche Lebens- oder Aufenthaltsort des Menschen,
der umso reicher und glücklicher sein kann, je weniger vermachtet und je mehr
er auf der Basis demokratischer Regeln für alle Beteiligten offen und verbunden
ist. Staat, Konzerne, Tarifpartner, Institutionen, Firmen, Büros – sie stellen nur die
Strukturen, Organisationen und Netzwerke, auf denen Arbeitende agieren. Das
Ziel ist utopisch, nicht jedoch eine große Erweiterung unseres Verständnisses von
Arbeit, die wir austauschen und von der wir leben und deren Wertverhältnisse
neu zu bestimmen sind.

Ein neues Bild von Arbeit nimmt die Veränderungen von *Arbeit* in ihrer ganzer Bandbreite und ohne Trennung von den Sphären rundherum auf, um eine
ganz andere *komplexe und wechselhafte Vielgestaltigkeit* anzunehmen und diese
neu auszugestalten: So werden heute nur noch rund zehn Prozent der Lebenszeit in der traditionellen Erwerbsarbeitswelt zugebracht. Mehr als die Hälfte der
Menschen sind gänzlich außerhalb, während ein kleiner Teil den größten Teil dieser Erwerbsarbeit für sich hat und von ihr nahezu vollkommen beansprucht wird,
verbunden mit einer Wertsteigerung bei sinkendem Volumen dieser Arbeit. Berufe kommen und gehen, Berufstätigkeit wird wechselhafter. *Familien* sind auf
neue Weise wieder Netzwerke und Arbeitsstätten, die *Arbeitsstätten* werden zu
einer Art von Familien. Die Trennungen zwischen öffentlich und privat sind weithin aufgehoben und nicht durch neue Trennungen ersetzt. So entstehen weitläufige, große Familien-, Produktions- und Wirtschafts- oder Gesellschaftsbilder und
-verbünde neu. Auf neue Weise bilden sich Großfamilien, Sippschaften, die um
sich Beziehungsgeflechte haben, Personal, Nachbarschaften, Freunde, selbstgewählte Familien u. a. m. So weitläufig sie sind, so sehr erheben sie den Anspruch
auf Gleichberechtigung und so sehr bewegen sich die Einzelnen in ihnen separiert
und selbständig. *Bildung* findet überall und fortlaufend statt, nicht nur in einer
bestimmten Jugend- und lang gewordenen Jugendphase, sondern ein Leben lang.
Traditionell primär als Frauenarbeit angesehene *Arbeit am Mensch* wird vergesellschaftet, sei es in professioneller Gestalt oder durch die Teilhabe jedes Einzelnen
an dieser Arbeit oder integriert in jede Arbeit. Diese Arbeit wächst an Bedeutung
und mit ihr neue Arbeit. Mit ihr geht eine Aufwertung des vermeintlich Weiblichen einher, wodurch diese Arbeit eine Wertsteigerung und mehr finanzielle
Ressourcen erhält. Aus ihr wird vor allem künftige Wertsteigerung erwachsen und
deshalb Investition und Lohn herausfordern. Traditionell als Männerarbeit angesehene Arbeit wird im Prinzip wie alle Arbeit je nach Fähigkeit von beiden Geschlechtern ausgeübt und wandelt sich ebenfalls in ihrer Gestalt. Vor diesem Hintergrund wird auch der Muße und Muse neu Raum gegeben werden. Daneben
entsteht oder bleibt für jeden und jede die pure *Existenzarbeit* für sich und andere
(Kinder, Alte, Kranke inkl.). An ihr hat die Allgemeinheit basales existentielles Interesse und sie wäre sinnvollerweise sozial, das heißt durch die Allgemeinheit zu
finanzieren. In ihr könnte ein Grundeinkommen Berechtigung und Sinn finden,
denn auf ihr baut alle und jede andere Arbeit auf. Auch diese Existenzarbeit erfordert Bildung und Lernen. In ihr liegt ein weiterer Aufbau von Wert, der zu berechnen ist. Sie wird nach Kräften jenseits kompletter Ausnahmen das Mindeste
sein, das Menschen zu leisten haben, wenn sie ein persönliches und damit auch
für ein unteres Minimum selbstbestimmtes Leben führen. Zu dieser Existenzarbeit gehört als anspruchsvollere Form *Selbstarbeit,* im Austausch und bereichert
durch den „Handel" mit anderen, denn auch das Selbst muss heute erarbeitet wer-

den, keine äußere Instanz verleiht es dem modernen Mensch. Schließlich gibt es für jede und jeden dauerhafte *Beziehungsarbeit*, da Menschen fortwährend nur in Beziehungen leben und ohne diese keinerlei Arbeit, kein Wirtschaften, keine Produktion und keine menschliche Existenz stattfinden kann.

Die (Gesamt)Arbeit wird dabei künftig so individuell wie ganzheitlich wie lebenslang und variiert nach der jeweiligen Lebenslage sein. Sie wird neue Rhythmen, Pausen und allmähliches Ausklingen brauchen. Ihre Gesamtqualität wird über die Lebensqualität entscheiden. Sie ist komplizierter und anspruchsvoller in ihren Voraussetzungen und wird die Gesellschaft wie die Einzelnen herausfordern. Das Verhältnis von Gesamtarbeit, Lebenslauf, Ich und Sozialposition dieses Ichs hat sich grundlegend verändert. Das zeigen die vielen hoch ungewöhnlichen und erstaunlichen Lebensverläufe, die umso globaler werden, je mehr sich in ihnen an Neuem mischt. Wenn es dabei nicht zu einer weiteren Hierarchisierung und Ungleichheit der Gesellschaft aufgrund von privilegierter Vereinnahmung kollektiver Voraussetzungen kommen soll, so muss sich Leistung künftig nach der Gesamtqualität der gesamten Lebensarbeit im Verhältnis zu Gesamtaufwand und zum Aufbau von gesellschaftlicher Gesamtqualität richten. Neue Arbeit bedeutet eine wirkliche und viel tiefgreifendere Revolutionierung der Arbeitsgesellschaft des 20. Jahrhunderts, als sie aus früheren Epochen bekannt ist. Die freie Entfaltung eines jeden und einer jeden über Arbeit verlangt andere, weniger und fundamentalere Kollektivitäten der Arbeit, einen weit höheren Preis für jede Arbeit am, mit und für den Mensch sowie eine große Bildung und Gestaltung zum Umgang mit ihren positiven und negativen Seiten. Diese Arbeit aber bringt nicht nur mehr Freiheit und Selbstbestimmung, sie allein ist produktiv und kreativ für Gegenwart und Zukunft.

Die Hinwendung zum arbeitenden Subjekt ist deshalb entscheidend für politische Veränderung, die eine gesellschaftliche Verständigung und ein Gesellschaftsvertrag wird. Sie muss wieder jeden Einzelnen und jede Einzelne aus der Masse hervortreten lassen mit einem konkreten Gesicht, mit Charakter, Fähigkeiten und Wünschen, mit einem Leben. Erst das macht es möglich, soweit als möglich zum Mann oder zur Frau des eigenen Geschicks zu werden. Es gibt kein Teil und keinen Menschen, für den eine Gesellschaft keinen Platz, keine „Verwendung", keinen Bedarf hätte. Jeder Mensch, jeder nach seiner Art, auch der/die Schwächste, hat nicht nur das Recht, ein gelingendes Leben haben zu können, sondern er ist ein Schatz, weil er oder sie auf Fehlendes verweist. So ist Arbeit das eigentliche Kapital des Menschen, so ist jeder Mensch ausgestattet, ein Künstler oder eine Künstlerin des Lebensalltags zu sein, so kann eine Gesellschaft ihr „Humankapital" entfalten. Dieses Kapital der anderen Art als der des Geldes kann sich individuell wie kollektiv nur aus dem eigenen „Inneren" heraus und im Austausch mit der Umwelt entwickeln. Große Konzerne sind selbst Gesellschaften entwickelter Art mit und in größeren Gesellschaften. Wie sollte man gegen sie agieren wollen oder können? Wie umgekehrt ist etwas in und aus ihnen zu machen, dass eine andere Qualität hat? Die Suche gilt einer Gesellschaft, die sich auf der Basis von Wissen mit „Erkenntnis, Entwicklung, Kreativität" als unendliche Ressource herausbildet. Dann hören Eigentümer auf, auf Kosten anderer zu wirtschaften. Sie werden allgemein und grundsätzlich gleichberechtigter Teil eines Ganzen. Dem entspricht ein ganzheitliches Denken und Vorgehen und Austarieren der Möglichkeiten. Die Lösungen liegen immer vor allem in Erforschungen, Denkaufgaben und Versuchen, die auf dem Weg zum Ziel zu finden sind. Risiken sind auch hierbei nicht wie niemals auszuschalten, für sie aber steht die Gesellschaft gemeinschaftlich ein.

6.4 Die Investition in den Mensch ist entscheidend

Für alles Künftige wird die Investition in den Mensch – oder wer es auch nur wirtschaftlich sehen will: in die Ressource Mensch – entscheidend sein. Den Mitteleinsatz jeder Art auf *menschliche* Produktivität – und damit auf Erkenntnis und Entwicklung und Kreativität – zu richten, bedeutet *systemisch* gegen Zerstörung und ein Dagegensein als bloß umgepoltes Gegenüber zum Vorhandenen zu wirken und eine Alternative zum Profitprinzip zu haben, nämlich eine systemische Selbstreflexion und mit dieser ein systemisch *konstruktives Prinzip.* Es bedeutet, einen *unbegrenzten* Rohstoff auf der Grundlage von Wissen, Erkenntnis, Entwicklung und Kreativität wachsen zu lassen und dieses Wachstum zu fördern und damit über eine unschätzbare zivile Energieform zu verfügen. Sich für die Investition in den Mensch zu entscheiden, heißt sich für ein anderes Leben und für reiches Leben neuer Qualität zu entscheiden. Es bedeutete einen global zu erwirkenden evolutionären Entwicklungssprung, der diesmal auch das „Glück" der Menschen zum Maßstab von Wohlleben macht. Ein solcher evolutionärer Schritt impliziert erneut tiefe soziale Veränderung, die Suche nach und die Orientierung an neuen Qualitäten von entwickeltem menschlichen Maße für Individuen und Gesellschaften.

Wenn das Kapital selbst einst und in der jüngeren Geschichte die „Humanressource" für sich entdeckt und betont hat, so wären nun die Implikationen des Marktes aus dem Inneren des Marktes heraus zu entfalten und Integration auf der einen Seite ohne Exklusion auf der anderen Seite zu vollziehen. Das Versprechen der Ökonomie als politischer Ideologie offener inklusiver freier und produktiver Märkte kann dann ernstgenommen werden und es verweist dann auf Gesellschaft und ihre Anforderungen als Teil des Wirtschaftsprozesses. Welcher Übergang ist dabei denkbar? Hier beginnt die Suche neu. Neu ist, dass mit der

Ökonomisierung aller sozialen Beziehungen, welche nun zuerst über Geld gestiftet werden, sich der Mensch und das Geld (wie im Anfangsstadium der Geld-
wirtschaft) wieder direkt gegenüber stehen. So setzt hier die Selbstbehauptung
des Menschen als Mensch mit seinem Mehr an Fähigkeiten und seinem Tun vor
dem Geld auch wieder an. Dieser Akt der Emanzipation ist zugleich die Voraussetzung für die eigene Entfaltung des Menschen wie für die Entwicklung der
„Ressource Mensch" bzw. des Menschen. Die Menschen in den materiell reichen
Ländern sind so überversorgt wie unterversorgt. Sie sind satt und wissen nicht,
woran sie leiden. Sie spüren und ahnen doch, woran es ihnen fehlt. Die Suche
nach Sinn und Spiritualität, die Hilfsbereitschaft in Katastrophen, die politische
Enttäuschung und Abwendung, sie offenbaren doch, wonach sie sich bei allem
Reichtum auch sehnen. Träger der Veränderung sind primär und zuerst wohl
jene, die nicht zur herkömmlichen Mehrheit bzw. ihren Normgeboten gehören.
Jugendliche, Frauen, Migranten, Prekäre, Herausgefallene, Kreative, gefährdete
und aufgeklärte Mittelschichten und andere können die Subjekte der Veränderung sein. Sie müssen es werden, um der Resignation, Destruktion und Verzweiflung, die nur in Bürgerkriegen enden, zu entgehen. Wer Vorsorge für ein solches
Vorgehen trifft und Reserven vorhält, kann Experimente wagen, bevor nackte Not
blindes Handeln diktiert.

6.5   Die Kosten des Sozialen

Für die Aufbringung der Kosten des Sozialen haben sich grundlegende Bedingungen verändert: Das Geld hat sich und es wurde allerorten neu verteilt. Wenn sich
das Verhältnis von Kapital-Arbeit dramatisch verändert hat, wenn Arbeit unten
weggebrochen ist und Kapital oben sich global ausgebreitet hat, so schwinden soziale Einkünfte. Wenn die Zahl der Ausgeschlossenen, der neuen Selbständigen
und der Prekären zugenommen hat wie der Anteil, den die Superreichen am Ge-
samtvolumen der verfügbaren Geldmassen für sich behalten, so wachsen neue soziale Ausgaben heran. Wenn der Anteil erwerbstätiger Arbeit sinkt und alle anderen Arbeiten aus der Bezahlung ausgeschlossen bleiben, so steigt der Bedarf an
Sozialem. Wenn mehr arbeitslose Einkommen existieren, so sinken soziale Ab-
gaben. So werden dem sozialen Kreislauf bestimmte Güter, bestimmte Arbeiten,
bestimmte Menschen, bestimmte soziale Institute, bestimmte finanzielle Trans-
fers vollkommen entzogen. Wenn gleichzeitig alle Individuen angewiesen sind
auf selbständiges Geld, auf ein Haben und auf Bezahlung ihrer eigenen Leistungen und ebenso sehr alle angewiesen sind auf das Funktionieren von Gesellschaft,
so wird offenkundig, dass die traditionellen Lösungen zur Bezahlung der Kosten
des Sozialen nicht mehr ausreichen und in ihren Wegen und Kanälen nicht mehr

funktionieren. Unzureichend sind sie bereits, weshalb ihre Reformierung seit Geraumen ein laufendes Geschäft ist, wenn auch meist ein blindes.

Ein anderer Weg ist also in jedem Fall nötig, das Soziale von allen anteilsmäßig zu bezahlen und dabei die Frage nach dem Maß für den jeweiligen Anteil neu zu beantworten. Wer von den Gütern der menschlichen Gesellschaft profitiert, muss zu den Kosten auf irgendeine Weise beitragen, ein letzthin unentrinnbarer Vorgang oder er wird auf irgendeine andere Weise für Unterlassung bezahlen müssen. Was dabei gerecht ist, ist eine Frage der politischen Entscheidung, an der in der Demokratie alle Bürgerinnen und Bürger beteiligt sind.

Die Kosten der Investition in den Mensch, die Kosten des Sozialen, die Kosten der Soziabilität einer Gesellschaft sind hoch – wie alle Großinvestitionen. Sie können nicht nur wegen ihrer Höhe gar nicht privat aufgebracht werden, selbst wenn private Selbstvorsorge mit Gewalt herbeigezwungen werden sollte. Diese Güter lassen sich nur kollektiv herstellen, es geht schließlich um das Kollektive selbst als etwas zuletzt „Verschmolzenes". Selbst die Einzelbeiträge zu diesem Kollektiven ließen sich (u. a. aufgrund ihrer u. U. gar kompletten individuellen Unterschiedlichkeit und Spezifik, die unendlich sein kann) kaum jemals berechnen. So versteht sich, dass auch die Kosten kollektiv erbracht werden müssen. So sehr diese Kosten in ihrer Wirkung für alle produktiv sind, so sehr müssen sie erwirtschaftet sein und bleiben sie abhängig vom Erwirtschafteten. Zudem ist eine außerordentliche aufwendige Acht- und Sorgsamkeit erforderlich, um die Nachhaltigkeit zu gewährleisten und Ausbeutung zu verhindern. Das Soziale hat also seinen Preis. Wer bezahlt es womit und wodurch? Vom Sozialen als kollektivem Gut zehren und profitieren alle. Über drei Quellen wäre nachzudenken, von denen aus eine allmähliche Systemveränderung gedacht und konzipiert werden kann.

Zum einen könnte das Soziale über den Verbrauch von Gemeinschafts- und Allgemeingütern in Gestalt von Preisen und Verbrauchssteuern für sie entgolten werden – möglichst anteilsmäßig nach Verbrauch – von jedem und jeder Einzelnen, jeder gesellschaftlichen Einheit, jedem Wirtschaftsunternehmen. Zum anderen kann es über allgemeine Steuern für kollektive Grundtatbestände und Grundleistungen, die herzustellen sind, bezahlt werden – den Grundbedarf an Gesundheit, Bildung, Alterssicherung, Kindheitsgarantie, Arbeits- und Einkommenslosigkeit, im weitesten Sinne ökologische Umweltsicherung, d. h. einer allgemeinen pekuniär aufzubringenden Existenzgrundlage. Was die Grundbedarfe sind, bliebe wiederum der politischen Entscheidung gemäß der Demokratie überlassen. Zum dritten kann das Soziale durch generelle Gewinnbesteuerung bezahlt werden, womit auch immer der Gewinn – nach Abrechnung von Eigenkosten – erwirtschaftet würde, woraus er sich beziehen würde. Pro Person, pro gesellschaftliche Einheit, Wirtschaftsunternehmen etc. würde ein bestimmter prozentualer Anteil erhoben. Alle Quellen von Einnahmen würden somit herangezogen. Nachdem alle in einen Topf für die Kosten des Sozialen eingezahlt haben, hätten jenseits dessen alle Beteiligten jede Freiheit. Es setzt eine komplizierte, komplexe und zeitaufwendige, aber notwendige Umsteuerung gesellschaftlicher Ressourcen voraus. Sie ist mindestens so anspruchsvoll wie die Finanzkrise und ökologische Neuorientierung und doch eine Antwort darauf und zwingend zu beiden dazugehörig, mehr noch, sie wird zu ihrem Fundament. Der schwierige erste Schritt wird darin liegen, neue Leitorientierungen und Parameter für die komplexe Umgestaltung und Feinsteuerung und die Schlüsselbereiche der Veränderung zu definieren, denen ein langanhaltender Veränderungsprozess folgen muss.

6.6   Die soziale Frage als Machtfrage

Es markiert eine Zeitenwende, dass sich die soziale Frage anders als bislang stellt, dass sie zuerst und in erster Linie eine Machtfrage geworden und darauf fußend erst eine Frage finanzieller Verteilung geworden ist. Wenn mit Individualisierung und Globalisierung die soziale Frage neu und neue soziale Fragen aufgeworfen sind, wenn mit jenen Politik in Ökonomie eingeschmolzen wurde, somit in jedem Geldvorgang Politik „drin" ist, dann müssen vor allen Geldfragen Machtfragen beantwortet und soziale Fragen vor aller Verfügung über Geld über Verfügung von Macht gelöst werden. Dann wird es zur neuen Politik und Neueroberung von Politik, Machtfragen wieder und auf veränderte Weise, nämlich *ans Individuum gebunden,* einzubringen. So kann über das Individuum die Politik aus dem Geld zurück unter demokratische Hoheit geholt werden und kann sich in weiteren neuen Abstraktionen der Gesellschaft in ihrem Rahmen, ihrem Verkehr, ihren Innen-Außen-Verhältnissen – in ihrer systemischen Basis – verankern. Wenn Gesellschaften sich heute über ihre Abstraktionen so weit selbst organisieren, wie sie es tun, dann stellt sich als nächstes die Frage, wie die Lebensgrundlagen für die Einzelnen beschaffen sein müssen, wie es in den Lebensgrundlagen systemisch angelegt sein kann, dass sich die Individuen in diesen Gesellschaften optimal selbst organisieren können. Solche Lebensgrundlagen zu suchen und als politische Abstraktionen zu schaffen, wäre politische Rückholung und Neueroberung auf erweiterter Basis. Von hier aus wird geteilte, d. h. für alle gültige Würde und Selbstbestimmung des Individuums, die ihre materiellen Bedingungen bereits systemisch vorfindet, der Schlüssel zur Lösung der sozialen Fragen werden.

Einerseits beantwortet sich diese ans Individuum gebundene Machtfrage durch eine eigene Verfügungsmacht für jedes Individuum in Gestalt eines eigenen finanziell-materiellen Existenzrechts in voller Eigenständigkeit und bei eigenständiger Existenzsicherungsstruktur sowie in der Möglichkeit zur Selbstorganisation in einem offenen (Gesellschafts-)Raum. Sie garantieren Freiheit. Das materielle Existenzrecht des Individuums wäre ein Recht wie es das Recht auf eine politische Stimme in Gestalt des Wahlrechts der Demokratie ist, das jedem Individuum qua Geburt zukommt.

Andererseits sind die Gegensätze von Macht und Ohnmacht nie zu vereinen. Damit der einen Macht nicht der anderen Ohnmacht wird, bleibt nur, beides für alle zu teilen. Der entscheidende (Krisen-)Fall ist dann nicht die Befriedung des Armen durch den Reichen, der Ausgleich der Armut durch den Reichtum, sondern der allgemeine Umgang mit Not und Begrenztheit von Gütern. Nicht von Überfluss, sondern von Mangel ist für einen solchen Krisenfall auszugehen, zu denken und vorzusorgen. Hier kommen Freiheit und Gleichheit oder geteilte Macht und Ohnmacht zusammen, indem sich die Mitglieder der Gesellschaft die Versicherung geben, in der Not vollkommen gleich und reziprok zu teilen und füreinander zu sorgen. In dieser Vereinbarung liegt zugleich eine Grenze gegen Macht von oben. Auch die sogenannte Habgier, die über den Markt im Abstraktum des Geldes als anscheinend objektive Größe über uns kommt, findet dann eine natürliche Grenze. Das Teilen in der Not ist die größte Art der Sicherheit, die wir uns jenseits aller möglichen Vorsorge geben können.

Die Konsequenz aus Ersterem liegt darin, jedem Bürger und jeder Bürgerin *ein Geld,* ein Eigentum, ein Einkommen als schlichtes Grundrecht zukommen zu lassen in einem Verhältnis von eins zu eins zwischen allen. Solch ein bedingungsloses Minimum an Geld zum Leben zu schaffen, ist Aufgabe dieses Jahrhundert. Es bedeutete, das Geld, den Markt, die Wirtschaft fundamental zu demokratisieren und mit einem solchen Grundrecht von unten durch die so geschaffene Macht der vielen neue Werte zu setzen. Ein solches Recht ermöglicht ein Minimum an Teilhabe durch eigenen Geldbesitz, das sich auch auf andere Bereiche erstrecken könnte, wie einem Minimum an Kredit, an Sozialsicherung, an Gesundheit, Mindestlohn etc. pp. Auf dieser Basis und dazugehörig wäre die Möglichkeit zu schaffen, diese Minima durch bezahlte Arbeit unter demokratischen Konkurrenzbedingungen zu mehren, um von hier aus in Selbständigkeit zu leben.

Die Konsequenz aus dem Zweitem liegt in der sozialvertraglich zu garantierenden Zusicherung, füreinander nach Prinzip halbe-halbe Sorge zu tragen zwischen Frau und Mann, Jung und Alt, im Laufe eines Lebens, zwischen Einzelnen und Gesellschaft, zwischen Arbeit und freier Zeit und so zu einem Halbe-Halbe auch zwischen Freiheit, Selbstbestimmung und Eigenverfügung einerseits und andererseits frei ausgewählter (Rück-)Verantwortung, Teilen mit und Beistand für andere und Abhängigkeit, von der auch Zwänge ausgehen, zu kommen. Die Ausgestaltung obliegt einer vielfältigen Sozialgesetzgebung, wo jede und jeder nach ihrer Bedürftigkeit und im Einzelfall nach Lage der Dinge im Rahmen eines vom

Durchschnitt des Möglichen her festgelegten Topfes Leistungen erhält, die ihn oder sie unterstützen und fördern sollen.

Jenseits solchen Grundgedankens des Halbehalbe, von eins zu eins, von Grundsicherungen wie Höchst- und Mindestwerten wäre alles frei und den Bürgern selbst überlassen. Es wäre eine Basis, auf der Bürger und Bürgerinnen selbständig und frei werden können, weil sie über eine ökonomische Grund-Sicherheit und eine garantierte Nothilfe verfügen würden, die traditionelle Sicherheiten auf neue zeitgemäße Weise ersetzen könnte und zur über Geld organisierten Bedingung realer Freiheit würde. Zugleich liegt Gleichheit dieser Freiheit in einem Minimum an Gerechtigkeit, an dem alle gleichermaßen Interesse haben, weil es auch sie selbst frei macht. So entstünde ein weiteres Minimum an (Über-)Lebensmitteln, die ein Mensch braucht, worin alle unverrückbar gleich und frei wären – Würde und Selbstbestimmung, eine politische Stimme, ein Geldbesitz, eine Grundlage für Arbeit und eine (kollektive) Vorsorge für den Fall der Fälle. Alle sind zugleich elementare Voraussetzungen für Teilhabe. Dieser Weg ermöglicht und schafft den Raum für Selbstorganisation auch der Einzelnen und er ermöglicht nicht nur kulturell und lebensweltlich, sondern auch im Sozial-Materiellen plurale Lebensformen sowie eine Einheit von Arbeiten-Wirtschaften-Leben für jede und jeden auf seine und ihre Art in Individualität.

So würde ein Leben in den zum Kollektiv gewordenen Abstraktionen der Gesellschaft inklusive ihrer Finanzströme möglich, dem Kollektiven, das alle beeinflussen, von dem alle aber auch abhängiger sind als von ihren eigenen Leistungen. Es wäre ein Leben in einem Kontinuum, in dem alle Platz haben, ermöglicht durch rechtliche Regularien, friedliche unendlich vielfältige Einkommen schaffende Arbeit und Sozialbeziehungen, Bildung und humanistische Ordnung auf Basis hoher Qualitätsstandards. Menschenrechte würden in einem weiteren Sinne als bislang Maßstab des gesellschaftliche Wohlergehens, sie ermöglichten Pluralität in Verbindung und damit Reichtum. Denn Pluralität als solche reicht nicht. Es geht um das Verbindende in einer Pluralität, das Gemeinsame, das seinerseits Pluralität zulässt und erst richtig ermöglicht. Staatliche Versorgung durch Autoritäten gehört der Vergangenheit an, an ihre Stelle treten Grundrechte und Verantwortung der Einzelnen in deren Wahrnehmung, die zugleich in Kollektives unauflösbar eingebunden sind, auf dessen Basis alles andere erlaubt ist. Das schüfe eine sanfte Auflösung von gesellschaftlicher Erstarrung und ein Flüssigmachen für eine neue Entwicklung gesellschaftlicher Verhältnisse.

6.7   Gesellschaftsbegriff

Wie ist zu fassen, was eine Orientierung in einer veränderten Welt sein kann?
Die gewohnten Begriffe, die unsere Gegenwart und die Welt bestimmen, stimmen
nicht mehr, weil das, wofür sie bislang stehen, nicht mehr trägt, sie erwecken kein
Vertrauen und keine Zuversicht mehr. Kapitalismus, Sozialismus, soziale Marktwirtschaft, freiheitlich-demokratische Republik, offene Gesellschaft, parlamentarische Demokratie – sie verheißen in unterschiedlicher Weise und unterschied-
lichem Maß nichts mehr, erwärmen nicht und bringen nicht zum Handeln. Die
revolutionären Impulse, aus denen sie sich einstmals (mit-) gespeist haben – die
französische Revolution, die sozialistische Revolution, die Bürgerrechtsrevolution
von 1989 und ihre wichtigsten Versprechen Freiheit, Gleichheit, Solidarität – so
sehr sie nachhallen, scheinen erschöpft. Ihre Werte sind zeitlos, sie haben sich
nicht überlebt, doch sie müssen in ihrem Inhalt und ihrer Ausgestaltung transformiert werden. Mit ihrer Erschöpfung beginnen schon Verwandlungen, die nun zu
entkernen sind.

Wenn in einem vermeintlichen oder tatsächlichen Übermaß an Freiheit und
Gleichheit sich beide auflösen und Willkür einkehrt, so geht doch eine Verbreiterung des Anspruchs auf Freiheit und gleiche Teilhaberechte davon aus. Wenn die
Versprechungen von Freiheit und Gleichheit für neue soziale Mehrheiten ganz
oder teilweise unerfüllt geblieben sind, so stellen eben diese Mehrheiten doch Anspruch auf sie. Das Orientierungsmodell und die Norm des weißen westlichen
Mannes gehören der Vergangenheit an. Ein neues, weiteres und größeres Maß an
Normen mit Integrationsfähigkeit bildet sich heraus. Die Linke wie die Rechte
haben sich selbst abgeschafft. Die tiefe Veränderung liegt in der Durchmischung
von allem und jedem und neuer Komplexität, aus der neue Organisations-, Kom-
munikations- und Gesellschaftsmuster entstehen, die neue global erweiterungs-
fähige Gesamteinheiten bilden. Die Archaisierung der Verhältnisse, die die westlichen Gesellschaften durchlaufen, ist auch eine Verlebendigung von Grund auf.
Die Einzelnen werden nicht in Gruppen und Klassen, sondern als Einzelne in die
Freiheit entlassen und müssen sich von da aus neu finden.

Es ist vor allem der Gesamtkontext, der Zusammenhang im Innern, der „ge-
stört" ist und neu gedacht und entworfen werden muss. Neue soziale Mehrheiten kreisen die bisherige Mehrheitsherrschaft ein, wollen in sie einsickern, doch
diese schließt sich ab. Der Wert von neuer Erkenntnis ist ersetzt durch Innova-
tion(sjagd) als Marktprinzip. Die Ausgeschlossenen, Draußenstehenden, haben
nichts, womit sie Einfluss nehmen könnten. Im Nichts liegt jedoch auch ihre
Macht, etwas Neues zu schaffen und neue Kreationen in die Welt zu setzen. Das
Hochergiebige, die Minderheit, wird implodieren ohne Grundlage und Basis-
bezug. Je geschlossener sie sich gibt, desto schneller wird sie austrocknen. Das

„Draußen" wird konkurrenzfähig werden, bevor es überlegen wird. Die Moralpolitik von oben, bei der Regierungen in Nachahmung sich zu Bürgerbewegungen ausrufen, hält den Wandel nicht auf, kann aber den Anspruch stärken, tatsächlich eine neue rationale vernünftige rationale Humanpolitik zu entwickeln, die ernst macht mit existentiellen Werten. Wenn die Loslösung von Inhalten der Politik zu einem Abschied von Veränderung durch Politik geworden ist, dem der Abschied der Politik aus der Gesellschaft vorausgegangen ist, so hat sich die etablierte Politik ihr Grab selbst geschaffen. Wenn die Aufnahme des vermeintlich Weiblichen in die Politik zur Show und Illusionsfabrik geworden ist, so werden Frauen in der Politik als Aufräumerinnen im Männerhaushalt zu spät kommen. Die Affirmation, die Selbstaufgabe, das Treibenlassen oder die Hingabe ans Geld enden in einer neuen Pseudoreligiösität in Gestalt von eindrucksvollen Fassaden, Denkmälern, Tempeln und Kirchtürmen von Konzernen und Regierungen, die bald als solche und in ihrer Bodenlosigkeit erkennbar werden. Die Freund-Feind-Bilder und Mechanismen als Politik sind historisch überholt, im Individuum auf die Spitze getrieben und ad absurdum geführt. Das Geld macht es sowieso mit jedem und jeder. Das freiwillige Sklaventum offenbart eine Selbstausschaltung in Folge von Selbstzensur, die durch das nackte Lebensinteresse zu vieler konterkariert werden wird, wie nun die arabischen Revolutionen und Jugendrevolten in vielen Teilen der Welt offen demonstrieren. So bleiben nur das Geld und das Nichts – das nackte Individuum – übrig, aus dem neue Kreation, neue Kunst, neue Politik hervorgehen kann, bei der das Urteilen nicht mehr auf Seite des Geldes, sondern der Menschen liegt. Die Selbstermächtigung der Individuen wird Lebensrettung sein. Der Sieger der Geschichte, das große Geld, hat im Übrigen die Folgen seines Sieges an den Hacken, nämlich die ganze Weltgesellschaft. Die große Kunst kauft sich dieser Sieger schon ebenso wie er sich als Retter der Menschheit mit seinen Milliardenspenden hinstellt. Er wird noch viel zu tun haben.

Die Politik muss sich auf Aufstände gegen den Tod der Politik in der Politik, gegen das Töten der Politik und das Über-Leichen-Gehen für die Macht einstellen. Die löblichen Ideologien werden weniger wahrgenommen als die ästhetische Überhöhung der Darsteller der Politik. Es zählt, zu welchen Taten die Botschaften gemacht werden. Vor dem tiefen gesellschaftlichen Wandel haben nicht nur die Regierungen bunt gewechselt, sondern es hat ein Gestaltwandel der Politik selbst stattgefunden und über ihn vermittelt entstand eine andere gesellschaftliche Ordnung, die wenig mit dem deutschen Sozial- und Parteienstaat aus der Zeit nach dem Ende des Ost-West-Gegensatzes oder gar der alten Bundesrepublik zu tun hat. Die angebliche Modernisierung, die nur eine Anpassung an die Globalisierung ist, ist nicht überlebens- und zukunftsfähig und wird in der selbstgeschaffenen Grube verschwinden. Die vielgesuchte Alternative wird nicht von innen aus der Mitte, sondern von außerhalb der gegenwärtigen Mitte kommen. Sie wird zuvorderst von einer bedürftigen Wirtschaft und neuen kreativen Arbeiterinnen und Arbeitern kommen. Um die Veränderungen zu erfassen, muss der moralische Blick nicht zu den „Armen" in der Welt schweifen, sie lassen sich moralfrei im eigenen Land studieren, um einen neuen Standpunkt finden zu können. Die Unausgewiesenheit und mangelnde Legitimation der Umwandlung der Ordnung zeigt sich in der permanenten Aufregung und Erregung und im (Psycho-) Terror, der dabei von allen Seiten herrscht. Die globale negativistische terroristische Gewalt ist einmal mehr nicht zuletzt eine Antwort, ein Echo, ein Ausdruck der Gewaltsamkeit der Umwandlung selbst.

Die Inhumanität der Ordnung des Geldes liegt in der selbstinduzierten Externalisierung des Menschen aus unserer Zeit – im Kampf um Geld, im Sozialkrieg, im (Psycho-)Terror, in der Politiklüge, in freigewählter Unterwerfung, im Loch in der Gesellschaft, in der Implosion, im Total-endlich-Tödlichen, der Gleichmacherei sowie in der modernen Vernichtung durch Menschenausbeutung und Beziehungslosigkeit, verbunden mit dem Verlust von Realität und Wahrheit – und dem Geld, das nichts ist, sich aber zum Maßstab gemacht, alles Lebendige verbraucht und durch Unfähigkeit zur Annahme von Widerspruch Zukunftsfähigkeit verloren hat. Wo das Externalisierte aber aufgehoben, gesammelt, geschützt und wiederhergestellt wird, dort wird Politik wieder gewonnen. Wenn das Alte durch Implosion verschwindet, so betrifft das die politische Ordnung, die von Wirtschaft bestimmt ist. Die Wirtschaft natürlich wird und muss bleiben. Alle Bürger und Bürgerinnen hängen von ihr ab. Sie ist Existenz – längst wie eine Naturgewalt, die wir beeinflussen, aber nicht beherrschen. Aus ihrem Stoff und dem Bedarf der vielen Einzelnen, die nötig sind, irgendetwas neu zu bauen, wird die neue politische Ordnung gebaut werden. In einer aus der Wirtschaft hervorgehenden kreativen Gesellschaft steckt die neue soziale Frage mittendrin. Darauf fußend kann eine Alternative erwachsen, ganzheitlich(er)es Leben, neue Einheitsstiftung, ein neues globales Zeitalter, eine neue politische Ordnung. Davor steht die Demontage aller Illusionen, ein friedlicher Vorgang, und deshalb schon der Beginn von etwas Besserem. Davor stehen Wirklichkeitssinn und Menschenliebe, die Menschen befähigt, statt ihnen alles mögliche vorzuschreiben, und die Wiederentdeckung von Politik als sozialem Stoff.

Die Gewichte in den Macht- und Ohnmachtsverhältnissen werden sich dabei verschieben. Die Macht der Personen-, die grundlose Königs- und Fürstenmacht, ihr angemaßtes Recht auf Kontrolle und (Ab-)Töten schwindet. Die Geldmacht frei flottierend, unsichtbar, strukturell gewaltförmig und steuerungslos durch den Mensch wird als existentielle Gefahr erfahrbar. Das Nichtstun, Ertragen und Leiden kann zum defensiven passiven friedlichen Widerstand werden. Aus Solidarität und Menschenliebe kann Aktivität, Zuwendung, Unterstützung und anderes

Handeln werden. Produktive Arbeit, Kunst, Kreation, Wort, Geist – neue Erkenntnisse – können in starkem, gewaltigem, kreativem Handeln münden.

Die gewandelte Gesellschaft ist in erster Linie keine des „Weniger", sondern
anderer und besserer und zeitgemäßerer Qualitäten. Sie spart Masse in der Breite
und Höhe zugunsten von dauerhafter Komplexität ein, die in vielem auch in
neue Einfachheit münden kann. Der einzige Verzicht wird aufgrund ihrer sozialen Schädlichkeit, die nicht anders wirkt als eine Umweltvergiftung, im Macht-
verzicht (von oben) und in der Machtbeschränkung liegen. Diese Gesellschaft
wächst über den homo oeconomicus hinaus, wenn sie „nur" das soziale Wesen
des und der Menschen, seinen und ihren sozialen Kontext überhaupt anerkennt
und ein „Bündnis" zwischen Kapital und Mensch als Individuum und Bürger und
durch das Kapital hindurch mit anderen Menschen schließt. Diese Perspektive
einzunehmen heißt, den Blick grundsätzlich zu verändern und den Menschen in
seinem Schöpfertum *und* in seiner Abhängigkeit zu sehen und die Ressourcen
zugunsten der Sorge für ihn und seiner Fähigkeit zur Kunst, zu Kreativität und
zu Erkenntnis und seiner Fähigkeit zur Freiheit einzusetzen. Das reicht. Das Verhältnis zwischen Geld(kapital) und Mensch, an dessen Ende immer der nächste
Mensch steht, ist ein direktes politisches Verhältnis. Der Mensch in seiner Kreativität und das Geld als Medium zwischen Menschen einander im Gegenüber zu
einem Bündnis gekommen, daraus entsteht ein anderes Menschen- und Weltbild.
Das Geld(system) ist allgemeine Lebensgrundlage geworden, in der menschliches
Dasein eingeschmolzen ist. Es in seiner gewordenen Objektivität anzuerkennen,
heißt, es von außen betrachten zu können, es zu entideologisieren, zu reflektieren,
zu reformieren und auf diese Weise nachhaltig schützenswert und kostbar im Interesse des Mensch, dem Mensch als Selbstwert an sich, einzusetzen.

Darauf aufbauend setzt eine umfassend humane Politik jeden Mensch als Bürger betreffend ein. Das Entscheidende ist dabei, den Blick auf die Machtstrukturen zu richten. Jede und jeder braucht so viel Macht wie möglich und so viel wie
nötig für *ein* Leben, um das menschliche Schicksal zu bewältigen. Dies ist ein von
vornherein geteilter Machtbegriff: denn mein Leben bewältige ich nur, wenn der
oder die andere seins bzw. ihres bewältigt, denn für mein Leben brauche ich immer ein anderes. Das große bündelnde Projekt liegt im Anders-arbeiten, in anderer Arbeit und in der Investition in die Entwicklung des Menschen und seines
Vermögens. Problemlösung wird zur gemeinsamen Menschsein-Sache, festgehal-
ten in einer Vereinbarung zum Gesellschaftsvertrag. Neue Arbeit in Gesellschaft
zu haben, heißt, in Verbindung zu leben. Statt der herkömmlichen Familie, die
anachronistisch geworden ist, ist Familie dabei ein offenes fließendes veränder-
liches Bezugsgefüge. Freiheit und Leben stehen anstelle von Krieg und Gewalt.
Auf diesem Weg entsteht neu Demokratie. Immer steht der Bürger und die Bürgerin in eigener Verfügung über das eigene Tun und Unterlassen sowie in eigener

Verfügung über die Auswahl des eigenen Gegenübers, dem Ort, der Dauer, der Art und dem Charakter der Verbindung, und sei es in der Freiheit aus Notwendigkeit, wie sie gerade entsteht. Stets geht es um eine Einheit von Verschiedenem. Ökonomie ist keine Gesellschaftstheorie und Menschenphilosophie, auch keine sonstige Wissenschaft vom Mensch, auch wenn Mensch und Gesellschaft und Politik der Ökonomie inne sind.

Wollte man die gewandelte Gesellschaft auf einen Begriff bringen, so liegt ihr Kern in folgendem: Der Mensch ist tätig, produziert und tauscht, pflegt und sorgt, bildet sich und lernt, beschäftigt sich mit den Werken und Kultur anderer, ruht aus – arbeitet mit und schafft Kapitalien. Sein wichtigstes Kapital ist sein soziales (so verbundenes wie abhängiges wie selbständiges) Menschsein, seine Arbeit und Kreativität. Sucht man nach einem Begriff für diese Gesellschaft, so könnte man sie etwas umständlich eine Human-Produktions- und Kreationsgesellschaft nennen, eine Gesellschaft, die von einer Humanpolitik im Zentrum einer Sozialgesellschaft und deren Soziabilität lebt.

7 Humanität

Wenn alles auf *einen* Begriff gebracht werden soll, was kennzeichnet die eingeschlossene gedrückte stumme Gegenwart? Das Kennzeichnende liegt – trotz des Bewusstseins, Europa, besonders Deutschland, sei im Verhältnis zum Rest der Welt, in dem Elend und Unruhe und Diktatur verbreitet sind, ein Hort der Sicherheit, des Wohlstands, des Sozialstaats, der Demokratie und Ruhe, jedenfalls noch, denn dieses Bewusstsein zerrinnt gerade – in der *Inhumanität* unserer Gegenwart. Diese Inhumanität ist *das Existentielle,* mit dem wir es zu tun haben, ein moderner Kampf ums Dasein, eine moderne Verwüstung, Verheerung und Zerstörung durch Menschenausbeutung und Beziehungslosigkeit, verbunden mit Verlust von Realität und Wahrheit. Daneben bleibt nur das Geld, der Münze auf der großen Leerstelle des Menschen ohne Freiheit. Es ist eine kalte, maschinelle, unsichtbare Inhumanität, die ganze Gesellschaften leblos macht und veralten lässt. Sie treibt die Menschen untergründig hilflos und ohnmächtig um, wo weder ein Ja noch ein Nein noch irgendeine Position zu irgendetwas gefragt ist und jede Bewegung, kaum in die Welt gesetzt, an Gummiwände stößt oder mit Konsum zugefüttert wird. Sie wartet darauf, sich in Gewalt Entladung zu verschaffen.

Die Finanzkrise in den USA und international, gefolgt von der Krise des Euro und Europas sind nur das Flammenzeichen der längst darunterliegenden Wirtschaftskrise, die eine Gesellschaftskrise ist, die eine Politikkrise ist. Diese Politikkrise ist eine *Krise der Humanität,* der Mensch versteht sich und seine Welt nicht (mehr).

Die Menschen- und Weltbilder stimmen nicht mehr. Entfremdung und Selbstentfremdung ist der tiefste Grund. Der Verrat des Sozialen ist der Kern und die tiefste Ursache. Der Ausfall der Politik führt zurück zur ökonomischen Krise und ist am Ende auch ihr Grund. Deshalb besteht *ein* Zusammenhang von Gesellschafts-, Politik- und Humanitätskrise, welche je für sich und zusammen umfassend sind, sie betreffen alle, sie sitzen m Zentrum des Ganzen. Politik, Gesellschaft, Bürger und Bürgerinnen sind kopf- und steuerungslos.

Damit sind wir in einer Situation, in der wir *aufs rein Menschliche zurückgeworfen* sind – nicht erst mit 11/9, mit Naturkatastrophen, neuen Seuchen, der Totalkontrolle durch Medien, dem Atomunfall in Japan, den arabischen Revolutionen und den globalen angsterweckenden Schrecken beinahe täglich neuer Art, die zu Objektivitäten des heutigen Lebens geworden sind. Diese Ereignisse führen uns die Bedingungen unserer Zeit nur vor Augen. Diese Lage der Zeit ist der Grund für die Konjunktur von Religionen, in deren Fundamentalismus die nächste Eskalationsstufe eingeschrieben ist. Obwohl es wenig Anzeichen gibt, über neuen Aberglauben und neue Bildmächte hinwegzukommen, hilft nur die Wahrnehmung und Auseinandersetzung mit der Realität, Erkenntnis und neues Handeln. Heilsam ist, wenn der Mensch und die Menschen sich zu Bewusstsein bringen und ihr Selbst- und Weltbild neu formen.

Es geht darum, was es bedeutet, ein Mensch zu sein. Wenn der Mensch ein ganzheitliches, bedürftiges und fähiges, materiell, geistig und spirituell hungriges Wesen ist, ist es denkbar, die Welt darauf einzurichten, mit Verstand, Sinnen und Körpern? Als ein sich fortwährend aufklärendes Projekt? Es geht darum, was es kostet, ein Mensch zu sein, wieviel es erfordert, wie wertvoll und teuer es ist, was der Mensch und die Menschlichkeit kosten. Welcher Weg führt aus dem Dilemma heraus, in dem alle gefangen sind und unter dem alle leiden, ist es doch der Mensch selbst, der hier gefangen ist? Was ist der Preis des Unberechenbaren? Was ist der Preis der Freiheit? Ist er unberechenbar, weil Freiheit Offenheit und Ungewissheit bedeuten? Wie frei ist dann der Kapitalismus, der alles berechnen will? Oder ist die Freiheit kostbar und teuer? Wenn das Leben als gespaltenes und zersplittertes selbst an einen toten Punkt gekommen ist, was ist dann ein Fortschritt? Ein Mehr von Etwas, entweder das Eine oder das Andere, der Kompromiss zwischen irgendwas oder neue Lebens-Einheiten, innere und äußere Zusammenhänge für das Individuum und Subjekt im Singular und Plural, eine Einheit von männlich, weiblich, vielfältig Gemischtem, so rationalisiert wie aufgeklärt über Irrationalitäten, Menschengeschlechter aller Arten, Lebenseinheiten für den ganzen Mensch und neue Arbeit an ihm und für ihn und seinem Gedeihen?

Was wäre denn nun *Humanität?* Der Mensch hat keinen Preis. Gerade deshalb muss die Frage nach seinen Kosten gestellt werden. Aber der Mensch hat menschliche und mitmenschliche Bedürfnisse und Würde, die seine Freiheit und Selbstbestimmung begründet – *unveräußerlich.* Die Kosten sind ein Resultat dessen mit allen Folgen, die nur geteilt sein können, wo es um diese Würde, Freiheit und Selbstbestimmung geht. Der Mensch ist kostbar. Der Weg aus dem Dilemma ist kein technischer oder wissenschaftlicher oder bürokratischer o. ä., sondern ein philosophischer, eine Frage unserer Lebenseinstellung. Ohne Grundlage geht es nicht. Eine humanistische Politik, die heute selbstreflexiv und somit immer gesellschaftskritisch auch gegen sich selbst sein muss, benötigt alle Dinge, die den Mensch ausmachen. Es ist unmöglich, das in eine Maschine, an Institutionen, Bürokratien, Systeme, Experten etc. zu übertragen zu wollen. Menschsein und Politik muss alles einschließen, auch das Mystische, Metaphysische, Kreatürliche etc. zusammenführen. Eine Politik der Humanität fragt, was pur menschlich jenseits fundamentaler Gegensätze verbindet. Sie sieht den ganzen Mensch und fragt, was Menschen brauchen und was es ist, das dabei für alle unverhandelbar ist, weil es existentiell ist? *Politik wird sozialer Stoff* und sie wird substantieller geistiger Zusammenhalt in einer aufgeklärten Gesellschaft, selbst etwas Existentielles, das unverzichtbar ist. Selbstaufgabe der Politik würde Tabu.

Das Humane ist das Leben, das Anfang und Ende hat, das Leben, das Voraussetzungen hat, das Leben, das gut zu leben ist. Es ist mehr als das bloße Soziale. Es hat einen Inhalt. Humanität das, was Menschen gerecht würde. Dafür gibt es nicht ein Maß. Nur in grundsätzlicher Hinsicht und als etwas immer Relatives. Entscheidend ist die Investition in den Mensch selbst und darauf zu setzen, stets und unentwegt. Sie ist eine Ermöglichung für den Einzelnen, für alle Einzelnen und darin liegt Gesellschaft und ist Gesellschaft Gemeinschaft. Sie ist tiefes Verstehen, was Menschen ausmacht. In ihm hat alles Nützliche jeden erdenklichen Platz, aber es ist weit mehr als das. Es geht auf in einer größeren und bedeutenderen Substanz, es ist gleichsam ganz anders gefüllt und eingekleidet, es bildet sich ein neues Amalgam. Der entscheidende Unterschied ist, das Mensch und Menschlichkeit nicht externalisiert sind, sondern umgekehrt der Humanismus alles andere aufnehmen kann.

Humanismus ist die Entdeckung des einzelnen Mensch, des Individuum. Dieses Individuum steht in Verbindung mit der Moderne, aber nicht in Verbindung mit einer nur auf Effizienz gebauten modernen Moderne, die den Mensch wegrationalisiert. Diese Effizienz macht die Gegenwart in zerreißender Weise hypermodern und vormodern zugleich. Das Individuum als herumirrendes Einzelwesen ist hypermodern. Technik und Effizienz und Psychodelik anstelle alter Mächte alleinherrschend sind vormodern. Moderne ganze Gesellschaften aber werden nachhaltig rational und rationell nur *mit* dem Mensch sowohl als (Mit-)Erschaffer wie als (Mit-)Erleider des Ganzen, einschließlich der Komplexität, die er selbst kaum mehr zu erfassen vermag und mit der er doch leben muss. Humanität erst schafft wirklichen Reichtum, weil sie sich auf der Garantie eines menschlichen Minimums gründet. Das Streben nach Freiheit und Selbstbestimmung in menschlicher Gesellschaft und Zugewandtheit ist universell, wie gerade wieder zu erfahren ist. Die Verbindlichkeit des Menschenrechts als Recht, seine prinzipielle Gültigkeit, ist unentbehrlich und über jede sonstige Überzeugung, Zustimmung, Meinung durch Religion, Ideologie etc. erhaben. Die politisch vornehmste und vordringlichste Sorge liegt in der internationalen Realisierung dieses Menschenrechts.

Denkstrukturen zu ändern ist das Schwierigste und Langwierigste, das man sich vornehmen kann. Wenn eine Spur im Hirn sich bahnen soll, so geht dies nur über Kopf und Herz und (Körper-)Erfahrung. Das genau ist die Aufgabe einer friedlichen, aber doch „revolutionären" Politik heute. Eine Umwandlung zu mehr Freiheit und Gleichheit wird sich vollziehen, wenn der Mensch wieder im Weltgeschehen innewohnt. Es wird sich in der Folge eine neue Form, ein neuer Inhalt, ein neuer Namen für das, was Menschen zusammenhält, finden. Verstehen, Mitgefühl und Verstand für das, was den Menschen ausmacht und wozu er alles fähig ist, sind die Begleiter dabei. So könnte es tatsächlich eine neue Ära der Humanität für die Menschheit geben. Sie zeichnete sich dadurch aus, das die *Struktur* der Einzelteile, die strukturell einzelgeteilten moderner Gesellschaften *durch Struktur* in Verbindung gebracht wird und so strukturell in Zusammenhang, Bewegung und Offenheit überführt werden.

Eine solche Struktur wird gebaut und sie füllt sich aus Freiheit und öffentlicher Liebe, aus Gleichheit und Gerechtigkeit, aus Fürsorge und Vorsicht für das Leben und für Mensch, aus dem gleichen Recht für die einen wie die anderen, aus Leben nicht auf Kosten der einen oder anderen – sie sind ihr Inhalt, sie implizieren einander, in Freiheit ist schon alles enthalten. Es ist die Nahrung solcher Struktur, ohne die es solche Struktur nicht gibt.

Was führt zum Ziel der Humanität? Die Antwort steht nie fest, es gibt nicht eine Antwort, nur unendlich viele und sich wandelnde. Der Mensch wird immer, das Menschliche wird immer und reflektiert sich in anderer Umgebung. Es bleibt nur, durch guten Geist, durch Chemie, Verstand, Herz, Körper und sodann Handeln zu steuern und Einheit aus den unendlichen Teilen herzustellen. Es ist die Suche nach einem radikalen Denken von intellektueller Wahrhaftigkeit, das durch gute Gedanken und Ideen, gute Worte und gute Handlungen das Bessere schafft und durch die Welt geleitet. Es bleibt der Wissenschaft vorbehalten, zu untersuchen und zu beweisen, ob es eine Kausalität von Zuneigung und Wachstum bei Mensch und Gesellschaft gibt, worauf manches hindeutet. Es würde weitere Evolution ermöglichen.

Es bleibt die *Freiheit,* aus dem herauszugehen, was nicht gut ist anstatt es zu bekämpfen und ihm somit verhaftet zu bleiben. Es ist nichts als eine außerordentlich freundliche Strategie, ein defensives Verhalten, ganz im Unterschied zum Machen, Tun, Verändern um jeden Preis. Die Freiheit akzeptiert alles, was sich nicht gegen andere richtet, ist als solche schon friedensstiftend, und verlässt das Zerstörerische, überlässt dieses sich selbst. Das ist eine Freiheit, die in Freiheit führt und von der eine Gesellschaft getragen werden kann.

The manufacturer's authorised representative in the EU is Springer
Nature Customer Service Centre GmbH, Europaplatz 3, 69115 Heidelberg,
Germany. If you have any concerns regarding our products, please
contact ProductSafety@springernature.com

Printed and bound by CPI Group (UK) Ltd, Croydon, CR0 4YY

27/04/2026

02097628-0004